Otto Daube · Das Leben des Johann Sebastian Bach

Otto Daube

Das Leben des WohlEdlen und Hochachtbaren Hochberühmten Herrn Johann Sebastian Bach

königlich Polnischen und Kursächsischen Hofkompositeurs,
fürstlich Anhaltinisch-Cöthenschen Hofkapellmeisters,
ingleichen fürstlich Weißenfelsischen Hofkapellmeisters,
ingleichen Directoris Musicae der Stadt Leipzig,
wie auch Cantoris an St. Thomas.

Eine Erzählung mit Bildern, Dokumenten und Notenbeispielen

Soli deo Gloria

R. BROCKHAUS VERLAG WUPPERTAL

ABCteam-Bücher erscheinen in folgenden Verlagen:
Aussaat- und Schriftenmissions-Verlag Neukirchen-Vluyn
R. Brockhaus Verlag Wuppertal / Brunnen Verlag Gießen
Bundes-Verlag Witten / Christliches Verlagshaus Stuttgart
Oncken Verlag Wuppertal und Kassel

Umschlaggrafik: Ralf Rudolph, Ratingen
Druck: Herm. Weck & Sohn, Solingen
ISBN 3-417-12699-1

Meiner Frau
in Liebe und Dankbarkeit

Was in der Zeiten Bildersaal
Jemals ist trefflich gewesen,
Das wird immer einer einmal
Wieder auffrischen und lesen.

Goethe

»Sprichwörtlich« (veröff. 1815)

INHALT

1. Teil

Die Lehr- und Wanderjahre

1685–1703

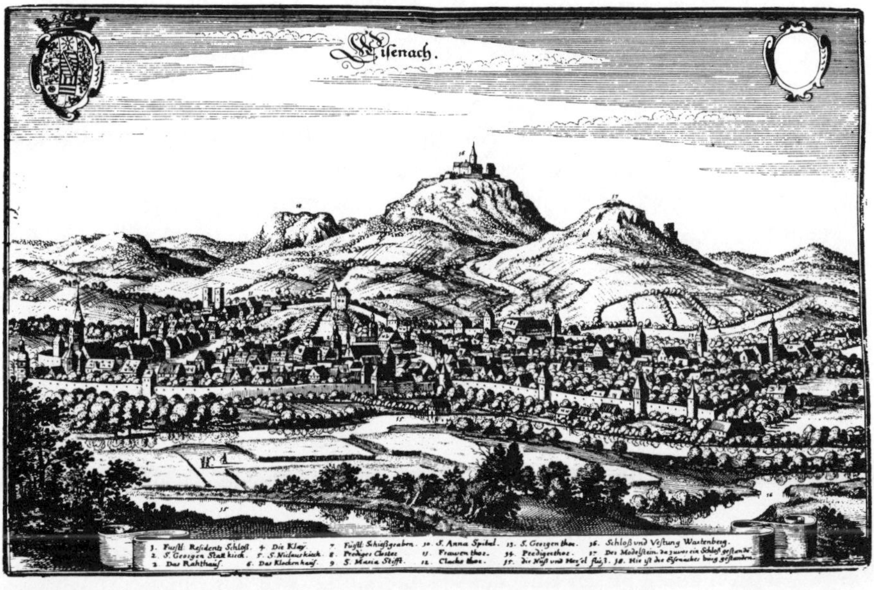

Eisenach, am Fuße der Wartburg, um 1600

1.

»Es ist also nichts mit der Erfurter Vocation! Die ehrenfesten Herren vom hohen Rat in unserm schönen Eisenach haben unsere erbetene Mutation mit Bedauern, wie sie sagen, und großem Nachdruck abgelehnt.«

Johann Ambrosius Bach, Musikdirektor, wie man sein Amt heute nennen würde, seit dreizehn Jahren in Diensten der Stadt Eisenach, energischer, umsichtiger und wohlgeschätzter Leiter aller städtischen Musiken, hatte die Hiobsbotschaft gerade eben erfahren.

Frau Elisabeth Bachin sah ihren Ambrosius besorgt und fragend an. Die Bitterkeit in seiner Stimme verriet, wie enttäuscht er war.

»Der Ratsschreiber hat es mir anvertraut. Ich werd's noch schriftlich bekommen, daß man in unserm lieben Eisenach nicht willens sei, auf die treuen Dienste – merket wohl, Frau Bachin: die *treuen* Dienste – des Stadthausmanns Johann Ambrosius Bachen zu verzichten, sintemalen weitbelobter Musikus

Ambrosius in seinen Diensten – so soll es in der Entscheidung an den Rat zu Erfurt geschrieben stehen – sich so erwiesen, daß nicht allein – merke Sie auf, Frau Bachin! – unsere Hochfürstliche gnädigste Herrschaft, der Durchlauchtigste Landesherr Johann Georg, sondern auch gemeine Stadt Eisenach mit ihm wohl zufrieden sein können.«

Der Verzicht auf den erhofften Umzug nach Erfurt mußte die beiden Eheleute schwer ankommen, bedeutete er doch auch für Frau Elisabeth den Verzicht auf die Wiedervereinigung mit ihrer Familie, den Lämmerhirts in Erfurt.

Dennoch hatte sie dem Ehegatten Einsicht und Trost zuzusprechen. »Nimm es nicht traurig auf, Ambrosius. Es hat alles sein Gutes. Es wäre gewiß für uns beide und die Kinder ein sparsameres, einkömmlicheres und vergnüglicheres Leben in Erfurt, in einem neuen Amte und mit allen den alten Freunden und unsern lieben Vettern und Basen. Aber daß man in dich ein so hoch Vertrauen setzt, ist ein schöner Grund, unsere Gedanken an Erfurt aufzugeben.«

»Und leider auch an unsere Aufbesserung von den Eisenacher 44 Gulden und 8 Pfennigen, die uns wohl recht not täte!« fügte Ambrosius hinzu.

Das Gespräch der beiden Eheleute hatte in den letzten Tagen des April im Jahre 1684 stattgefunden, und man war es am Ende doch zufrieden, im vertrauten, stolzen Eisenach auch weiterhin zu leben, wo man seit vierzehn Jahren recht heimisch geworden war.

Es war ein hübsches, stattliches Haus am Frauenplan, in dem der Herr Ambrosius Bach – nunmehr im 40. Lebensjahr – das Regiment über die ihm anvertrauten jungen und alten Musici mit Strenge, Sorgfalt und Güte führte. Und sie hatten einen guten Ruf, der »Hausmann«, wie seine bemerkenswerte Amtsbezeichnung lautete, und seine »Stadtpfeiferei«.

Sie spielten im Stadtschloß des regierenden Herzogs zu Sachsen-Eisenach zur Gemütsergötzung der hohen Herrschaften, spielten im Gottesdienst der Eisenacher Kirchen vor und nach der Predigt, zu den Festen des Kirchenjahres, im Rathaus zu den Festlichkeiten der Ratsgesellschaft und auf den Tanzböden in Eisenach und draußen auf dem Lande; und dann gab es noch die Tageszeiten vom Turme herab anzublasen und die Anfangs-, Zwischen- und Endfeiern des irdischen Daseins – Taufe, Hochzeit und Begräbnis – ein- und auszugeleiten.

Sie spielten alles, was ihnen an Neuem und Altem in die Hände kam: festliche Intraden, die heiteren Suiten besonders zum Tanz, neumodische Charakterstücke, kunstvolle Variationen bei den Kammermusiken am Hofe, etwa die der berühmten Meister aus dem sächsischen Vogtland, Johann Kaspar Kerll und Johann Rosenmüller, des Weißenfelser Hofkapellmeisters Johann Philipp Krieger, die Ritornellen des erst kürzlich verstorbenen thüringischen Landsmanns Johann Rudolph Ahle aus dem benachbarten Mühlhausen und gar die Werke des großen Heinrich Schütz. Ja, man hatte zeitweise in Eisenach das Glück, mit dem weitberühmten Herrn Johann Pachelbel im Schloß und am

Johann Ambrosius Bach

Frauenplan zu musizieren, so oft er immer im Schloß zu Eisenach als Gast der Fürstlichkeiten einkehrte. Dem war es dann stets wie denn auch heute ein Vergnügen, mit dem unermüdlichen und tüchtigen »Hausmann« Ambrosius Bach eigene und anderer Meister Kammermusiken zu spielen, da der Bach ja ohnedies mit seiner kleinen Hofkapelle der Hochfürstlichen Herrschaft aufzuwarten hatte.

»Da habt ihr gleich ein Tanzstück für eure nächste Ratsgeselligkeit«, rief Pachelbel während des Spiels lächelnd seinem Primarius Ambrosius beim Triospiel vom Cembalo aus zu. »Wenn Ihr wollt, werde ich mit Euch den hoch und niedrigen Standespersonen zu guter Vergnügung aufwarten. Ich habe da noch mancherlei vergnügliche Tanzsätze bereit. Sind natürlich nichts für Eure Gasthöfe draußen in Ruhla und Kreuzburg, auch nichts für Kirmes oder Vogelschießen! Da müßt Ihr Euch schon was anderes einfallen lassen!«

Ambrosius griff nach der Flauto dolce und begann darauf mit einem regelrechten Thüringer Rundtanz, so heiter und vergnügt, daß Pachelbel sogleich in die Tasten griff und die Harmonien dazu spielte.

2.

1685. Zur heiligen Taufe ihres nunmehr jüngsten Kindes, eines am 21. März geborenen Knaben, hatten Johann Ambrosius und Frau Elisabeth ihre nahen und entfernteren Gevattern und Freunde eingeladen, und sie waren gern gekommen: der Zwillingsbruder des Taufvaters, Herr Johann Christoph Bach aus Arnstadt, von gleicher Gestalt und gleichem Gebaren wie Herr Ambrosius, so daß man nie recht wußte, wen man nun wirklich vor sich hatte; ebenfalls von weither angereist aus Gehren Johann Michael Bach und seine Eheliebste Katharina, eine geborene Wedemann; dagegen hatte der Bruder Michaels, der berühmte Johann Christoph, bewunderter Organist an St. Georgen in Eisenach, keine so beschwerliche Reise. Der Taufpate Sebastian Nagel kam aus Gotha; er war dort musikalischer Hausmann wie sein Freund Ambrosius, war aber mit der Familie nicht verwandt.

Herr Johann Pachelbel hatte zu seinem eigenen und der Taufgesellschaft Bedauern leider absagen müssen wegen der zu versehenden Dienste an der Orgel der Predigerkirche in Erfurt, wohin er anno 1678, also bereits vor sieben Jahren, von Eisenach aus übersiedelt war. Dafür hatte er zur Tauffeier seine neuste Fuge gesandt, die nun nicht etwa Meister Johann Christoph, sondern der andere Johann Christoph: der vierzehnjährige Bruder des Täuflings und Schüler des berühmten Oheims, zu spielen hatte; sollte er doch schon im kommenden Jahr als Schüler Pachelbels nach Erfurt mutieren.

Um den Taufstein hatten sich an jenem 23. März außer den Genannten weiterhin versammelt der Vater Ambrosius und seine beiden Töchter, die achtjährige Juditha und die fünfjährige Salome, ferner der andere Pate, der fürstliche Forstbediente Johann Georg Koch, und etliche befreundete Eisenacher, unter ihnen der Hof- und Stadtzimmermann Georg Dressel, der es sich angelegen sein ließ, gewissenhaft die Ereignisse, so in Eisenach geschehen, aufzuzeichnen und für die Nachwelt – also auch für uns – festzuhalten. Nach der feierlichen Handlung in St. Georgen wurde im Hause der Taufeltern fröhlich gefeiert, mit Reden, Gesprächen und heiteren Liedern, mit den vielstimmigen bedeutsamen Wünschen für den Täufling Johann Sebastian.

Ein Angebinde von fünf Güldengroschen in Silber, das der Durchlauchtigste Herzog Johann Georg seinem Hof- und Kammermusikus hatte überreichen lassen, hatte Ambrosius instand gesetzt, dieses stattliche Taufgelage auszurichten, ohne damit dem Täufling die auch sonst reichen Dotationen seiner Paten und Taufgäste wesentlich zu schmälern. Dem Täufling verblieb noch ein recht ansehnlicher Betrag, wofür man ihn mit allem Erforderlichen für die nächste Zeit wohl ausstatten konnte.

So standen sie denn wechselweise um die Wiege herum, die Paten, die kleinen Geschwister, die Gäste aus Arnstadt und Gehren, aus Eisenach und Gotha.

»Nehmt ihn nur früh genug gründlich in Eure Zucht und Lehre, Vetter Christoph, damit er Euch das Überkreuzen und Schleifen absehe, wie's seit den Herren Reinken und Kuhnau Mode geworden ist!« riet schmunzelnd der Arnstädter Gevatter Johann Christoph.

Bachs Geburtshaus, am Frauenplan

»Und Buxtehude . . .!« ergänzte der Vater Ambrosius.

Doch es war nicht sicher, daß Johann Christoph es hörte, denn gerade spielten die Stadtpfeifergesellen einen fröhlichen »Teutschen« auf, dem, wie es sich gehörte, der derbe »Hupf-auf« im Dreivierteltakt folgte. Das Fest klang aus – wie hätte es anders sein können – mit einem der bei den Bachs seit jeher beliebten Quodlibets, zu dem ein jeder auf seine Weise beizutragen hatte, vom Orgelmeister Christoph bis zum Forstbeamten Johann Georg Koch, der, wie zu erwarten, mit einer lustigen Jagdmelodie einfiel.

3.

So wurde der kleine Johann Sebastian in seinen ersten Lebensjahren vertraut mit Klängen unterschiedlicher Farben und mit Gegenständen, die solche Klänge erzeugen, wenn man sie berührt oder wenn der Vater sie an den Mund führt. Am Ende werden die Klänge zu Ketten von Tönen und die Tonketten zu Melodien, die man nachsummen kann.

Das tönt und klingt aus den offenen Fenstern aller Räume, in denen der Vater mit seinen Gesellen und Lehrlingen musiziert, herüber in den Garten, her zu Sebastian, der, nun fünfjährig, bald selbst Lehrling der musica sein wird, der jüngste Lehrling des Vaters, der ihn umsichtig und liebevoll ans Clavicembalo führt und ihn die Claves zupfen läßt; und eines Tages sitzt er vor dem Instrument und wird mit der Ordnung aller dieser hübschen Tasten und ihrer Töne vertraut.

Um ihn und sehr bald auch in ihm musiziert es – die Lieder der Mutter, die Tanzmusik der Pfeifer und die Signalrufe der Turmbläser, ein jeder Ruf mit einem ganz bestimmten Sinn, den er sehr bald erkennt und wiederholt – vocaliter und auch instrumentaliter, wie es ihm gerade selbst in den Sinn kommt; vielleicht ist so eine besonders schöne, aufwirbelnde Melodie darunter gewesen, die in ihm lange, lange immer wieder nachklingen will:

Mit Schiefertafel – dann auch mit Schreib- und Rechenheft – geht es in die Schule, und auch hier wird musiziert und gesungen, lustige Liedlein und die frommen Choräle, wie man sie in der Georgenkirche singt, wozu dann Ohm Christoph so gewaltig die Orgel traktiert, und eines schönen Tages steht der achtjährige Sebastian vor der mächtigen Orgel, neben dem Oheim auf der Orgelbank, staunend vor der Unzahl der silbernen Pfeifen und vor den doppelten Clavesreihen für die Hände und den dicken hölzernen Pedalen.

»Das sind die Manuale – nach den manus, den Händen genannt – und das, mein lieber Sebastian, sind die Pedale – für die pedes, die Füße, wie du ja sicherlich bald im Gymnasium beim Herrn Dedekind lernen wirst. Dann wirst du auch lernen, was sonare und cantare bedeuten soll – und Sonata und Kantate – und Fuge, wo alles voreinander flieht, mitunter sogar die Leute aus der Kirche – und die Variationen, ein liebliches Verkleidungsspiel . . .«

Das wäre also die erste theoretische Unterweisung vom berühmten Herrn Oheim Johann Christoph Bach, Organist an St. Georgen, der sich leider – wie Sebastian nun feststellt – so selten am Frauenplan sehen läßt und doch so freundlich mit seinem aufmerksamen jungen Scholaren umzugehen weiß.

Alles das wird einmal nachwirken – die Lieder und die Kammermusiken daheim, die Gesänge aus der Singstunde im Gymnasium, die Cantica der Kurrendeknaben und der Figuralsänger, die Cantica all der großen alten Meister von Josquin bis zu Isaac und Senfl, und nicht zu vergessen und ganz besonders all die schönen geistlichen Volkslieder des Doktor Martin Luther . . .

4.

1694. Gestern noch hatte man Frau Elisabeth in aller Frühe am Herd hantieren und zwischen Garten und den Schlafräumen hin- und herlaufen sehen; am heutige Morgen wußte sie nicht, wie sie sich aufrecht halten sollte. Sie glitt wie von selbst zurück und fand es vernünftig zu warten, bis man sie vermißte und nach ihr sehen würde. Man rief besorgt nach dem Ratsmedicus, der ihr Tropfen und Holundersaft und Ruhe verordnete; Ruhe, viel Ruhe!

»Es wird schon in wenigen Tagen vorüber sein . . . Eine kleine Schwäche, verständlich, Frau Bachin, bei Euren Sorgen und Mühen!«

Aus den wenigen Tagen waren nun schon Wochen geworden, und die Schwäche war geblieben. Frau Elisabeth mochte wohl fühlen, daß sie nie wieder an den Herd treten, im Garten pflanzen und ernten, an der Seite ihres Ambrosius über die Waldwege zur Burg hinaufwandern würde. Ihre Gedanken waren oft in Erfurt bei den Eltern.

Die Lämmerhirts – sie war ja die Tochter des Erfurter angesehenen und vermögenden Ratsherrn Valentin Lämmerhirt – führten dort ein großes Haus.

»Der Vater hätte es gern gesehen, wenn wir damals hätten zurückgehen können. Nun wird es wohl so bleiben, daß ich in Eisenach meine Ruhe finden soll . . .«

Ambrosius hielt ihre Hände.

»Du darfst nicht so reden, Elisabeth! Sobald du dich kräftig genug fühlst, reisen wir nach Erfurt.«

Doch die Reise hatte nicht mehr stattfinden können.

Am 3. Mai des Jahres 1694 trug man sie zu Grabe, zu früh für ihr Lebensalter, zu früh für ihre Geliebten.

An ihrem Grabe stand, während sich die Trauergäste vom Vater verabschiedeten, Sebastian. Der Neunjährige wußte die Ereignisse noch nicht zu fassen.

Ihm erschien, was in den letzten Wochen geschehen war, wie ein Traum – unwirklich – unbegreiflich –, die Leere unerträglich, der Gedanke, die Mutter läge da unten, unwirklich – unerklärlich.

»Ach wie flüchtig, ach wie nichtig ist der Menschen Leben . . .« hatte die Kurrende, dieses Mal ohne ihn, gesungen.

»Wie ein Nebel bald entstehet – und auch wieder bald vergehet, so ist unser Leben, sehet!«

Unser Leben . . .?

5.

1695. Wer von den Hochzeitsgästen, von den Hochzeitern selbst, den Kindern, den ob der neuen Hausherrin vergnügten Hausgesellen und insbesondere den Lehrlingen hätte es vier Wochen vor dem Heiligen Abend von 1694 ahnen können, wie wenig Zeit nach den Weihnachtstagen dem Herrn Ambrosius zur Freude und Neubelebung seines Hausstandes noch bleiben sollte!

Es war durchaus nichts Außergewöhnliches und hatte die Billigung aller, die ihm nahestanden, wie auch der Ratsherren und der Bürgerschaft gefunden, daß Ambrosius noch einmal die Ehe eingegangen war. Haus und Familie, ja selbst der in seinem 50. Lebensjahr stehende Hausvater brauchten die sorgende Hausfrau, und wer hätte ihm willkommener sein können als just eine so nahe aus dem Bachischen Familienkreis kommende Verwandte wie die Arnstädter eingeheiratete Bachin, Frau Barbara Margarete, auch sie, wie die verewigte Elisabeth, Tochter eines angesehenen Ratsherrn, ja sogar des Bürgermeisters von Arnstadt; und auch sie wie Ambrosius – und dies sogar zweimal – verwitwet.

Sie war gern nach Eisenach gekommen, um dem Vetter und nunmehr geehelichten Stadtmusikus Ambrosius das Haus am Frauenplan zu führen und die vielerlei Sorgen und Pflichten um die Familie, die Gesellen und Lehrlinge der Stadtmusik mit ihm gemeinsam zu tragen.

Sie kannten sich seit Jahren. Man hatte manche vergnügte Stunde miteinander verlebt, damals, wenn Ambrosius als junger Ratsmusikantengeselle von Erfurt herüber nach Arnstadt kam, um seinen Bruder Johann Christoph, sein Zwillingsspiegelbild, zu besuchen und mit ihm die lustigsten Streiche unter den Freunden und Vettern auszuführen. Denn so wie der eine Zwilling Ambrosius dem anderen, dem Christoph, glich, so trat ein jeder allein und für sich gern als der andere auf, so wechselten sie die Kleidung und verblüfften Freunde und Nachbarn und selbst die eigenen Eheliebsten.

Dann war Johann Christoph gegen Ende des Jahres 1693 heimgegangen. Ambrosius war zur Grablegung noch einmal trotz der recht beschwerlichen Reise nach Arnstadt gewandert – die letzte Strecke von Dietendorf aus allerdings mit dem Postwagen. Sie gingen gemeinsam von der Grabstätte zurück,

Barbara Margarete und Ambrosius, und in ihren Gesprächen wurden alle Erinnerungen an die alten Zeiten wieder wach.

An diese ihre letzte Begegnung hatte sich Ambrosius erinnert, als er die Monate nach dem eigenen Verluste – dem Heimgang Elisabeths – die Zukunft überdachte. Wen wohl eher als die Arnstädter Base hätte er sich in das Haus am Frauenplan wünschen können.

Er ging also noch einmal nach Arnstadt.

»Du bist auch allein, Barbara, wie ich. Hast du schon einmal bedacht, wie es uns anstünde, wenn du mit mir nach Eisenach zögest? Es ist eine freundliche Stadt – die Einkünfte sind passabel mit den mancherlei Accidentien – wir hätten recht gut miteinander hauszuhalten . . .«

Nun war sie wieder eine Frau Bachin.

Nicht jedes Zwillingspaar hat gleiche Schicksale. Aber die beiden Bachbrüder glichen sich nicht nur in ihrer Erscheinung; sie waren – nach der Schicksalsbestimmung im Lebensablauf von Zwillingen – gleich im Wesen, in ihren Äußerungen, ihrer Lebensführung: 1671 wurde der eine Hofmusikus in Arnstadt, der andere Hausmann und Hofmusikus in Eisenach, zur gleichen Zeit wurden sie jeweils krank, und nun waren sie auch einander gleich im frühen Ende am Ausgang ihres fünften Lebensjahrzehnts.

Nur wenige Wochen waren den beiden neuvermählten Ambrosius und Barbara im Bachhause am Frauenplan geblieben.

Mit Johann Christoph, dem ältesten der Ambrosius-Söhne, nach seinen Studien bei Pachelbel in Erfurt nun selbst gut dotierter Organist an der Michaeliskirche im freundlichen Städtchen Ohrdruf, hatte Frau Barbara noch am

gleichen Abend der Beisetzung des Vaters ein langes Gespräch über die Zukunft vom Frauenplan, von der Stadtpfeiferei und den Kindern.

Auf dem Rathause hatte man ihr am Tage zuvor wenig Aussicht machen können, daß sie nach einer so kurzen Ehedauer mit einem Gnadengehalte, viel weniger aber mit einer Fortführung der Stadtpfeiferei zu rechnen habe.

»Ich werde nach Arnstadt zurückgehen. Ich habe niemanden hier in Eisenach, der mir helfen und mit dem ich vertraulich Umgang pflegen könnte. Jakob will in die Lehre des neuen Hausmanns gehen – er bläst schon recht vorzüglich seine Oboe. Nimm du den Sebastian mit dir nach Ohrdruf, bis er auf eigenen Füßen stehen wird. Er braucht eine liebevolle Hand . . .«

». . . und einen guten Lehrmeister, wie ich sehr wohl bemerke. Er hat eine starke Inklination zur Musik!«

6.

1695. Es ist schon dunkel und ganz still im Ohrdrufer Hause. Oben in der Kammer liegt der zehnjährige Johann Sebastian und bemüht sich zu schlafen. Es will ihm nicht gelingen. Er muß an so vieles denken.

»Lieber, lieber Gott, lieber Vater im Himmel, die Mama hat mir gesagt, daß ich immer zu Dir sprechen darf und daß Du mich auch wirklich anhörst. Lieber, lieber Gott, sag doch meiner lieben Mama, die jetzt bei Dir ist, daß mich Christoph von Eisenach abgeholt hat und daß es mir hier in Ohrdruf gefällt und daß es mir auch in der Schule gefällt und daß ich schon einen guten Freund habe, den Erdmann, der auch Geige spielt wie ich und eine sehr schöne Stimme hat, und daß wir hier auch singen beim Herrn Elias Herda, wie in Eisenach, und sag doch auch bitte, lieber, lieber Gott, dem Papa, daß ich gute Fortschritte mache im Latein und auf der Geige und der Bratsche und auch auf dem Klaviere, und daß der Christoph mich nur ganz leichte Sachen spielen läßt, aber selbst viel schönere Stücke spielt, sie aber vor mir verschließt, und erzähle doch bitte dem Papa, daß ich heimlich in der Nacht aufstehe, wenn alle schlafen und wenn der Mond ganz hell ist, und daß ich mir dann ein Stück nach dem andern aus Christophs Klavierbüchlein abschreibe von Herrn Pachelbel und Herrn Froberger und Kaspar Kerllen – ich kann das Büchlein ja ganz leicht aus dem Schrank herausholen, weil er nur mit ein paar Gitterstäben verschlossen ist . . ., und wenn der Christoph nicht daheim ist und in der Kirche die Orgel traktiert, daß ich es ganz leise auf dem Cembalo spiele . . .

Und, lieber, lieber Gott, sage doch dem Christoph im Traum – das kannst Du doch, wie mir Mama erzählt hat –, ich möchte über die Ostern so gern nach Eisenach zum Jakob, der kann ja nicht nach Ohrdruf kommen, weil er bei den Ostermusiken mitblasen muß und nicht frei bekommt. Und, lieber, lieber Gott, grüße auch den allerliebsten Herrn Jesum und schicke ihn wieder zu mir, daß er mich in seine Arme nimmt . . ., und beschütze den Christoph und seine

Dorothea und den Jakob in Eisenach und den Erdmann und den Herrn Kantor Herda und alle Ohrdrufer und alle Onkel und Tanten in Erfurt und Arnstadt und Gotha . . .«

Hier schlief er ein, sicher, daß sein Gebet erhört werde; sicher auch in dem Gefühl, von seinem lieben, lieben Gott und seinem allerliebsten Herrn Jesus beschützt und geleitet zu werden.

7.

Um eines hatte Sebastian seinen lieben Gott zu bitten vergessen, da es darum zu bitten ihm noch nicht nötig erschienen war, daß nämlich der Bruder Christoph seinen heimlich und so mühevoll erworbenen Notenschatz ihm auch belassen möchte. Sechs Monate hindurch hatte Sebastian auf die hellen Mondnächte gewartet, und bei jedem Vollmond hatte er nur ein paar Tage seine Vorlagen abschreiben können: zwei vor und zwei nach dem Mondwechsel und nur dann, wenn jedermann im Bette lag.

Aber er sollte sich seines Besitzes nicht lange erfreuen. Es mußte sich eines Tages ergeben, daß Christoph, unerwartet früher als zur gewohnten Zeit von seinen Orgelexerzitien nach Hause zurückkommend, mit Erstaunen die Klänge einer Frobergerschen Toccata vernahm.

Da saß denn auch wirklich der über seinem Spiel selig entrückte Sebastian, hörte nicht, wie der Bruder das Zimmer betrat, und war völlig verstört, als Christoph, ohne zunächst ein Wort an ihn zu richten, die Notenblätter vom Pult nahm und in einem anderen Schrank mit festen, sicheren Türen verschloß, und zwar zugleich mit der kostbaren Vorlage aus dem Schrank mit den Gitterstäben.

»Was hast du dir gedacht! Vertraust du mir nicht, daß ich dir dein Pensum wohl und reiflich überdacht zuteile? Was du da zu spielen versuchst, gehört noch nicht in das erkennende Vermögen deines Verstandes. Du magst es mit den Fingern abspielen – meinetwegen sogar fehlerfrei, aber man spielt außerdem noch mit dem Verstand, und bis zu einer Toccata von Froberger oder einer Pachelbelfuge ist für dich noch ein weiter Weg. Ich weiß noch genau, wie sorgfältig mich Meister Pachelbel angeleitet hat, und so will ich's an dich weitergeben. Deine Noten werde ich dir aufbewahren, bis du fähig bist, sie richtig zu spielen – mit dem Verstand und mit dem Herzen!«

Einer, dem ein Schiff auf dem Wege nach Peru mit hunderttausend Talern untergegangen ist, mag uns einen Begriff von unseres kleinen Johann Sebastians Betrübnis über diesen seinen Verlust geben.

So wird man sich noch 54 Jahre danach über Eifer, glücklich gelungene List und Herzeleide »unseres kleinen Johann Sebastian« nachdenkliche Gedanken machen und sie uns überliefern.

8.

Elias Herda, Kantor an St. Michaelis, vortrefflicher Musiker und Schulmeister zugleich, hat den Kirchenraum betreten und sich auf einer der letzten Bänke unter der Empore niedergelassen. Er war auf seinem Heimweg von einer Unterredung mit dem Gymnasial-Schulrektor Kiesewetter über das Reglement, »wie nächst Göttlicher Verleihung die Knaben und Mädchen auf den Dorfschaften und in den Städten im Fürstentum Gotha nützlich unterrichtet werden sollen«, hatte Orgelklänge vernommen und war nun andächtiger Zuhörer einer angenehm sich entwickelnden Fantasie, die ganz allmählich aus einer Eingangskadenz in zarteste Klänge von Altoboe und vox humana übergegangen war.

Er blieb nicht lange allein.

Die Schritte eines zweiten Besuchers über den Steinboden des Vorraums hallten in das mächtige Kirchenschiff herüber. Eine ärgerliche Störung! Elias Herda sah zum Eingang hinüber: Es war Christoph Bach, der Organist an St. Michaelis.

»Ei, Herr Organist – das nenne ich eine merkwürdige Mystificatio! Spielt Er da oben das lieblichste Arioso und schreitet zur gleichen Zeit ganz unbekümmert hier neben mir durch das Kirchenschiff!«

»Das wäre denn das höchste Lob und eine große Auszeichnung, die Ihr meinem Bruder Sebastian zuteil werden laßt, Herr Kantor; ich hatte ihm erlaubt, des Nachmittags ein wenig auf der Orgel zu üben!«

»Nun, ich weiß wohl von dem progressus, verehrter Herr Organist, und weiß auch von seinen nächtlichen Studien im Mondenschein, wie sie mir vom Erdmann berichtet wurden, dem er's erzählt hat, und kann ihm in Sachen Schule nur das allerbeste Zeugnis ausstellen. Aber kommt, gehen wir noch ein Stückchen miteinander hinaus in Gottes liebliche Natur – ich hätte da noch mit Euch zu reden . . .« Die beiden Musici hatten noch mancherlei Entscheidendes über die Zukunft Sebastians miteinander auszutauschen. So spazierten sie an den Gärten der Ohrdrufer Bürger vorbei, durchquerten den Schloßpark und betraten einen der Uferwege der Ohra, des Ohrdrufer Flüßchens, das über Werra und Weser am Ende wohl auch einmal ins weite Meer einfließt.

»Habt Ihr Euch schon Gedanken darüber gemacht, wohin er einmal gehen soll, wenn er unsere Schule beendet haben wird? Wir können ihm von Ohrdruf aus nicht viel mehr als eben das Wissen mitgeben, das er sich bereits erworben hat, und mit einem Attest von Ohrdruf allein kommt man in der Welt nicht viel weiter als eben wieder in einen solchen Winkel unseres schönen Thüringer Landes. Seht nur unsre Ohra: so ein Bächlein will zum Meer! Ich halte von dem Sebastian viel. Wie wäre es, wenn Ihr ihn an eine Schule weitergeben wolltet, die seinen zukünftigen Lebenswegen mehr und besser diente? Wäre es nicht sogar zu Eurem eigenen Nutzen, Herr Christoph? Weiß ich doch, daß in

Eurem Hause der Raum auch immer enger wird, wenn Ihr nun wiederum bald ein Büblein oder Mägdlein zu Eurem Tobias erhalten werdet?«

Christoph Bach lächelte zustimmend.

»Freilich ist's eng im Haus und schmal in der Tasche . . .«

»Seht Ihr! Und darum eben werden wir beide mit ihm sprechen, sobald ich von Lüneburg und meiner alten Schule Antwort habe, ob sie einen nach Ohrdrufer Maßen so vortrefflichen jungen Sänger und Violinisten und guten Lateiner und Mathematiker und nun, wie wir erfuhren, auch angehenden guten Orgelspieler gebrauchen können.«

9.

Der Kantor Elias Herda hatte nach der Chorprobe die beiden Freunde, Georg Erdmann und den Sebastian Bach, in sein Amtszimmer gerufen.

»Es ist Zeit – höchste Zeit geworden, daß ihr euch in der Welt umseht!«

Herdas eindringliche Stimme ließ die beiden aufhorchen.

»Die Welt ist weit«, fuhr er fort, »– riesengroß, und ihr solltet euch ein Stückchen von ihr zu eigen machen! Schaut nicht so verwundert! Was wollt ihr hier im Winkel, dem entlegensten Winkel auf unserer weiten Erde! Schulstraße hinauf, Kirchgasse hinunter und in die Neugasse zum Herrn Bach –, im besten Fall ein Ausflug zu den Gleichen. Ihr seid Kerle genug, nach Lorbeeren zu greifen! Der Erdmann wird nicht als Dorfschulze in Leina oder Fröttstedt sein Leben verspielen, und du, Sebastian Bach aus der Familie der weithin berühmten Bache, wirst dich um eine bessere Stelle bemühen als um die Orgelstelle in Gräfenroda oder Finsterbergen. Es ist alles eingeleitet. Ich habe meinen alten Lehrern in Lüneburg von euch geschrieben und eure Aufnahme ins Michaelisgymnasium empfohlen. Natürlich habt ihr mir dort alle Ehre zu machen – vocaliter und auf den Instrumenten – im Lateinischen und Griechischen, und in der Kenntnis der Propheten, der Evangelien und der Paulusbriefe!«

»Aber der Christoph –, was wird der Christoph sagen?« Sebastian sieht erschrocken auf seinen Lehrer.

»Das ist längst abgesprochen. Du weißt ja selbst, daß sie nun schon zum zweiten Male Nachwuchs erwarten. Da wird es noch enger werden im Hause Christoph und Dorothea. Aber nicht aus diesem doch recht nüchternen, will sagen erfreulich nüchternen Grunde gibt mir dein Bruder recht. Er weiß, daß du deine Studien bei ihm nicht fortsetzen kannst. Du brauchst neue Lehrmeister – das ist uns allen aufgegangen, ebenso wie der Erdmann uns über die Schultern wächst! Es kommt der Frühling. Ihr werdet euch auf den Weg machen.«

»Nach Lüneburg . . .?« Georg Erdmann schien ein wenig bedrückt. »Das sind ja hundert Meilen!«

»Dreihundert, verehrter Herr Geograph! Aber was sind dreihundert Meilen für Kerle wie euch! Da gibt es übrigens – ich weiß das von meinen eigenen Fahrten nach Lüneburg – Bauern, die euch auf ihren Karren gern ein Stück für Gotteslohn mitnehmen, und da gibt es Dorfschenken am Weg, in denen ihr euch ein Nachtessen und eine Schlafstelle vom Wirt und von den Bauern ersingen werdet, und ein paar Groschen Reisegeld wird man euch aus der Chorkasse auszahlen – und übrigens: Ich beneide euch um eine so schöne Wanderschaft über Gotha und das alte Mühlhausen, über Nordhausen ins schöne Goslar, nach Braunschweig und von da über das verschlafene Uelzen nach Lüneburg. Ich habe sie selbst als junger novitius ohne Beschwer hinter mich gebracht. Und nun geht, der Sebastian zu seinem Bruder und der Erdmann zu den Eltern nach Leina, und laßt euch von ihnen den Reisesegen geben. In Gotha trefft ihr euch wieder zur gemeinsamen Expeditio!«

Damit verabschiedete Ehrn Elias Herda, Kantor der Michaelisgemeinde, seine beiden Schützlinge.

Vor dem Chorsaal neben Herdas Amtszimmer stimmten die beiden überglücklichen Freunde mit ihren schönen Sopranen Simon Dachs und Heinrich Alberts fröhliches Frühjahrsliedchen von den Ergötzungen der Wanderschaft an – ihrer bevorstehenden –, und das so kräftig, daß Herda noch einmal lächelnd aus der Tür schaute und ihnen vergnügt und zufrieden nachwinkte.

10.

1700. Georg Erdmann hatte bereits Ohrdruf verlassen, um in Leina von den Eltern Abschied zu nehmen und sich für die lange Zeit seiner Abwesenheit mit einigen Notwendigkeiten versorgen zu lassen.

Sebastian folgte ihm am 15. März, wenige Tage vor seinem Geburtstage. Sie trafen sich verabredungsgemäß in Gotha. Sebastian hatte vor dem beschwerlichen Vorhaben noch einmal Rast bei seinem Paten Sebastian Nagel gemacht, dem Hausmann zu Gotha, dem er von Ohrdruf, den Brüdern und der nun schon angetretenen Reise ausführlich berichtete.

Dreihundert Meilen sind auch für rüstige junge Männer – Sebastian begann am 21. März sein sechzehntes Lebensjahr, Erdmann stand im achtzehnten – eine recht ansehnliche Wegstrecke. Aber wie Herda ihnen schon prophezeit hatte, nahm man sie gelegentlich ein Stück Wegs auf Gespannen mit, und auch für die Ruhepause ersangen sich die beiden mit ihren heiteren Quodlibets von Gassenhauern, alten und neuen schönen Liedern Rast und Kost, wechselweis in Schenken und Gehöften. Begann dann Erdmann etwa mit dem »liebsten Buhlen, den ich han«, so schloß sich Sebastian mit seinem »Ein Musikant wollt' fröhlich sein« an, dem Erdmann mit »Fahrt hin, fahrt hin, Grillen, geht mir aus dem Sinn« folgte, das er mit dem »Ich weiß nit, wie mir ist« übermütig abschloß.

Das war so recht nach dem Geschmack der Bauern in der Schenkstube, und nicht selten stimmte der eine oder andere in die heitere Liederfolge ein.

Die ersten Tage, solange man noch von den Thüringer Höhen bergabwärts wanderte, waren die beiden Freunde jeweils an die zehn Stunden marschiert. Sie waren schon in der Frühe beim ersten Morgengrauen auf den Beinen, und vor Einbruch der Dunkelheit wollten sie nicht einkehren. Aber schon sehr bald wurden aus den zehn nur noch acht und sieben und endlich sechs Stunden und die Ruhepausen länger und länger.

Dafür wurde es mit Frühlingsanfang immer angenehmer, milder und auf Feldern und Wiesen bunter und auch belebter. So waren sie am zehnten Tage bis in die Nähe von Braunschweig gekommen. In einem kleinen Marktflecken hinter Braunschweig, auf Uelzen zu, hatten sie sich wiederum ihr Nachtlager ersungen, und gerade wurde ihnen zum Abschied noch eine warme Morgensuppe aufgetragen, als ein Gast von einigem Ansehen ihnen von seinem Ecktisch aus zurief, wohin sie denn so früh hinaus wollten.

»Ei, ei, nach Lüneburg . . . Und wie lange gedenkt ihr da noch zu wandern?«

»Wenn wir es uns vornehmen, soll es wohl noch drei Tage dauern.«

»Körbitz!« rief der liebenswürdige Gast seinem Kutscher zu, der gerade seine Peitsche und das Zaumzeug packte. »Wie viele solcher jungen Kavaliere kannst du auf deinem Bock ansiedeln?«

»Die beiden jungen Herren da fänden wohl reichlich Platz genug«, meinte Körbitz.

»Nun denn – en avant, ihr Herren – ich lade Euch ein, mit mir zu reisen. Auch wir wollen heute abend in Lüneburg sein, wo wir vor Hamburg noch einmal ausspannen. Ich werde Euch sûrement an Eurer frommen Michaelispforte absetzen.«

Und so geschah es am letzten Tage der ersten weiten Reise des Johann Sebastian Bach über dreihundert Meilen und noch etwas weiter.

Am Abend war man in Lüneburg. Sebastian und Erdmann, freundlich aufgenommen, nun auch novitii wie weiland Herr Elias Herda, richteten dessen allerbeste Grüße aus an den Rektor der Partikularschule St. Michaelis, Johann Büsch, an Ehrn Martin Georg Hülsemann, Pastor und Inspektor eben derselben Kirche und Schule, und an Konrektor Eberhard Joachim Elefeld, einen Pädagogen mit erstaunlichen Kenntnissen in den Sprachen der Antike, insbesondere des Hebräischen.

Die beiden Neuen waren glücklich, nach genossener Abendmahlzeit sich endlich wieder auf einem eigenen Lager ausstrecken zu können, ohne dafür ein Quodlibet absingen zu müssen.

11.

Sebastian schreibt an seinen Bruder Jakob:

Lüneburg, Ostermontag 1701

Lieber Jakob! Ich schreibe Dir heute diesen Brief, weil ich weiß, daß er Dich auch bestimmt erreichen wird. Denke Dir meine Freude, als am vergangenen Palmarum dominus Kantor Elias Herda Ohrdrufiensis – Du kennst ihn ja von Deinen Besuchen bei Christoph – in unsern Chorraum eintrat, in dem wir gerade als Chorus symphoniacus noch einmal die Kantate probierten – mit Deinem Bruder Sebastian auf der Bratsche und Erdmann im Chorbaß, was uns auch sonsten recht einträglich ist – und wie Dominus Herda nach dem Gottesdienst in unserer Michaeliskirche mit uns, dem Erdmann und mir, über die Brücke der Ilme zum Kalkberg wandert und uns von Ohrdruf erzählt. Er will Dir diesen Brief mitnehmen, und wenn er auf der Rückreise nicht über Eisenach kommt, will er ihn Dir mit Sicherheit zusenden. Da gibt es schon eine gute Gelegenheit.

So kann ich Dir nun endlich berichten, wie wir hier in Lüneburg angekommen sind und was wir hier erleben.

Lüneburg ist eine schöne Stadt; die Häuser sind ganz anders als in Eisenach, eigentlich viel lustiger, mit viel mehr Farben von rot und gelb, und mit vielen Gärten, und mit einer alten Stadtmauer mit kleinen und größeren Wehrtürmen, und Gräben und Anlagen und breiten Straßen und großen Plätzen.

In der Schule ist der Erdmann schon in eine Klasse vor mir aufgerückt, weil er ja auch viel älter ist als die Jungen in unserer Secunda, aber es wird nicht mehr lange dauern, dann komme ich auch in die Prima, wie unser Kantor, Herr August Braun, gesagt hat. Er arbeitet mit uns sehr genau, daß wir einen berühmten Chorus darstellen, und er macht uns auch das Lateinische schmackhaft, besonders den Cicero und seine langen Reden.

Denke Dir: Wir lesen jetzt das Novum Testamentum in griechischer Sprache und lernen viel Neues dabei, was wir in Ohrdruf nie erfahren haben. Denke Dir – das Ostern gibt es bloß bei uns – ich meine in Lüneburg und in Thüringen und sicherlich auch im Hessischen und in Sachsen. Eigentlich war es das Passahfest in Jerusalem. Luther, unser alter Schulgenosse in Eisenach, hat es mit »Ostern« übersetzt, weil wir ja kein Passah feiern wie die alten Israeliten zum Gedenken an ihren Auszug aus Ägypten, und wir essen daher auch kein Passahlamm und keine Matze, sondern – und nun höre mir gut zu oder lies es ganz genau – Ostern war ein altes Frühlingsfest, nach der Göttin Ostara genannt – und nun siehst Du, daß Passah und Ostern beides für uns ist: nach der Auferstehung das Fest für das Erwachen – aus der Todesnacht von Golgatha und auch aus der Todesnacht der Natur – aus der Winternacht.

Also, lieber Jakob, ein frohes Passah!

Aber nun muß ich Dir doch beschreiben, wieviel es hier zu hören und auch sonst zu lernen gibt!

Wir haben in Lüneburg zwei große Männer an den Orgeln von St. Nikolai und St. Johannis, von denen Dir unser alter Oheim Christoph in Eisenach sicherlich einiges erzählen kann.

An St. Nikolai spielt der alte Jakob Löwe; er ist weitberühmt und hochgeachtet bei den Lüneburgern, ein vornehmer Herr, und wenn er spielt, dann hat er halb Lüneburg in der Kirche.

Aber das hat auch der andere, der Georg Böhm an St. Johannis mit seinen berühmten Choralvorspielen. Du solltest die Farbenmischungen seiner Register hören, mit denen er alle seine Zuhörer – wie sie sagen – entzückt!

Wenn wir auf dem Chorus nicht selber musizieren, oder wenn wir Urlaub bekommen, gehen wir oft zu beiden, zum Löwe durch die ganze Stadt von unserem Eck im Osten bis zum gleichen im Westen, zu Böhme nur halb so weit, und ich höre mir alles ganz genau an und versuche es auf unserer Orgel nachzukolorieren. Wenn dann unser Michaelisorganist, der Herr Morhardt, kommt, weil er sich für den nächsten Sonntag präparieren will, dann muß ich ihm zu seinem Vergnügen eine Sinfonia nach Löwe und dann eine Choralvariation nach Böhm improvisieren, und dann schmunzelt er und meint, daß mir diese Übungen noch einmal sehr nützlich sein werden. Ein feines Menuett von Böhm habe ich mir abgeschrieben, ich bringe es Dir mit, wenn ich wieder zu Euch zurückkomme.

Die schönste Geschichte habe ich zu erzählen mir bis zum Schluß aufgehoben. Neulich besuchte der Herr Böhm unsere Musik zur Predigt, zu der er ein sehr schönes Konzert komponiert hatte. Nach der Feier kommt er zu uns auf die Empore und bedankt sich, daß wir so fein ganz nach seinem Sinne musiziert haben. Bei mir bleibt er stehen und sagt, daß meine Bratsche es ihm besonders angetan hat, und er fragt mich nach meinem Namen. Ich sage ganz einfach: Bach, und er schlägt mir auf die Schultern und ruft vor allen Leuten, die noch herumstanden: »Aus Thüringen? Wo alle Musikanten Bach heißen und alle Bache Musikanten sind? Etwa ein Sohn von meinem Freunde Jakob Bach aus Gotha oder gar vom Christoph Bach aus Eisenach!« – »Nein, Euer Ehren, aus Eisenach gewiß, aber Sohn vom Ambrosius Bach.« – »Habe wohl von ihm gehört, war ein guter Freund vom Pachelbel! Ja, ja, wir Thüringer – stamme ja selbst aus dem Goth'schen! Nun also, dann mache Er – damit meinte er mich! – dem Namen Bach alle Ehre! Lerne Er fleißig, studiere Er alles, was Ihm hier unter die Augen und die Hände kommt – wir sind ja reich bestückt mit Heinrich Schütz und Michael Praetorius und Samuel Scheidt und Dietrich Buxtehude – und den süßen Madrigalen von Johan Herman Schein in Leipzig – war dort ein delikater Thomaskantor – nun auch schon tot, hat nicht allzulange Zeit gehabt mit seinen 44 Jahren. War wohl der vermaledeite Krieg daran schuld! Hat viele der Besten viel zu früh abgerufen! Aber Er – das Samenkorn der neuen Zeit – mit seinem schönen Bratschenton und dem klugen Phrasenspiel – wie heißt Er noch außer – Bach?« – »Johann Sebastian . . .« – »Also, mein Johann Sebastian Bach, entfalte Er alle seine Kräfte, gehe Er schleunigst, so oft Er Zeit hat, zum Reinken nach Hamburg – kann dort alles lernen, was Er hier nicht hört.«

Als er die Treppe hinabstieg, hörte ich ihn noch einmal vernehmlich sagen:

»Johann Sebastian Bach – muß man sich merken!«

Ich war ganz stolz auf unsere Vettern und Onkel und unseren Vater und meine Brüder.

So grüße ich Dich denn, geliebter und hochgeehrter Bachbruder – sei auch Du ein Samenkorn der Bache für die neue Zeit!

Dein Sebastian.

12.

Hamburg, 2 Tage nach Exaudi 1702 abends, vor der Abreise nach Lüneburg.

Welche Einleitung, lieber Jakob!

Ich muß meinen Brief an Dich, den der Erdmann in der kommenden Woche bei seiner Heimkehr mitnehmen will, schon in Hamburg beginnen, bevor ich den Rückweg nach Lüneburg antrete. Ich habe hier noch Zeit, bis mich der Postwagen ein Stück mitnimmt, er fährt erst in einer Stunde. Die 45 Meilen zwischen Lüneburg und Hamburg sind doch jedesmal eine recht anstrengende Wegstrecke. Aber dieses Hamburg hat mich doch so recht eingefangen!

Ich denke mir, ich möchte hier immer nur mit der Mütze in der Hand einherwandern – vor der Würde all der vornehmen Patrizier – vor den herrlichen Palästen – vor der Größe der Kirchen zu St. Michael und der heiligen Katharina – vor dem Opernhaus des Herrn Sigismund Kusser, der leider Hamburg verlassen hat – und vor den großen Orgelmeistern.

Reinken, den ich jedesmal besuchen darf, wenn ich nach Hamburg komme – und ich komme ja nur seinetwegen hierher –, ist sehr gütig und freundlich. Er ist schon sehr alt, ich glaube, an die 79 Jahre, aber immer noch sehr lebhaft und unerschöpflich, im Erzählen wie im Spielen. Er hat Choralvorspiele von weit mehr als 300 Takten und riesig lange Toccaten – mit vier Teilen statt zweier, und er geht sogar noch immer gern in sein Opernhaus, wie er es nennt, denn er hat es ja mitgegründet. Er kann sehr lustig sein und einen Gassenhauer hoffähig machen. Natürlich muß ich ihm stets vorspielen, und einmal war er so gerührt, als er meinte, daß der große, heilige Strom unserer Musik von Frescobaldi bis heute, bis zu Böhm und ihm selbst, und zu Vincent Lübeck hier in Hamburg und zu Buxtehude in Lübeck immer weiter fließe, und daß auch in uns, den Jungen, seine Quellen nicht versiegt seien, nämlich unsere Liebe zur Musik, unsere Hingabe, unsere Phantasie, so meinte er, und unser Fleiß. Er hat mir das letzte Mal ein paar Notenblätter von seinem Hortus musicus mitgegeben, die ich wohl aufbewahren werde.

Den Vincent Lübeck habe ich natürlich auch besucht, am Laetare in St. Nicolai, mit Erlaubnis unsres Lüneburger Kantors, und seine Choralvorspiele aufmerksam angehört. Er ist viel jünger als Reinken und, wie ich glaube, auch strenger als er.

Da muß ich Dir von meiner letzten Wanderung nach Hamburg noch erzählen, was Dir wie ein Märchen erscheinen mag – aber Du kannst es mir wirklich glauben: Auf dem Heimweg, die längste Zeit zu Fuß, hatte ich mir eine Schenke genau in der Mitte des Weges zur Ruhepause ausgewählt. Mein Reisegeld war bis auf den letzten Kupfer ausgegeben, daß ich mich nur noch auf einer Bank vor der Schenke anstatt hinter einem Tisch darinnen niederlassen konnte. Mit einem Male öffnet jemand das Fenster und wirft zwei Heringsköpfe mir gerade vor die Füße. Ich hebe sie auf, schaue sie mir näher an, untersuche sie, ob noch etwas von dem Fisch daran säße, und plötzlich fallen mir zwei dänische Dukaten in die Hand, aus jedem der Köpfe ein echter, harter Dukaten. Was meinst Du, was ich nun beschloß? Nach einem ersten vergnügten Halleluja nach Orlando-Art ging's in die Schenke und dann, nach einem ebenso vergnügten Abendmahl, mit dem nächsten Postwagen nach Lüneburg. Für die heutige Reise war mir noch genug von den Dukaten, von denen in der Schenke niemand etwas hatte wissen wollen, übrig geblieben, so daß ich auch heute wie ein vornehmer Kavalier zurückfahren kann. Aber ich muß jetzt zum Ende kommen – in Lüneburg schreibe ich Dir noch ein weiteres über meine Fahrten nach Celle.

Lüneburg, Donnerstag vor Pfingsten

Celle ist eine ganz andere Stadt als Hamburg und Lüneburg – viel heiterer, viel heller, es hat wunderschöne Häuser, einen Lustgarten mit vielen Springbrunnen und Statuen, einen Herzog, der Musik liebt, und eine Herzogin, die Musikanten aus ihrer Heimat – das ist Paris – nach Celle eingeladen hat. Du begegnest hier auf Schritt und Tritt den Instrumentalisten, den Sängern und den Ballettänzern vom Hofe und den Schauspielern vom Theater im Schloß des Herzogs. So hörst Du also hier die neusten Musiken vom Hofe in Versailles – viele lustige Stücke, Tänze, Suiten, Couranten, Bourrées, Rigaudons, Menuette – mit vielen lockeren Verzierungen und Manieren, wie Böhm sie nennt, und Du siehst hier, wenn Du Glück hast, eine Comoedie im Theater; ich habe mich einmal von einem der herzoglichen Domestiken heimlich hineinschmuggeln lassen. Aber leider ist der Weg von Lüneburg nach Celle doppelt so weit wie nach Hamburg, und man braucht zwei Tage und immer unterwegs eine kostspielige Übernachtung in Uelzen, wenn man nicht im Heu schlafen will. Die Dukaten und die Chorgelder haben es mir noch immer erlaubt, mich auch in der französischen Musik ein wenig umzutun. Vielleicht schreibe ich auch einmal eine Suite française.

Ich werde nun auch ein drittes Jahr in Lüneburg bleiben – in der Schule will man uns noch mit der neusten deutschen Poesie bekannt machen, mit dem Grimmelshausen und dem Schupp und mit dem ganz vergnüglichen Erzschelm, dem Megerle, der jetzt in Wien predigt und sich ganz lustigerweise Abraham a Sancta Clara nennt.

Wenn Ehren Rektor Büsch Recht behalten soll mit seiner Lehre vom Sinn und Ziel aller wahren Erziehung, wie er sie uns an jedem Montag entgegenhält, so wird Dein Bruder Sebastian als ein vollkommener Charakter, hochgelehrt durch Plato, die dialektische Orthodoxie Hutters und Reybers Systema logicum, vor Dir erscheinen. Sogar mit ein paar Kompositionen, die hier allen, wenn ich sie vorspiele, gefallen. Zu den Chorälen »Christ, der du bist der helle Tag« und »O Gott, du frommer Gott« habe ich auf jeden eine Partita komponiert und für alle Strophen immer eine neue Variation. Ich werde sie Dir vorspielen, wenn wir uns wiedersehen. Bis dahin sei herzlich gegrüßt von Deinem

Dich liebenden Bruder Sebastian.

13.

Der Abschied von Lüneburg wäre nicht so leicht und unbeschwert vonstatten gegangen, hätte nicht nach den drei Jahren in der Fremde – und waren sie auch noch so reich erfüllt gewesen – der Weg zurück in die thüringische Heimat geführt, zu den Höhenzügen mit ihren dichten Wäldern, zu den vertrauten Stätten der Kindheit, zum Frauenplan, zur Georgenkirche und auf die Wartburg, nach Ohrdruf und den drei Gleichenburgen, zu den Brüdern, zum Oheim Christoph in Eisenach und zu den Gräbern . . . All das erwartete ihn, wie auch er es immer ungeduldiger herbeisehnte.

Die Rückreise verlief diesmal sehr viel angenehmer und bequemer, als vor drei Jahren die Wanderung nach Lüneburg. Sebastian hatte in den letzten Monaten gewissenhaft von seinen Chorgeldern zurückgelegt, was immer er entbehren konnte. Dies und ein recht beachtliches Auslösegeld, das man ihm in besonderer Anerkennung seiner Tätigkeit als Präfekt und Vorgeiger und für gelegentliche Vertretungen an der Orgel bei seinem Abschied auszahlte, ermöglichten ihm, einen großen Teil der Reise mit dem Postwagen zu fahren. Er reiste über Celle, wo er noch einmal Halt machte, und von hier über Braunschweig nach Nordhausen, wo er sich entschloß, den Rest der Reise zu Fuß zurückzulegen, wie es sich für einen achtzehnjährigen jungen Anwärter auf einen lukrativen Musikantendienst – lukrativ in jeder Hinsicht – gehört.

Es war wiederum wie drei Jahre zuvor Frühlingsanfang. Und außerdem – Sebastian lachte in sich hinein – liegt es uns Bachen im Blut seit dem alten Vitus, von dem uns der Vater erzählt hat, daß er halb Europa durchwanderte.

Als Ziel seiner Rückreise hatte Sebastian wohlbedacht nicht Eisenach oder Ohrdruf gewählt; er wußte ja, daß Jakob längst Eisenach verlassen und irgendwo im Thüringischen sein Weiterkommen gesucht hatte, und Ohrdruf erschien ihm, dem angehenden Musikus beider Richtungen, kirchlich und weltlich, und angefüllt mit Ideen und Plänen, zu abseits, ganz außerhalb seiner Erwartungen zu liegen.

Wie also wäre es mit einem Besuch in Erfurt? Dort wohnten die Lämmerhirts. Pachelbel war zwar nicht mehr in Erfurt. Aber hier hatte schon vor ihm Johann Bach, der Bruder vom Großvater Christoph, gewirkt und an die vierzig Jahre vortrefflich die Orgel der Predigerkirche und das Amt des Direktors der Stadtmusik versehen, ein tapferer Hausvater in den Wirren des langen Krieges, an seiner Seite Hedwig Lämmerhirt. Und auch seine Söhne waren den Erfurter Diensten treu geblieben.

Hier war Ambrosius – der Vater – geboren, war, bevor er nach Eisenach übersiedelt war, als Zweiundzwanzigjähriger in die Erfurter Musikanten-Compagnie eingetreten und hatte, wie schon Johann, eine Lämmerhirtin geheiratet.

Wo also hätte er sich bessere Aussichten für die Zukunft versprechen können! Die Lämmerhirts waren eine angesehene Familie – der Großvater ehedem ein Ratsherr; man führte ein recht beachtliches Haus und würde also auch für ihn sicherlich zunächst einmal eine Gästekammer bereit haben.

So geschah es denn, daß er gegen Ende des März 1703 in Erfurt eintraf. Es gab viel zu erzählen, von Sebastian den Lämmerhirts, und von diesen wiederum dem Sebastian. Denn auch er wollte erfahren, wo denn der Jakob untergekommen und wie es der Familie in Ohrdruf ergangen sei.

Es waren gute Nachrichten; wo der Jakob allerdings gerade eben sich aufhielt, war nicht zu erfahren, aber er war, so wußte man es, bisher als Musikus recht gut weitergekommen; und auch aus Ohrdruf gab es nur Erfreuliches vom Wohlergehen und auch vom Familienzuwachs zu hören.

Nun galt es aber auch für ihn, ein dauerhaftes und einträgliches Unterkommen zu finden. Und wie es so der Zufall will – Sebastian wird während eines Standkonzerts der Stadtmusik auf dem Domplatz erfahren, daß der Bruder des Weimarer Herzogs, Prinz Johann Ernst, seine Kammermusik zu erweitern wünscht und dazu auch einen guten Violinspieler einstellen würde.

Sebastian wird also noch am nächsten Morgen aufbrechen – die wenigen Meilen von Erfurt nach Weimar sind für ihn nicht mehr als ein reizvoller kurzer Spaziergang – um sich gleich im Prinzenpalais vorzustellen.

Man verwies ihn am Portal an den Konzertmeister des Prinzen, der ihn – nachdem er den Namen Bach erst einmal recht verdaut hatte – mit freundlichen Worten willkommen hieß und sich zunächst ein Langes und Breites mit ihm über die Lüneburger Studien unterhielt, bis er ihn endlich – nachdem er ihm noch von einem ehemaligen Mitglied der herzoglichen Hofkapelle mit

Namen Christoph Bach erzählt hatte – ein Notenblatt vorlegte, damit Herr Sebastian Bach sich als berechtigten Bewerber um eine Violinistenstelle beweisen könne.

Es war die Abschrift einer Solosonate von Corelli für die Violine, nicht eben einfach zu spielen, am wenigsten, wenn man das Blatt zum ersten Male vorgelegt bekommt. Aber Sebastian hatte keinen anderen Gedanken, als den Herrn Konzertmeister in Erstaunen zu versetzen. Seine vieljährigen Übungen auf dem Instrument seit den Anleitungen durch den Vater und den Bruder Christoph bis zu den eigenen Studien in Lüneburg hatten ihn bereits so sicher gemacht, daß ihm der Corelli gelang, als ob er just diese seine Sonate gründlich vorstudiert hätte.

»Was wäre da wohl zu sagen! Gehe Er mit mir gleich zur Rentkasse und melde Er dort seinen Eintritt in unser collegium musicum an. Er kann, wenn Er will, gleich im Schloß bleiben.«

Johann Sebastian Bach, achtzehnjährig, Hofmusikus im Kammerorchester des Prinzen Johann Ernst von Weimar – man konnte für die nächste Zeit zufrieden sein.

Diese nächste Zeit aber sollte nur wenige Monate dauern. Am 4. April war er in Weimar angetreten, und schon zu Beginn des August hatte er auf sein Ersuchen seine Entlassung aus den Diensten der Weimarer Prinzenmusik bewilligt bekommen, nicht ohne einen vernehmbaren tiefen Seufzer der prinzlichen Erlaucht, einen so vortrefflichen Geiger so schnell wieder zu verlieren.

Wie es zu der schnellen Veränderung gekommen war, davon berichtet unser folgendes Kapitel.

14.

Während der vier Monate der Weimarer Kammermusiken hatte Sebastian an seinen freien Tagen auf regelmäßigen Wanderungen nach Erfurt erneut Umschau gehalten, wo denn ein angenehmerer Platz für ihn bereit stehen könnte. Das Musizieren am dritten Pult der Geigen neben den oft verstimmten g- und d-Saiten seines Pultgenossen schien ihm auf die Dauer nicht der rechte Genuß und das Ziel seiner Wünsche zu sein.

So war denn seine Aufregung verständlich, als sich ihm ganz unerwartet eine verlockende Aussicht eröffnete.

Um die Mitte des Juli ging in Weimar ein höchst gewichtiges, amtliches Schreiben ein:

> »An den Herr Hofmusikus und Fürstl. Sächs. Hoforganisten Joh. Seb. Bach in Weimar über die Kanzlei des Palais Johann Ernst.«

Das Schreiben war abgefertigt vom Gräflich Schwarzburgischen Konsistorium in Arnstadt, in welchem besagter Herr Hofmusikus und Hoforganist – er hatte gelegentlich den Organisten der Hofkirche Johann Effler vertreten, der bereits im hohen Alter außer seinem Organistendienst durch Kanzleipflichten überbürdet war – aufgefordert wurde, die Orgelabnahme der soeben fertiggestellten Orgel in der Neuen Kirche zu Arnstadt zu vollziehen und zu diesem Behufe am 21. Juli sich in Arnstadt einzufinden. Seine Aufnahme für die Tage seines Aufenthalts ebenda sei im Hause der »Güldenen Krone« am Holzmarkt vorgesehen und bereits angemeldet und bestätigt.

»Das haben die Arnstädter Bache vortrefflich ausgemacht! Soll es also auch von mir ein Exempel geben, was die Bache ihrem Namen schuldig sind!«

Der Eingeladene hatte alsbald um Urlaub bei seinem Konzertmeister einzukommen; er begab sich also in die Kanzlei, erbat sich einen Urlaub von drei Tagen zum Besuch seiner Familie in Arnstadt, verschwieg aber dabei den eigentlichen Zweck seiner Reise.

Wenn er außerdem noch einen Wunsch äußern dürfe – er wolle und müsse ja den Arnstädtern auch von Weimar und von den hochfürstlichen Kammermusiken erzählen. Ob er wohl sein Aufrücken vom dritten ans erste Pult ankündigen könne.

»Er ist ein vortrefflicher Violinist, Bach, und Er könnte – ich zweifle nicht – sich sehr wohl am Pult des ersten Geigers behaupten; aber Er wird einsehen, daß alt-verdiente Rechte noch immer vor das bessere Vermögen eines Jüngeren gehen. Er wird geduldig zuwarten müssen –, und ich meine, Er wird warten können – mit seinen achtzehn Jahren . . .«

»So meinst du« – aber das sagte Sebastian nicht laut und vernehmbar, sondern ganz leise in sich hinein –, »denn dein Violinist am dritten Pult wird seine Fortune sehr bald schon anderswo suchen.«

15.

Das Haus zur »Güldenen Krone« gehörte dem Bürgermeister von Arnstadt, dem Wohledlen Herrn Martin Feldhaus, dem das Gräfliche Konsistorium die Überwachung des Baues eines neuen Orgelwerks an der Neuen Kirche anvertraut hatte.

Ehrn Feldhaus hatte nur zu gern dem Drängen seiner Eheliebsten nachgegeben, einen jungen Bach mit der Abnahmeprüfung zu betreuen: denn es läge doch zweifellos im Sinne sowohl der gräflichen Durchlaucht wie der Herren vom Konsistorium, diesen jungen Sebastian, Neffen des verstorbenen hochgeachteten Christoph Bach, durch seinen Besuch und eine recht freundliche und auch einträgliche Behandlung für Arnstadt einzunehmen, sintemalen die ganze Bachische Verwandschaft für ihn plädiere, und zu ihr gehöre ja nicht nur sie selbst, die Frau Bürgermeisterin Margarethe Feldhaus, geborene Wedemann, Tochter des wohlbestallten und angesehenen Herrn Stadtschreibers von Arnstadt Johann Wedemann, sondern gehörten auch Frau Martha-Elisabeth

Haus zur Güldenen Krone in Arnstadt

Bachin, die Tante des Einzuladenden, und ihr Sohn Johann Ernst, Vetter und überdies einer der dem Sebastian lieb gewordenen Schul- und Spielgefährten aus der Ohrdrufer Zeit, als ebenso die Gehrener Tante, Frau Katharina Bachin – auch sie eine geborene Wedemann –, und nicht zuletzt die immer noch unvermählte Stadtschreiberstochter Regina Wedemann, die sich durchaus den Wünschen ihrer Schwester angeschlossen hatte.

Vor so vielen Hinweisen und Begründungen, wie wünschenswert es sei, den jungen Bach einzuladen, konnte selbst der Herr Bürgermeister nicht zurückstehen. Es gab also einen herzlichen Empfang im Hause zur »Güldenen Krone«, als Sebastian in Arnstadt eintraf, und eine kurze Rede des Ehrn Martin Feldhaus, wohlbestallten Bürgermeisters zu Arnstadt:

»Du hast die Einladung nicht etwa nur und allein deinem Namen Bach zu verdanken. Wir wissen, was du in Lüneburg beim Böhm und Löwe und in Hamburg beim Reinken gelernt und dir zu eigen gemacht hast. Dein Bruder Jakob, den ich mir auch vorzüglich nach Arnstadt wünschte, hat uns bei seinem letzten Besuch viel von dir und deinen Briefen an ihn erzählt. Wir erwarten also einen vortrefflichen Beitrag von dir an einem Instrument, das vielleicht – ich möchte es wünschen – einmal dein eigenes Instrument sein wird.«

Die Orgelabnahme war auf die Stunde nach dem Frühgottesdienst der Arnstädter Kirchen angesetzt. Da in der Neuen Kirche vor der Abnahme der neuen Orgel seit einigen Wochen kein Gottesdienst hatte stattfinden können – in der ersten Zeit der Orgelrestauration hatte man sich mit den jeweils fertig gestellten Registern beholfen –, trafen außer den Teilnehmern von Amts wegen, also den Mitgliedern des Gräflichen Konsistoriums und den Ratsherren, nun auch die Geistlichen, ihre Kantoren und Orgelspieler und die Gemeindeältesten aus der Liebfrauenkirche und der Oberkirche ein.

So war ein recht ansehnliches Auditorium versammelt, als Sebastian – von etlichen wurde er ob seiner Jugend mit bedenklichem Kopfschütteln begleitet, hatte er ja nicht einmal Notenblätter mitgebracht! – zur Orgelempore hinaufstieg und hier nun endlich den Baumeister selbst, den Orgelmacher von Mühlhausen, Johann Friedrich Wender, begrüßen konnte, der seinen Gruß mit einiger Zurückhaltung erwiderte. Auch er war der Meinung, man hätte ihm einen älteren, erfahrenen Prüfer zugestehen sollen. Aber sowohl Superintendent Ehrn Johann Christoph Olearius als auch Bürgermeister Feldhaus hatten ihm beteuert, daß man ja erst einmal abwarten müsse, wie sich der gewählte Prüfer in der Ausführung seines Auftrages zeigen würde.

Da war noch der alte Hünerwolf, der Windmacher, recte Bälgetreter, zu begrüßen.

»Wir werden heute viel Wind brauchen und Ihr werdet Euch heute zu Mittag mit einer Extraportion Kälberbraten stärken müssen. Laßt also gleich zu Beginn Wind für volles Werk hinein, und haltet ihn mir recht gut und lange!«

Zu Wender fügte er lächelnd hinzu: »Nach dem Rate von Meister Reinken soll man zu allererst die Lungen des Werkes – und erst später die Zungen prüfen.«

Und so setzte er mit einer Folge von mächtigen Akkordkadenzen majore und minore nach- und durcheinander ein, gekoppelt Manuale und Bässe, daß es nur so hereinbrauste; und dann folgten, zunächst in ruhigen Gängen, zarte Arpeggien auf dem Oberwerk, kühnere auf dem Brustpositiv und endlich – wie die Posaunen vom Jüngsten Gericht – die volltönenden Schritte auf den Pedalen mit ihren Acht- und Sechzehnfußbässen und einem Cornet im Zweifuß. In den arpeggierten Akkordfiguren erschienen nun wie von selbst einzelne charakteristische Motive, durch die sich Sebastian anregen ließ, zunächst einzelne Register abzuhören – wobei er mit viel Freude sich bei Gemshorn, Cymbel und Trompete des Oberwerks aufhielt und aus ihnen die Musik eines himmlichen Tanzreigens gestaltete. Ihm ließ er auf dem Brustwerk die Exposition einer Fuge folgen, die er im Wechsel der Register zwischen Viola di Gamba des Oberwerks mit dem Nachthorn, der Spitzflöte und endlich dem Gedackt kunstvoll ausführte, Motive aus seiner einleitenden Improvisation in die Zwischenspiele einfügend, bis er endlich, nach einem ankündigenden, auffordernden Blick zu seinem sichtbar erschöpften Windmacher Hünerwolf, noch einmal das volle Werk zu einer mächtigen Schlußkadenz aufstrahlen ließ.

Das Auditorium blieb noch eine ganze Weile wie benommen von so viel Überraschendem, ja Überwältigendem an Klang und Reichtum der Einfälle, blieb ohne jede Äußerung und Bewegung, bis endlich Ehrn Olearius, zu dem sich alle Blicke gewendet hatten, sich erhob mit einem laut vernehmbaren »Excellent – magnifique! Und das für Orgel und Orgelspieler!« Und dann begann ein Gesummse und ein Durcheinander von Lobesäußerungen, daß Olearius mahnend die Hand erheben mußte.

»Wir sind in einem Gotteshaus – und nicht auf dem Marktplatz! Bitte dies freundlich zu bedenken!«

Als Sebastian mit dem höchst erleichterten Orgelbauer und dem ebensosehr zermürbten Windmacher gemeinsam die Orgelempore verlassen hatte, Baumeister Wender strahlend vor Wonne, Hünerwolf mit dicken Schweißtropfen auf der Stirn, Sebastian voller Erwartung auf das Urteil über sein Spiel, empfingen sie Superintendent und Bürgermeister an der Stiege, schüttelten allen dreien die Hände, worüber Hünerwolf fast erschrocken war und sich sehr verwunderte, und sprachen nunmehr amtlich die höchste Zufriedenheit mit dem Verlauf und dem Ergebnis der Abnahmeprüfung aus. Sebastian aber bestellte Hochehrn Superintendent Olearius für den späten Nachmittag in sein Haus, um hier mit dem jungen Orgelmeister einiges von Bedeutung zu besprechen. Martin Feldhaus – Stadtoberhaupt von Arnstadt – aber flüsterte ihm auf dem Wege zur »Güldenen Krone« heimlich zu: »Deine Wahl zum Organisten an der Neuen Kirche ist so gut wie beschlossen, falls du nur selber nach Arnstadt übersiedeln willst und Weimar dafür aufgibst.«

Ein drittes Violinistenpult im Kammerorchester eines Musikliebhabers, und wenn auch eines hochgestellten, durchlauchtigen Weimarer Prinzen, mit einer Orgelbank vor einem eigenen Orgelwerk zu vertauschen, dazu bedurfte es gewiß keiner langen – überhaupt gar keiner Überlegung.

Am 9. August, anno 1703, um es einmal festzuhalten, wurde dem gewählten und von Seiner Hochgräflichen Gnaden, dem hochgeborenen Herren Grafen Anthon Günther zu Schwarzburg und Hohnstein, Herrn zu Arnstadt, gebilligten und bestätigten Organisten Johann Sebastian Bach das Amt des Organisten an der Neuen Kirche zu Arnstadt anbefohlen und mit einträglicher Besoldung ausgestattet.

2. Teil

Arnstadt

1703–1707

1.

Noch eine ganze Zeit lang erschien es Sebastian, als sei das alles ein wunderschöner Traum: die Orgelabnahme, der freundliche Empfang, die so ausgezeichnete Bestallung, seine Übersiedlung nach Arnstadt, die feierliche Einführung in sein neues Amt, seine Orgel, seine Kirche.

Aber es war ja die Wirklichkeit – eine wunderschöne Wirklichkeit. Da saß er nun – der Achtzehnjährige – vor seiner eigenen Orgel. Sie war zwar nicht so groß und prächtig wie die Orgel von St. Michaelis und St. Johannis in Lüneburg oder die Reinkenorgel von St. Katharina in Hamburg –, aber sie war seine Orgel, es war sein Orgelplatz, sein Amt, seine große Verpflichtung, zu wirken, zu schaffen, zu werden, zu wachsen – immer weiter in das unendliche Reich der Klänge und ihrer Erscheinungen als Präludien und Fugen, als Toccaten und Partiten, als Fantasien und Sinfonien zur Ehre und zum Lobe Gottes.

Seine Unterkunft hatte er im gleichen Hause zur »Güldenen Krone« nun auf die Dauer gefunden. Feldhausens hatten ihn freundlich aufgenommen. Es war ein recht behagliches Zimmer, geräumig genug auch für ein Cembalo, das er sich schon recht bald erwerben wollte.

Es gab mancherlei Besuche mit all den Neuigkeiten, die man von den Verwandten aus Erfurt, aus Eisenach und aus dem benachbarten Gehren erfuhr, und also auch von der Muhme Catharina und von Maria Barbara, die auch nach dem Tode des Oheims Johann Michael im alten Amtsgebäude neben der Gehrener Kirche geblieben waren.

Sein Amt ließ ihm Zeit genug, sich auf der Orgel und in der Komposition zu vervollkommnen. Hünerwolf hatte keinen gelinden Schreck bekommen, als sein neuer Organist ihm nach einer Hochzeitsmusik nach dem Hauptgottesdienst eröffnete, er wolle den kostbaren Notenschatz, den sein Vorgänger im Laufe der Zeit angeschafft und den man beim großen Brand von 1581 gerettet hatte, insgesamt einmal auf der Orgel durchspielen, und er, Hünerwolf, werde ihm wohl dabei behilflich sein und ihn gehörig mit Luft versorgen. Er beruhigte sich erst, als Sebastian hinzufügte, er werde sich natürlich erkenntlich zeigen, er könne ja nicht verlangen, daß Hünerwolf sich für die musica sacra, ». . . und das heißt lieber Hünerwolf: für unsere heilige, erbauliche und erhebende Kirchenmusik«, aufopfere; und außerdem wolle er sich aus dem vollgestopften Notenschrank der Liebfrauenkirche vom Amtsbruder Börner etliches von den neueren Musiken ausleihen, und auch aus Gehren sei ihm einiges aus dem Nachlaß seines Oheims Michael Bach versprochen worden.

»Und nun falle Er nicht gleich in Ohnmacht, Hünerwolf! Ich werde alles schön über die Zeit verteilen.«

So fanden sich denn beide auf die vorgesehene lange Zeit auch in freien Stunden an der Orgel ein, Sebastian am Spieltisch und Hünerwolf am Tretbalken, und nicht selten hatten sie unten im Altarraum und im Kirchenschiff Besucher, das eine Mal einen der Herren Geistlichen, das andere Mal Spaziergänger oder gar Nachbarn, die voller Neugierde den Klängen nachgegangen waren und nun immerhin den »Neuen« regelrecht bewunderten.

Es gab für Sebastian unter den Notenblättern mancherlei zu entdecken – Vortreffliches, Gutes und auch Mißlungenes, Naives, Überlebtes, auch trockenes Zeug, das er sehr schnell beiseite legte und später, soweit es der Neuen Kirche gehörte, in das unterste Fach des mächtigen neuen Notenschrankes versenkte und dort regelrecht vergrub. Dagegen vertiefte er sich mit immer größerem Erstaunen und Bewundern in die alten Blätter von Paul Hofhaimer, in die »Tabulaturen etlicher lobgesang und lidlein« von Arnolt Schlick und das »neu künstlich Tabulaturbuch« vom alten Thomasorganisten Elias Ammerbach aus Leipzig, während ihm Börner mit Haßler, den Gabrielis, Sweelinck und Scheidt aushelfen konnte. Unter den Notenblättern, die er während eines Besuchs bei Börner durchsah, entdeckte er eine kleine Sammlung von Sonaten Johann Kuhnaus, auch eines Leipzigers an St. Thomae, die ihn völlig überraschte: »Musikalische Vorstellung Einiger Biblischer Historien. In 6 Sonaten auf dem Claviere zu spielen. Allen Liebhabern zum Vergnügen, versuchet von Johann Kuhnauen«, so las er auf dem Titelblatt und überflog die Blätter von der ersten bis zur sechsten Sonate, während sich seine Mienen beständig wandelten, hier zu höchst angespanntem Erstaunen, dort zu vergnügter Heiterkeit. Da begegnete er dem »todkranken und wieder gesunden Hiskias« und der »Vorstellung« von »Jakobs Tod und Begräbnis«, da reizte es ihn, die Suonata seconda von »Sauls Traurigkeit und Unsinnigkeit« und »Davids erquickendem Harfen-Spiel« gleich selbst am Cembalo durchzugehen und mit »des Königs zu Ruhe gebrachtem Gemüt« zu beschließen.

Am längsten aber und mit wachsendem Vergnügen verweilte er bei dem »Streit zwischen David und Goliath«, dem »Combattimento trà David e Goliath« und Kuhnaus köstlichen Vorstellungen vom Pochen und Trotzen des Goliaths, dem Zittern der Israeliten, der »Herzhaftigkeit Davids«, dem Wortwechsel und dem Kampf der beiden:

und den Folgen des David-Sieges: der Flucht der Philister, dem Frohlocken der Israeliten, dem »Concert der Weiber« und dem allgemeinen Jubel. »Wie groß die Freude der singenden Ebräer müsse gewesen seyn«, so hatte Kuhnau seine Sonate eingeleitet, – »solches ist leichte zu erachten. Die Spur davon zeigt sich darinnen, indem das Frauenzimmer aus den Städten des jüdischen Landes denen Siegern mit Pauken, Geigen und anderen musikalischen Instrumenten entgegen kömmt und ein Concert von unterschiedenen Chören anstimmet.«

»Da ist wirklich alles drin! Man könnte wirklich die ganze Bibel in Musik übersetzen!« Es war ein Gedanke, der ihn noch lange Zeit, auf dem Nachhauseweg und selbst noch lange danach beschäftigte.

2.

Die Weihnachtsstolle der Regina Wedemann, der noch unverehelichten Schwester der Margarete Feldhaus und der Katharina Bach aus Gehren, war in diesem Jahre besonders gut geraten. Die vier jungen Leute, ihre Gäste am 2. Feiertage, bezeugten es ihr nachträglich durch ihren starken Appetit, dessen Hauptursache eben ihre Weihnachtsbäckerei zu sein schien. Um ihren gastlich gedeckten Tisch saßen, vergnügt miteinander und durcheinander plaudernd, Barbara Katharina, die älteste Tochter Onkel Christophs, die älteste auch unter den vieren, ihr Bruder Ernst, der gerade zum Weihnachtsbesuch aus Frankfurt eingetroffen war, nicht ohne die Absicht, sich über die Aussichten für eine Rückkehr nach Arnstadt auf die Dauer zu informieren, ferner Maria Barbara, die Base aus Gehren, lebhaft und ungemein anmutig, und schließlich Sebastian, vier Bache also, davon drei aus Ehen der Bache mit Wedemannschwestern.

Es blieb natürlich nicht bei Lobsprüchen auf Reginens Backkünste und Meisterstollen. Man sprach von gegenwärtigen und alten Arnstädter Geschichten – von den Arnstädter Freunden – vom Rektor Treiber und seinen Sorgen mit dem Schülernachwuchs und von diesem selbst, den neuen Streichen der verwegenen Primaner und von den Klagen der Gemeinde über ihre Rüpeleien vor den Kirchtüren.

»Du hast es ihnen nach der gestrigen Weihnachtsmusik aber gründlich gegeben, Sebastian. Ihr Echo ist auch ganz entsprechend, aber dein Lob bei den Arnstädtern in aller Munde.«

»Was willst du! In ihren Bierkneipen kennt man sie zur Genüge. Sie wissen keinen Unterschied zwischen Figuralmusik und Saufliedern, zwischen Contrapunkt und Würfelspiel, zwischen Kirchenraum und Wirtshaus; sie saufen und raufen, wo sie aufkreuzen, und alles das ist so bekannt, daß man ihre Schandmäuler gar nicht beachtet, aber sie leider auch nicht zustopft. Mir aber sollen sie nicht kommen! Ich habe sie gestern ein für alle Mal vor die Wahl gestellt: sich aufzuführen, wie es einem Chorsänger im Gottesdienst zukommt, pünktlich zur Andacht und auch regelmäßig zu den Proben zu kommen, oder den Kirchendienst zu quittieren. Und es hat geholfen! Sie haben versprochen, wenigstens in der Kirche Ruhe zu halten.«

»Du hast dir, wie ich höre, einen guten Chorpräfekten ausgesucht . . .?«

»Es ist gar nicht meines Amtes, mußt du wissen, mit dem Chor zu musizieren. Ich bin der Organist und nicht Kantor – also auch nicht der Chordirektor der Neuen Kirche. Aber wenn die jungen Herrschaften, die man uns in die

Bachs Orgel in der Neuen Kirche

Neue Kirche schickt, nachdem man sich die besten für Liebfrauen und die Hauptkirche abgestellt hat, wenn also sie bereit sind, mit mir ernsthaft zu arbeiten, so will ich mit ihnen wohl auch zu besonderen Festtagen eine Kantate vorbereiten, mir schwebt da gerade eine Kantate für Ostern vor, mit deren Komposition ich wohl recht gern aufwarten möchte.«

»Eigener Erfindung?«

»Ganz und gar! Nach Psalm 16, der mich schon in Lüneburg angeregt hat! Mit einem Schlußchoral ›Weil du vom Tod erstanden bist.‹«

Mit diesen Worten hatte sich Sebastian an das Cembalo der Muhme Regina, ein Erbstück ihres Vaters, gesetzt und begann nun zu improvisieren, wie etwa er sich die Eingangsmusik zu der geplanten Osterkantate dachte. Ein paar Mal rief ihm Ernst lachend zu, wie ihn der eine oder andere Einfall an Reinken erinnere, und nachdem Sebastian geendet hatte, setzte sich nun Ernst selbst ans Instrument und variierte nach Reinkenart die Lieblingsarie der Hamburger um 1700 vom »Weibernehmen« aus Seladons weltlichen Liedern vom Georg Grefflinger.

»Aber das Lied hat gar nichts mit unseren lieblichen Bachantinnen in Reginas Weihnachtsstube zu tun«, beteuerte Ernst anschließend. »Vielmehr sollte es für Sebastian und für mich eine Erinnerung an unseren großen Hamburger Johann Adam Reinken sein, der nicht nur an seiner Orgel Gottes Lob verkündet, sondern ein recht fröhlicher alter Meister, also unser bestes Vorbild ist!«

3.

Die Lichter in den Arnstädter Häusern waren längst erloschen. Das Rathausglöckchen – die mahnende Stimme an die verspäteten Gäste der Arnstädter Wirtshäuser – hatte schon vor einer Stunde die letzten Nachzügler heimgeläutet.

Nur im Hause zur »Güldenen Krone« brannte noch Licht. Aus den Fenstern fiel der helle Schein über den Holzmarkt, und mitunter hörte ein einzelner Spaziergänger recht erregte Stimmen einzeln und durcheinander.

Aus einer geselligen Zusammenkunft, zu der die Feldhausens anläßlich des Besuchs von Johann Jakob, der nur selten einmal nach Arnstadt kam, eingeladen hatten, war ganz plötzlich ein Familienrat geworden, als nämlich Jakob nach mancherlei Erzählungen und Berichten von seinen Reisen und seinem Wirken den eigentlichen Grund seines Besuchs erklärt hatte.

»Ich werde« – so hatte er begonnen – »schon in den allernächsten Tagen unser schönes Thüringen und Euch hier in Arnstadt und in Ohrdruf und in Eisenach und Erfurt verlassen und . . .« – Hier hielt er einen Augenblick inne, um die erste Wirkung seiner Ankündigung von der geplanten Abreise abzuwarten, fuhr aber sehr bald fort, da man ihn zunächst nur fragend ansah. »Ja –, ganz so ist es, ich werde reisen, und diesmal sehr weit von Euch – ins Polnische, zu Karl, dem Schwedenkönig, der mit seinen Soldaten nach Polen gezogen ist. Man hat mir ein gutes Avancement als Oboist in der königlichen Garde in Aussicht gestellt, und ich habe eingewilligt.«

Jakobs Eröffnung wirkte wie ein Hagelschlag auf die Gemüter. Keiner wußte zunächst, wie er sich äußern sollte. Zögernd nur setzten die Gegenfragen ein.

»Zum Schwedenkönig . . .?«

»Ins Polnische . . .?«

»In die Schwedengarde?«

»In den Krieg!?«

»Es ist doch nicht dein Ernst!?«

»Es ist mir völlig ernst. Mein Entschluß steht fest. Ich werde reisen.«

Nun aber begann ein lebhaftes Erörtern. Man warnte, man beschwor ihn, man bat ihn, seinen Entschluß noch einmal zu überprüfen. Er möge bedenken, welche unterschiedlichen Gefahren ihm auf der Reise zustoßen könnten, und obendrein in einem Kriege, der ihn doch gar nichts und überhaupt nichts anginge!

Einer nach dem anderen – zunächst Ehrn Martin Feldhaus, danach Bruder Christoph, der aus Ohrdruf herübergekommen war, dann ebenso Ernst und endlich Sebastian – sie alle beteuerten gleichermaßen ihre Sorgen um den leichtfertigen Entschluß, und nur die anwesenden Frauen verhielten sich stille, wenn sie auch ihre Seufzer nicht völlig unterdrücken und vor dem Abenteuerlustigen verbergen konnten.

Es blieb dabei.

Am folgenden Morgen bereits bestieg – nach innigsten Umarmungen und herzlichen Beteuerungen und guten Wünschen – Jakob den Postwagen am Riedtor, der dann auch sehr bald unter den fröhlichen Klängen des Postillionhornes in Richtung Erfurt davonfuhr.

»Nun werde ich ihm über eine lange Zeit keine Briefe mehr schreiben können! Dafür aber will ich Euch allen die Geschichte unseres lieben Bruders Johann Jakob Bach am Klavier erzählen.« Damit verabschiedete sich Sebastian von den anderen.

4.

Die Erzählung von der Abreise seines »fratello dilettissimo« hatte inzwischen die Gestalt eines Capriccio angenommen, dessen erste Entwürfe er noch weiterhin ergänzte. Es gab da ein Fugato, mit einem eindringlichen Thema – einer »Vorstellung unterschiedlicher Casuum, die ihm in der Fremde könnten vorfallen«, danach ein Adagio – ein »Lamento der Freunde« mit vielen chromatischen Schmerzens- und Seufzertönen; nach dem fröhlichen Postillionlied, beim Abschied am Riedtor geblasen, rollt der Wagen davon, und stilgerecht, wie es sich für einen guten Orgelmeister gehört, schließt das Capriccio mit einer ausgedehnten heiteren Fuge über eine Postillionmelodie als Thema, wie sie der Schwager blies, am Ende mit einem Zungenschnalzer auf dem Mundstück seines Horns.

Die Wehmut der Trennung von seinem Lieblingsbruder klang noch lange nach – ja, sie drängte sich förmlich immer wieder in seine Improvisationen und seine Präludien, bis er sie endlich erneut aufgriff und über sie ein neues musikalisches Werk aufführte, eine Toccata in Reinkenscher Breite von insgesamt 297 Takten.

5.

Die Abreise Jakobs sollte nicht das einzige schmerzliche Erlebnis bleiben.

Es war inzwischen Herbst geworden.

Zu Martini wollten die Arnstädter jungen Bache gemeinsam nach Gehren zur Muhme Katharina wandern, um die Martinsgans in diesem Jahre einmal aus der berühmten Zucht des alten Herthum – des Vaters vom gräflichen Küchenschreiber Christoph Herthum – zu probieren und bei einigem Wohlgeschmack auch zu vertilgen, wozu junge Leute wie die Bache durchaus in der Lage sind. Man freute sich schon die Wochen zuvor – auf Muhme Katharina und ihre Kunst, eine Gans wohl vorzubereiten, zu knusperiger Vollkommenheit zu braten und ihr Inneres mit viel Beifuß und frischen Äpfeln zu dekorieren – man freute sich auf die Gehrener Instrumente im Hause der Muhme, die noch vom Oheim selbst gebaut waren – und auf Maria Barbara, die ihren 20. Geburtstag mit ihnen, wenn auch um wenige Wochen später, nachzufeiern gedachte.

Am Abend des 19. Oktober – einen Tag also vor ihrem Geburtstag – saß Sebastian in seinem Zimmer in der »Güldenen Krone«, hatte sich Notenblätter und Federkiele zurechtgelegt, hatte die Kerzen angezündet und schickte sich gerade an, das Böhmsche Menuett, das er aus Lüneburg mitgebracht hatte und sehr schätzte, für Maria Barbara in feinste Abschrift zu übertragen, als Muhme Regina – aufgelöst, Tränen in den Augen – eintrat.

»Es ist etwas Schreckliches eingetreten! Aber ich habe es längst erwartet . . . Sie war schon seit langem nicht recht wohlauf. Sie hat sich tapfer gehalten all die Jahre seit Michaels Tod –, nun ist sie ihm heute nachgefolgt . . .«

». . . die Muhme Katharina in Gehren?«

Sebastian nahm die beiden Hände der Unglücksbotin Regina und hielt sie so zärtlich, wie es ein neunzehnjähriger junger, teilnahmevoller Mitbetroffener nur vermag, eine lange Zeit.

»Du hast eine liebe und gute Schwester verloren, Tante Regina. Ich empfinde mit dir den Verlust, den wir ja alle mit dir erlitten haben. Du weißt, daß ich Verluste selbst sehr früh schon erdulden mußte. Aber Maria Barbara . . .?«

»Wir fahren noch heute zu ihr nach Gehren. Ich habe den Wagen schon bestellt. Du wirst mich doch begleiten? Du erhältst sicherlich Urlaub – wir fahren an der Kanzlei vorbei und erklären dort den Grund deiner Abwesenheit bis zur Beisetzung. Zur Frühpredigt am Donnerstag bist du ja wieder in Arnstadt.«

Maria Barbara empfing sie gefaßt. Ernst und ruhig schilderte sie die letzten Stunden der Mutter. »Sie ist still und friedlich hinübergegangen. Sie war bereit – sie war voller Erwartung auf das Wiedersehen mit Vater; sie hat euch allen ihre letzten Grüße zugerufen und ließ euch noch einmal danken für alles, was ihr für sie getan und wie ihr bei jeder Gelegenheit ihr geholfen habt.«

Beim Abschied nach drei ernsten, stillen Tagen in Gehren erklärte Regina mit großer Bestimmtheit, daß es ihr Wunsch sei, für Maria Barbara künftig zu sorgen.

»Wenn du alle deine Angelegenheiten hier in Gehren geregelt hast«, sagte sie, »kommst du zu mir nach Arnstadt. Ich kann sehr gut eine Hilfe im Hause und für meine stillen Abende brauchen. Ich habe Raum genug, alles das aus eurem Haushalt, woran du besonders hängst, unterzubringen und für dich gut aufzubewahren. Und nun bleibe weiter so tapfer wie in den letzten Tagen, liebe Maria Barbara.«

6.

1705. Hünerwolf, der Windmacher, Bälgetreter, Kalkant an der Orgel Johann Sebastian Bachs, verließ erleichtert und höchst vergnügt die Neue Kirche. Die vollen schwarzen Dolden des Holunderstrauches in seinem kleinen Hausgarten waren überreif und riefen, daß er sie ernten solle, und eben deshalb eilte er heute, da man ihm den Nachmittag soeben dienstfrei gelassen hatte, hinaus. Die beiden jungen Herren an der Orgel hatten ihm zugesichert, daß sie sich auch einmal gegenseitig und ohne ihn den Wind machen könnten.

Es war Sebastian, der von seinem Vetter Ernst – und diesem erschien es seltsam genug – die Improvisation zu einem Choralvorspiel um die Adventszeit zu hören wünschte – und das heute, an einem überwarmen Sommertag zu Anfang August!

»Und nun noch ein Neujahrspräludium«, bat Sebastian, »und wenn dir nichts einfällt, dann beginne einfach mit einer Kadenz in C-majore, und dann laß deine zehn Finger auf den Tasten spielen, bis sie dich auf eine gute Invention aufmerksam machen. Ich will es dir an einem alten Beispiel vom berühmten Giovanni Gabrieli zeigen, eine Intonation in la-minore, quasi Toccata im Urzustand.«

»Also, toccate un poco.«

Als der Herr Vetter nach mancherlei Ansätzen und Versuchen, nun eine eigene Toccata auszuführen, mit einer ausgedehnten Schlußkadenz nach den gehörigen Trugschlüssen geendet hatte, entdeckte ihm Sebastian endlich den

Grund seiner seltsamen Wünsche. Er vertraute ihm als ein Geheimnis, über das er noch eine Zeit über zu niemanden sprechen dürfe, daß er beabsichtige, endlich den großen Buxtehude in Lübeck zu hören. Für die Zeit seiner Abwesenheit von Arnstadt solle Ernst für ihn den Orgeldienst übernehmen, und es wäre gerade zur Adventszeit und über Weihnachten und Neujahr noch die eine oder andere Woche. Von seiner Besoldung wolle er ihm die Hälfte und von den Biergeldern und vom Hospital die sämtlichen Accidentien überlassen. Er habe schon ein recht gutes Sümmchen beiseite gelegt, und die andere Hälfte seiner Besoldung und die Gelder für Kost und Wohnung, die ihm ja auch für einen Urlaub gezahlt würden, wären hinreichend genug für seine Reise und die Tage oder sogar Wochen in Lübeck.

»Wenn es nach meinem Wunsch ginge«, so nun Vetter Ernst, »wollte ich dich nach Lübeck begleiten. Aber leider habe ich nicht vorgespart, und da ich dich, wie du sagst, in Arnstadt vertreten soll, werde ich mich also zu bescheiden haben. Aber nun wirst du mir auch einen Gefallen tun, Sebastian. Barbara ist heute gerade bei den Herthums zum Musizierbesuch. Es wird recht spät bis in den Abend werden, und deshalb erwartet sie mich, daß ich sie zum Heimweg dort abhole. Nun hat mich – und das habe ich erst erfahren, als ich zu dir hierher ging – unser Hofkapellmeister zu sich bestellen lassen. Willst du mir den Weg zu den Herthums abnehmen und Barbara nach Hause begleiten?«

Sebastian hatte natürlich gern eingewilligt und sich zur gegebenen Stunde bei den Herthums eingefunden. Da es inzwischen stockdunkel geworden war, nahmen sie – Ernsts Schwester Barbara Katharina und Sebastian – den Heimweg über den Marktplatz, am Rathause vorbei, und trafen hier ganz unerwartet auf eine Gruppe von jungen Leuten. Es waren ältere Chorschüler, die zu einer Tauffeier beim Schlösser Johann musiziert, ein wenig mitgefeiert und nun ihren Heimweg nicht sogleich angetreten hatten und sich noch immer nicht trennen konnten, zumal der Schüttewürfel insgeheim noch eine Flasche guten Weißen auszuschenken versprochen hatte.

Sebastian erkannte sie an ihren Stimmen. Es waren seine Chorsänger von der Neuen Kirche, mit denen er wieder einmal in Streit lag, und so wollte er mit Barbara möglichst unerkannt vorbeikommen, als einer aus der Gruppe, der radikale Geyersbach, sich ihm in den Weg stellte.

»Seht einmal an, der Herr Organist! Mit dem Liebchen in lauer Sommernacht –!«

Weiter ließ ihn Sebastian nicht reden; er schob ihn beiseite und versuchte, an ihm vorbeizukommen: »Geh er nach Hause und belästige er nicht ruhige Bürger . . .«

»Habt ihr gehört«, so nun wieder Geyersbach, »er nennt sich einen ruhigen Bürger. Wißt ihr, Freunde, wie ich ihn von heute an nennen werde? Einen Hundsfott, jawohl, einen Hundsfott, daß ihr's nur alle wißt!«

Und beim zweiten »Hundsfott« hob er drohend seinen derben, knorrigen

Ziegenhainer, einen Stock, ähnlicher noch einem Knüppel, wie ihn die Jenenser Studenten bei ihren Ausfahrten über die Bierdörfer, nach Wogau oder auf den Fuchsturm, zu ihrer eigenen Sicherheit mit sich führen, und ging mit einem Ausdruck, als sei er zu allem fähig, auf Sebastian los.

Der aber zog seinen Kavaliersdegen, wie ihn junge Leute von Stande gern mehr als Zierde denn als Waffe trugen, und setzte dessen gefährliche Spitze auf das Kamisol des erschrockenen Angreifers.

»Halt dein Maul, Zippelfagottist, oder es wird dir schon heute Nacht übel bekommen!«

Seine Warnung begleitete er mit ein paar schnellen, leichten Einstichen in Geyersbachs buntes Kamisol.

Base Barbara fiel Sebastian in den Arm und drängte ihn mit einem leisen Druck zur Seite.

»Es ist genug, Sebastian –, und Ihr, meine verehrten, liebenswürdigen Nachtgespenster, gebt Ruhe!«

»Zippelfagottist . . .?« schrie noch einmal der tiefgekränkte Geyersbach in seiner hilflosen Wut. »Das wird er nicht noch einmal sagen!«

Aber inzwischen hatten Sebastian und Barbara den Kampfplatz verlassen. Beide waren gewiß, daß der Zusammenstoß sein ernstes Nachspiel haben werde.

In den Protokollen des Gräflichen Konsistoriums zu Arnstadt wurde der Vorgang festgehalten. In der Akte vom 5. August 1705 steht zu lesen, daß der Organist in der Neuen Kirche Johann Sebastian Bach bei seinem Erscheinen in der Kanzlei des Konsistoriums um genügliche Satisfaktion wegen des Vorfalls der Belästigung auf offener Straße durch den Schüler Geyersbach gebeten habe.

Am 14. August – so im Protokoll dieses Tages – hatte sich Geyersbach zu verantworten, leugnete aber, daß er den Streit begonnen, sondern sich hätte zur Wehr setzen müssen. Da man aber auch aus den Vernehmungen der Freunde Geyersbachs, wie Hoffmanns und Schüttewürfels, keinen rechten Eindruck gewinnen konnte, waren weitere Termine anzuordnen, die denn auch am 19. und 21. August abgehalten wurden, wobei man endlich auch Barbara Katharina Bachin unter vorgängiger Vermahnung, die Wahrheit zu sagen, vernahm, die nun ihrerseits Geyersbach die Schuld an dem Anfang des Passierten – wie es im Protokoll vom 21. festgehalten ist – vorhielt, daß er – der Geyersbach – nämlich nicht nur Bachen zuerst angeredet, sondern auch zuerst losgeschlagen habe.

Es blieb für diesmal bei einem ernsten Verweis für beide, denn da man auch Bachen vorzuwerfen hatte, daß er durch seine bekannten ständigen Sticheleien selbst Verdrießlichkeiten verursache, ja ohnedem in dem Rufe stände, daß er sich mit den Schülern nicht vertrüge und mit ihnen nicht musizieren wolle – ja, daß er mit seinem Degen dem Geyersbach zuletzt noch Löcher in sein Kamisol gestochen habe – aus allen diesen Gründen hatte man Veranlassung, so das Schlußprotokoll, »beiden gleichermaßen zu gegenseitiger Vernunft zu raten und Unzuträglichkeiten nicht auf öffentlichen Straßen und nicht durch Tätlichkeiten auszutragen«.

7.

»Ich möchte mich verabschieden, Tante Regine; ich werde morgen abreisen.«

Regina Wedemann ließ ihn eintreten.

»Aber, Sebastian, willst du es deinem Bruder Jakob nachmachen? Etwa nach Polen? In den Schwedenkrieg?«

Sebastian lächelte. »Nein, nein – weder nach Polen noch in den Krieg. Ich will nach Lübeck, zu Dietrich Buxtehude, von ihm lernen, was es noch zu lernen gibt!«

»Weiß die Maria Barbara . . .?«

»Ich habe ihr einmal von meinem Wunsch gesprochen, Buxtehude zu hören.«

»Dann geh hinauf zu ihr – sie ist in ihrer Kammer und sucht für dich unter den Noten ihres Vaters nach einer Adventskantate, von der du einmal gesprochen hast. Du hast sie ja nun nicht mehr nötig.«

Sebastian nahm die Stiege in Terzen und Quinten, jeweils zwei oder drei Stufen überspringend. An der Tür zu Maria Barbaras Kammer hielt er einen Augenblick inne; dann klopfte er leise.

»Darf ich eintreten?«

Maria Barbara öffnete einen Spalt weit und war im ersten Augenblick wie gelähmt. Sie schien zu ahnen, was Sebastian zu ihr führte, zum ersten Male vor ihre Kammertür, zum ersten Male allein, ohne die Muhme Regina.

»Komm herein, Sebastian, und einen recht schönen guten Abend.«

Sebastian blieb im Raum – unmittelbar neben der Tür, während Maria Barbara ans Fenster getreten war und sich ihm von hier aus zuwandte.

»Ich habe dir von meinem Wunsch erzählt, Meister Buxtehude in Lübeck zu hören. Man hat mir heute den Urlaub dafür bewilligt. Ich will morgen reisen und wollte dich noch einmal sehen.«

»Du willst mir Lebewohl sagen – Abschied für alle Zeiten, Sebastian?«

»Aber – was denkst du! Ich bleibe nur ein paar Wochen. Dann komme ich zurück.«

»Ins kleine Arnstadt? Wo du dich ganz verlassen fühlst? Sebastian, ich weiß, daß es dich fortzwingt – weit fort – hinaus – dorthin, wo man deine Musik besser verstehen wird als hier bei uns. Du hast ja schon einmal die große Welt gesehen – Hamburg – Lüneburg – Celle –! Du willst zu ihr zurück. Ich weiß es – ich fühle es – ich verstehe es mit dir!«

»Und wenn ich das Draußen mit der Stille von Arnstadt einmal tauschen sollte, wenn mir gar in Lübeck eine Mutation geboten würde –, glaube mir, Maria Barbara, ich käme zurück und holte dich zu mir.«

Die Augen Maria Barbaras leuchteten auf; und ganz plötzlich glitzerten in ihnen Tränen.

»Du weinst, Maria Barbara? Hab ich dir weh getan?«

»Nicht doch! Nein, Sebastian . . .«

8.

Am nächsten Morgen bestieg er den Postwagen.

Er hatte sich vorgenommen, einen Teil der Reise wieder wie einst zu Fuß zu wandern. Bis Braunschweig allerdings blieb es beim bequemeren Wagenwechsel, dann aber sah er sich wieder auf altbekannten Wanderstraßen über Uelzen nach Lüneburg, wo er einen Tag Rast hielt und die alten Stätten aufsuchte – ohne allerdings des Zeitmangels halber bei seinen alten Orgelmeistern vorzu-

Wohnhaus Dietrich Buxtehudes

sprechen. Von Lüneburg gings über die Elbe an Hamburg vorüber direkt auf Lübeck zu. Weite Umwege waren in den kurzen Urlaub von vier Wochen, den man ihm gewährt hatte, nicht einzufügen.

Vier Wochen! Eine volle Woche und drei Tage waren bereits vergangen, als er in Lübeck eintraf. Für den Rückweg hatte er mit der gleichen Zeit zu rechnen –, blieb also im besten Falle eine einzige Woche für Buxtehude übrig!

Unterkunft fand Sebastian in einem kleinen, freundlichen Gasthaus mit annehmbarem Preis für Kost und Unterkunft, von wo aus man sehr bald zu St. Marien gelangen konnte.

Den ersten Morgen nach dem Ankunftstag erfragte er den Weg zum Wohnhaus Dietrich Buxtehudes, nicht etwa, um bei ihm vorzusprechen – er, der junge, unbekannte Organist aus dem kleinen, fernen Arnstadt, bei ihm, dem weitberühmten großen Meister an der Orgel und in der Komposition, zu dessen Adventskonzerten man von weit her, selbst aus Dänemark, aus Holland, aus dem Preußischen und sogar dem Sächsischen anreiste! Es genügte ihm, eine Weile vor dem schlichten Hause auf- und abzugehen, in der stillen Hoffnung, der Meister möge geradewegs heraustreten zum Morgengang nach St. Marien.

Aber die Tür blieb verschlossen – für Sebastian blieb nur die Hoffnung auf eine glücklichere Gelegenheit.

Lübeck ist voll des Sehenswerten. Sebastian nahm sich die Zeit, vor den stolzen Gebäuden der alten Hansemetropole zu verweilen, solange er seinen Meister nicht an der Orgel wußte.

Dann aber, sobald der erste Ton zu Beginn seiner Übungsstunde erklang – Buxtehude hielt trotz seines hohen Alters, er stand im 68. Lebensjahr, und seines langen, nunmehr 37jährigen Wirkens an der Marienorgel seine Übungsstunden, damit man, wie er sagte, nicht einroste, und weil er in jeder Stunde, die er allein an der Orgel sitze, neue Entdeckungen mache, neue Ideen empfange und neue Wege ihrer Verarbeitung versuche – in solchen Stunden empfing auch Sebastian, der sich heimlich hinter einer der mächtigen Säulen verborgen hielt, die kostbarsten Offenbarungen. Das waren Lehrstunden, während ihn die Orgelmusiken im Gottesdienst in ihrer Pracht und Größe, ihren virtuosen Fantasien in seinem Innersten so tief erschütterten, ja überwältigten, wie er es nicht einmal in Lüneburg erlebt hatte.

Seit seiner Ankunft in Lübeck waren bereits zwei Wochen vergangen, zwei Wochen von einem Urlaub, der, wenn er die Tage der Rückreise hinzurechnete, bis zu seiner Ankunft in Arnstadt bereits weit überschritten sein würde. Dabei standen die größten Ereignisse der Lübecker Musik, die traditionellen berühmten »Abendmusiken« von der Mitte des Novembers an über die Adventssonntage bis zum Weihnachtsfest, noch bevor. Sollte, ja konnte er auf sie Verzicht leisten? Waren nicht gerade von ihnen die stärksten Eindrücke und Anregungen zu empfangen?

Da waren zwischen den festlichen Konzerten in St. Marien die Proben; Sebastian versäumte nicht eine einzige. Welche Erfahrungen hatte er hier zu empfangen und zu verarbeiten, um sie einmal selbst anzuwenden! Was waren ihm die bewilligten vier Wochen Urlaub! Nach den Festtagen zu Weihnachten und Neujahr hatten sie sich bereits zu zehn Wochen Urlaub ausgedehnt. Es war allerhöchste Zeit, an den Rückweg zu denken! Wie würde man ihn in Arnstadt empfangen? Er sah die strengen, ernsten Mienen der Ratsherrn und der Herrn des Konsistoriums vor sich . . .

Er sah in seinen Träumen die Neue Kirche, seine Orgel, und dagegen die mächtige St. Marien und die Orgel des Meisters Buxtehude. Er hörte die Präludien, die Choralvorspiele, die Fugen, die Postludien Buxtehudes – er hörte sie ganz plötzlich in seiner Neuen Kirche in Arnstadt, er selbst spielte sie, er selbst, Sebastian war es, der sie ihm nachspielte . . .

Er – ein Nachfolger des Meisters Buxtehude?

Hatte er nicht von seinem Lübecker Wirt gehört, daß man einen Nachfolger für die Orgel an St. Marien suche, und daß der Buxtehude sich längst seine Ablösung wünsche, wenn er nun bald ins Siebzigste ginge?

Was vermöchte wohl er – der junge Organist aus Arnstadt – den Lübeckern zu bieten! Nachfolge des großen Meisters?

Was sollen solche Gedanken! Sie überhaupt zu denken ist schon ein Zeichen von Torheit.

Man hatte ihm auch erzählt, daß der Nachfolger Buxtehudes nicht nur seine Orgel, sondern auch seine Tochter, die Jungfrau Anna Margarete Buxtehudin, in Besitz zu nehmen hätte – zwei vieljährige Traditionen, das 37jährige Orgelspiel und die 36jährige Tochter Buxtehudes.

Mit zwanzig Lebensjahren hängt man sich nicht an Traditionen. Man überschreitet bedenkenlos Urlaube – man genießt, auch wenn es die letzten Mittel der Reisekasse verbraucht, die Heimfahrt von Postei zu Postei, von Lübeck bis – jawohl: bis Arnstadt; man stürmt zum Haus der Muhme Regina, man ruft voller Übermut und Überglück durchs ganze Haus den Namen, den einen selbst der Lübecker Meister nicht vergessen ließ: »Maria Barbara«!

Anna Margarete Buxtehude aber heiratete später den gewählten Bewerber, Joh. Christian Schiefferdecker aus Hamburg, starb aber sehr früh, so daß der obsagte wohlbestallte Marien-Organist 1717 eine zweite Ehe eingehen konnte.

9.

An der Kirchentür der Neuen Kirche stand nach dem Hauptgottesdienst Johann Christoph Olearius, Sohn des Superintendenten gleichen Namens, nun auch bereits Pfarrer in Arnstadt und Berater beim Gräflichen Konsistorium und wartete auf den Organisten.

Der Schlußchoral klang im Postludium nach, während die Gemeinde den Kirchenraum verließ.

»Ihr habt auf mich gewartet . . . ?«

»Ich habe mich einmal selbst informieren wollen, lieber Bach, was an all dem Gerede über Euer Musizieren nach Eurer Rückkehr aus Lübeck ist, über die Bandwürmer Eurer Präludien und Choralvorspiele, über die merkwürdigen Harmonisationen Eurer Gemeindechoräle, unter denen der Gemeindegesang nicht recht gelingen will, da die Gemeinde durch Eure vertrackten Harmonien, den unverständlichen Wechsel Eurer Töne und die Fermaten völlig verwirrt die Teilnahme am Choral aufgibt. So hat man also nicht nur mir erzählt, sondern auch in Eingaben an den Herrn Superintendenten berichtet und beklagt.«

Sebastian sah den jungen, gestrengen und doch liebenswürdigen Kritikus, von dessen Wohlgeneigheit er bisher manche Beweise erfahren hatte, überrascht und gleichsam fragend an. Er wußte im Augenblick nicht zu antworten.

»Lieber Freund«, fuhr der fort, »Ihr wißt, ich bin ein großer Freund aller schönen Künste, und ich muß Euch gestehen: Mir gefällt Euer Lübecker neumodisches Musizieren recht wohl – ja, ganz und gar. Aber ich verstehe auch Eure Gemeinde. Bedenkt, sie kann Euren Ergüssen vom Reinken – und Buxtehude – eben Euren Bandwürmern in musica – nicht folgen, sie wird ungeduldig, sie empfindet nichts mehr als nur Langeweile, geschweige das, was ihr mit Euren Musiken ihnen allen, die da unten sitzen, die lieben, guten Arnstädter Gewürzkrämer und Schneidermeister und Küfer und was Ihr sonst immer da versammelt seht, was Ihr ihnen sagen wollt!«

»Sie werden's lernen, zu hören und zu begreifen.«

»Das hat seine gute Zeit! Vielleicht einmal die Jungen, die heute so gern aufbegehren. Ihr habt ja selbst Euer Kreuz mit ihnen. Aber heute folgt Euch kaum einer Eurer Gemeinde! Das Konsistorium erfährt alle Klagen über Euer Musizieren und muß ihnen nachgehen. Man wird in Kürze Euch vorladen, und leider ist es nun einmal so, daß man sich dabei auch an Eure vier mal vier Wochen selbsterteilten Urlaubs erinnern wird, die ich schon beim hochweisen Herrn Superintendenten vergeben und vergessen glaubte.«

Schon am folgenden Donnerstag zur Frühpredigt überbrachte Hünerwolf seinem Organisten das versiegelte Schreiben des hochedlen, hochweisen Gräflichen Konsistoriums, in welchem der Organist an der Neuen Kirche, Herr Johann Sebastian Bach, aufgefordert wurde, am 21. Februar anno 1706 im Gebäude des Konsistoriums sich einzufinden.

Fragen und Antworten der strengen – aber im Grunde genommen doch nachsichtigen, wohlgesinnten – Vernehmung wurden im Protokoll vom 21. Februar 1706 festgehalten.

Da waren gleich drei Vorhaltungen – sein Urlaub, seine wunderlichen, den Arnstädtern ungewohnten Variationen, seine Weigerung, außer dem Orgeldienst auch noch Kantorenpflichten zu übernehmen, zu denen er sich in keiner

Weise verpflichtet fühlte, insbesondere bei der Beschaffenheit der Schülerauswahl, wie man sie seit je für die Neue Kirche zu treffen beliebte.

Selbst der Rat der Stadt hatte sich ja beklagen müssen, daß die Gymnasiasten ihren Lehrern in der anstößigsten Weise begegneten, in deren Gegenwart lärmten und rauften, in den Unterrichtsstunden, ja selbst während des Gottesdienstes Ball spielten und an ungeziemende Orte liefen.

»Ihre freie Zeit« – so heißt es in der Klageschrift des Rates über die Schüler von 1706 weiter – »bringen sie mit Hazardspielen und Trinken, man wolle nicht sagen mit anderen schlimmen Dingen zu, nehmen des Nachts allerlei Mutwillen mit Schreien, Tournieren und Musiken vor und treiben alle bösen Stücke.«

Einer von ihnen, der Schüler Rambach, als Zeuge für die Konflikte zwischen den Schülern und dem Organisten der Neuen Kirche geladen, hatte noch eine vierte Vorhaltung gegen Sebastian zu bestätigen, nachdem man ihn – den Zeugen Rambach – hatte eines besonderen Vergehens beschuldigen müssen, daß er nämlich mit einigen Chorschülern während der Predigt ins Wirtshaus gelaufen sei. Während der Predigt! Man möge bedenken! Worauf Rambach zu erwidern hatte, daß nicht etwa nur die Predigten sich bis zu einer Stunde ausdehnten, sondern der Organist Bach bisher gar zu lang gespielt habe; und um die Gelegenheit, sich endlich einmal an dem bei den Schülern wenig beliebten Organisten rächen zu können, nun recht auszukosten, fügte Rambach verschmitzt hinzu, wie der Organist Bach, nachdem er vom Herrn Superintendenten selber ermahnt worden sei, nicht so lang zu spielen, gleich auf das andere extremum gefallen sei und hätte es zu kurz gemacht.

Das hohe Konsistorium, an seiner Spitze der Herr Superintendent Johann Christoph Olearius als Vorsitzender der Vernehmung, konnte sich eines leichten Schmunzelns nicht enthalten, und so verlief denn auch das Ganze in ein friedliches Finale, in der Erwartung, daß sich der Organist Bach zur musizierenden Kirchenmusik erklären werde.

Am folgenden Sonntag saß eine wegen der Gerüchte über das stattgehabte Verhör hochgespannte Gemeinde in der Neuen Kirche zu Arnstadt. Was aber der junge Organist zu Beginn des Gottesdienstes seinem Windmacher zuflüsterte, davon erhielt sie keine Kenntnis.

»Alsdann, lieber Hünerwolf, wollen wir von heute an für unsere liebe Gemeinde unseren Diensteifer bekunden und uns im Choral von jedem tonum peregrinum und contrarium bei der Modulation fern halten wie vom höllischen Feuer; aber in unseren freien Stunden wollen wir für uns musizieren, wie es uns ums Herz ist, und damit werden wir heute nach dem Gottesdienst besonders schön beginnen.«

Nachdem die Gemeinde, von einem kurzen Nachspiel begleitet, den Kirchenraum verlassen hatte und auch die letzten Kirchgänger nach ihren gegenseitigen Begrüßungen auf dem Kirchplatze in ihre Häuser – etliche auch in die nahen Wirtshäuser – verschwunden waren, erschien auf der Empore zum Erstaunen Hünerwolfs, der einen Groschen Sondergebühr für sein Verbleiben am Tretbalken kassiert hatte, Maria Barbara, von Sebastian vor dem Gottesdienst darum gebeten.

»Ich habe dir eine Arie von Buxtehude mitgebracht, ich habe sie nachgeschrieben, damals in Lübeck, für dich! Laß sie uns einmal durchsehen. Sieh hier, die schönen Verse aus dem Hohenlied:

»Ich suchte des Nachts auf meinem Lager,
den meine Seele liebet . . .«

Hünerwolf stiftete den Wind, Sebastian spielte den ersten Teil der Arie, und Maria Barbara, sicher im Notenbild, summte die Melodie, und schon bei der Wiederholung sang sie so schön, daß Hünerwolf plötzlich zu treten vergaß und um die Orgel schaute.

»Wollt Ihr wohl weitertreten!«

So ging es noch eine ganze Weile fort – mit Orgel, Arie und Solostimme der Jungfer Maria Barbara Bachin, Base und Allerliebste des Herrn Johann Sebastian Bach.

Als Hünerwolf am nächsten Morgen dem Herrn Organisten zuflüsterte, was wohl die hohen Herrn dazu sagen würden, daß er mit einer Jungfrau auf dem Chore musiziert habe, und daß er doch wissen müsse, wie streng das Verbot dafür sei, beruhigte ihn Sebastian, er habe natürlich um die Erlaubnis gebeten.

10.

Der milde, berückend süße Duft der blühenden Linden lag über ganz Arnstadt. Die alten Arnstädter saßen an den späten Nachmittagen vor ihren Häusern oder in ihren Gärten, die Jungen zogen hinaus in die schöne Umgebung, wanderten zuweilen bis zu den Drei Gleichen oder durch die weiten Buchenwälder zur Eremitage.

Maria Barbara hatte Sebastian schon einmal, vor nicht langer Zeit, gebeten, er möge sie nach Gehren begleiten, sie habe große Sehnsucht nach dem alten Schulhaus, in dem sie geboren wurde, nach den Gärten und Wiesen und nach den Gräbern der Eltern.

Heute nun war ein besonders schöner Tag, und so waren beide, ganz unabhängig voneinander, zu dem Entschluß gekommen, endlich ihren Ausflug nach Gehren zu verwirklichen.

Auf dem Wege nach ihrem geliebten Heimatstädtchen erzählte Maria Barbara vom Vater Michael, von seinem Musizieren, von seiner Werkstatt, in der er sich seine Instrumente selbst baute, sein Cembalo und das Klavichord für den eigenen Gebrauch und von Instrumenten auf Bestellung, die er nur herstellte, wenn er wußte, daß sie in gute Hände kamen.

Sie erzählte von der Mutter und ihren Küchenwundern, von ihrem Garten, ihrem Federvieh und von ihrer Freude an Geselligkeiten im eigenen Heim.

Dann aber mußte auch Sebastian erzählen – von Anbeginn an: aus Eisenach vom Haus am Frauenplan, vom Vater, von der Mutter; von Ohrdruf und natürlich von seinen weiten Reisen.

Ihr erster Weg in Gehren führte sie zu den Gräbern.

»Gib mir deine Hand, Maria Barbara. Wir wollen uns gegenseitig angeloben. Wir wollen uns das Versprechen geben, nie mehr von einander zu lassen – bis der Tod uns scheidet . . .«

»Amen«, fügte Maria Barbara hinzu.

Sie kehrten in der Abenddämmerung zurück, an den weiten Feldern und Wiesen vorüber, immer klarer die Silhouette von Arnstadt vor Augen mit den alten Giebeln und Türmen – den stolzen Türmen von Liebfrauen, dem Neutorturm, dem Turm von Neideck und dem Jakobsturm, bis sie das Haus der Muhme Regina erreicht hatten und sich hier, vor dessen geöffneter Tür, mit der zartesten Umarmung, deren junge Liebesleute überhaupt fähig sind, von einander verabschiedeten.

11.

Man hatte keinen Grund mehr, sich über das Musizieren des Organisten Johann Sebastian Bach an der Neuen Kirche zu Arnstadt zu beklagen; es gab weiterhin keine Eingaben an das hohe Konsistorium mehr. Wenn schon einmal ein einzelner tonus peregrinus unvermittelt auftauchte, so nahm man ihn verständnisvoll lächend zur Kenntnis – »er war ja mit seinen Gedanken wieder einmal in Lübeck« –, aber man empörte sich deshalb nicht mehr. Im Grunde war man recht froh, einen so ausgezeichneten Orgelspieler in Arnstadt zu wissen, und man hielt die Frage nach der Dauer eines guten Verhältnisses zwischen Bach und seiner Gemeinde für gelöst.

Verwundert war man nur über das Ausbleiben einer Antwort auf die ihm im Februar vorgelegte Frage wegen der auszuführenden Figuralmusik, und Ehrn Superintendent Olearius selbst meinte eines Tages im Konsistorium, daß man ja bei Bach alle Termine viermal verlängern müsse.

Endlich wollte man ihn nun doch an seine in Aussicht gestellte Erklärung erinnern; man hielt die Zeit für gekommen, zumal wieder einmal eine Eingabe beim Konsistorium eingelaufen war, in der man seiner großen Verwunderung über das Musizieren einer fremden Jungfer auf dem Chore Ausdruck gegeben hatte, wo doch nach dem strengen apostolischen Gesetz »mulier taceat in ecclesia« das Weib in der Kirche zu schweigen habe. Hatte es nicht schon der Apostel Paulus gefordert?

Sebastian erhielt also am 10. November, dem Gedenktag an Doktor Martinus Luther, eine neuerliche Vorladung zum darauffolgenden Tage. Die Befragung verlief – wie in den Akten des Protokolls zu lesen ist – diesmal strenger und unverbindlicher.

Als man ihn aufforderte, sich näher zu erklären, äußerte er recht bestimmt und seiner Sache durchaus sicher, daß es zu der Frage der Figural-Kirchenmusik einer gründlicheren Beantwortung bedürfe, als er sie für den Augenblick geben könne.

So ging man zum zweiten Punkt über: »Wer erlaubte Ihm, unlängst die fremde Jungfer auf dem Chor bleiben und musizieren zu lassen?« Man bedenke doch – eine weibliche und noch dazu fremde Jungfer!

Aber der kühne junge Organist wußte auch hierzu die Antwort: Er habe ja zuvor den Magister Uthe um die Erlaubnis gebeten, mit seiner Base aus dem »Hohen Lied« musizieren zu dürfen.

Magister Justus Christian Uthe, einer der Bach wohlgeneigten Prediger an der Neuen Kirche, bestätigte seine gegebene Zustimmung, zumal Bach ihm versichert habe, daß nur geistlich musiziert werden solle.

Die Vernehmung konnte abgeschlossen, der Vorgeladene entlassen werden. Olearius aber meinte, als Bach den Sitzungsraum verlassen hatte, nun werde man noch einmal vier mal vier Wochen abwarten, bis die gründliche schriftliche Erklärung Bachs einlaufen werde.

12.

Es sollten aber weit mehr noch als sechs mal vier Wochen vergehen, ehe am 29. Juni anno 1707 ein abschließender Bericht Sebastians an das Gräfliche Konsistorium und an den Rat der Stadt erfolgte, der aber nun nicht etwa seine ausführliche, gründliche Stellungnahme zur Frage der figuralen Kirchenmusik enthielt, sondern sehr kurz und im Inhalt höchst überraschend gehalten war.

Unter dem 29. Juni 1707 enthält das Arnstädter Ratsprotokoll den folgenden Eintrag: »Erscheinet Herr Johann Sebastian Bach, bisheriger Organist zur Neuen Kirche, berichtet, daß er nach Mühlhausen zum Organisten berufen worden, auch solche Vocation angenommen habe. Bedankte sich demnach gegen den Rat gehorsamst für bisherige Bestallung und bittet um Demission; wollte hiermit die Schlüssel zur Orgel dem Rate, von dem er sie empfangen, wieder überliefert haben.«

Was also hatte sich zugetragen?

Am 2. Dezember des Jahres 1706 war Johann Georg Ahle, weithin berühmter Organist an der Kirche Divi Blasii in Mühlhausen gestorben. Die Nachricht von seinem Tode hatte sich sehr schnell und weit über die Grenzen der näheren Umgebung Mühlhausens verbreitet, und mancher sich voreilig meldende Bewerber hoffte auf die Berufung in diese äußerst lukrative Stelle.

Die freie Reichsstadt Mühlhausen, reich an einer fast fünfhundertjährigen Geschichte, an prächtigen Kirchenbauten, stolzen Gebäuden des Rats und der

Bachs Spieltisch an der neuerbauten Orgel in Arnstadt

Bürgerschaft, an Wehrgängen und Türmen, reich auch an musikalischer Tradition seit dem Wirken des vielseitigen Passions- und Odenkomponisten Joachim Möller a Burgk etwa 100 Jahre zuvor an Divi Blasii und des berühmtesten seiner Nachfolger, Johann Rudolf Ahle, Vater des Verstorbenen, auch er bis vor 34 Jahren Kantor an der gleichen Kirche, dazu eine musik-offene Bürgerschaft, nicht zuletzt das wohldotierte Amt der Organisten, all das mußte ja zu einem Wettlauf von Bewerbern führen!

Sebastian erinnerte sich sehr gut an seine kurzen Aufenthalte in Mühlhausen auf seinen Wanderungen nach und von Lüneburg, und mitunter kamen ihm wohl Gedanken, welche Vorzüge vor seiner Arnstädter Tätigkeit ihm eine mögliche Mutation nach Mühlhausen einbringen würde. Es fehlte ihm zu seinem Entschluß, sich in Mühlhausen vorzustellen, eigentlich nur noch ein rechter Anstoß, den ihm nicht einmal Maria Barbara geben wollte, obwohl sich beide von Mühlhausen die endliche Gründung ihres eigenen Heims hätten versprechen können.

Der Anstoß kam überraschend von einer ganz anderen Seite. Es war der neue Stadtschreiber des Arnstädter Rates, Johann Gottfried Bellstedt aus Mühlhausen, Sohn des hochangesehenen Kammerassessors und Ratsmitgliedes Johann Bellstedt und Bruder des Mühlhäuser Ratsherrn und Kammerschreibers Johann Hermann Bellstedt, dessen Stimme besonderes Gewicht im Mühlhauser Rat besaß.

Unser nach Arnstadt übersiedelter Herr Johann Gottfried war in seiner neuen Heimat bereits sehr schnell heimisch geworden, nachdem er eine der Wedemann-Schwestern, Susanne Barbara, geheiratet hatte, und diese wiederum war die Patin Maria Barbaras.

Wieder einmal waren es also die Wedemanns, die wie anno 1703 für Sebastian die ersten Verbindungen herstellten.

Johann Gottfried Bellstedt hatte zuvor während der Gottesdienste in der Neuen Kirche längst bestätigt gefunden, was ihm nicht nur die Wedemann-Schwestern und selbst Ehrn Bürgermeister Martin Feldhaus an Lobesbekundungen geäußert hatten, sondern schon in Mühlhausen der auch fachgerechteste Beurteiler, der Orgelbauer Johann Friedrich Wender, dessen Orgel 1703 von Sebastian geprüft und für gut befunden worden war.

Er sah also seine doppelte Aufgabe darin, zum einen den gründlichen Kenner im Orgelbau und virtuosen Könner auf der Orgel Johann Sebastian Bach den Mühlhäusern nachdrücklich zu empfehlen – dies geschah am Sonntag Invocavit bei einem Kurzbesuch in Mühlhausen; zum anderen diesem selbst in leuchtenden, verlockenden Farben die frei gewordene Stelle an Divi Blasii zu schildern.

Auf Sebastians Frage nach den Aussichten einer Bewerbung konnte ihn der neu eingeheiratete Oheim Johann Gottfried nur ermuntern – was übrigens alles geheim geschah, um die Arnstädter nicht wieder aufzuregen!

Und wirklich, schon im Laufe des März erhielt Sebastian vom Mühlhäuser Rat die Aufforderung, sich zu einem Probespiel am Ostersonntag, dem 24. April, in Mühlhausen einzufinden.

Das Probespiel fand statt. Der Eindruck auf die zum Osterfest vollzählig erschienene Gemeinde, die Geistlichkeit, den hohen Rat der Freien Reichsstadt, an dessen Spitze der Bürgermeister Dominus Konsul Dr. Conrad Meckbach, war so nachhaltig, daß niemand an der Berufung des Bewerbers zweifelte.

Im Pfarrkonvent am 27. Mai anno 1707 stellte, nachdem alle Bewerber, die sich fernerhin gemeldet hatten, angehört waren, Dominus Senior Consul Dr. Conrad Meckbach selbst den Antrag: Es wäre durch den »tödlichen Hintritt« des Herrn Johann George Ahlen die freigewordene Organistenstelle bei der Kirche Divi Blasii nun zu ersetzen und »dahero zur Umfrage gestellet, ob nicht vor andern auf den N. Pachen von Arnstadt, so neulich auf Ostern die Probe gespielet, Reflexion zu machen?« Man machte aus dem Fragezeichen ein Ausrufezeichen und übergab dem Ratsherrn Johann Hermann Bellstedt, dessen Bruder ja in Arnstadt mit Bach verhandeln könne, die Vollmacht zur Einleitung der Bestallung, und noch am gleichen Tag ließ der Mühlhäuser Bellstedt dem Arnstädter Bellstedt – höchst zufrieden mit dem Verlauf – Nachricht übersenden, daß die Berufung Bachs endgültig beschlossen sei und Bach möglichst bald zur notwendigen Accordierung nach Mühlhausen kommen solle.

Sebastian war wie befreit vom Druck des Ungewissen und von der Last der Arnstädter Unzuträglichkeiten mit Konsistorium, Gemeinde und Chorschülern.

Mit Maria Barbara wurden Pläne entworfen, wie sie nun sehr bald ihre Ehe eingehen, nach Mühlhausen übersiedeln und dort nur glücklich miteinander sein würden.

Inzwischen hatten sich auch die Wedemann-Schwestern die aufregenden Ereignisse um Sebastian, um sein Ostermusizieren in Mühlhausen und die geheimnisvollen Besprechungen zwischen ihm und Johann Gottfried untereinander zugetragen, so daß endlich auch Ehrn Bürgermeister Feldhaus von seiner Eheliebsten heimlich informiert worden war – und sich nicht gerade sehr erfreut über Sebastians bevorstehenden Abgang zeigte. War es nicht gar ein Verrat des jungen Mannes an der Güte und dem Wohlwollen seiner Freunde, ein Zeichen der Undankbarkeit für alle Förderungen, ja alle Nachsicht, die man ihm hatte zuteil werden lassen?

Margarethe, seine allerliebste Bürgermeisterin, und Regina hatten es nicht leicht, ihn zu beruhigen. Sie stellten ihm vor, wieviel leichter es das junge Paar in Mühlhausen haben würde, das in Arnstadt nie sein Auskommen haben könnte. Und dann – sollte dieser junge, so außerordentliche Mensch in Arnstadt auf die Dauer verkümmern, wo er längst über alle Vorstellungen der Arnstädter hinaus sich und seine Kunst bis zur denkbar größten Perfektion entwickelt hätte?

Sebastian hatte seinen Reisetermin zu den Verhandlungen, deren Abschluß er so bald wie möglich erreichen wollte, mit Maria Barbara besprochen. Der Termin stand für einen der nächsten Tage fest, als am 30. Mai noch spät abends aus Mühlhausen die Schreckenskunde von einem verheerenden Feuer eintraf, dem allein an die vierhundert Wohnhäuser, viele Nebengebäude und Stallungen zum Opfer gefallen wären, und das gerade in den Bezirken rund um Divi Blasii, so daß man befürchten mußte, daß auch die Kirche selbst, wenn nicht völlig zerstört, so doch zu ihrem größten Teile ausgebrannt sei.

Die Reise nach Mühlhausen erschien also sinnlos geworden zu sein. Doch schon zwei Tage darauf erfuhr man, daß Divi Blasii völlig unbeschädigt geblieben war.

Bei allem Unheil – dem namenlosen Leid –, das über die Stadt gekommen war, sollte aber, da es ja des Gotteswortes und des Zuspruchs auch in Divi Blasii nun um ein Vielfaches mehr als in sorglosen Zeiten bedurfte, die Neubesetzung des Organistenamtes nicht verzögert werden. Denn auch von der Orgel her versprach sich der hohe Rat der Stadt Zuspruch und Trost.

So fand denn die entscheidende Verhandlung in Mühlhausen bereits am 14. Juni, nur vierzehn Tage nach dem großen Brande, statt.

Bachs Forderungen erschienen bescheiden, die Eindrücke seines Spiels und seines Verhaltens bei allen Verhandlungen so außerordentlich günstig, daß ihm bereits am folgenden Tage, dem 15. Juni 1707, die Urkunde seiner Berufung mit der Bewilligung aller seiner Wünsche ausgehändigt wurde.

Zwei Wochen danach, am 29. Juni, kam Sebastian – in durchaus geziemender wohlverhaltener Form – beim Arnstädter Rat um seine »Dimission« ein.

3. Teil

Mühlhausen

1707–1708

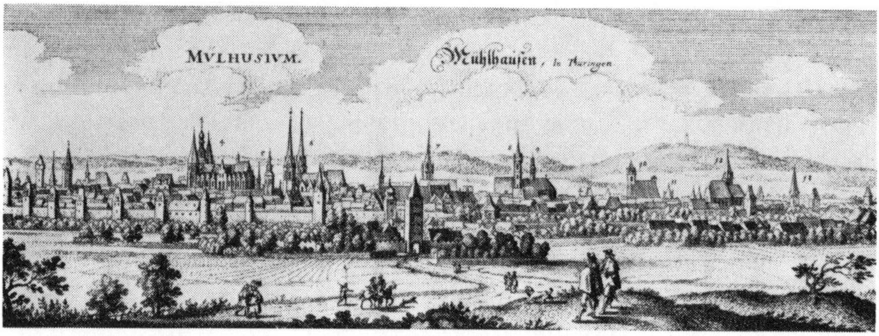

1.

Es ist der 14. September 1707. Der nunmehr 22jährige Johann Sebastian Bach schaut aus den Fenstern des Postwagens auf die Arnstädter Straßen. Durchs Wachsenburger Tor gehts auf Gotha zu, wo der Organist den Wagen wechselt. Am Abend ist er am Ziel, in der freien Reichsstadt Mühlhausen, und wird von den Bellstedts, denen er die Grüße der Arnstädter überbringt, für die erste Zeit wohl aufgenommen, bis er ein eigenes kleines Haus beziehen kann, was zu finden nach der Feuersbrunst vom 30. Mai nicht gerade sehr leicht gewesen war.

Er ist nun Organist an der berühmten Orgel von Divi Blasii! Es hätte auch St. Marien in Lübeck sein können! Am 9. Mai war Meister Buxtehude verschieden. Sein Nachfolger am Prachtwerk des Herrn Dietrich – sein Erbe?

Nun – nun, und ei, was denn –!

Mit 22 Jahren hat man den Weg zu den Sternen, will sagen: zu den Erfüllungen und Vollkommenheiten, erst noch vor sich. Und die Orgel der hochberühmten Ahles, Vater und Sohn, hatte ja auch ihre Ausstattung, die man allerdings doch gelegentlich erweitern und verbessern sollte.

Heute, am 18. September 1707, hatte er erst einmal eine höchst erfreuliche Eröffnung vom Herrn Advokaten Georg Andreas Stephan ausgehändigt erhalten – die Erbschaft von 50 Gulden aus dem Testament des Oheims Tobias Lämmerhirt, ehrwürdigen Ratsherrn zu Erfurt bis zu seinem Heimgang am 10. August 1707.

50 Gulden – bei einem Jahresgehalt von 85 Gulden – sind schon eine beachtliche Summe. Mit ihr wird man sein neues Haus ausstatten können – sein Heim und das seiner geliebten Maria Barbara.

Alle Besuche zum Anlaß seiner Vorstellung waren inzwischen absolviert worden, so bei Herrn Dr. Konrad Meckbach, dem Bürgermeister der Stadt, bei den Ratsherren – dem Konsistorialschreiber Tobias Backmeister ebenso wie dem Stadtschreiber Christian Stüber, bei dem Herrn Superintendenten Johann Adolph Frohne, Doktor der Theologie und Hauptprediger an Divi Blasii, bei seinem alten Freunde, dem Orgelbauer Johann Friedrich Wender, mit dem er gleich bei seinem ersten Besuche seine Wünsche zur Ergänzung des Orgelregisters äußerte. Und endlich, nachdem auch die wegen ihrer Berufe sehr wichtigen Ratsherren: Schneidermeister Georg Schrapferodt, Bäckermeister Johann Andreas Führ und der Kaufmann Gottfried Schmidt besucht worden waren, stand er im Pfarrhause der Oberstadt dem Herrn Archidiakonus Georg Christian Eilmar gegenüber. Auch er war Doktor der Theologie, hatte in Wittenberg studiert und war ihm von den Bellstedts und von Wender als ein der Musik sehr verbundener Poet gelobt worden.

Hermann Bellstedt hatte ihn auf die Spannungen hingewiesen, die zwischen Eilmar und seinem Superintendenten Frohne in Fragen der Amtsführung und des geistlichen Lebens bestanden, was ja auch die Gemeinden der beiden Prediger zu spüren bekamen. Wender hatte es bestätigt und ihm deshalb geraten, Anträge auf die Erweiterung der Orgeldispositionen einer günstigen Gelegenheit vorzubehalten. Denn der junge, temperamentvolle Organist verriet mit seinen Wünschen mancherlei über seine Musizierabsichten, die – wie Wender ihm andeuten mußte – durchaus nicht den Erwartungen des Herrn Superintendenten entsprachen, da dieser in der Musik nicht etwa einen »Gnadenwind des Geistes«, auch nicht eine Auferbauung des Gemütes, sondern ganz und gar nur und ganz ausschließlich die Dienerin am Worte der heiligen Schrift sehen wollte. Mit neuen und besseren Farbenmischungen und mehr Gravität mit delikatem Klang, wie etwa die Viola di Gamba-8f zusammen mit dem 4f-Salicinal spielen zu wollen, mit neuen und größeren Einbauten, neuen Mundstükken, einem 16f-Ton-Fagott und gar mit einem Glockenspiel solle er im Augenblick nur ja nicht rechnen! Der Herr Superintendent sei eben der Hallischen Schule des Herrn August Hermann Francke verbunden, die ein Konzertieren in der Kirche gar nicht zulasse. Ja, wenn er an die Beatae Mariae Virginis-Orgel zum Herrn Eilmar berufen wäre, dort hätte er ein erwünschtes Feld für seine Kantaten und Orgelfugen gefunden!

2.

Ehrn Johann Adolf Frohne zeigte sich ein wenig überrascht, als sein junger Organist ihn um einen Urlaub nach Arnstadt bat, um seine Trauung mit der ihm längst versprochenen Maria Barbara Bachin in der Kirche des benachbarten Dornheim vollziehen zu lassen. Er selbst, Ehrn D. Frohne, hätte die christliche Kopulation selbst mit innerer Freude und herzlicher Verbundenheit vollzogen. Da es aber nun nicht anders sein solle, so möge er mit dem Segen Gottes, des Gütigen und Allmächtigen, gen Dornheim ziehen. Seinen Amtsbruder in Christo, den verehrten Pfarrer Joh. Lorenz Stauber, möge er herzlich in brüderlicher Verbundenheit grüßen.

Die Eintragungen in die Pfarrregister von Dornheim und Arnstadt klingen recht nüchtern.

»Den 17. October 1707 ist der Ehrenveste Herr Johann Sebastian Bach, ein lediger Gesell und Organist zu St. Blasii in Mühlhausen, des weyland Wohlehrenvesten Herrn Ambrosii Bachen, berühmten Musici in Eisenach Seeligen, nachgelassener eheleiblicher Sohn, mit der Tugendsamen Jungfrau Marien Barbaren Bachin, des weyland Wohlehrenvesten und Kunstberühmten Herrn Johann Michael Bachens, Organisten im Amt Gehren Seeligen, nachgelassenen Jungfrau jüngsten Tochter, allhier in unserm Gotteshause, auf Gnädiger Herrschaft Vergünstigung, nachdem sie zu Arnstadt aufgeboten worden, copulieret worden.«

Aber ganz so nüchtern ist es in Dornheim denn doch nicht zugegangen, wo sich eine stattliche Zahl der Bachverwandten zu Feier und Festmahl eingefunden hatte. Natürlich waren zu allererst mit Braut und Bräutigam die Wedemann-

Hier in Dornheim wurden Johann Sebastian und Maria Barbara getraut

töchter eingetroffen – Margarete mit Ehrn Martin Feldhaus, Susanne Barbara mit ihrem Johann Gottfried Bellstedt, beide im Glanze der hohen Arnstädter Obrigkeiten, des Bürgermeisters und seines Stadtschreiber-Adjunktes; sodann als dritte Regina, noch unverehelicht. Vater Johannes Wedemann als der Älteste der Hochzeitsgäste hatte sich ein wenig verspätet, weshalb man ihm am Abend im Quodlibet noch erheblich zusetzen wollte. An der Orgel während der Trauung und als letzter Gast an der Hochzeitstafel saß der treue Vetter Ernst Bach, der seinem lieben Johann Sebastian schon mancherlei hilfreiche Dienste geleistet und sich die Anwartschaft auf die Orgel der Neuen Kirche als dessen Nachfolger erworben hatte. Neben Muhme Regina hatte man den Platz an der Tafel dem Herrn Pfarrer Lorenz Stauber zugedacht, von dem man wußte, daß seine häufigen Besuche im Hause des Bürgermeisters weniger den Feldhausens als vielmehr just der Tante Regina galten, mit der er sich, so vermutete man, wohl schon heimlich versprochen hatte.

Wie konnte es anders sein: Die heitere Gesellschaft, zu der sich noch der Hofschneidermeister Heußer, die beiden jungen Arnstädter Joh. Friedrich Fuchs und Sebastians alter Schulfreund Martin Feldhaus junior und mit diesem wiederum Eleonore, seine junge Eheliebste aus dem Hause des Hochedlen Herrn Superintendenten Olearius, gesellten und endlich der Arnstädter Schulrektor Magister Johann Friedrich Treiber – sie alle stimmten am Ende nach alter Bachischer Sitte ein Quodlibet von Riesenausmaßen an, dessen Text von Magister Treiber, dessen Musik von Johann Sebastian selbst aufgesetzt waren.

Am andern Morgen gaben die Hochzeitsgäste dem abreisenden jungen Paare noch das Geleit bis nach Dietendorf. Sebastian und Maria Barbara hatten vom Mühlhauser Rat ein Fuhrwerk gestellt bekommen, auf das die Mobilarien der jungen Eheleute geladen waren, während die Verwandtschaft mit ihren eigenen Gefährten einen recht vergnügten Hochzeitszug bildeten, bis sie dann in Neudietendorf umkehrten, nicht ohne noch einmal einen Vers aus dem Hochzeits-Quodlibet zu wiederholen:

»Große Hochzeit, große Freude . . . !«

3.

Der erste Besuch der jungen Eheleute galt dem Bürgermeister Dr. Konrad Meckbach, der ihnen alle seine Hilfe bei der Einrichtung ihres Ehestandes zusicherte, »daß sie sich auf lange Zeit im lieben Mühlhausen wohlfühlen möchten«.

Dann aber führte Sebastian seine Maria Barbara nach Divi Blasii an seine Orgel, um ihr deren Werk und Klang vorzuführen. Den Schulchorpräfekten Johann Koch, der gerade über den Untermarkt kam, nahm er gleich mit zum Windmachen.

St. Divi Blasii in Mühlhausen

Toccata in d-moll

Das war nun allerdings ein mächtiges Tönen und Brausen, und der arme Chorpräfekt hatte alle Mühe, den Windbedarf zu halten.

»Da fehlt mir noch eine Trompete anstatt des Gemshorns. Aber das wird der Wender schon einbauen!« Und dann setzte er erneut an – bis zum virtuosen Kadenzschluß mit obligaten Pracht-Septimen und Nonen.

Der Oberhirte von Divi Blasii war auf dem Wege zur Mittagsmahlzeit in die Kirche eingetreten, als ihn der unerwartete Tönerausch gleichsam überfiel. Er wartete indes geduldig den mächtigen Schluß ab und konnte nun, ganz freundlich lächelnd, die beiden Bache begrüßen, als sie in das Kirchenschiff hinabgestiegen kamen.

»Oh, Herr Organiste, das war ja ein mächtiges Gebrause, als wollte der Doktor Martinus Luther alle Teufel der Welt samt ihren Listen in die Hölle hinabjagen! Wollt aber auch der Gemeinde dienen und sie mit Eurer Musik dem Heiland an sein verwundetes Herz legen . . . Aber Ihr habt da schon mancherlei wohltuende Tonfolgen konstruiert, die mir wie eine Kunde von der Seele brünstigem Verlangen nach unseres Herren und Heilands Gnade und Huld erschienen. Haltet Euch an dieses Euer Amt, auch in dem, was Ihr uns an geistlicher Vokalmusik darzubieten vorhabt. Wie ich höre, will man Euch nächstens mit einer Ratswahlmusik betreuen. Bin nicht sonderlich erfreut, daß Euch der Doktor Eilmar den Text dazu schreiben soll.«

Sebastian hingegen meinte, daß Eilmar doch ein hochmusikalischer und in der Poesie erfahrener Mann sei.

»Ja ja, gewiß! Aber haltet Ihr ihn auch für einen hochreligiösen, in seinem Priesteramt erfahrenen Mann? Aber lassen wir das. Die Dispute führen zu nichts.« Und an Maria Barbara gewendet, fuhr er mit liebenswürdigem

Lächeln fort: »Ich sehe Euch gewiß am Sonntag im Gottesdienst und danach bei uns zu einem bescheidenen Mahle zum Willkommen in Mühlhausen und in unserer Gemeinde. Bis dahin also bleibet mir beide wohlauf.«

Die Predigt am folgenden Sonntag verlief wider alle Erwartung Maria Barbaras, die auf ein Wort der herzlichen Ermunterung gehofft hatte, erregt und leidenschaftlich. Selbst Sebastian wurde von Frohnes Zornesausbrüchen überrascht. Diesmal ging es ihm um die unsittlichen Adiaphora – die Genüsse des Lebens, die weder der Erhaltung des leiblichen Lebens noch der Sache des Reiches Gottes dienten. Der Donner von der Kanzel galt Spiel und Tanz und dem Genuß des Tabakkrautes, »das uns aus der Hölle zugewachsen ist«. Und da gäbe es noch Leute, die es besser wissen sollten, die jedoch die Gewissen der Menschen wieder beruhigten und gar gegen den Mahner aufbrächten.

Es fiel dem Organisten und seiner Eheliebsten gar nicht leicht, nach einer so herben Predigt in das Haus des Predigers zu treten; man war nicht sehr erbaut, nun auch noch Frohnes Anklagen gegen die neumodische konzertierende Kirchenmusik zu hören. Aber seine Einladung bestand nun einmal.

Maria Barbara hörte dem Gespräch eine geraume Weile schweigsam, aber aufmerksam zu, bis die beiden nachdenklich ihr Hin und Wider unterbrachen. Nun wandte sie sich an den Superintendenten:

»Ihr habt Euch in Eurer Predigt gar harter Worte bedient, Hochehrwürden Herr Doktor Frohne! Scheltet Ihr doch gar manche ehrbare Bürgersleute als Sauf- und Kartenbrüder! Wem gebt Ihr denn so schwere Schuld, widersinnig die Leute gegen Euch erregt zu haben?«

»Es geht mir wie denen, die gerne Frieden haben wollten, ihn aber nicht haben können, weil sie bei zanksüchtigen Leuten wohnen. Ich habe einen wittenbergischen Doktor zum Pastor, nämlich den Doktor Georg Eilmar; der macht mir Verdruß, wo er nur immer kann. Eine Probe davon könnt Ihr in seiner Schrift, genannt ›Gründliche Erörterung des geistlichen Priestertums‹, lesen. Darin tastet er neben allerlei Schwärmern und Ketzern auch mich an und beschuldigt mich, ich hätte mit etlichen Neulingen das geistliche Priestertum über die Gebühr erhoben. So hat er meine Meinung für irrig erklärt. Soll ich dazu schweigen?«

Der Konflikt zwischen den beiden Geistlichen mußte sich für Sebastian auf die Dauer um so nachhaltiger auswirken, als gerade D. Eilmar für Bachs Musizieren besonders aufgeschlossen war. Nicht nur zu Sebastians Übungsstunden fand er sich gern in Divi Blasii ein, zumal er dann sicher war, während der Musikzeiten seinem Amtsbruder Frohne nicht in der Kirche zu begegnen; die freundschaftliche Verbindung verstärkte sich im Laufe der Zeit bei den häufigen Abendmusiken im Heime Eilmars.

Wenn dagegen Frohne seiner Geringschätzung der Musik im allgemeinen und im Kirchenraum im besonderen, und seinem Unverstand in dieser Sache, sogar von der Kanzel aus freien Lauf ließ, so konnte es geschehen, daß sein

Organist während der Predigt die Orgelbank verließ und langsamen Schrittes die Stufen von der Empore hinab und wieder hinaufstieg, und das bis zu dem Zeichen, das der Superintendent von der Kanzel her dem Organisten zu geben gewohnt war, um ihm die letzten Predigtminuten anzukündigen; dieses Zeichen – mit der Eieruhr auf dem Kanzelrand unmerklich gegeben – überbrachte dann Martin Schubart, der beflissene, begabte und junge Orgeleleve Sebastians, dem Treppenwanderer, der dann eilig an seine Orgel zurückkehrte, was die Chorbuben vom Stadtgymnasium stets erheitert, aber nur in unhörbaren Zeichen applaudierten.

»Er begreift es nicht, daß die natürliche Musik, durch die Kunst geschärft und poliert, nach unserem lieben Doktor Martin Luther auch das Wort Gottes unter den Leuten lebendig macht und erhält! Da sieht man doch und erkennt zum Teil – denn gänzlich kann's nicht begriffen werden – mit großer Verwunderung die große und vollkommene Weisheit Gottes in seinem wunderbaren Werke der Musica!« Ehrn Herr Eilmar, der heute abend wieder einmal liebenswürdiger Gastgeber des Orgelmeisters von Divi Blasii und dessen über die Maßen herzerquickender jungen Eheliebsten Maria Barbara ist, geht kopfschüttelnd im Zimmer auf und ab.

»Ja – hört nur seine Vorrede zum Babstschen Gesangbuch. Da schreibt unser Doktor Martinus, als ob er den verehrten Herrn Frohne vorausgeahnt hätte. Hört zu: ›Der 96. Psalm spricht: Singet dem Herrn ein neues Lied, singet dem Herrn alle Welt. Denn Gott hat unser Herz und Mut fröhlich gemacht durch seinen lieben Sohn, welchen er für uns gegeben hat zur Erlösung von Sünden, Tod und Teufel. Wer solchs mit Ernst glaubet, der kann's nicht lassen, er muß fröhlich und mit Lust davon singen und sagen, daß es andere auch hören und herzu kommen. Wer aber nicht davon singen und sagen will, das ist ein Zeichen, daß er's nicht glaubet und nicht ins neu fröhliche Testament, sondern unter das alte, faule, unlustige Testament gehört. Darum tun die Drucker sehr wohl daran, daß sie gute Lieder fleißig drucken und mit allerlei Zierde den Leuten angenehm machen, damit sie zu solcher Freude des Glaubens gereizt werden und gerne singen. Wie denn dieser Druck Valtin Babsts sehr lustig zugericht ist . . .‹ Solches schrieb Luther bereits anno 1545, vor nunmehr 183 Jahren, und man sollte es auch in der Divi Blasii-Sakristei gelesen haben!«

»Und beherzigen . . .« ergänzte Sebastian.

Eilmar war noch nicht am Ende! »Hört doch auch Johannes Walters Bericht, des Torgauer Stadtkantors und Lutherfreundes, als ihn Luther nach Wittenberg berufen hatte: ›So weiß und zeuge ich wahrhaftig, daß der heilige Mann Gottes, Lutherus, welcher deutscher Nation Prophet und Apostel gewest, zu der Musica im Choral und Figural-Gesange große Lust hatte, mit welchem ich gar manche liebe Stunde gesungen und oftmals gesehen, wie der teure Mann vom Singen so lustig und fröhlich im Geist ward, daß er des Singens schier nicht konnte müde und satt werden, und von der Musica so herzlich zu reden wußte!‹ – Aber damit für heute genug. Empfangt nun, lieber Bach, zum Abschied den Text für den Ratswechsel. Ich habe ihn heute am Nachmittag beendet, um ihn Euch zur Komposition mitgeben zu können. Und wenn Ihr Euch mit dem Ganzen abgefunden habt, will ich Euch einen zweiten Text nach Psalm 130 überlassen, den wir später einmal mit Eurer Musik in unsere Messe einbauen wollen.«

Mag man sich selber ausmalen oder ausdenken, in welcher bewegten Stimmung die beiden jungen Bache den Heimweg antraten.

4.

Der Festtag zum Ratswechsel der Kaiserlich Freien Reichsstadt Mühlhausen – es war der 4. Februar 1708 – verlief ganz nach der alten, überlieferten Ordnung: Am frühen Morgen läutete die »große Glocke« das prunkvolle Geschehen des Tages ein. Durch die Ratsgasse vom Rathaus bis zur Marienkirche, die schon am Tage zuvor mit Girlanden geschmückt worden war, zog der Rat nun unter dem Geläut der »großen Glocke« durch das Spalier der Schützenkompagnie und der jungen Bürgerschaft zur Kirche St. Marien. Der alte, abgehende Rat schritt voran, der neue folgte, und den Schluß bildeten die Ratsdiener. Zwei Musikkapellen begleiteten die Prozession von der Kämmerei und der Brotlaube aus mit Pauken und Trompeten.

Der Gottesdienst begann mit dem Gemeindegesang »Sei Lob und Ehr«, dem ein zweites Kirchenlied folgte, »Herr Gott, dich loben wir«. Darauf hielt Eilmar die Regentenpredigt, und nach der Predigt erklang die Festmotette, der musikalische Glückwunsch für den neuen Rat, vocaliter und instrumentaliter.

Man hatte Bach alle die Forderungen bewilligt, die seine Partitur stellte: ein stattliches Orchester von 3 Trompeten, 2 Flöten, 2 Oboen und einem Fagott, dazu eine Streichergruppe mit Violine I und II, Viola und Violone, schließlich die Pauken; den Vokalpart hatte er zwei Gruppen zugedacht, einem »kleinen Chor« und dem Coro pleno, die im Wechsel zu musizieren hatten.

Mit einer großartigen Eingangskadenz in strahlendem C-dur setzte die gesamte Instrumentengruppe zusammen mit dem Coro pleno ein:

»Gott – Gott – Gott ist mein König . . .«

». . . von altersher . . .«, ergänzte der kleine Chor auserwählter erfahrener Sänger und wiederholte es, ganz nach den Vorbildern der Zeit, noch fünfmal in den verschiedensten Farben entfernterer Tonarten, bis der ganze Chor mit den Eingangsworten den ersten Teil überraschend in E-dur abschloß.

Der zweite Teil mit seinen erhöhten Anforderungen an die Sänger war dem kleinen Chor überlassen:

». . . der alle Hilfe tut, so auf Erden geschieht«, während wiederum der Gesamtchor mit seinen Eingangsworten abschloß.

Partiturseite aus der festlichen Kantate »Gott ist mein König« zum Ratswechsel 1708 in Mühlhausen

Es hätte auch dem Herrn Superintendenten Frohne in diesem besonderen Falle nicht wohl angestanden, hätte er seinem Organisten Johann Sebastian Bach die Erlaubnis verweigern wollen, daß er die Leitung der Festkantate bei diesem feierlichen Gottesdienst in der Hauptkirche Beatae Mariae Virginis übernahm, da dieser die Kantate ja selbst komponiert und ihre Handschrift den Herren Adolf Strecker und Georg Adam Steinbach freudig überreicht hatte.

Noch einmal, am folgenden Sonntag, sollte das Werk erklingen, diesmal in Divi Blasii – nach der Tradition und weniger nach dem Wunsche des Herrn Superintendenten. Dieser war nicht wenig überrascht zu sehen, daß der Kirchenraum über die Maßen und über alle Erwartungen gefüllt war, und selbst der Orgelbaumeister Wender konnte eine anzügliche Bemerkung nicht unterdrücken, als er dem D. Frohne nach der Feier am Ausgang der Sakristei begegnete:

»Der schönsten und herrlichsten Gaben Gottes eine ist die Musica, sie ist das beste Labsal einem betrübten Menschen. Welche aber dabei kalt bleiben, die sind, dünkt mich, Klötze und Steine. Aber es sind nicht meine eigenen Worte, Herr Doktor! Ich habe sie von einem Schüler aus Wittenberg, der sie uns von dort mitbrachte!«

Wie alljährlich, so hatte auch in diesem Jahre der Rat der Stadt den Druck der Kantate bewilligt, und mit stolzer Freude nahm der junge Komponist sein Werk in schön gedruckten Blättern aus der Hand des Herrn Adolf Strecker entgegen.

5.

In Weimar hatte der regierende Herzog Wilhelm Ernst seinen Hoforganisten Johann Effler zur Audienz ins Schloß gebeten.

»Wir haben Ihn rufen lassen, lieber Effler, um Ihm Unseres Verständnisses mit Seinen Sorgen und Bekümmernissen zu versichern. Er hat Uns wissen lassen, wie schwer Ihm sein Amt geworden ist, seit Er in das siebente Lebensjahrzehnt eingetreten ist. Aber Er soll gewiß sein, daß Wir Ihm für seine langen, treuen Dienste gebührend danken werden. Er wird sich um seine und seiner Eheliebsten Zukunft nicht zu sorgen haben. Ist der Nachfolger gewählt, bleiben Ihm alle Einkünfte wie bisher! Aber nun berichtet nur, lieber Effler, vom Fortgang Eurer Bemühungen!«

»Eure Hoheit haben mir erneut Eure Wohlneigung und Güte erwiesen« begann Effler. »Ich vermag nur in meinen einfachen Worten den allertiefsten Herzensausdruck des Dankes auszusprechen. Gewiß habe ich mich, mit der Unterstützung des Eurer Hoheit wohlbekannten und ergeben Dieners, des Hofmusikus David Hoffmanns, nach einem Nachfolger umgesehen, der den Erwartungen Eurer Hoheit in vollkommener Weise nahekomme. Und wirklich, vermöchte Eurer Hoheit zu vermelden, daß wir Eurer Hoheit zur Wahl des nächsten Hoforganisten im Amte einen jungen, überaus fähigen Mann vorschlagen sollten, der schon einmal, vor nunmehr fünf Jahren, in der Hofkirche mir bei den Gottesdiensten ausgeholfen und sich zu einem erstaunlichen Meister des Orgelspiels und der Improvisation entwickelt hat.«

»Sollte Uns bekannt sein, denke ich, war damals in der Instrumentalkapelle meines Bruders –, wohl als Violinist . . .«

»Ganz so ist es, Durchlaucht!«

»Er verspürte wenig Lust, sich auf längere Zeit in Weimar einzurichten. Na ja, war ja damals ein junges Bürschlein! Ich erinnere mich: Er hatte strahlende Augen, wenn er am Pult seine Ripienstimme von den ›artificii musicali‹ des seligen Signor Vitali vor sich hatte.«

»An der Orgel nicht weniger! Er kommt ja aus der vortrefflichen Lüneburger Schule.«

»Nun also, so seht, daß Wir ihn einfangen, lieber Effler!«

Damit war das Gespräch beendet, das zu Beginn des Juni 1708 zwischen dem Herzog und seinem Hoforganisten im Schloß zu Weimar geführt worden war.

6.

Es gab lange Beratungen zwischen Sebastian und Maria Barbara, wie man sich entscheiden und wie man nach Weimar auf die Einladung zu einer Vorstellung antworten solle.

Eine Mutation nach Weimar? Nach einer so kurzen Amtszeit in Mühlhausen? Nach neun Monaten der herzlichen Aufnahme in der Divi Blasii Gemeinde, bei neuen Freunden – nun ja, nach neun Monaten ununterbrochener Verdrießlichkeiten mit dem Herrn Superintendenten und der doch recht mißlichen Lage der von diesem so kurz gehaltenen Kirchenmusik, die doch der eigentliche Endzweck aller seiner Bestallungen sei? Wer würde in der gleichen Position nicht auch an eine Demission und – ja, auch an eine hinlänglichere Bezahlung an anderem Orte denken!

Hoforganist – Fürstlich Sächsischer Kammermusikus am herzoglichen Hofe eines musikliebenden und musikfördernden Fürsten, der seinen Musikern auch in der Frage ihrer Einkünfte wohlgeneigt war . . . und ohne die Verdrießlichkeit des Mühlhäuser Doktor Frohne . . . Das alles lag verlockend genug vor ihnen, eben auch die von den Weimaranern genannte Bestallung mit 150 Gulden, gegen die sich die Mühlhäuser mit ihren 85 Gulden doch recht bescheiden ausnahm, zumal wenn man bedachte, daß die Familie sich doch in einigen Monaten vergrößern werde.

Es blieb also abgemacht: Sebastian folgte der Einladung nach Weimar zu einer ersten Vorstellung. Die Gelegenheit dazu ergab sich durch eine etwa zur gleichen Zeit eingetroffene Einladung nach Dornheim, wo nun auch Johann Lorenz Stauber sich zu verehelichen gedachte. So reisten am 5. Juni 1708 Sebastian und Maria Barbara, nachdem ihm ein Urlaub von einer Woche zugebilligt worden war, zunächst ins altvertraute Arnstadt und von hier zur Hochzeitsfeier des Traupfarrers ihrer eigenen Hochzeit, Ehrn Johann Lorenz Stauber, mit der lieben Muhme Regina Wedemann.

Am Tage nach der Hochzeit fuhren beide, Sebastian und Maria Barbara, mit den Erfurter Verwandten, die zur Trauung herübergekommen waren, auf Erfurt zu, von wo es schnelle Postverbindungen nach Weimar gab. Es sollte sich eben alles so wie von selbst ergeben.

7.

Mit den Bekannten von einst, mit denen er im Orchester des Prinzen Johann Ernst die schönsten Concerti grossi der Zeit musiziert hatte, gab es ein vergnügtes Wiedersehen, mit Meister Johann Effler dagegen freundliche und ernsthafte Gespräche über alle Fragen, die vor einem Umzug aus Mühlhausen in die fürstliche Residenz zu beantworten waren. Effler erinnerte sich sehr gut des vorgesehenen jungen Nachfolgers und seiner vortrefflichen Orgelaushilfen. Zunächst sprachen die beiden von den Ereignissen und Erlebnissen der Jahre seit 1703, und endlich kamen die wichtigsten Fragen der Amtsnachfolge an die Reihe, die Dienst- und Besoldungsregelungen und die Aussichten auf die Unterkunft der jungen Familie in günstiger Lage zur Hofkirche.

Auf das Anraten Efflers begaben sich beide, der Altmeister und der zur Annahme des Amtes entschlossene junge angehende Hoforganist und hochfürstliche Kammermusikus, ins Hochfürstliche Ober-Konsistorium, um dem Herrn Oberhofprediger, Generalsuperintendenten und Konsistorialrat Johann Georg Lairitzen ihre Aufwartung zu machen, und Bach erlebte zu seiner innigsten Genugtuung und Beruhigung hierbei die Begegnung mit einem Manne der Theologie, der der Musik von ganzem Herzen zugetan war.

Dies alles – und ein kurzer Besuch bei Vetter Johann Gottfried Walther, der durch die Familie Lämmerhirt mit ihm verwandt war und seit einem Jahre als Organist an der Stadt-, Haupt- und Pfarrkirche zu St. Peter und Paul wirkte und sich hocherfreut über die Aussicht einer so unerwarteten ständigen engen Verbindung mit den jungen Bachs zeigte – geschah am 8. Juni anno 1708.

Am 25. Juni endlich übergab Sebastian das Gesuch um seine Entlassung aus den Diensten der Kaiserlich Freien Reichsstadt dem Pfarrkonvent, indem er noch einmal auf den Endzweck aller regulierten Kirchenmusiken hinwies, die nur zu Ehren Gottes und zu eigenem Seelenvergnügen zu erhalten und zu pflegen seien.

Magnific, Hoch und WohlEdle, Hoch und Wohlgelehrte, Hoch und Wohlweise Herren, Hochgeneigte Patroni und Herren!

Welcher gestalt Eur: Magnificenz und Hochgeschätzte Patronen zu dem vor dem Jahre verledigten Organisten Dienste D. Blasii meine Wenigkeit Hochgeneigt Haben bestellen, darneben auch Dero Milde zu meiner besseren subsistenz mich genießen lassen wollen, habe mit gehorsahmen Danck iederzeit zu erkennen. Wenn auch ich stets den Endzweck, nemlich eine regulirte Kirchen music zu Gottes Ehre, und Ihren Willen nach gerne aufführen mögen, und sonst nach meinem geringen Vermögen der fast auf allen Dorfschafften anwachsenden Kirchen music, und offt besser, als allhier fasomierten harmonia möglichst aufgeholffen hätte, und darümb weit und breit, nicht sond Kosten, einen guthen apparat der auserlessensten Kirchen Stücken mir angeschaffet, wie nichts weniger das project zu denen abzuhelffenden nöthigen Fehlern die Orgel ich pflichtmäßig überreichet habe, und sonst aller Ohrt meiner Bestallung mit lust nachkommen währe: so hat sichs doch ohne Wiedrigkeit nicht fügen wollen, gestalt auch zur Zeit die Wenigste apparence ist, daß es sich anders, obwohl zu dieser Kirchen selbst eignen Seelen vergnügen künfftig fügen mögte, über diesses demüthig anheim gebende, wie, so schlecht auch meine Lebensarth ist, bey dem Abgange des Haußzinses und anderer äußerst nöthigen consumtion, ich nothdürftig leben könne. Alß hat es Gott gefüget, daß eine Enderung mir unvermuthet zu Handen kommen, darinne ich mich in einer hinlänglicheren subsistence und Erhaltung meines endzweckes wegen der Wohlzufassenden Kirchen-music ohne verdrießligkeit anderer ersehe, Wenn bey Ihro Hochfürstl. Durchlaucht zu Sachsen-Weymar zu Dero Hof capelle und Cammer music das entree gnädigst erhalten habe.

Wannenhero solches Vorhaben meinen Hochgeneigtesten Patronen ich hiermit in gehorsahmen respect habe hinter bringen und zugleich bitten sollen, mit meinen geringen Kirchen Diensten vor diessesmahls vor willen zu nehmen, und mich mit einer gütigen dimission förderlichst zu versehen. Kan ich ferner etwas zu Dero Kirchen Dienst contribuiren, so will ichs mehr in der That, als in Worten darstellen, verharrende Lebenslang

Hochedler Herr
Hochgeneigte Patronen und Herrn
Deroselben

Dienstgehohrsamster
Joh. Seb. Bach.

Mühlhausen, den 25. Jun. an: 1708.

Man hatte es vorausgesehen. Die Spannungen zwischen Bach und seinem Prediger an Divi Blasii waren den Ratsherren nicht verborgen geblieben. Offenkundig aber wurden sie erst, als der junge Organist eine zweite Kantate Eilmars komponiert und auch in der Marienkirche aufgeführt hatte.

Der ehrwürdige, nun bereits 84jährige Konsul und Regierende Bürgermeister der letzten Ratswahl, der weitgereiste und vielerfahrene Adolf Strecker, ein gründlicher Kenner übrigens der Lutherschriften, gab den Ausschlag in den Beratungen; er bestimmte endlich als Sprecher seinen Amtsbruder Dr. Meckbach; so heißt es denn:

»Actum, den 26. Junij 1708,

in Conventu parochiano praesentibus: Proponebat D. Cons. Dr. Meckbach, es hätte der Organist Bach anderweite Vocation nach Weimar und solch angenommen, dahero umb seine dimission schriftlich angesuchet.

Quaerebatur. Weil er nicht auffzuhalten, müste mann wohl in seine dimission consentiren, jedoch Ihme bey deren apertur an zu deuten, das angefangene Werk helfen zum stande zu bringen.«

Wobei es um die von Bach eingeleitete Reparatur des Orgelwerks von Divi Blasii ging, die er denn auch von Weimar aus half »zu stande zu bringen«.

4. Teil

Weimar

1708–1717

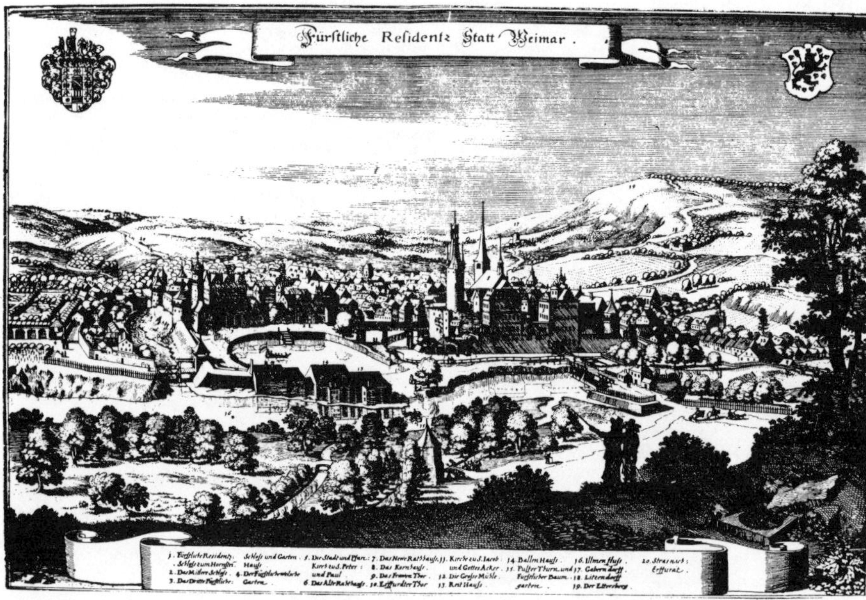

1.

In seinem neuen Heim, im Hause des Pagenhofmeisters Adam Immanuel Weldig am Marktplatz, empfing das junge Paar seine ersten Gäste.

Der erste Besucher war Johann Effler, nunmehr herzoglicher Hoforganist im Ruhestand; er erschien mit einem großen Margeritenstrauß aus der fürstlichen Hofgärtnerei für Frau Maria Barbara und dem kostbaren alten Notenblatt einer Komposition vom berühmten Johan Herman Schein aus dessen Weimarer Hofkapellmeisterzeit »vor nun beinahe 100 Jahren« für Sebastian, einem Blatt aus den Cantiones seines »Cymbalum Sionium«.

»Ihr solltet es wieder einmal erklingen lassen, wenn Euch die Kapellknaben erst vertraut geworden sind. Es sind brave Jungen! Ihr werdet viel Freude mit ihnen haben und vielleicht und gar für sie die eine oder andere Kantate ersinnen?«

Bach war gerührt über das kostbare Geschenk. »Und davon wollt Ihr Euch trennen?«

»In meinem Alter gibt man Kostbarkeiten gern weiter – an jemanden, von dem man weiß, daß sie bei ihm gut aufgehoben sind. Seht, Euer Vetter . . .« gerade waren die Walthers eingetreten, ». . . gehört auch zu den würdigen Erben meiner Reliquien aus unserer großen Weimarer Vergangenheit. Ich habe da noch manche Kostbarkeit, vom alten Melchior Vulpius, der einmal, auch vor an die 100 Jahren, hier Stadtkantor war; von ihm wäre noch zu vergeben sein ›Compendiolum musicae‹, und da wäre sogar noch ein Blatt vom Heinrich Schütz!«

Nun aber war es an Johann Gottfried Walther, dem verehrten Altmeister der herzoglichen Hoforgel seine ausdrückliche Reverenz zu machen, dann aber Sebastian und Maria Barbara in die Arme zu schließen.

Inzwischen waren auch die übrigen Gäste eingetroffen. – David Hoffmann, der an Bachs Übersiedlung nach Weimar nicht ganz unbeteiligt gewesen war, und endlich der Stadtkantor Georg Theodor Reineccius, der so vieles an Musikalischem, besonders auch Satztechnischem und Thematischem, aus den Erfahrungen des jungen Hoforganisten zu erfahren hoffte.

Man erfreute sich der kleinen Köstlichkeiten, die Maria Barbara vorbereitet hatte. Man übertraf sich an guten Ratschlägen für die jungen Neuweimarer. Man entwarf sogar einen kühnen Plan zu einer gemeinsamen Ausfahrt durch das schöne Mühltal nach Jena zu den berühmten Rostbraten der Göhre und ihrem köstlichen Lichtenhainer Bier. Ehrn Herr Effler wußte nicht genug an Lobpreisungen vorzubringen, was einem Besucher in Jena an Schönem und Verehrungswürdigem alles geboten würde, von der Luther-Kanzel bis zur hohen Schule der Universität – von den Bratrosten ganz zu schweigen, und so beschloß man, bei nächster Gelegenheit die Wagenpartie zu bestellen.

Man sprach von der neuen Orgel in der Schloßkirche, die, gerade erst von dem Gothaer Orgelmacher Johann Conrad Weishaupt fertiggestellt, wohl die Zufriedenheit des neuen Hoforganisten gefunden hatte, aber doch auch Wünsche offen ließ: »Sobald wird es damit wohl nichts werden«, meinte er, worauf man ihm erklärlicherweise zustimmte.
So gab es mancherlei zu erzählen, vom Neuen und Neusten aus der Residenz, und man dachte noch gar nicht an den Abschied, zumal sich der junge Hausherr ans Cembalo setzte und mit den Worten »damit ihr wißt, wen ihr in Weimar aufgenommen habt« die Töne

anschlug.

Vetter Walther schmunzelte als erster.

»B-A-C-H – ein köstliches Thema! Aber was wäre mit ihm auszuführen?«

»Es käme auf den Versuch an«, so wiederum Bach, und schon entfaltete sich unter seinen Händen aus den beiden chromatischen Schritten der Dux einer Fuge zu Ehren der Bache geistlicher und weltlicher Profession.

B - A - C - H als Fugenthema

»So erkennt man, daß sogar auch die Buchstaben B-A-C-H in ihrer Ordnung nacheinander melodisch sind«, erstaunte Vetter Walther, nachdem Bach geendet hatte. »Und sie versichern uns wie von selbst, daß alle, die diesen Namen geführt haben, der Musik zugetan gewesen sind! Und Ihr, Vetter Sebastian,

Johann Gottfried Walther

seid, wie mir scheint, da ich's zuvor nicht vernommen, der Erfinder dieser Remarque – will sagen, dieser beachtenswerten Tatsache?«

Walthers Bemerkung hatte zur Folge, daß es nun auch von den Bachen mancherlei zu erzählen gab, von den Wanderfahrten des alten Vitus im 16ten Seculo über Ungarn nach Thüringen, von seiner Mühle in Wechmar, vom Spiel des Ahnen auf dem Cytringen, dem das Mühlrad den Takt angab, wie weiland Tubelkains Hammerschläge dem Jubal das Jubilieren rhythmisierte – so zu lesen in der Urgeschichte der Mosesbücher. Sie sprachen von Vater Ambrosius und den Musiken im Haus am Frauenplan zu Eisenach, vom Bruder Jakob, von dem man seit seiner Abreise zu des Schwedenkönigs Karls Feldheer Erfreuliches aus der Ferne hörte, von seinem Aufenthalt in Konstantinopel, wo er sich bei dem berühmten Pierre Gabriel Buffardin im Flötenspiel vervollkommnete; schließlich von Erfurt, den Lämmerhirts, und von Ohrdruf und Arnstadt, bis man merkte, daß es doch bereits recht spät und Zeit geworden sei, die behagliche Zusammenkunft zu beenden.

2.

»Voilà, mon chèr ami – nous pouvons aller . . . , comme concerté, pour visiter notre grand poète monsieur Salomon Franck.«

Damit begrüßte Georg Theodor Reineccius – eigentlich naturellement Reinecke, aber er gab sich gern zeitgemäß, Stadtkantor seit 1687 – seinen jungen Kollegen an einem der folgenden Tage, um ihn, wie verabredet, zu einem Besuch bei Salomon Franck abzuholen, dem vortrefflichen Schöpfer neuer Texte zu den in Mode gekommenen kirchlichen Kantaten »zum wohlklingenden Lobe Gottes – Gott zu Ehren und der Gemeinde zur Erbauung«, wie Reinecke den Jahrgang 1700 seiner eigenen Kantatentexte genannt hatte. Reinecke dichtete zwar seine Texte auch selbst, wenn Franck ihm nichts hatte bereit halten können; aber bei seinen meisten Kantaten bediente er sich dieses vortrefflichen Poeten.

»Ihr werdet einen liebenswürdigen Herrn kennenlernen – voller Poesie – ein noch weiserer Salomon als sein berühmter Namensvetter.«

Man war inzwischen im Hause Francks angelangt und wurde gleich mit der Franck eigenen Herzlichkeit begrüßt.

»Atmet ihr nicht ein wenig Arnstädter Luft in diesem Raum? Sie ist zwar schon recht verdünnt; es sind bereits elf Jahre vergangen, seit mich unser hochfürstlicher Landesherr von den Arnstädtern und ihrem hochgräflichen Regierungsamt nach Weimar erbat. Aber die Erinnerung an das liebliche, stille und so anmutige Arnstadt ist mir immer lebendig und lieb geblieben. Hatte dort recht starke Anregungen.«

Franck war Sebastian kein Fremder. »Ich besitze Eure Arnstädter ›Evangelische Seelenlust‹. Ich besitze sie nicht nur, ich bediene mich ihrer auch manchmal, wenn ich vor mich hin phantasiere . . .«

»Sieh einmal an!« Franck hörte das gern.

»Und sie klingt auch schon in mir – ja, ja, ich weiß: Der verehrte Herr Reineccius hat sie mit seinen kunstreichen Kompositionen bereits mehrmals beseelt, aber warum soll ein anderer nicht auch seine evangelische Seelenlust daran empfinden? Nur sind mir für die anfallenden Dienste recht viele Aufgaben vorgeschrieben, und es wird eine Zeit vergehen, bevor ich mir eigene Aufgaben stellen kann. So wird inzwischen wohl Neues von Euch erscheinen?«

»Nicht mehr aus Arnstädter Anregungen, lieber Herr Hoforganist, aber wohl aus Weißenfels, ganz neuer Art, in italienischem Madrigalen-Gusto, mit Recitativen beinahe wie für eine Oper . . .«:

». . . von Erdmann Neumeister«, ergänzte Reineccius, »einem vortrefflichen Manne, der inzwischen Weißenfels verlassen hat und ins Brandenburgische zu den Leinewebern nach Sorau weitergezogen ist, um den Lausitzern das Evangelium zu verkünden.«

3.

Der 29. Dezember 1708, der Tauftag der Jungfer Catharina Dorothea Bach, brachte Aufregungen, ein mächtiges Durcheinander, Unruhe und Umstände ins Haus.

Da der Herr Hofmedikus Johann Ludwig Neuenhaber nicht hatte erlauben wollen, daß die glückliche, aber noch recht schwache Mutter an der Taufe in der Schloßkirche teilnehmen könne, hatte man den aus Mühlhausen zum Paten geladenen alten Freund, den Marienkirchpastor Georg Christian Eilmar gebeten, die Taufe im Heim der jungen Bache zu vollziehen, so daß Eilmar nun in seiner doppelten Funktion als Täufer und Taufpate seine Reise von Mühlhausen nach Weimar anzutreten hatte. Aus Ohrdruf war als Patin Johanna Dorothea, Sebastians ehemalige Pflegemutter der Ohrdrufer Jahre, aus Erfurt Martha Catharina Lämmerhirt aus der Familie der Mutter Sebastians erschienen, woraus wir die in der heiligen Taufe empfangenen Namen des Täuflings: Catharina Dorothea, wohl erklären können.

Das Cembalo hatte die fehlende Orgel zu ersetzen, an dem Vetter und Gevatter Johann Gottfried Walther das Geigensolo Sebastians und den Gesang der Taufgesellschaft begleitete. Mit einem Solo auf dem Cembalo, einer Allemande von Georg Böhm, hatte Sebastian die Feier eingeleitet. Sie klang aus mit dem wiederum von Sebastian ausgewählten Lied Georg Böhms von den Engeln, die unsere Lebensfahrt »führen, gängeln und bewahren« sollen.

»Deinem unsichtbaren Paten, dem Herrn Georg Böhm aus Lüneburg, hast du sicherlich gut zugehört. Am Sonntag will ich dir auf der Orgel auch noch von Hamburg und Lübeck erzählen.«

So führt uns das liebevolle Wort des zärtlichen jungen Vaters, an die winzige Catharina Dorothea gerichtet, in die Schloßkirche, wo am folgenden Sonntag Reinkens und Buxtehudes breite, mächtige Präludien als letzte, der Gemeinde zwar verborgene, Maria Barbara aber wohlvernehmbare Segenssprüche erklangen.

4.

Der regierende Herzog Wilhelm Ernst befand sich auf seinem gewohnten Nachmittagsspaziergang durch den Hofgarten; wie immer begleitete ihn sein Oberhofprediger, der Generalsuperintendent und Konsistorialrat Johann Georg Lairitz. Im Gespräch ging es dem Herzog heute um die Bestrebungen etlicher Kreise seines Herzogtums, den Liturgien der Reformierten Kirche die Kirchentüren zu öffnen.

»Es gibt für Uns doch rechte Bedenken und Einwände, lieber Lairitz. Die strenge Kirchenzucht Calvins – die Erhebung des Gottesstaates über den Staat – die demokratische Presbyterial-Verfassung verdrängen mein durchaus zustimmendes Verständnis für die guten Gedanken Calvins. – Man hört auch von Francke aus Halle recht viel Gutes, von Verinnerlichung und Wahrhaftigkeit, aber auch von jener mir schrecklichen Askese von allen Freuden und Genüssen unseres menschlichen Lebens wie Spiel, Tanz, Malerei, Musik. Ich meine, das grenzt schon an mönchische Weltflucht – an Rückfall in die dunklen Zeiten unserer Vorväter. Was ich als ganz besonders disparat empfinde und niemals akzeptieren würde: daß man der Musik einen deplazierten Ort im verborgensten Winkel der Gottesfeiern zuweisen will, wie es ja schon anderorts, wie ich höre, geschieht. Und gerade die Musik ist für mich eine der wunderwirkenden ersten Kräfte auf unser Gemüt, unsere Seele, unser Denken und Handeln – eine wahre Gottesgabe.«

Worauf der Herr Oberhofprediger wiederum nur zu bestätigen hatte, daß er Seiner Durchlaucht in allem vollkommen beistimme, ». . . zumal wir die glückliche Wahl unseres neuen Hoforganisten ja täglich bestätigt sehen – und hören.«

Aus der Schloßkirche war Orgelmusik zu hören.

»Kommen Sie, lieber Konsistorialrat, wir wollen den jungen Ungestümen . . .«

». . . und Fleißigen, Unermüdlichen . . .«

». . . einmal an seiner Orgel aufsuchen.«

Man wird sich vorstellen können, welche Dissonanz auf den Manualen der unerwartete Anblick der beiden hohen Herren verursachte, und wie der junge Hoforganist mit ihr seine Improvisationsübungen ganz ungebührlich und gegen alle musikalische Sitte abschloß!

»Nun löse Er erst mal diese scheußliche Disharmonie auf, ehe wir uns miteinander unterhalten!«

So griff Bach noch einmal den höchst vielfältig alterierten Nonenakkord und löste ihn ganz behutsam – selbst höchst belustigt über des Herzogs Auftrag – in eine wohlklingende Schlußkadenz auf.

»Sehr schön . . .! Aber nun gebe Er Uns einmal Einblick in seine Partituren, die Wir da auf Unserem Spaziergang von weitem erklingen hörten.«

»Eure hochfürstliche Durchlaucht erlauben mir untertänigst zu bemerken, daß ich improvisierte, um nach neuen Wegen und Mitteln zu suchen, mit denen meine Vorstellungen von der musica sacra am besten zu verwirklichen wären.«

»Aber wie notiert Er sie dann, wenn Er sie gefunden hat? Wir sehen kein Papier zu ihrer Niederschrift?«

»Ich schreibe sie daheim, des Abends, wenn meine beiden Frauen schlafen.«

»Beide Frauen?«

Hier erklärte wiederum Lairitz mit einem verschmitzten Lächeln – nicht ohne dem jungen Organisten heiter zu drohen –, daß es sich um die Eheliebste Maria Barbara und das jüngst geborene Töchterchen Catharina Dorothea handele.

»Aber sie schlafen«, so nun wieder der Herzog, »und Er spielt dann so exaltierte Musiken, daß sie erwachen und überhaupt nicht weiterschlafen können?«

»Eure hochfürstliche Durchlaucht wollen geruhen, sich vorzustellen, daß ein ausstudierter Musikus seine Musiken auch ohne Instrument auf das Papier bringen kann.«

»Erstaunlich . . .«

». . . nicht einmal so erstaunlich für den Musikus selbst. Eure Durchlaucht werden bei den Niederschriften eines Briefes sicherlich nicht laut aussprechen, was Eure Durchlaucht gerade zu schreiben belieben. Genauso, wie Eurer Durchlaucht Gedanken den Weg unmittelbar auf das Papier finden, ergeht es dem Musikus mit seinen musikalischen Gedanken, und wie der Herr Gesamtsekretarius Salomon Franck seine Poesien nach erfahrenen und erprobten Gesetzen der Poeterei niederschreibt, so führen uns die Regeln der musikalischen Poesie die Hand –, Gesetze, uns überkommen, für Melodie und Grammatik.«

»Dann spiele Er Uns noch zum Abschied eine kleine musikalische Poeterei . . .«

Darauf bot Bach eine kurze Sonate dar, für die die hohen Herren beim Abschied ihm freundlich dankend zuwinkten.

Lairitz nahm draußen den Gesprächsfaden wieder auf:

»So ist es durchaus und verständlich; Eure Durchlaucht werden es wieder erleben: Dieser junge Meister seines Instruments drückt in seinen Tönen oft

Herzog Wilhelm Ernst von Sachsen-Weimar

ganz das Gleiche aus, was ich in meinen Predigten für die Sonntage und die hohen Feste sage. Er musiziert das Evangelium.«

»Ganz gewiß nach D. Martinus Luthers Bemerkungen an seinen Torgauer Freund Johannes Walter: Also soll auch die Musica all ihre Noten und Gesänge auf den Text richten!«

Nachdenklich verabschiedete sich der Herzog von seinem Begleiter.

Inneres der Weimarer Schloßkirche

5.

Auf einem ihrer Spaziergänge durch den Hofgarten – es ist der Mai 1710 und mehr als ein Jahr seit der Tauffeier der nun lieblich aufblühenden Catharina Dorothea vergangen – hielt Maria Barbara ganz unerwartet ihren treuen Begleiter Sebastian zurück, um ihm eine Überraschung ins Ohr zu flüstern.

»Sebastian, unser Catharinchen wird ein Geschwisterchen bekommen . . . , es ist ganz sicher, ich weiß es schon seit ein paar Wochen . . .«

Sebastian legte den Arm zärtlich um ihre Schultern.

Maria Barbara sah prüfend in seine Augen. Sie strahlten Freude und Licht.

»Wird es ein Bach – oder eine Bachin?«

Sie fragte ihn dagegen: »Und was wünschst du dir?«

»Nun, eine Bachin haben wir bereits. Ein Bach sollte es werden, ein Musikant aus deinem und meinem Bachischen Blute! Ein Erbe von Eisenach und Erfurt, von Gehren und Arnstadt – und von Weimar!«

Maria Barbara wiederholte seine Gedanken: »Von Ambrosius und den Lämmerhirts, von Johann Michael und den Wedemanns und von Sebastian und . . .«

». . . der allerliebsten Maria Barbara!«

6.

»Die Orgelabnahme in der Taubachischen Kirche findet am 26. Oktober 1710 statt. Hiermit festgesetzt und verkündet.«

Der Kirchenraum der kleinen Kirche zu Taubach ist voll besetzt. Die Taubacher sind voller Erwartung auf den hohen Besuch, der heute zur Abnahme der neuen Orgel aus der Residenz eintreffen wird.

Der Herr Generalsuperintendent Johann Georg Lairitz hatte sich angesagt und erschien zur vorbestimmten Zeit in Begleitung seines Kirchenkommissars, des Forstrats Löscher, weiterhin des Pfarrers vom benachbarten Mellingen, des Gerichtsschöffen Michael Gottschall von Taubach, des Orgelbaumeisters Trebs und endlich seines Hoforganisten Johann Sebastian Bach, die allesamt, nach Würde und Rang, vom Gemeindevorsteher und dem Pfarrer von Taubach am Kirchenportal empfangen wurden.

Bach hatte seinen jungen Schüler im Orgelspiel und im Generalbaß, Caspar Vogler, aus Weimar mitgebracht, um auf alle Fälle bei seinem starken Windverbrauch mit ihm und dem Taubacher Kalkanten im Wechsel gesichert zu sein.

»Nun blase ihr mal kräftig den Wind in die Lungen, damit sie zeigt, was sie vermag!«

Mit vollem Werk begann die strenge und gewissenhafte Prüfung. Den einleitenden Kadenzakkorden folgte das Abhören jeder einzelnen Stimme, jeweils in thematischen oder gar melodiösen Gestalten ihrem Stimmcharakter entsprechend, so jetzt für das Lieblich Gedakt, die Superoktav und den Wald-Flöth-Baß.

Cymbal und Tremulant wurden eingeblendet, und am Ende rief er dem Taubacher Kalkanten Paul Auerbach – seines Zeichens nicht nur Bälgetreter, sondern Gemeindediener und Kirchendiener zugleich – zu, daß nun an beiden Bälgen getreten werden solle. Denn mit einem Abgesang von majestätischer Pracht wollte er seine Prüfungsimprovisation abschließen, um den Taubachern nicht etwa Rätsel mit der Arithmetik einer Schlußfuge aufzugeben, sondern ihr Gemüt für das wohlgelungene neue Orgelwerk zu erwärmen.

Der Herr Generalsuperintendent zeigte sich höchst zufrieden, verabschiedete sich aber sehr bald, da er zur gewohnten Stunde des Spaziergangs mit dem Serenissimus wieder in Weimar sein und ihm heute natürlich von der Taubacher Orgelprüfung ausgiebig berichten wollte.

Die übrigen zur Probe Verordneten aber blieben noch eine lange Zeit im Krug zu Taubach bei einem auserlesenen Mahle von mehr als zweistündiger Dauer – das war nun einmal der Brauch – und heiteren Reden beisammen, wozu der Herr Hoforganist allerlei Schwänke beizutragen wußte.

Er hatte von Vetter Walther gerade den Kuhnauschen Spottroman vom »Musikalischen Quacksalber« bekommen; der Hans Jelme, die Spottgestalt der heiteren musikalischen Lektüre, und seine Torheiten wurden Mittelpunkt der fröhlichen Runde und ihrer Unterhaltung, so daß man erst spät am Abend auseinanderging – oder auch – fuhr.

Im Taubachschen Gemeindeprotokoll aber hatte der Herr Gemeindevorsteher einzutragen:

»Diese Einweihung hat 17 rtl. gekostet, so daß Gotteshaus und die Gemeinde, jedes die helffte, hat abgetragen alß
1rtl. hat der Herr General Superintendent
1rtl. der Herr Forstrath Löscher
16 gr. der Hoforganist Herr Bach
14 rtl. 8 gr. ist vor Speißung und Getränke
und Pferdt – Futter und anderes aufgegangen.«

Das Zeugnis Bachs über das Orgelwerk bestätigte dem »kunsterfahrenen Orgelmacher Heinrich Trebs« rühmlichsten Fleiß, Gewissenhaftigkeit seiner Arbeit und einen von ihm als akzeptabel anerkannten Preis.

7.

Es war ein Bach – wie von beiden erhofft. In der heiligen Taufe am 24. November des Jahres 1710 empfing er die Namen Wilhelm Friedemann.

Diesmal war es der glücklichen Mutter erlaubt, geführt von Sebastian, den Täufling selbst zum Taufbecken zu tragen.

Wieder begleitete Vetter Johann Gottfried, diesmal an der Orgel, die heilige Handlung.

Es hatten sich noch mancherlei Gäste eingefunden, so der Stadtkantor Georg Theodor Reineccius, nun schon treuer Freund der Familie; Johann Tobias Krebs, Kantor und Organist aus dem benachbarten Buttelstedt, Schüler Vetter Walthers in musicis und nun auch Bewerber bei Bach um etliche »Lectionen«; Salomon Franck hatte der Mutter Maria Barbara ein Fläschchen kostbaren duftenden Wassers geschickt, auf seine Teilnahme an der Feier wegen einer unaufschiebbaren Reise aber verzichten müssen.

»Da habt ihr nun euren jüngsten Schüler Friedemann bereits auf die Liste eurer Lektionen gesetzt?«

»Nun, vorläufig wollen wir erst einmal alle Kundgebungen seiner Wünsche in eine gute harmonische Folge bringen, insbesondere, daß er die Tacet's der Generalpausen für die Nacht hübsch einhält! Die Frage nach den Lektionen, lieber Krebs, wollen wir vertagen. Und Ihr werdet bei meinem Vetter vorläufig auch am besten aufgehoben sein.«

Nun war wieder Stille im Heim. An der Wiege verweilten sie noch eine lange Zeit, Maria Barbara und Sebastian.

»Gesegnet sei dein Eingang, Wilhelm Friedemann! Friede, Freude, Glück, das Licht, wie du sie uns gebracht hast, sollen dein ganzes Leben begleiten. Friedemann. Freudemann Bach!«

8.

Die Tage und Wochen waren und blieben auf die Dauer voller Arbeit und Pflichten, an der Orgel, bei den Kammermusiken im Schloß, im Kreise der Schüler.

Pflichten mögen drückend empfunden werden, wenn die innere Teilnahme an ihnen fehlt; aus der innersten Verpflichtung aber erwachsen die besten, die schönsten, die stärksten Erfolge, reifen die kostbarsten Früchte.

Der Name des jungen Hoforganisten Johann Sebastian Bach war bereits weit über die Grenzen des Sachsen-Weimarer Herzogtums hinaus bekannt, und auch der Herzog selbst, wohl angetan von den neuen Orgelwerken, in die der junge Hoforganist sogar die Lieblingsmeister des herzoglichen Hofes, Vivaldi und Corelli, einbezog, ließ ihm sein Wohlwollen durch die Erhöhung seiner Einkünfte um mehr als ein Drittel, also von 156 auf 210 Gulden, fühlbar bestätigen.

»Er hat Uns mit den Vivaldi-Konzerten eine rechte Freude gemacht, aber das Konzert von Johann-Ernst sollte er Uns nicht wieder vorspielen. Wir haben gar nichts dagegen, wenn er zu gelegentlichen Musikstunden ins Rote Schloß hinübergeht – im übrigen wünschen wir nicht, daß sich nun auch noch die Musik in die Differenzen am Hof einmischt. Mag er sich nur gut für seine Besuche und musikalischen Informationen dadrüben honorieren lassen. Uns aber spiele er künftig seine eigenen Kompositionen; die sind Uns in allen Gestalten lieber – – und«, so fügte der Serenissimus lächelnd hinzu, »vielen anderen Musikfreunden auch!«

Es gab in der Tat viel Mißgunst und Ärgereien zwischen den beiden herzoglichen Familien, der des regierenden Herzogs Wilhelm Ernst in Schloß Wilhelmsburg, und der jüngeren Linie im »Roten Schloß«, seinem Mitregenten Ernst August und dem jungen Prinzen Johann Ernst; Sebastian hatte alle Mühe, diese »Difficultates« sorgsam zu beachten. Aber mit den beiden Neffen des Herzogs gab es so viele Gemeinsamkeiten in ihrer Liebe zur Musik, daß er weder die Lektionen noch die Musizierabende aufzugeben bereit war, zumal der Prinz eine ganz vortreffliche Geige spielte.

Solange der Herzog also mit seinen Diensten zufrieden war, sollte er ihm nur ja nicht in seine Neigungen hineinreden!

Im Roten Schloß spielte er mit der Privatkapelle des Mitregenten die Konzerte des begabten Johann Ernst. Der Herzog selbst dagegen liebte die neuesten Italiener, Vivaldi also, Corelli, Carissimi, ja selbst Monteverdi. In den Kammermusiken unter dem Hofkapellmeister Johann Samuel Drese gab es daher für den Kammermusiker Bach neben seinem Amte in der Schloßkirche die anregendsten Stunden.

Nur wenn der junge Johann Wilhelm Drese für den in jüngster Zeit häufig erkrankten Vater als Herzoglicher wohlbestallter Vizekapellmeister die Leitung der Konzerte zu übernehmen hatte, gab es für den ihm nur unwillig am Notenpult folgenden Bach mancherlei Verdruß. Da gab es müde dahinschleichende Allegros, einschläfernde Sarabanden, von den Gigues schon gar nicht zu reden; wenn der Herr Vizekapellmeister gar eigene Jungdresische Suiten auflegte, verschwanden Fürst und Gefolgschaft sehr schnell an die Spieltische.

An den späten Abenden, nachdem im Schloß längst die Lichter gelöscht waren, saß Sebastian daheim über den Partituren Vivaldischer Instrumentalkonzerte und über denen von Corelli und Vitali und las und übertrug mit wachsendem Feuer das bel canto Italiens und seine neuen musikalischen Formen auf die Claves seiner Instrumente und auf die Notenblätter seiner Studien.

9.

Der 23. 2. 1713 war ein ernster Tag in der jungen Ehe: Gegen 10 Uhr vor Mittag wurde ein Töchterlein, gegen 12 Uhr ein Sohn geboren. Doch das Leben der Zwillinge sollte nur wenige Stunden dauern.

»Das Töchterlein als das älteste Kind ist, weil es sehr schwach gewesen, von dem Herrn Diakon genottauft und Maria Sophia genannt worden, das Söhnlein aber hat vorhero schon von der Weh-Mutter die Nottaufe empfangen, welches den Namen Johann Christoph überkommen.« Soweit die Eintragung in das Kirchenbuch.

»Unser Herrgott weiß allein, warum er die Kinder zu sich genommen hat. Vertrauen wir ihm, liebe, liebe Barbara.«

Sebastian hatte sich an das Klavichord gesetzt, an dem er spielte, sooft ihm weich ums Herz war, und sprach von den teuren Heimgegangenen – von denen in Eisenach und Erfurt, und denen in Gehren, und auch von Johann Effler, mit dem er seit seinem ersten Besuch in Weimar, ja, damals anno 1703, verbunden gewesen und der vor nun fast zwei Jahren verschieden war –, und wie von selbst klangen in seine Improvisationen die Themen der Trauerkantate seines Actus tragicus:

»Gottes Zeit ist die allerbeste Zeit.
In Ihm sterben wir zur rechten Zeit.
Gloria, Lob, Ehr und Herrlichkeit
sei dir, Gott, Vater und Sohn bereit!«

10.

Der Kantor Johann Tobias Krebs ließ es sich nicht nehmen, nachdem er endlich auch von dem Herrn Hoforganisten etliche Lektionen bewilligt erhalten hatte, seine beiden Lehrmeister Bach und Walther mit ihren Familien nach Buttelstedt in seine Kantorei einzuladen. Der Besuch sollte an einem der für den Kammermusikus Bach konzertfreien Sonntage, des Mittags nach dem Gottesdienste, stattfinden.

Die jungen Bachschüler Schubart und Vogler hatten sich schon in aller Frühe in Buttelstedt einzufinden, um der Frau Kantorin Magdalene Susanne, 22jährig, jung vermählt seit dem 29. Oktober des vergangenen Jahres 1711, zur Hand zu gehen.

Die Frauen Bach und Walther fuhren mit ihren Kindern, Maria Barbara also mit Catharina Dorothea und dem kleinen, noch nicht 2jährigen Friedemann, im gemieteten Landaulet, während Bach und Walther die Wanderung nach dem Postludium ihrer Gottesdienste, das sie natürlich beide diesmal reichlich kurz hielten, gemeinsam antraten. Sie wanderten durch die weiten reifenden Kornfelder mit ihren üppigen Mohnblumen, zuweilen im Schatten der Kirschalleen, auf Buttelstedt zu. Dort gingen sie an den Gärten des stillen, an Früchten so reich gesegneten Dorfes vorüber zur Kantorei, vor deren Gartentor Krebs mit den jungen Scholaren sie schon erwartete und den Ankommenden den Willkommensgruß entgegenrief. Großer Jubel auf beiden Seiten, den Neuangekommenen, den bereits eingetroffenen Gästen und der Familie Krebs.

Man hatte gewiß mit einem leckeren Mittagsmahl gerechnet. Aber die Magdalena Susanne Krebsin übertraf alle Erwartungen mit dem Köstlichsten, was ihr der kleine Kantorenhof mit seinem Federvieh und dem Gemüsegarten aufzutragen bot, und wie sie es im elterlichen Pfarrhaus im benachbarten Heichelheim gelernt hatte. Man war heiterster Laune.

»Sie hat«, so Bach nach der zarten Hähnchenbrust, »einige höchst nötige Reguln – nicht vom Generalbasso, wie ihr Eheliebster, der Herr Kantor, hingegen von der Kunst, mit dem Geflügel umzugehen, wohl gelernt und beherrscht die ganze Scala aller Tön' vom äolischen Rauchfangbraten bis zur mixolydischen Nachspeise! Perfectas allesamt!«

Schubart setzte hinzu: »Consonantiae perfectae! Der Herr Hoforganist gewährt uns den Vorgeschmack der Musik, und bei euch, Frau Kantorin, empfangen wir den Nachgeschmack der edlen Kochkunst!« –

Nach dem Mahl hielt man einen kleinen Dorfrundgang für wünschenswert. Man ging zunächst behaglichen Schrittes an den stattlichen Bauernhäusern mit ihren riesigen Höfen und weiten Stallungen vorüber, schaute gelegentlich über die üppigen Zäune der Gemüsegärten, bestaunte die reiche, sich ankündigende Obsternte der vollhängenden Beerensträucher und der Obstbäume mit ihren frühen und späteren Obstsorten und beendete den Spaziergang schließlich, wie sich das für Kantor und Organisten gehört, am Spieltisch der Buttelstedter Kirche, wo zunächst der Kantor ein Präludium mit vollem Werk improvisierte, danach auf den Wunsch Bachens die beiden Scholaren Schubart und Vogler ein von ihm gegebenes Thema in Variationen auszugestalten hatten, wobei das Thema einmal im Diskant und das andere Mal im Baß aufzutreten hatte.

Als dem jungen Vogler in Diskant und Alt eine böse Quinte unterlief, ließ ihn der strenge Herr Hoforganist innehalten und die Regula 3 und 4 seiner Vorschriften wiederholen:

»Zwei Quinten und zwei Oktaven müssen nicht aufeinander folgen, denn solches ist nicht nur ein Vitium, sondern es klingt übel . . .«

»Hat er's bemerkt? Es klang übel! Und deshalb ist es ein Vitium! Also . . .?«

»Solches zu vermeiden, ist eine alte Regel, daß die Hände allezeit gegeneinander gehen müssen . . .«

». . . und so weiter. Hat Gültigkeit bis in omnia saecula.«

Das kleine Privatkonzert am Sonntagnachmittag an der Orgel von Buttelstedt beendete Bach mit einer seiner schönsten Pastoralfantasien.

Der Heimweg der Buttelstedter Gäste erfolgte in der entgegengesetzten Reihenfolge: Bach und Walther verabschiedeten sich als die ersten. Ihnen folgten die Frauen und Kinder im Wagen, wobei es noch vor den Toren Weimars ein vergnügtes Überholen und Nachwinken gab. Als letzte wanderten die beiden Jungen, Schubart und Vogler, die noch der Frau Kantorin bei ihren Aufräumarbeiten geholfen hatten, in die Dämmerung hinaus und erhielten als besonderen Lohn, als sie den Schloßpark erreicht hatten, den holdseligen Gesang einer Nachtigall. Sie hielten inne und lauschten der Melodiensüße.

»Flûte d'amour . . .«, so der eine; »Für eine Transkription ihres Themas«, so der andere. »Es gäbe ein rechtes Gegenstück zu Kerlls ›Cou-Cou‹, nur tausendmal lieblicher!«

11.

Es gab der liebsten Maria Barbara viel zu erzählen. Sebastian war aus Halle zurückgekehrt, das ihn zusammen mit Johann Kuhnau und dem Quedlinburger Organisten Christian Friedrich Rolle zur Prüfung der neuen, vom heimgegangenen Zachau noch geplanten und von Christoph Cancius gebauten Orgel in St. Marien eingeladen hatte; wie es zu der überraschenden Einladung gekommen war, hatte er erst dort erfahren.

Die Fahrten nach Halle am 12. Dezember und zwei Tage danach wieder zurück mit der Schnellpost über Weißenfels und Merseburg waren trotz Schneetreiben und Frost gut verlaufen. Viel zu berichten gab es vom Empfang durch das Kirchenkollegium, von der vortrefflichen Fürsorge für eine angenehme Unterkunft und den vortrefflichen und ausgedehnten Hallenser Mahlzeiten, endlich aber und in der Hauptsache von der Orgel und dem Effekt seines Probespiels, zu dem er seine Toccaten und die Vitalischen Transpositionen gewählt hatte. Es sei eine wahre Lust gewesen, das neue Werk auf Herz und Lungen, bis auf seine zartesten und mächtigsten Wirkungen zu untersuchen.

»Eine Orgel mit dreiundsechzig klingenden Registern, Maria Barbara, kannst du dir das überhaupt vorstellen«, schwärmte er. Aber das Sonderbarste sei doch gewesen, daß er ganz plötzlich aus seinen heimlichen Träumen von einer möglichen Bewerbung nach Halle durch den très honoré Monsieur Becker geweckt geworden sei, der ihm den Entschluß des Kollegiums am Spieltisch übermittelt habe: »Nun, Herr Hoforganist, habt Ihr es Euch nicht möglicherweise einfallen lassen, daß die St. Marienorgel nach Zachaus beklagtem Abgang eigentlich das Instrument wäre, auf dem Ihr nach einer von uns zu empfangenden Vocation als Marienorganist und Musikdirektor wirken solltet?«

Maria Barbara ergriff, wie benommen, die Hand Sebastians. »Und was hast du geantwortet?«

»Ich bat mir Zeit aus; es könne nicht die Erwartung der Herren vom Konsistorium sein, daß ich sofort und endgültig zu einem Entschluß kommen könne. Es seien sehr wichtige Fragen doch erst einmal in Weimar – mit dem Fürsten – und eben auch im besonderen mit dir zu klären. Der Gedanke selbst sei höchst reizvoll, ich hätte ihn selbst schon erwogen, aber . . ., und so ging es fort an verzögernden Überlegungen. Wir waren daher der Meinung, daß ich mich von Weimar aus erklären solle. Man wird mir bis dahin die Verbindlichkeiten der Vocation schriftlich übersenden.«

Und wirklich traf die schriftliche Ausfertigung zur Vocation zu Beginn des Neuen Jahres 1714 in Weimar ein, ein Zeichen dafür, wie erwünscht seine Berufung nach Halle sei.

Aber sie lautete – bei allen verlockenden Aussichten auf ein Prachtinstrument – auf die Ernennung zum Musikdirektor und bedeutete einen geringeren Aufgabenkreis als in Weimar. Sie hob die Hemmungen nicht auf, die Bach seit seiner Rückkehr immer wieder beschäftigten. Er hatte noch weiterhin nachzudenken.

Am 14. Januar entschloß er sich endlich, seine Vorbehalte den Kirchenältesten in Halle mitzuteilen:

»Hochedler Hochgeehrtester Herr.

Dero Geehrtestes nebst der Vocation in duplo habe zurecht erhalten. Für deren Übersendung bin sehr obligieret, und wie ich es mir für ein Glück schätze, daß das sämtliche Hochedle Collegium meine Wenigkeit gütigst vocieren wollen, desto eher werde bedacht sein, dem durch solche Vocation hervorblickenden göttlichen Wink zu folgen. Jedoch wolle mein hochgeehrtester Herr nicht ungütig nehmen, daß meine endliche Resulation voritzo nicht rectificiren kann, aus Ursachen, weil erstlich meine völlige Dimission noch nicht erhalten, 2. weil in ein und anderem gern möchte einige Änderung haben, sowohl wegen der Salarii als auch wegen der Dienste; welches alles noch diese Woche schriftlich berichten werde . . .

Ich nehme die mir gütigst Übersendete mit allem Respekt an, und hoffe, das hochlöbl. Kirchencollegium werde die sich etwa noch zeigende Difficultäten gleichfalls gütigst aus dem Weg zu räumen hochgeneigt sich gefallen lassen. In der Hoffnung baldigen glücklichen Erfolges verharre Hochedlen

Hochgeehrtester Herr
dero ergebenster Diener
Joh. Sebast. Bach

Weimar, d. 14. Jan. 1714. p.«

Nun waren die Herren in Halle sich durchaus bewußt, daß der Organist an St. Marien ein sehr begehrenswertes, weithin hochgeachtetes Amt innerhalb der sächsischen und thüringischen, ja selbst der norddeutschen Kirchenmusiken sei; man glaubte auch dem Schreiben Bachs entnehmen zu dürfen, daß ihm selbst an der Mutation nach Halle gelegen sei, daß man also nicht nötig habe, auf alle Wünsche eines Bewerbers, auch nicht auf die des Weimarer Hoforganisten, einzugehen. Daher entschloß man sich, die von Bach angedeutete Frage nach einer Verbesserung der »salarii« erst einmal abzulehnen.

So heißt es denn in der Aktennotiz, Halle, 1. 2. 1714, also 2 Wochen nach dem Eingang des Bachischen Schreibens:

». . . Daß an Herrn Bach zu rescribiren sei: Einen Zusatz zu der Besoldung zu machen sei bei gegenwertigen wichtigen Ausgaben und andern erheblichen Umständen bedenklich, und möchte der Herr Bach sich binnen 2 Tagen endlich herablassen, weil doch die dortige labores von denen hiesigen nicht sehr differieren, hier aber weit mehrere accidentia als dort zu hoffen, und soll dieswegen ein eigener Bote an ihn geschickt werden.«

Eine solche eigentlich recht unerfreuliche, ja, wohl überhebliche Sprache wollte nun unser Hoforganist nicht gelten lassen.

Just zur gleichen Zeit hatte der Herzog die Bezüge Bachs erneut erhöhen lassen, diesmal sogar um das Bedeutende von 210 auf 268 Gulden, und da er von seinem Hofprediger Johann Georg Lairitz darüber informiert worden war, daß Bach eine so günstige Vocation nach Halle erhalten habe und er vor der Entscheidung über eine Mutation von Weimar an die Saalestadt stehe, habe er, der Herzog, sich entschlossen, seinen so vortrefflichen Hoforganisten zum Konzertmeister mit angezeigtem Range gleich nach dem Vizekapellmeister zu ernennen und dies urkundlich dem Bach unter dem 2. März 1714 zu eröffnen.

Das entschied.

Die kühl gehaltene Ablehnung seiner Forderungen durch die Hallenser konnte nun leichten Herzens mit einem ebenso kühl gehaltenen Verzicht auf die Vocation nach Halle beantwortet werden.

Aber nun wurden die Hallenser Herren böse! Hatte der Herr Hoforganist aus Weimar nicht ein böses Spiel mit ihnen getrieben? Hatte er sie nicht gar – wie deutlich zu erkennen – gegen seinen Durchlauchtigsten Fürsten ausgespielt, um bei allem Hin und Her eine höhere Besoldung herauszuschlagen?

Bach war empört. Dem Monsieur A. Becker, Lizenziaten der Rechte, der ihm die Auffassung des Hallenser Kirchen-Kollegiums übermittelt hatte, mußte nun auch er sehr bestimmt – natürlich ohne die Formen zu verletzen – gründlichst die Meinung sagen:

»Hoch Edler, Vest- und Hochgelahrter Hochgeehrtester Herr.

Daß das Hochlöbliche Kirchen-Collegium meine Abschlagung der ambirten / wie Sie meinen / Organisten Stelle befremdet, befremdet mich gar nicht, indem ich ersehe, wie es so gar wenig die Sache überleget. Sie meinen, ich habe um die erwähnte Organisten Stelle angehalten, da mir doch von nichts weniger als davon etwas bewußt. Soviel weiß ich wohl, daß ich mich gemeldet, und das hochlöbliche Collegium bei mir angehalten . . . Zudem ist nicht zu praesumiren, daß man an einen Ort gehen sollte, wo man sich verschlimmert . . . Doch ist aus allen diesen noch lange nicht zu schließen, als ob ich solche tour dem hochlöbl. Collegio gespielt hätte, um dadurch meinen Gnädigsten Herrn zu einer Zulage meiner Besoldung zu vermögen, da Derselbe ohne dem schon so viel Gnade vor meine Dienste u. Kunst hat, daß meine Besoldung zu vergrößern ich nicht erstl. nach Halle reisen darff. Bedaure also, daß das hochlöbl. Collegii so gewisse persuasion ziemlich ungewiß abgelauffen, und setze noch dieses hinzu: Wenn ich auch in Halle eben so starke Besoldung bekomme, als hier in Weimar, wäre ich dann nicht gehalten, die ersteren Dienste denen anderen vorzuziehen? Sie können als ein Rechts-Verständiger am besten darvon judiciren, und wenn ich bitten darff, diese meine Rechtfertigung dem hochlöbl. Collegio hinterbringen, ich verharre davon

Ew. Hoch Edl. gehorsamer
Joh. Seb. Bach
Concertmeister u. Hofforg.

Weimar, den 19. Mertz 1714.«

Das war eine klare Antwort, und damit hatte es denn sein Bewenden. Das heißt: vorläufig. Denn der »très honoré Ami«, wie Bach den Herrn Becker anzusprechen beliebte, wird bereits nach zwei Jahren sich des berühmten Herrn Bach erinnern. Doch davon später.

12.

»Wenn uns dieses Jahr mit seinen Fatalitäten weiterhin beglückt, so wird es ein recht denkwürdiges bleiben.«

Mitten in den Verhandlungen mit Halle gab es – neben der willkommenen Gehaltsaufbesserung und der Ernennung zum Hochfürstlich-Herzoglich-Sächsisch-Weimarischen Konzertmeister – ein wohl noch freudigeres Ereignis.

Am 8. März 1714 wurde dem glücklichen Vater von seiner allerliebsten Maria Barbara ein zweiter Sohn geschenkt, ein recht ansehnliches, urgesundes Knäblein mit rosigen Bäckchen, energischem Kinn, einem fest und beinahe ironisch zusammengepreßten Lippenpaar und kleinen, meist zusammengeballten Fäustchen.

Man mußte ihn lange in seinem kleinen Wiegenkorb betrachten, wenn man sein Wesen ausmachen wollte.

»Ein prächtiger Bursche«, sprach Adam Imanuel Weldig, seit einem Jahr nach seinen Weimarer Dienstjahren in der gleichen Eigenschaft Pagenhofmeister, Kammermusikus und Sekretär am Weißenfelser Hofe.

»Voller Energie, wie man sieht«, nickte Christian Friedrich Altmann, der mit seiner Eheliebsten aus Arnstadt herübergekommen war, damit sie als Patin des Täuflings eintrete.

»Aber recht eigenwillig«, seufzte Maria Barbara lächelnd.

»Ein starker Cantus firmus im Sopran, besonders des Nachts, und das in C-majeur, während wir, nach Es und As entrückt, gar nicht an ihn gedacht haben«, fügte Sebastian hinzu.

Der dritte Taufpate – Georg Philipp Telemann – hatte zu seinem und aller Gäste, insbesondere aber der Bache Bedauern seine Teilnahme an den Tauffeierlichkeiten absagen müssen. Seine Dienstpflichten hielten ihn in Frankfurt zurück, wohin er bereits ein Jahr zuvor aus dem Eisenacher Hofdienst als

Kapellmeister gewechselt hatte; aber er hatte mitgeteilt, daß er gern die Patenschaft des nunmehr Jüngsten übernehme, in der alten Verbundenheit mit den Bachs, mit seinem geliebten Eisenach und im besonderen mit Johann Sebastian, und daß er mit Freuden und aller Gewissenhaftigkeit die Patenschaft für alle Zukunft erhalten werde.

Als Gruß hatte er mit einem kostbaren Angebinde einen seiner neuesten Kanons übersandt, den die Taufgesellschaft denn auch nach dem Taufakt des Carolus Philipp Immanuel festlich anstimmte, während Vetter Walther eine köstliche Variatio über die ersten beiden Takte folgen ließ.

13.

»Und was sagt Ihr zu Eurem ehemaligen Schützling, lieber Rektor?«

Wie an jedem Sonntag ist der Treffpunkt der Begegnungen mit Freunden und Bekannten nach dem Gottesdienst der Weg von der Schloßkirche zum Marktplatz, wo man sich dann entschließen muß, ob man noch auf eine Stunde im »Elefanten« einkehren oder den Heimweg antreten sollte.

Heute entscheiden sich der Fürstlich Sächsische Gesamt-Sekretär des Oberkonsistoriums in Weimar, Salomon Franck, und in seiner Begleitung der ehemalige Ohrdrufer Gymnasialrektor Johann Christoph Kiesewetter, seit dem vergangenen Jahre 1713 als Rektor an das Gymnasium in Weimar berufen, für einen Austausch von Gedanken und Erfahrungen am Ratsherrntisch des wohlrenommierten Gasthauses.

»Wir haben es damals schon vorausgeahnt, wenn der junge Sebastian an der Orgel improvisierte, und unser Herda hat ihn denn auch mit Bedacht und guter Voraussicht nach Lüneburg empfohlen. Den Effekt habt ihr ja nun wieder einmal gehört. Fürstlicher Konzertmeister ist er nun und erfüllt getreu seinem neuen Amte seine geregelten Pflichten zur Komposition Eurer Poesien.«

»Meiner und deren des Herrn Erdmann Neumeister, der uns leider nach der Lausitz verschwand, uns aber mit seinen ›Andachten‹ recht nahe geblieben ist.«

»Habe in Eisenach den Telemann eine feine Neumeister-Kantate spielen hören . . .«

»Ihr hättet, verehrter Rektor, mehr als ein Jahr vor Eurer Übersiedlung nach Weimar Bachs Musiken zu Neumeisters ›Concerto Festo Navitatis Christi‹ hören können –, und ihr erinnert Euch doch gewiß seiner herrlichen Musik zur Osterpredigt; auch sie nach Dichtungen von Neumeister!«

»Voller Innigkeit, komponiert als ein wahres Bekenntnis!«

»Herein, Bach!« Franck sah ihn an der Tür der Gaststube erscheinen. »Wir sind in der Erinnerung gerade bei Eurer Osterkantate, und heute habt Ihr uns ein neues Meisterstück geliefert!«

Kiesewetter, sein alter Ohrdrufer Lehrer, lobte die »ergreifende Einleitung« der neuen Kantate, die Bach zur Einweihung der nach seiner Disposition umgebauten Orgel am heutigen dritten Sonntag nach Trinitatis – dem 17. Juni 1714 – mit besonderer Breite angelegt und reich ausgestattet hatte; doch Bach fiel ihm ins Wort, es handele sich bei der »Einleitung« um eine »Sinfonia« . . .

Der gütige Salomon Franck lächelte: »Das sind Namen und Formen, lieber Bach; aber mit Eurer Musica habt Ihr uns mehr gegeben als Formenspiele! Sie hat – für mich – so vieles mit dem Hohen Liede gemeinsam.«

»Solltet Ihr nicht dazu die Ursache gegeben haben? Wie anders sollte ich zu meinen Tönen kommen als durch Eure Verse! So denkt doch an das schöne

›Mache meinen Abschied süße,
säume nicht,
letztes Licht,
daß ich meinen Heiland küsse.‹

Oder die Impression Eures:

›Mein Verlangen
ist,
den Heiland zu umfangen.‹

Freilich, da genügt es nicht, nach Formgesetzen zu arbeiten.«

Salomon Franck schien sich über diese Anerkennung zu freuen. Aber er lenkte ab:

»Ihr habt ja nun den Auftrag, Herr Konzertmeister, Eurem Herrn Drese und – ich nenne ihn besonders gern – dem vortrefflichen Reineccius nachzueifern, der mir mancherlei kostbare Musiken zu meiner ›Seelenlust‹-Poesie geliefert und durch kunstvolle Kompositionen gleichermaßen beseelt hat.«

»Es soll an mir nicht fehlen. Laßt mich nur reichlich an Euren poetischen Schätzen teilnehmen.«

Damit verabschiedete sich Bach auch schon. Er hatte es eilig.

14.

Mit gespannter Aufmerksamkeit beugte sich Sebastian über den Brief, den Maria Barbara ihm soeben ausgehändigt hatte.

Johann Kuhnau, der Altmeister im Thomaskantorat zu Leipzig, schrieb an Johann Sebastian Bach in Weimar:

»Wir haben uns, mein verehrtester Amtskollege, zu meinem Bedauern nicht sehen und damit so eigentlich erst recht noch nicht von Angesicht zu Angesicht kennenlernen können, wie ich von Eurer Anwesenheit zur Abnahme der Orgel in Halle mir erhoffte, zumalen mir bekannt war, daß Ihr ein guter

Kenner meiner Noten und Schriften seit Eurer Jugend und bisher gewesen seid. Bei meinem verspäteten Besuche in Halle wart Ihr jedoch bereits abgereist. So ist mir denn so viel Rühmliches von Eurem Urteil über das neue Orgelwerk als auch von Eurem Spiele und Konzertieren übermittelt worden, daß ich die Hoffnung habe und sie Euch zu äußern wünsche, Ihr möget Euch zu einem Besuche auch in Leipzig entschließen und die Gelegenheit nehmen, auch uns einiges von Eurer Kunst darzubieten. Orgel, Chöre und Instrumentalisten von St. Thomas und der Studentenschaft stehen bereit, mit Euch nach Eurem Belieben und Auswahl zu musizieren.«

Maria Barbara jubilierte. Welch ein Schreiben eines so großen und berühmten Mannes!

»Du wirst fahren, Sebastian?«

»Wenn es mir vom Serenissimus gestattet wird, mit Freuden. Ich wüßte auch schon die Zeit für meine Reise. Am 1. Advent hat Drese die Kantate zu liefern und zu leiten. Schubart wird mich an der Orgel vertreten. Es gibt keinen Ausfall, wenn ich mir für ein paar Tage Urlaub einhole.«

»Und aus Leipzig wirst du uns etwas Schönes mitbringen auf das Fest?«

»Was nicht verraten wird.«

Damit setzte er sich ans Klavichord, suchte unter den Noten die Ausgabe der »Biblischen Sonaten« Kuhnaus und spielte zur allgemeinen Beruhigung der erregten Gemüter daraus Davids Harfenspiel vor Saul.

Im Oberkonsistorium verwies man den Herrn Hoforganisten an das Hofmarschallamt mit dem Bemerken, daß man gegen eine Reise nach Leipzig zu gemeldetem Zwecke keine Einwände habe. Im Hofmarschallamt wurde ihm nach erfolgter Rückfrage bei Seiner Hochfürstlichen Durchlaucht ein ebenso günstiger Bescheid übermittelt, so daß Johann Sebastian, wohlversorgt von Maria Barbara mit dem nötigen Proviant und einer wärmenden Decke für die lange winterliche Reise nach Leipzig, die Fahrt am Mittwoch vor dem 1. Advent des Jahres 1714 antreten konnte.

Es gab Zeit genug, seine neueste Kantate mit den »Thomanern« sorgfältig zu probieren, die ihm als vortrefflich geschulte Musici ja wohlbekannt waren, und übrige Zeit, um mit Johann Kuhnau, seinem alten Vorbilde, ein Langes und Breites über die Musica im allgemeinen und das Musizieren in Leipzig, in Weimar im Besonderen, aber auch in Dresden und Hamburg zu sprechen.

Bach hatte dem verehrten Meister, der in seinem 54. Jahre doch schon recht gealtert war, von seinen Begegnungen in Lüneburg und Hamburg, in Celle und Lübeck zu erzählen, während Kuhnau, auf seine Arbeit angesprochen, nicht gerade Erfreuliches über die Schultätigkeit mit den neuerdings oft recht ungezügelten Knaben zu berichten hatte, und auch über die Nachlässigkeit oder vielmehr Gleichgültigkeit des Rates der Stadt Leipzig gegenüber den Mißständen an und in der Schule – auch gegenüber den trostlosen Unterkünften der Schüler. Er hätte sich vor nunmehr genau dreißig Jahren seiner Berufung zum

Thomaskantor seine Aufgaben und insbesondere ihre Endergebnisse nach einer so langen Zeit doch anders vorgestellt!

»Aber vielleicht trage ich selbst einen Teil der Schuld an den Verhältnissen. Ja – doch –, es ist sicher so; ich war nachsichtiger als wünschenswert, und vielleicht habe ich's bei neuen Einfällen zu einer Komposition im Kopf mit der Disziplin mitunter zu leicht genommen. Lest meinen ›Caraffa‹, den musikalischen Quacksalber, und Ihr werdet verstehen, was ich meine.«

Bach durfte den Alten beruhigen. »Die Proben verlaufen erfreulich. Eure Thomaner sind noch immer Vorbilder mancher Kantoren draußen in der evangelischen Welt!«

Die Adventskantate von 1714, »Nun komm, der Heiden Heiland« ist verklungen. Die Schnellpost fährt pünktlich. Bach hat sich zu verabschieden. Alles geht ohne Verzögerung vonstatten. Kuhnau begleitet seinen Gast bis zum Hauptportal der Kirche. Es ist nur ein kurzer Weg von der Thomaskirche bis zum Marktplatz. Die Pakete mit den Weihnachtsgeschenken für Maria Barbara, Catharina Dorothea und die beiden Knaben sind aufgeladen.

Es ist doch eine schöne Stadt, dieses Leipzig, mit seinen alten Toren, den weiten Plätzen, dem stolzen Rathaus, den Kirchen, der Universität, den reichen Geschäftshäusern und den Caffeehäusern, in denen gelehrte Männer disputieren und angesehene Kaufleute ihre Geschäfte verhandeln. Und erst die Thomaskirche! Mit ihren zwei Orgel- und Choremporen! Mit ihrer stolzen Geschichte, von der ihm Meister Johann Kuhnau am vergangenen Sonnabend bis spät in die Nacht erzählt hatte – von Georgius Rhau und Sethus Calvisius bis zu Johan Herman Schein.

Das wäre wohl auch eine Stadt, in der man leben könnte! Leben und Wirken!

15.

»Ein Schreiben vom Hofmarschallamt . . .!«

Maria Barbara rief es über die Stiege zum oberen Stockwerk, wo Sebastian sein neues Portativ aufgestellt hatte, um ungestört von den Kindern die neuesten Erscheinungen der musikalischen Literatur zu studieren.

Er ging der erregten Ruferin entgegen, entfaltete das Schreiben und las ihr mit sichtbar wachsender Begeisterung vor, daß der Serenissimus zu Festlichkeiten nach Kassel an den Landgrafenhof eingeladen sei und die Begleitung seines Hoforganisten wünsche, da man am Kasseler Hofe einen auserwählten Geschmack an musikalischen Vollkommenheiten habe. Der genannte Herr Bach habe sich zum 30. Dezember bereit zu halten.

»Kaum ist man aus Leipzig zurück, spannt man bereits wieder an. Und ich habe hübsch bei den Kindern zu bleiben, während Monsieur Jean Bastien Ruisseau sich die Welt betrachtet!«

»Nun, nun, es ist die Ordre. Und es wird nur ein paar wenige Tage dauern. Bedenke einmal: Kassel, das führt über Erfurt und Eisenach. Wenn wir dort Station machten, wär's eine gute Gelegenheit zu allerlei Visiten.«

Man hatte nur noch zwei Tage für die Reisevorbereitungen, in denen Maria Barbara ja mittlerweile geübt war.

Besuche bei Hofe verlangen eigene Kleidung, die Uniformstücke herausgeputzt, das Schuhwerk wie Spiegel so blank, die Schnallen wie reines Gold.

Es gab zu überdenken, was man spielen solle, sofern man überhaupt dazu befohlen werde. Aber warum sonst als zum Aufspielen sollte er doch wohl unter den Begleitern mitreisen.

Der Kasseler Hof galt von je als der Musik sehr zugetan, man weiß ja, Heinrich Schütz mochte ihm die ganze vollständige Ausbildung seines Genies verdanken, und die Kasseler Oper florierte italienisch.

Aber schnell noch einmal hinauf zum Portativ, Vitali-Noten heraus, und nun spiele – weimarisch, hamburgisch, lübeckisch – in italienischer Manier!

Das Fest galt dem Erbprinzen Friedrich von Hessen-Kassel, der nach seiner Teilnahme an den letzten Kämpfen des Reichs um die spanische Erbfolge gegen den Sonnenkönig endlich und wohlbehalten nach Kassel zurückgekehrt war.

Während die Fürstlichkeiten im landgräflichen Schloß ihren Aufenthalt nahmen, waren die Weimarer Hofbeamten im Gasthause »Stadt Stockholm« wohl aufgehoben, so daß sich auch ihre Stimmung von Stunde zu Stunde steigerte.

Das mußte sich natürlich auf den Weimarer Hoforganisten vorteilhaft auswirken, wenn er, den Wünschen des Erbprinzen nachkommend, sich zu mehreren Malen an der Orgel zu produzieren hatte, zumal die Aufmerksamkeit seines prinzlichen Zuhörers nicht nachließ, ob es sich um eine Weimarer Fuge oder ein italienisches Konzert handelte.

Um dem Prinzen die Besonderheit neuer Wege im virtuosen Pedalspiel vorzuführen, erging sich Bach am Ende seiner Darbietungen mit einem Pedalsolo von so verwirrender Geläufigkeit – und dies im wörtlichsten Sinne –, daß der Prinz aufsprang, auf den Organisten zueilte, sich einen kostbaren Lapislazuli-Ring vom Finger zog und ihn Bach an die freie Hand steckte.

»Das für Eure Pedalkunst, lieber Bach! Für Eure manuellen Künste besitze ich nichts Ebenbürtiges an Kostbarkeiten. Euer Ruhm wird Euch für diesen meinen Mangel an Vermögen entschädigen!«

Als man – dies »man« sind die fürstlichen Gäste der benachbarten und befreundeten Staaten – nach den Festtagen nach allen Seiten auseinander reiste, sah man die Wagen des Prinzen Friedrich, reich ausgestattet, als ginge es zu einer Hochzeit, vor dem landgräflichen Marstall abfahrbereit. Und wirklich, was man bisher geheim gehalten hatte, nahm seinen Lauf: Während Serenissimus und Bach gen Osten in ihr Weimar fuhren, fuhr der Erbprinz Friedrich von Hessen-Kassel gen Norden in seine neue Heimat, an den Hof des schwedischen Königs; dies als der »Erbprinz« und Thronanwärter des schwedischen Königsthrons, Rechte, die er durch die Vermählung mit der Schwester Karls des XII. kurze Zeit nach unserer Erzählung erwarb.

16.

»Es wird gar eng bei uns werden«, hatte Maria Barbara schon gegen Ende des vergangenen Novembers angedeutet. Doch Sebastian hatte sie beruhigen können. Imanuel Weldig, Hausherr der Bache, Kammermusikus und Sekretär des Weimarer und nun des Weißenfelser Hofes, hatte dem Vater der bereits recht stattlich angewachsenen Familie Bach schon bei seiner Übersiedlung nach Weißenfels den Bezug weiterer Räume angeboten, natürlich ohne Zwang und nur für den Fall, daß die Familie sich noch weiterhin vergrößere. »Die Jungen brauchen ihr eigenes Zimmer; sie werden immer wilder, und die arme Catharina hat es schwer, mit ihnen auszukommen.«

»So soll's denn sein«, entschied Sebastian. »Beim nächsten Besuch des Imanuel aus Weißenfels werde ich ihm ein Chambrette für die Catharina Dorothea abmieten.«

Darüber war der Jubel bei Catharina ebenso groß wie bei Friedemann und Philipp Emanuel, die sich nun erst recht in ihrem Chambre austoben wollten –, »wenn der Papa nicht daheim ist«, flüsterte Friedemann dem Bruder ins Ohr.

Am 11. Mai des Jahres 1715 war es denn soweit. Zur Taufe des Neugeborenen – Johann Gottfried Bernhard – waren die Paten aus Eisenach, Ohrdruf und Arnstadt angereist, fast wie gute Schutzgeister aus des Taufvaters vergangenen Jahren und ihren Stationen. Aus Eisenach war der Vetter Johann Bernhard Bach eingetroffen, ein hervorragender Musiker, der seinem Eisenacher Oheim Johann Christoph vor einem Jahrzehnt als Stadtorganist und dem Oheim Ambrosius als Kammermusikus der Fürsten von Eisenach gefolgt war.

Aus Ohrdruf erschien – mit den Sondergrüßen und Wünschen der Ohrdrufer Bache, Johann Andreas Schanert, gräflicher Hofregistrator, auch er über Sebastians Ohrdrufer Schwägerin Dorothea mit der Familie Bach verwandt. In seiner Begleitung war als dritte Patin die Arnstädter Eheliebste des Fürstlich Schwarzburgischen Mundkochs Johann Christoph Emmerling eingetroffen, Sophie Dorothea, eine gebürtige Wedemann, mit Maria Barbara und also auch mit dem Täufling aufs engste verwandt. Der Herr Hofmundkoch Johann Christoph hatte es sich nicht nehmen lassen, seine Sophie Dorothea nach Weimar zu begleiten und die Zubereitung eines gar köstlichen Festmahls zu übernehmen, zumal ja Maria Barbara den Tag nach der Geburt ihres Söhnchens noch recht hilfsbedürftig war.

Natürlich waren wiederum in ansehnlicher Zahl Taufgäste aus Weimar erschienen, die mit den Eltern des Täuflings und den angereisten Gästen gemeinsam die erlesenen Proben der Schwarzburgischen Hofkochkunst genossen.

Ein junger Mann, der wie die Arnstädter Emmerlings in der Begleitung des Ohrdrufer Gastes nach Weimar gekommen war, gerade fünfzehnjährig, ein wenig schüchtern, ungewohnt der von ihm bestaunten unterschiedlichen Gesellschaft im Hause seines Oheims Johann Sebastian, hatte es vorgezogen, Tante Maria Barbara zur Hand zu gehen, soweit sie Wünsche äußerte, und den Kindern von Ohrdruf und seinen Brüdern Tobias und Christoph zu erzählen, ihnen am Ende Rätsel aufzugeben und geschickte Fingerspiele vorzuführen, die er sogar als Schatten an die Wand werfen konnte.

Es war Johann Bernhard, der zweite Sohn aus der Ehe des Ohrdrufer Bruders Johann Christoph und seiner angetrauten Dorothea, angemeldet und willkommen geheißen bei den Weimarer Bachs als Schüler Johann Sebastians auf der Orgel und im Generalbaß. Sein Eintritt ins Bachische Haus hätte nicht glücklicher erfolgen können.

17.

Die Hochzeit des Weimarer Mitregenten Ernst August mit der Anhaltinisch-Cöthenschen Prinzessin Eleonore Wilhelmine hatte auf Schloß Nienburg, dem Witwensitz der Anhaltinischen Fürstenmutter Gisela Agnes, stattgefunden, ohne daß den Weimarer Musikern und selbst dem Hoforganisten und Konzertmeister Johann Sebastian Bach vom Herzog Wilhelm Ernst die Erlaubnis zur Teilnahme gegeben worden wäre.

Um so mehr lag es Ernst August am Herzen, seine junge Frau mit den Musikern am Hofe und im besonderen mit der Kunst Bachs bekannt zu machen.

»Wir mußten es verschmerzen«, klagte er, »so gern Wir auch zu den Festmusiken Unseren Weimarer Konzertmeister gehört und ihn dem Cöthener Hof vorgestellt hätten. Man macht dort eine recht gute Musik, und der junge Fürst ist selbst ein vorzüglicher Sänger und Violaspieler. Er hätte unsern Weimarer Konzertmeister gern gehört.«

Und Eleonore Wilhelmine meinte, daß ihr Bruder sich längst, noch vor der Hochzeit, zu Besuchen in Weimar angesagt habe, so daß er hier auch den Herrn Hoforganisten hören werde, von dem man ja bereits im Halleschen und selbst im Cöthenschen spreche. Hatte nicht ihr Bruder Leopold – seit einem Jahre nach der Ablösung der Regentschaft der Fürstenmutter nun regierender Fürst von Anhalt-Cöthen – von einer Notiz des Hamburger Johann Mattheson gesprochen, die seine Aufmerksamkeit erregt hatte?

»Der Mattheson soll von dem berühmten Organisten zu Weimar geschrieben haben, den man wegen seiner Musiken hoch ästimieren müsse! Und das in Hamburg! Dort spielte man bereits die Musiken des Herrn Bach aus Weimar. Verlaß dich darauf, Liebster, der Leopold wird eher in Weimar erscheinen, als wir es ahnen.«

18.

»Das dramma per musica aus Eurer Feder hat seine Musik bekommen; ich hoffe sehr, daß ich sie in Eurem Sinne ausgeführt habe. Wenn Ihr genügend dazu aufgelegt seid, könnt Ihr sie anhören. Wir proben – es wird ja höchste Zeit – jeden Tag. Wir haben nur noch wenige Tage bis zur Festivität in Weißenfels.«

Salomon Franck war Bachs Aufforderung, die Komposition seiner poetischen Huldigung an den Weißenfelser Herzog Christian in den Proben anzuhören, voller Erwartung schon am gleichen Tage gefolgt und war nun entzückt von der Anmut der Arien, dem Humor der musikalischen Untermalung von Jagdmusiken, vom Koloraturgesang und von der Fähigkeit musikalischer Schilderungen – gleichsam musikalischer Zeichnungen.

»Den ›abgeschossenen und dahinfliegenden Pfeil‹ habe ich von Kuhnau. Schon in meiner Jugend lernte ich das. In seinen Sonaten aus dem Alten Testament gibt es allerlei solche Flugkörper, wie Speer und Steinwürfe«, erklärte Bach auf dem gemeinsamen Heimweg nach der Probe.

Franck wünschte eine weitere Auskunft: »Ihr habt da in der Arie der Pales den Mittelteil nach minore übergeleitet. Wie soll sich aber dies Kunstmittel – ich gebe ja zu, daß es nach den harmonischen Gesetzen angängig ist – wie aber soll es sich mit dem Text vertragen?«

»Nun, auf wen haben wir denn den Text gemünzt?

›Wo Regenten wohl regieren,
kann man Ruh' und Frieden spüren.‹

Das Weißenfelser Herzogtum hat einen lustigen, lebensfrohen Herrn; der hält einen stattlichen Hof, pflegt die Künste und die Künstlerinnen – für die wir ja beide unser Poem geschaffen haben –, er baut, jagt, tanzt, reist und kassiert. ›Wo Regenten *wohl* regieren . . .‹ Sollte ich dieses ›Wohl‹ in C-majore verklären? Und welche ›Ruh‹ verspürt sein Herzogtum – in Majore oder Minore? Sagt selbst, daß es dem Musiker vergönnt ist, zu sagen, was der Poet verschweigen muß. Kein Mensch am Hofe wird sich Gedanken darüber machen, da man wie Ihr den Mittelteil nach harmonischen Gebrauchs- und Grundregeln stets in der konträren Tonart zu hören gewohnt ist. Und Ihr werdet mich und meine Auslegung Eures Textes nicht verraten!«

»Wo denkt Ihr hin, Bach! Was Ihr doch alles in Eurer Musik verstecken könnt!« –

Unter den Gästen des Gefeierten – es war der 23. Februar 1716, der Geburtstag des Herzoglich-Sächsisch-Weißenfelsischen Fürsten Christian – saßen auch, vom Herzog Wilhelm Ernst weit genug entfernt, um dessen gute Laune ob des Erfolges seiner Weimaraner nicht zu trüben, Ernst August und Eleonore Wilhelmine.

»Du wirst, Liebster, mit Christian sprechen, daß er Dir zu Deinem Wiegenfest die Weißenfelser Musikanten entleiht, die heute in Bachs Oper mitgespielt haben. Wir müssen das entzückende Werk noch einmal hören – bei uns in Weimar – und unseren Gästen vorführen. Ganz sicherlich kommt Leopold von Cöthen herüber. Er muß den Bach hören und sollte einmal mit ihm musizieren. Was für ein Fest wäre das!«

Polonaise und Gavotte der fürstlichen Gäste und der Elite ihrer Staatsbeamten lösten die Huldigungen des Festabends ab, die mit der »Jagd«-Oper Bachs und seines Poeten Franck ihr Ende gefunden hatten.

Komponist und Dichter, und mit ihnen Maria Barbara, die auf besondere Veranlassung des Herzogs an den Festlichkeiten teilgenommen hatte, kehrten, behaglich in dicke Decken gehüllt, mit dem ihnen eigens vom Herzog gestellten Wagen, einem geschlossenen Coupé mit weich gepolsterten Sitzen, nach Weimar zurück, glücklich über den Verlauf der auch von den Weißenfelser Sängern brillant gestalteten Aufführung und über die allergnädigste Dotation der Weißenfelser Silbertaler.

19.

Der Groll der Hallenser Konsistorialräte und des Kirchenkollegiums von St. Marien war verflogen. Man hatte eingesehen, daß man an des Weimarer Herrn Bachs Absage nicht ganz unschuldig gewesen war, als man seine Forderungen recht kühl und kurz abgelehnt hatte. Man wußte inzwischen auch, mit wem man es zu tun hatte. Dieser Bach war nicht ein Irgendwer! Man hörte allerorts von ihm. Man war ja damals selbst des Lobes voll gewesen über seine Kunst. Man sollte, so meinte man nun in Halle, sich dem Herrn Hoforganisten gegenüber verbindlich zeigen, ihn wissen lassen, daß man keinerlei Verstimmung mehr kenne und daß man ihn – zum Zeichen der Hochachtung – einlade, das nunmehr endgültig vollendete Orgelwerk von St. Marien gemeinsam mit Herrn Johann Kuhnau aus Leipzig und dem Hallenser Organisten Rolle abzunehmen.

Bach schmunzelte beim Empfang des Schreibens. »Na also! Sie haben's doch eingesehen und sind gar nicht mehr ›befremdet‹! Wollen wir fahren, Maria Barbara?«

Sie sah ihn lächelnd an. »Es ist lieb von dir, mich zu fragen, obwohl du weißt, daß ich die Kinder nicht allein lassen kann. Für einen Tag, wie neulich nach Weißenfels, läßt sich's wohl einrichten. Aber für eine Reise nach Halle wirst du wieder Tage brauchen.«

»Freilich, freilich, eine fast heiratsfähige Tochter von acht Jahren, drei Buben von Bachischer Manier, einen Scholaren als Kostgänger im Haus und keinen Gräflich Schwarzburgischen Mundkoch . . .«

So liebenswürdig und herzlich, wie nur denkbar, antwortete Bach den Hallensern am 22. April 1716:

»Hoch Edler, insbesondere Hochgeehrtester Herr.

Für die ganz sonderbare Hochgeneigteste Confidence, Ew. Hoch Edlen wie auch sämtlichen Hoch Edlen Collegii bin höchst verbunden, und wie ich mir das größte Pläsier mache, Ew. Hoch Edlen jederzeit mit gefälligsten Diensten aufzuwarten, desto mehr werde vor jetzo bemühet bleiben, Ew. Hoch Edlen zu bestimmter meine Aufwartung zu machen . . .«

So geht es noch eine Weile fort bis zur Unterschrift.

Zuvor aber hatte er sein »dramma per musica« von Diana und Endymion, Pales und Pan noch einmal aufzuführen, diesmal als Huldigung für den Mitregenten Herzog Ernst August in Weimar.

Bereits am 23. April waren die Weißenfelser Kammermusiker, die an der festlichen Uraufführung teilgenommen hatten, dazu auch ihre Verstärkungen, Trompeter und Pauker, in Weimar angekommen, waren im »Elefanten« und im Gasthaus zum »Goldenen Ring« untergebracht und hatten noch einmal an den von Bach gewünschten Proben teilzunehmen.

Es gab eine Prachtaufführung mit den nun schon gründlich mit dem Werk vertrauten Sängern und Instrumentalisten, und es ging nicht ohne ein leises Schmunzeln der hohen Herrschaften – Fürst Leopold war aus Cöthen gekommen –, auch der Musiker und insbesondere der Diana selbst, als die Sängerin die Huldigungsworte diesmal an Herzog Ernst August zu richten hatte.

In Weißenfels hatte sie zu textieren: »Der teu-re Chri-sti-an, der Wäl-der Pan«, dagegen in Weimar rhythmisch mühsam gekünstelt: »Der treu-e Ernst Au-gust . . .«

Es gab lebhafte Zustimmung, den Beifall der Hofgesellschaft und üppige Dankgeschenke für Bach und Franck, diesmal in Weimarer Währung.

Beim anschließenden Empfang der Gäste durch das Herzogspaar hatte der neue Konrektor des Gymnasiums, Johann Matthias Gesner, Gelegenheit, seiner Bewunderung für die Weimarer Künste, insbesondere aber für den Poeten und den Komponisten »der entzückenden antiken opera« in seinen Gesprächen Ausdruck zu geben.

»Allerdings, lieber Franck, hättet ihr stilgerecht die Göttin der Jagd nicht Diana, sondern Artemis nennen sollen! Denn euer Endymion gehört nun einmal ebenso zur griechischen Mythologie wie der große Pan und die süße Pales. Aber nach der babylonischen Sprachverwirrung soll sowas ja gelegentlich vorkommen!«

Bereits am folgenden Tage – dem 28. April – fuhr Bach nach Halle. Es gab für ihn wie für Johann Kuhnau einen unerwartet festlichen Empfang. Man überbot sich mit Aufmerksamkeiten, so daß Bach höchst vergnügt seinem verehrten Meister Kuhnau eingestehen mußte: »Einen solch solennen Empfang habe ich mir nicht träumen lassen; nicht einmal in Kassel gab es derlei Überraschungen.«

Am ersten Abend tafelte man in großer Gesellschaft bei Ochsenzunge, köstlichen Eierspeisen, kaltem Braten und Zervelatwurst, bei Rheinwein und bestem Pfälzer.

Bediente und Kutscher hatten über fünf Tage des Aufenthalts hin die beiden illustren Orgelmeister zu betreuen, während der Hallenser Organist Christian Friedrich Rolle, der dritte Prüfer, der trotz seiner Übersiedlung nach Quedlinburg noch seinen Wohnsitz in Halle beibehalten hatte, daher und also keiner besonderen Versorgung bedurfte, sofern er nicht an den gemeinsamen Mahlzeiten während der Arbeit teilnahm: den gewissenhaften Prüfungen und der Ausfertigung der Protokolle.

Am Sonntag endlich, dem 3. Mai, wurde die Prachtorgel von St. Marien im Hauptgottesdienst mit den ausgewählten Werken der beiden Meister eingeweiht.

Als Johann Sebastian, mit vielem Lob und gutem Honorar von sechs Talern verabschiedet, des Abends in Weimar eintraf und den wohlgedeckten Tisch betrachtete, auf dem allerlei Leckeres auf ihn wartete, nahm er Maria Barbara liebevoll in den Arm:

»Ich will dir sagen, was wir heut Mittag als Abschiedsmahl in Halle zu verspeisen hatten, ich habe dir die Tischkarte mitgebracht:

1 Stück Bäffallemote. (d. i.: Boeuf à la mode)
Hechte mit einer Sartelle beu.
1 gereuchert Schinken.
1 Aschette mit Erbsissen.
1 Aschette mit Erteffen.
2 Aschetten mit Spenadt und Zerzigen. (»Saucis'chen«)
1 gebraten Schöpseviertel.
Gesodtner Kerbisse.
Sprützkuchen.
Eingemachte Zitronschalle.
Eingemachte Kirschen.
Warmer Spargel Saladt.
Kopf Saladt.
Rettisgen. (Radieschen)
Frische Butter.
Kelberbraten.

Und nun trage ruhig deine Leckereien wieder ab, die du so fein ausgewählt hast. Sie sollen uns morgen gut schmecken. Ich habe mich schon in Halle nicht ganz wohl gefühlt nach dieser Ciaconna mit vierzehn oder mehr Variationen über das Thema ›Festmahl‹, und habe beim Unterschreiben des Salärempfangs dann meinen Namenszug mit einem dicken Tintenklecks ausgestattet.«

20.

Der Hofkapellmeister Johann Samuel Drese war am 1. Dezember 1716 »an bekannter Leibesbeschwerung« gestorben.

Es gab in Schloß Wilhelmsburg lange Beratungen des Herzogs mit den Mitgliedern des Oberkonsistoriums und des Hofmarschallamtes, mit dem neuen Generalsuperintendenten D. Johann Philipp Treuner, dem Nachfolger des im April verstorbenen Konsistorialrats Lairitz, ferner waren anwesend der weltliche Kirchenkommissar Löscher und der Gymnasialrektor Kiesewetter sowie sein Stellvertreter Johann Matthias Gesner.

Der Generalsuperintendent war mit den Gedanken und Wünschen des Herzogs wohl vertraut. Er wußte aus seinen häufigen Gesprächen, daß der Herzog seinem Hoforganisten und Konzertmeister Bach dessen freundschaftliche Bindung an das Rote Schloß und an seinen Neffen, den Mitregenten Ernst August, verübelte, hatte der Serenissimus doch seinen Musikern nach jenen Feiern vom April mit der Festoper jede, aber auch jede weitere Verbindung zum Roten Schloß untersagt.

»Bach weigert sich nach wie vor, Unserem Verbote Folge zu leisten. Nun denn, er ist inzwischen ein berühmter Mann geworden. Man muß es respektieren und ihm einige Freiheiten einräumen. Es wäre Unserem Hofe und Unserem Rufe nicht sehr einträglich, wenn er auf seinen Reisen – die Wir ihm ja auch nicht untersagen – sich über Beschränkungen beklagen würde.«

Der Generalsuperintendent konnte daher den Ausführungen Gesners, er habe Bach seit seinem Dienstantritt am Gymnasium häufig gehört und bewundert, also wolle er die Aufmerksamkeit Seiner Hochfürstlichen Durchlaucht und die der hohen Herren auf diesen vortrefflichen jungen Meister lenken, der als Hofkapellmeister gewiß dem ganzen Herzogtume die größte Ehre machen und höchsten Ruhm eintragen werde, aber das alles wisse ja Seine Hochfürstliche Durchlaucht a priori am besten. Dem hielt der Generalsuperintendent entgegen, daß Seine Hochfürstliche Durchlaucht bereits einen ausgezeichneten Entschluß gefaßt habe: Man werde den berühmten Musikdirektor und Komponisten Georg Philipp Telemann einladen, die Vakanz in Weimar als Hochfürstlicher Sächsisch-Weimarer Hofkapellmeister anzutreten. Gegen ihn, dessen Name ja in aller Munde sei – übrigens sei er der Ältere vor Bach – gäbe es gar keine Vorbehalte oder Einwände, und der Name Bach sei durchaus an nachfolgender Stelle zu nennen.

Gegen den Namen und die Berufung Telemanns hatte keiner der teilnehmenden Berater etwas einzuwenden.

Nun ergab es sich kurze Zeit darauf, daß der Herr Musikdirektor Telemann aus Frankfurt mitteilte, die Berufung habe ihn zwar hoch geehrt, er könne jedoch sein Amt in Frankfurt, das er erst seit wenigen Jahren verwalte, nicht aufgeben, ohne die Stadt Frankfurt – den Rat, die Bürgerschaft, die Musiker –

aufs schmerzlichste zu kränken und zu enttäuschen. Er habe bereits ähnliche ehrenvolle Berufungen aus dem gleichen Grunde ablehnen müssen. Man möge ihm daher die Gründe seines Verzichtes auf eine so ausgezeichnete Position zugute halten etc. etc.

Der Serenissimus zögerte. Er war ungehalten, weniger über Telemanns Absage, als über die Notwendigkeit einer neuen Entscheidung.

»Bach? Niemals! Er reist zuviel, geht bei Ernst August ein und aus, trägt den Kopf höher als alle Unsere Hofbeamten, genießt seit Jahren Unser äußerstes Wohlwollen, musiziert neuerdings mit dem Cöthener Leopold, wenn der junge Mann seine Schwester im Roten Schloß besucht! Wir wollen ihm auch einmal zeigen, daß Wir Unsere Entscheidungen ohne ihn treffen können –.«

Als der Herzog nun gar Johann Wilhelm Drese, den Sohn des Verstorbenen, als seinen neuen Hofkapellmeister zu ernennen wünschte, gab es unter den Beratern, die der Serenissimus wiederum zusammengerufen hatte, Erstaunen, sichtbaren Unwillen, aber natürlich keine Einwände.

»Der junge Drese ist seit langem Stellvertreter seines kranken und nun heimgegangenen Vaters. Wir hatten ihn in seiner Ausbildungszeit auf Unsere Kosten für 8 Monate nach Italien gesandt, um sich in der Musik und der Komposition zu habilitieren. Wir zahlten ihm ein Stipendium zu seinem Studium in Jena; er besitzt bereits den Titel eines Vizekapellmeisters. Er steht bei weitem länger in Unseren Diensten als Bach, er ist um Jahre älter als der Konzertmeister. Es ist nur gerecht und nach der Ordnung, wenn er seinem Vater in dessen Stellung nachfolgt.«

Im Roten Schloß war man ganz anderer Meinung.

»Mein Onkel scheint taub geworden zu sein, wenn er nicht einmal mehr den Unterschied zwischen den italianisierten Süßigkeiten des Monsieurs Drese und Eurem Orgelspiel und Euren Kantaten hören kann, und auch die Berichte über Eure Reisen nicht mehr anhören will, wie denn neulich erst aus Leipzig die Nachrichten vermeldeten, daß Ihr während Eurer Orgelabnahme in der Paulinerkirche das höchste Lob der Professoren erhieltet.«

Eleonore Wilhelmine beschwichtigte ihren aufgebrachten Eheliebsten:

»Ich wüßte einen besseren Weg als den der Unzufriedenheit und des Grolls, die zu nichts führen. Leopold hat schon des mehreren seinen Wunsch anklingen lassen, einen Meister von den Graden des Weimarer Hoforganisten für seinen Hof zu gewinnen. Er hat, seit er die Regierungsgeschäfte selbst übernommen hat, seine kleine Hausmusik auf ein recht stattliches Orchester erweitert. Dort wäre eine Hofkapellmeister-Position in gar nicht allzulanger Zeit frei, denn sein Kapellmeister Stricker, den er sich aus Berlin verschrieb, liebäugelt mit einer Mutation. Wer weiß, wer weiß, ob es hier nicht ein wenig Schicksal zu spielen gäbe!«

21.

Noch war es zu keinem Bruch gekommen.

Bach – besonnen wie je – wartete geduldig auf eine Entscheidung, die sich, wie er hoffte, von selbst ergeben würde.

So folgte er gern – es war Anfang August des Jahres 1717 – der Einladung des jungen Cöthener Fürsten zu einem Konzert in die kleine anhaltinische Residenz.

»Ich höre von meiner Schwester, daß man neuerdings am Weimarer Hofe eigenartigen musikalischen Anschauungen huldigt. Ihr habt, verehrter Herr Hoforganist, gelegentlich im Roten Schloß Gedanken einer Mutation geäußert. Nun, was man Euch in Weimar vorenthält, würdet Ihr bei Uns, hier in Cöthen, finden. Mein Hofkapellmeister hat mir den Dienst aufgesagt, da er sich und die Künste seiner Frau, übrigens einer vorzüglichen Sängerin, anderweit besser zu fördern hofft. Ich will ihm nicht im Wege stehn. Hoffe doch auch ich, daß sein Nachfolger bereits gefunden und gewonnen ist.«

Während seines Aufenthaltes in Cöthen nun hatte sich Bach in der kleinen, freundlichen Stadt mit ihren auffallend breiten, schmucken und sauberen Straßen, mit ihren freundlichen, zufriedenen Bewohnern, mit den gepflegten Schloßparkanlagen umgesehen. Das Orchester des Fürsten mit seinen 17 Instrumentalisten hatte zu seiner großen Zufriedenheit mit ihm musiziert und ihm während der Proben und Aufführungen Verehrung und Aufgeschlossenheit bewiesen.

Die Hofgesellschaft hatte er ja sehr schnell gewonnen. Alles erschien ihm wie die Verheißung eines schönen Traumes.

»Ihr werdet nach den Umständen fragen, die Wir Euch anzubieten haben. Nun, Ihr werdet die gleichen Bezüge erhalten wie mein Hofmarschall – 400 Taler; Ihr werdet im Schloß, das heißt in jenen angrenzenden Gebäuden, in denen meine Hofbeamten wohnen, Eure Unterkunft finden, geräumig genug für Eure Familie, von der mir meine Schwester erzählte. Eines allerdings vermag ich Euch nicht zu bieten: Eure Orgel. Wir sind Calvinisten reinsten Geblüts, ein reformierter Hof, ohne Musiken im Gottesdienst. Das mag Euch schwer ankommen. Die Orgel in unsrer kleinen Lutherkirche – für die wenigen Lutheraner bei uns von meiner verehrten Mama, der Fürstinwitwe, gestiftet – ist ganz unbedeutend. Aber Ihr werdet Zeit genug und Gelegenheit haben, in Halle oder in Leipzig oder im Magdeburgischen oder wo auch immer auf der Orgel neue Bewunderer zu erobern und für die Orgel zu schaffen.«

Das Abkommen wurde am 5. August geschlossen.

»Eure Berufung hat sofortige Gültigkeit, Herr Hofkapellmeister. Sie trägt das Datum des 1. August 1717. Damit seid Ihr, Hofkapellmeister des Fürsten von Anhalt-Cöthen, vor jeder Unbill, jeder Unerquicklichkeit, die sich einstellen könnte, bewahrt und abgesichert.«

»Welch ein Mensch!« Freude und Bewunderung schufen in Sebastian ein Hochgefühl des Glücks, wie er es seit langem in einer solchen Stärke nicht empfunden hatte. Ein junger Fürst, liebenswürdig, nein, herzlich, ohne jede Barriere im persönlichen Umgang, dabei – wie er hatte feststellen können – hochmusikalisch und selbst in der Technik weit über die Grenzen des Dilettantismus hinaus vollkommen, eröffnete ihm eine Wirkungsstätte zur Ausführung kühnster Pläne.

Sebastian und die herzallerliebste Maria Barbara erlebten Höhenflüge ihres Glücksgefühls.

Welch eine Zukunft lag vor ihnen!

22.

Es stimmte: Der Weimarer Serenissimus legte Bach keine Beschränkungen auf, wenn andere Fürsten oder Konvente oder Konsistorien seinen Bach einluden und dieser solchen Einladungen zur Orgelabnahme oder auch nur zum Konzertieren gar zu gern folgte.

Was alles hatte er diesmal bei der Heimkehr aus Dresden der Maria Barbara und der Catharina Dorothea und dem Friedemann zu erzählen, nachdem die beiden kleinen Buben, der Philipp Emanuel und der Bernhard, bereits zu Bett gebracht waren. Sie hätten ohnedies kaum viel verstanden.

»Dresden ist eine Märchenstadt«, schwärmte er, »sicher die schönste aller Städte, die ich gesehen habe. In ihr vergißt man selbst Celle und Halle, am ehesten kann wohl Hamburg noch bestehen – ihr glaubt es nicht, wenn ihr's nicht selbst gesehen habt. Ich habe die Dresdener Tage gut ausgenutzt, mit Spaziergängen am Ufer der Elbe, mit Spazierfahrten, zu denen mich das eine Mal Volumier, das andere Mal der junge Graf von Tschirnhausen einlud. Eine Märchenstadt! Glaubst du, du ständest vor ihrem schönsten Gebäude, da lockt dich der Blick bereits zum nächsten, und immer wieder siehst du Neues, Schönes. In der Hofkirche haben sie ein herrliches Orgelwerk! Ich habe nach der Messe, die ich mir angehört habe, eine Weile präludiert und fantasiert, daß die Kalkanten geglaubt haben, der Sommer sei noch einmal mit den Hundstagen zurückgekommen!

Ja, und dann der Empfang bei dem König! Das Glitzern und Flimmern der Kristalle an Decken und Wänden und der Brillanten und Edelsteine im Schmuck der Damen und sogar der Cavaliere, und die Farbenpracht der polnischen Edelleute aus Warschau – leider war nur der ausgeblieben, den wir alle zum Wettkampf auf dem Claviere erwartet hatten: Monsieur Louis Marchand, ›capellorganiste‹ des Königs in Paris. Ich habe ihn heimlich am Abend zuvor im Palais des Grafen Flemming gehört – durch zwei geöffnete Flügeltüren; der junge Tschirnhausen hatte vom Grafen die Zustimmung dafür erbeten.

Er spielte ganz und gar vortrefflich. Er hat viele eigene Kompositionen auf seinem Vorspielprogramm, sehr graziöse, sehr zärtliche, und er spielt vorzüglich auch den Couperin und den Chambonnières. Unser Wettspiel fiel also aus. Monsieur war bereits auf der Heimfahrt nach Paris. Er soll mich in der Hofkirche nach der Messe, die er als frommer Katholik besuchte, gehört haben. Man hatte ihm wohl zugetragen, daß ich die Messe auf dem Chore angehört habe, neben der Orgel, und er hatte daher richtig vermutet, daß mich die Lust ankommen würde, sie selbst auszuprobieren. Er reiste also und überließ mir allein das Concertamen. Der König war huldvoll, liebenswürdig und großzügig. Ja, liebe Maria Barbara, wenn die mir von ihm bestimmten 100 Louisdor nicht einen anderen heimlichen Freund gefunden hätten, würde ich dir jetzt eine schöne Erinnerung an Dresden in 100 blanken königlichen Goldstücken auf den Tisch legen. Schade!«

»Du hast mehr heimgebracht, Sebastian, als die verlorenen 100 Louisdor. Man wird deinen Namen noch viel, viel mehr nennen, neben Meister Kuhnau und Buxtehude und Reinken und Scheidt.«

»Und der Serenissimus kann und wird nun wohl oder übel unsere Mutation nach Cöthen nicht mehr aufhalten.«

23.

Doch hier irrte Bach. Der Serenissimus steigerte sich zu Kundgebungen höchsten, allerhöchsten Zorns.

»Er hat es also gewagt, ohne Unsere Zustimmung, ja ohne Uns überhaupt zu informieren, sich dem Cöthener Hofe zu verpflichten! Ein Affront sondergleichen! Und ich kann nicht einmal dem Leopold eine Lektion erteilen, diesem Knaben, diesem – wie alt ist er überhaupt? Ich muß ihm den Widerspenstigen, den Aufrührer, überlassen, einfach um Unseres Rufes willen! Aber ich werde dem Monsieur Hofkapellmeister von Leopolds Gnaden einen ruhmreichen Abgang verschaffen! Ich werfe ihn aus Unserem Dienste – ›in Ungnaden entlassen‹, das wird ihm gut tun, und zuvor, ehe er Weimar verläßt, wird er wegen erwiesener Insubordination auf vier Wochen in Arrest gehen. Da mag er dann darüber nachdenken, welchen Dank er seinem Herzog schuldig bleibt!«

So geschah es.

Der fürstlich Anhaltinisch-Cöthensche Hofkapellmeister Johann Sebastian Bach, weithin berühmter Meister im virtuosen Orgelspiel und in der Komposition, dessen Name in Hamburg ebenso mit Hochachtung genannt wurde wie in Dresden, in Leipzig, in Kassel, hochverdient um die Musik am Hofe Weimars seit beinahe einem Jahrzehnt – bezog im Herzoglich Weimarer Landrichterhaus Arrest auf allergnädigste Verfügung für vier Wochen bis in die Adventszeit von 1717.

Am 6. November erscheint er mit einem Stoß Notenblättern unter dem Arm, nach rührendem, wenn auch nicht gerade herzzerreißendem Abschied von der Eheliebsten und den Kindern, da die Frau Hofkapellmeisterin von Anhalt-Cöthen den Umzug bereits vorbereitet, vor den Toren des Landrichterhauses und bittet um Kerzen und Tinte, die ihm von den Herren ohne Bedenken gern genehmigt werden – sie sind ja alle im Geheimen seine Verehrer – und beginnt sogleich mit der Arbeit an seinem neuen Plan, einem Orgel-Büchlein, worinnen einem

»anfahenden Organisten Anleitung gegeben wird, auf allerhand Art einen Choral durchzuführen, anbei auch sich im Pedal zu habilitiren, indem in solchen darinne befindlichen Choralen das Pedal ganz obligat tractieret wird – dem Höchsten Gott allein zu Ehren, dem Nächsten, draus sich zu belehren.«

Es sollte sein vorläufiger Abschluß und Abschied von der Orgel und vom Organistenamte sein.

Da er in der Nähe der Adventszeit mit der Arbeit beginnt, eröffnet er die geplante Sammlung durch das Kirchenjahr mit den vier Adventschorälen »Nun komm, der Heiden Heiland«; »Gottes Sohn ist kommen«; »Herr Christ, der einig Gottes Sohn«; »Lob sei dem allmächtigen Gott«.

Danach entsteht eine recht eigentliche Weihnachtsorgelmusik von der Heiligen Nacht – der Geburt, der Verkündigung durch die Engel, der Willkommensfreude bis zu den Feiertagen, eine Musik des Lobes, der Anbetung, des festen Glaubens.

Seine Haftbetreuer hören mitunter die ihnen vertrauten Melodien als den Cantus firmus der Konzeptionen, stimmgewaltig gesungen, aus der Haftzelle bis über die Gänge in die Diensträume.

»In dulci jubilo . . . nun singet und seid froh!«

Das war doch ganz ungewöhnlich in einem so düsteren Lokal!

24.

Am 2. Dezember 1717 wird der musikalische Frondeur Johann Sebastian Bach aus der Haft und aus den Weimarer Diensten »mit angezeigter *ungnädiger* Demission« auf freien Fuß gesetzt.

Es hätte für ihn übel ausgehen können; als »ungnädig« Hinausgeworfener hätte er kaum jemals wieder mit einer Vokation – weder an einen Fürstenhof noch in eine Organisten- oder gar Kantorenstelle – rechnen dürfen, hätte er nicht die gnädigste Bestallung durch den Cöthener Hof bereits in der Tasche gehabt und wäre er nicht sicher gewesen, daß ihn Fürst Leopold mit dem versteckten Lächeln des schadenfrohen Siegers über den gestrengen fürstlichen Herrn Vetter von Weimar willkommen heißen würde.

Und wer weiß, wer alles am 2. Dezember 1717 außer Maria Barbara und etwa den Walthers und Francks und Gesners und den Orgelschülern aufatmend gelächelt hat – und wen es heute noch erheitert – nach mehr als 250 Jahren.

5. Teil

Cöthen

1717–1723

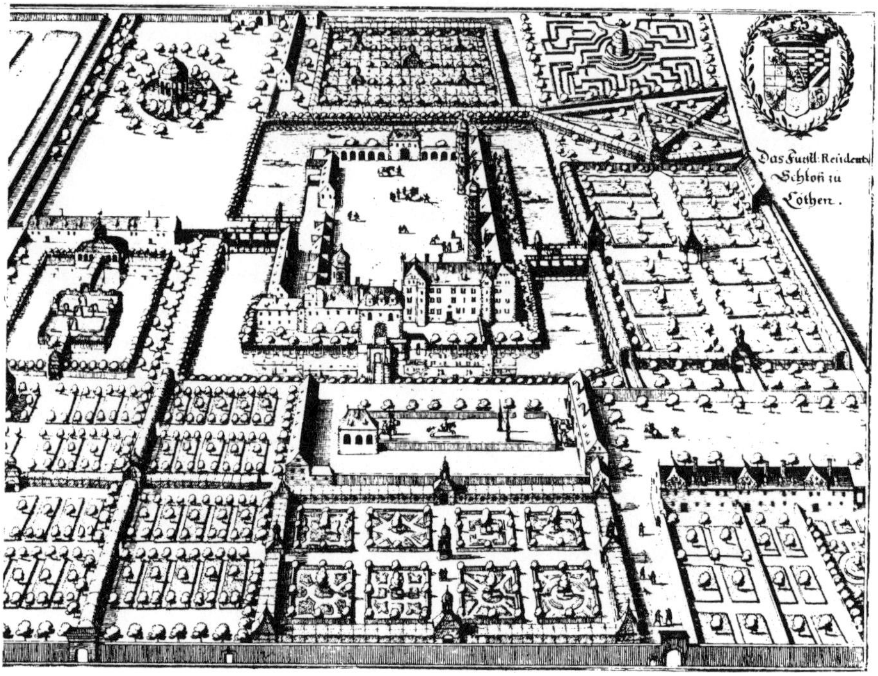

1.

Cöthen, die kleine, seit 1603 autonome Mini-Residenz über ein Fürstentum von einigen wenigen Quadratmeilen, hat sich sein altaskanisches Anhalt mit den gleichgroßen Zwergstaaten Anhalt-Bernburg, Anhalt-Zerbst, Anhalt-Dessau teilen müssen wie mit dem thüringischen Eisenberg, dem kleinsten Flecken am Bettlermantel Deutschlands – ähnlich den Fürstentümerminiaturen Weißenfels, Merseburg, Zeitz, wie es die Erbfolgen ergaben und wie es die Mächtigen des Friedensschlusses von 1648 zu Münster und Osnabrück in voller Absicht politisch-gewitzter Diplomatie bestätigten.

Dieses um die 5000 Einwohner zählende Residenzstädtchen hat eine höchst bedeutsame und daher wohl zu beachtende Tradition. Der Hof, anspruchslos, bescheiden, sparsam – wenn man dagegen an den leichtsinnigen Wettiner in Weißenfels denkt, den der Kaiser angesichts völliger Zerrüttung der Finanzwirtschaft und Überschuldung schließlich und endlich unter Kuratel der Schuldenkommission stellen mußte – unser Cöthen dagegen ist solide und gewissenhaft in seiner Verwaltung und Hofhaltung, und doch seit langem aufgeschlossen für die Künste und bestens bestrebt, sie zu fördern, zu verinnerlichen, zu entfalten, zu pflegen.

So war schon Fürst Ludwig von Anhalt-Cöthen (1579–1650) einer der Mitbegründer und der eigentliche Kopf der »Fruchtbringenden Gesellschaft«, die am 24. 8. 1617 in Weimar auf dem Schlosse Hornstein ins Leben gerufen wurde, deren bekanntes Mitglied der gekrönte Poet Martin Opitz war und die 1651, also ein Jahr nach des Fürsten Tod, den Namen »Palmenorden« erhielt.

Der »Fruchtbringenden Gesellschaft Zwecke und Vorhaben« war es, »daß man die Hochdeutsche Sprache in ihrem rechten Wesen und Stande, ohne Einmischung fremder ausländischer Worte, aufs Möglichste und Tunlichste erhalte und pflege und sich sowohl der besten Aussprache im Reden, als der reinsten Art im Schreiben und Reime-Dichten befleißige. Unsere Teutsche Muttersprache ist so edel, daß man sich derselben vor Kaiser, König und Fürsten nicht zu schämen habe; – unsere geliebte Teutsche Muttersprache ist unter anderen Hauptsprachen nicht die geringste, sondern die prächtigste . . .«

Zu ihren damals 457 Mitgliedern und denen anderer nach dem Beispiel des »Palmenordens« gegründeten Gesellschaften, wie dem »Elbischen Schwanenorden« in Hamburg 1656 und dem »Löblichen Hirten- und Blumenorden an der Pegnitz«, gehörten hohe Herren des Adels, Fürstlichkeiten und ihre Hofbe-

amten, so der Große Kurfürst, Friedrich Wilhelm von Brandenburg, aber ebenso auch Gelehrte und Dichter wie Georg Philipp Harsdörffer, Johann Rist, Philipp von Zesen, die Begründer der »Teutschgesinnten Genossenschaft«, und eben Martin Opitz.

So stehen in der fürstlichen Schloßbibliothek zu Cöthen die Kostbarkeiten der neuen »Teutschen Literatur« des vergangenen 17. Jahrhunderts und ihrer besten Namen, erworben und wohl bewahrt vom Gründer des »Palmenordens« und seinem Thronfolger; so Georg Rudolf *Weckherlins* »Geistliche und weltliche Gedichte«, Julius *Zinkgref* und seine Ausgabe neuer »teutscher Poemata« von 1624 – »dem lieben Teutschen zu einem Muster und Fürbilde«, Martin *Opitz'*, des hochgepriesenen »poeta laureatus« mit dem Adelstitel eines Opitz von Boberfeld, »Trostgedichte« und seine »Schäfferey von der Nimfen Hercinie«, Georg Philipp *Harsdörffers* »Frauenzimmer-Gesprechsspiele« und sein »Poetischer Trichter« von 1647, Simon *Dachs* innige, volksliednahe Lieder, Paul *Flemings* »Frühlings-Hochzeitsgedichte«, Johann *Rists* Schauspiel »Das Friede wünschende Teutschland«, das er nachdrücklich der »Fruchtbringenden Gesellschaft« 1647 gewidmet hatte, Andreas *Gryphius'* Scherz- und Schimpfspiele von »Peter Squentz«, »Horribilicribrifax« und die »geliebte Dornrose«, Daniel *Caspar von Lohensteins* »Blumen« und sein »Arminius«, Christian *Hofmann von Hofmannswaldaus* »Heldenbriefe«, *Angelus Silesius'* »Cherubinischer Wandersmann«, Friedrich *von Logaus* Reimsprüche »Salomon von Golaws deutscher Sinngetichte drey Tausend«, Balthasar *Schupps* »politische Traktätchen«, Friedrich *von Spees* »Trutz-Nachtigall«, Philipp *von Zesens* »Rosenmond«, und am Ende die köstlichen Auslassungen von *Abraham a Sancta Clara* (Ulrich Megerle), der mit seinen Legenden, alter Volksüberlieferung, derben Späßen, Sprüchen, Diskursen, Wahrheiten »Etwas für Alle« auf seine Weise sagen wollte, ferner auch Hans *Moscheroschs* »Wunderbarliche und wahrhafftige Gesichte Philanders von Sittewalt«, und endlich *Grimmelshausens* »Simplicissimus«. Welche Reihe großer Namen und Schriften!

Der Thronfolger Ludwigs, Fürst Emanuel Leberecht, der Vater Leopolds, zeichnete sich in der Geschichte des kleinen Anhalt-Cöthen – und also auch in unserer Geschichte, dem Kapitel der Bachzeit Cöthens – durch die großzügige Behandlung seiner Landeskinder in der Frage der Religionsausübung aus, da es ihm »die größte Glückseligkeit« erschien, »wenn die Untertanen im Lande bei ihrer Gewissensfreiheit geschützet werden«.

Wie sein Vater Ludwig beurteilte auch Emanuel Leberecht den Menschen nicht nach dem Rang seiner Geburt, sondern nach dem Rang seines Wesens und lebte das zu aller Bewunderung und Verehrung selbst vor, als er sich mit Gisela Agnes von Rath verband, nach der allgemeinen Anschauung jener Zeit einer »Mésalliance«, da nicht ebenbürtig, dazu Lutheranerin, aber von edlem

Geist und Gemüt. 1692 konnte sie jedoch, vom Kaiser zur Gräfin von Nienburg erhoben, die Hochzeit mit dem Fürsten feiern.

Glückliches Cöthen, daß sich nun auch die dritte Generation seiner Fürsten, der junge Erbe Leopold, der hohen Pflichten bewußt blieb, von der Mutter Gisela Agnes, Fürstin zu Anhalt, Herzogin zu Sachsen usw., wohlgeleitet und vorbereitet, erzogen auf der Ritterakademie in Berlin, danach auf Kavalierstour und nun regierender Fürst mit den schönsten Plänen seiner empfindsamen Natur.

2.

Nach seiner Entlassung aus dem Arrest im Amtsrichterhaus am 2. Dezember hatte Bach sich von den Freunden noch in eiligen Besuchen verabschiedet und war gleich am folgenden Tage mit der Eilpost gen Cöthen gereist, wo er seine Familie in dem überaus schön gelegenen geräumigen und vortrefflich ausgestatteten neuen Heim vorfand, das vollständig eingerichtet war, bereichert zudem durch einiges kunstvolle Möblement, das der Oberamtmann Schultze auf Verfügung des Fürsten hin hatte beschaffen lassen.

Das Wohnhaus gehörte zu den Gebäuden der Schloßfreiheit; Fürst Leopold hatte also auch in puncto Unterkunft der Familie veranlaßt, daß Bach in seiner nächsten Nähe ein mit allen Vorzügen ausgestattetes Logement erhalte, damit er für ihn leicht und schnell erreichbar sei, und dies nicht etwa aus einer gewissen Neigung, seine fürstlichen Befugnisse zu bekunden, sondern aus dem Wunsche, diesen von ihm bereits so hoch verehrten Mann ganz in seiner Nähe zu wissen.

Der erste Weg am Morgen des 5. Dezember führte Sebastian, nunmehr Hofkapellmeister in absoluter und unangetasteter Freiheit, zur ersten Audienz bei seinem Fürsten, noch immer ein wenig bedrückt im Gedanken an den bitteren Freiheitsentzug durch einen, wie er meinte, ungerechten Beschluß des unnachsichtigen, uneinsichtigen und daher unnachgiebigen Serenissimus von Weimar.

Ach, dieses Weimar!

»Ihr habt's hinter Euch gebracht, lieber Bach! Seid willkommen in der freien Luft unseres lieben Cöthen!«

»Es war eine schlimme Zeit, Durchlaucht! Eure Hochfürstliche Durchlaucht beziehen also einen Haftinsassen und empfangen ihn unmittelbar nach seiner Entlassung . . .«

»Wir Cöthener haben von jeher aus Weimar unsere besten Anregungen bezogen und bei Uns zu dauerndem, früchtereichem Leben ausreifen lassen!«

Der Fürst führte Bach in die Bibliothek. »Seht einmal unsere Schätze aus der Zeit meines Großvaters, eingesammelt seit nunmehr genauestens einhundert

Jahren. Ihr werdet, da Ihr ja nun selbst Cöthener sein werdet, Euch mit etlichem des Amüsantesten aus der Zeit seines ›Palmenordens‹ bekannt machen wollen, sehr zur Erbauung und zur Erheiterung. Und Ihr werdet aus ihm auch Ernsthaftes zur Betrachtung unseres Zeitalters erlesen und werdet Uns verstehen in Unserem Bemühen, die Affinität von Poesie und Musik durch Eure Mitarbeit zu bekunden!

Gewiß, es ist nicht alles kostbar, was sich da auf den Regalen angesammelt hat, und es hat ja auch und verständlicherweise mancherlei Verirrungen im Gestrüpp der ›Regelsuche Teutscher Poeterei‹ gegeben. Denkt an den vortrefflichen Philipp von Zesen mit seinen Eindeutschmühen, wenn er Natur als Zeugemutter übersetzt und Fiber als Zittersucht, Fenster als Tageleuchter, und gar im Zuge ›Teutscher Namenstaufe‹ die gute alte Römerheilige Venus als Lustinne und Liebinne, Diana als Weidinne und Jagtinne, und den Mars als Heldreich! Aber der Balthasar Schupp hat's ihm ja gründlich gegeben! Wartet einmal, ich will seinen ›Teutschen Lehrmeister‹ holen und Euch daraus lesen . . . Ah, da haben wir ihn: ›Discurs von Erlernung und Fortpflanzung der freien Künste und Wissenschaften in Teutscher Sprache‹:

›Im Hessenland ist ein Procurator gewesen, genannt der dicke Lorentz, welcher sich der Zierlichkeit im Teutschen Reden sonderlich hatte befleißigen wollen. Einstmals hatte er zu seinem Jungen sagen wollen: ›Jung, hole mir mein Messer!‹ Damit er nun kund mache, daß ein Unterschied sei zwischen ihm und einem gemeinen Hessischen Bauern, sagte er: ›Page, bringe mir mein Brotschneidendes Instrument!‹ Einstmals hatte er zu seiner Frau sagen wollen: ›Frau, es hat neun geschlagen; geh zu Bett, ich habe noch etwas zu tun.‹ Damit nun seine Frau wisse, daß er ein Hessischer Cicero sei, sagte er: ›Du Hälfte meiner Seelen, du mein ander Ich, meine Gehilfin, meine Augenlust! Das gegossene Erz hat den neunten Ton von sich gegeben; erhebe dich auf die Säulen deines Körpers, und verfüge dich in das mit Federn geschmückte Eingeweide.‹ Jener Phantast wollte zu seinem Jungen sagen, daß er ihm die Stiefel ausziehen sollte; da sagte er: ›Du, der du geringer bist, als ich, entledige meinen Unterteil des Leibes von der überzogenen anatomierten Haut!‹ Ich muß solcher Phantasten oft von Herzen lachen. Ich habe noch jüngst den Traktat eines hochgelehrten Kaninchens gelesen, das sich einbildete, es habe alle philosophische und philologische Weisheit mit Löffeln gefressen; das sagt: ›Die bunten Luft-Kinder fingen an zu musizieren.‹ Das soll soviel heißen: ›Die Vögel fingen an zu singen.‹«

Bach schmunzelte ob der Kuriositäten, die er da vernahm.

»Aber im Grunde hat Uns das Ideen-Erbe des Palmenordens einen neuen Weg gewiesen«, fuhr der Fürst fort, »so wie ihn Uns der Größte unter seinen Mitgliedern, der Brandenburger Kurfürst, eindringlich bestimmt hat: ›Gedenke, daß du ein Teutscher bist!‹ So also, lieber Herr Hofkapellmeister Bach, wollten wir 's halten! Der Schupp hat Unseren Palmenorden wohl bera-

Fürst Leopold von Anhalt-Cöthen

ten, als er ihn anregte: ›Wer recht gut Teutsch lernen will, der lese fleißig die Teutsche Bibel. Lutherus ist ein rechter Teutscher Cicero gewesen.‹

Nun wünsche ich ihm zu folgen und will hinzumerken: Wer recht gut

Teutsch lernen will, ›der höre fleißig unsere neue Cöthener Musica Poetica.‹ Musizieren in Wien Cavalli, Caldara, Conti und Cesti, in München Zambonini und Ferrandini, in Dresden Pallavicino, Lotti, Bontempi und in Hannover Steffani und Sartorio, so soll es in Cöthen heißen: Wir wollen die uns angeborene edle Sprache wohl in Obacht nehmen, aber auch die nicht weniger edle Musica, und dafür haben wir nun unseren Bach!«

3.

Zum 10. Dezember des gleichen nunmehr ausklingenden Jahres 1717, dem 23. Geburtstage des Fürsten, konnte der neue Hofkapellmeister in der Kürze der Zeit seit seiner Ankunft in Cöthen mit seinen Hofmusikern nur erst ein einziges, dafür aber brillantes Werk einstudieren: Vivaldis von Bach so sehr bevorzugtes Concerto grosso, das er schon in Weimar auf die Orgel übertragen hatte. Es eröffnete die festliche Cour der Gratulanten vor dem Fürsten und der Fürstinmutter Gisela Agnes.

Nach der Cour selbst verteilte man sich auf Einladung Leopolds im weiten Thronsaal des Schlosses, um nun – wie es der Wunsch des Fürsten war – Bach am Cembalo auch als Virtuosen zu hören.

Da Bach infolge der zahlreichen Verpflichtungen während seiner ersten Cöthener Woche jedoch kein eigenes neues Werk hatte schaffen können, das einem so außerordentlichen Anlaß wie dem seiner ersten Huldigung an den Fürsten würdig geworden wäre, entschloß er sich, sich und seine Eingebungen dem festlichen Augenblick zu überlassen, und begann nun mit einer kurzen, vollgriffigen Improvisation, die ihm ein prunkvoll, wahrhaft fürstliches Thema eingab, das er denn auch in kraftvollen, im Wechsel heiteren und tiefgründigen Ideen ausführte.

Die Unmittelbarkeit einer solchen Gestaltung, die Gelegenheit, gleichsam der Geburt eines Kunstwerks beizuwohnen, ergriff die Hörerschaft so außerordentlich, daß man am Ende der Fantasie den neuen Hofkapellmeister mit herzlichem und ungewöhnlich nachdrücklichem Beifall auszeichnete und den Fürsten zu dessen Berufung nach Cöthen beglückwünschte.

»Nun ja«, meinte der Fürst. »Unser Großvater hat Cöthen in der Literatur einen Namen gemacht. Ich hoffe, zu meinem Teile Cöthen auch in der deutschen Musik eine vorzügliche Position zu sichern, die Unser Land, Unser liebes, stilles, so kleines und scheinbar unbedeutendes Cöthen in die Reihe der ersten Musikstätten einfügen wird!«

Am Neujahrstag 1718 gab es das zweite Hofkonzert mit zwei von Bach neu einstudierten Sinfonien von Hasse und Galuppi, deren Noten er zu seiner Freude unter den Beständen der fürstlichen Musikbibliothek aufgefunden und sogleich seinen Musikern vorgelegt hatte.

Es waren vorzügliche Instrumentalvirtuosen unter ihnen, so der Premier Cammer-Musikus Josephus Spieß, ein Violinist von Rang; auch der Kammerviolinist Christoph Ferdinand Abel, der Trompeter Johann Ludwig Schreiber und der ungemein taktsichere Pauker Anton Unger neben weiteren nicht weniger tüchtigen Instrumentalkollegen. Sie waren der Stolz des jungen Fürsten, der seine ursprünglich kleine Kammermusikgruppe von drei Instrumentalisten schon zwischen 1713 und 1716 bei sparsamster Verwendung seiner Staatseinkünfte, die ja noch immer nicht viel mehr als 7600 Taler ausmachten, bis zu der glücklichen Besetzung aller Instrumente erweitert hatte.

Das Cöthener Schloß

4.

Zwischen dem Geburtstagsempfang vom 10. Dezember und dem Neujahrstag hatte alle Liebe und Fürsorge Maria Barbaras der Vorbereitung des Weihnachtsfestes gegolten. Seit ihrer Ankunft in Cöthen hatte die Frau Hofkapellmeisterin das freundlichste Entgegenkommen aller derer, mit denen sie Verbindungen aufzunehmen hatte, gefunden, und ihre Beziehungen zum Hofe ebenso wie zu den Händlern aus der Stadt und den Bauern, die ihr alle Notwendigkeiten ins Haus brachten, waren für alle Teile immer angenehmer geworden.

So hatte sie nun auch vor den Weihnachtstagen über alles zu verfügen, was ein schönes Fest der Familie auch im eigenen Heime versprechen konnte. Sogar Fürst Leopold hatte sie nicht vergessen und ihr aus der Jägermeisterei einen stattlichen ausgewachsenen Hasen, bereits abgezogen und ausgenommen, also schön bratfertig, übersenden lassen. Besonders liebevoll zur Seite stand ihr nun auch die Frau Geheimrätin von Zanthier, ihre Nachbarin in der Schloßfreiheit, die wohl wußte, welche besondere Verbindung zwischen dem Fürsten und seinem Hofkapellmeister bestand. Aber es war durchaus nicht diese Berechnung; Maria Barbara hatte es ihr in ihrer ganzen Lieblichkeit und ganz besonders mit ihrer schönen Stimme angetan, mit der sie gerade jetzt in den Adventswochen ihr und den Kindern alle schönen Choräle vorsang und sogar selbst auf dem Klavier begleiten konnte: »Gelobet seist du Jesus Christ«, »Vom Himmel hoch, da komm' ich her«, »In dulci jubilo«, »Lobt Gott, ihr Christen, allzugleich« . . . So war es denn kein Wunder, daß in der Christmette in der kleinen Lutherkirche St. Agnus zu Cöthen die Familie Bach mit der neunjährigen Catharina Dorothea, dem siebenjährigen Wilhelm Friedemann und dem beinahe schon vierjährigen Philipp Emanuel alle auf den Choraltafeln angekündigten Lieder in chorischer Gemeinsamkeit kräftig mitgesungen hatte, Vater Johann Sebastian den Baßkontrapunkt zu den Melodiesopranen der Kinder und der schönen Altstimme Maria Barbaras.

5.

Die Kinder waren längst im Bett. Maria Barbara genoß das seltene Alleinsein mit ihrem Sebastian, der in seine Lektüre vertieft war.

»Es verfolgt mich immer wieder«, unterbrach er die Stille, »ich kann es nicht vergessen. Höre nur selbst:

Es wird der bleiche Tod mit seiner kalten Hand
Dir endlich mit der Zeit um deine Brüste streichen,
Der liebliche Korall der Lippen wird verbleichen,
Der Schulter warmer Schnee wird werden kalter Sand.
Der Augen süßer Blitz, die Kräfte deiner Hand,
Für welchen solches fällt, die werden zeitlich weichen;
Das Haar, das itzund kann des Goldes Glanz erreichen,
Tilgt endlich Tag und Jahr als ein gemeines Band.
Der wohlgesetzte Fuß, die lieblichen Gebärden,
Die werden teils zu Staub, teils nichts und nichtig werden.
Dann opfert keiner mehr der Gottheit deiner Pracht,
Dies und noch mehr als dies muß endlich untergehen:
Dein Herze kann allein zu aller Zeit bestehen,
Dieweil es die Natur aus Diamant gemacht.

Leopold hat es mir aus seinen Sammlungen zum Lesen gegeben und es hat wohl seinen tiefen Sinn. Es ist ein Gedicht vom Hofmannswaldau und gehört zu den schönen Poesien um den »Palmenorden«, du erinnerst dich. Da liegen auch die vom Harsdörffer, vom Zesen und Lohenstein. – ›Dein Herze kann allein zu aller Zeit bestehn' . . .«

Sebastian hatte sich bei den letzten Worten an das Clavessin gesetzt, wie um die Worte in Töne zu verwandeln. Es war eine sehr zarte, ernste Melodie, die in immer schwermütigere Klänge überwechselte.

»Dies und noch mehr als dies muß endlich untergehn . . .«

Dann aber berichtete er von seinem letzten Gespräch mit dem Fürsten:

»Leopold hat unsere Reise nach Karlsbad auf den 9. Mai angesetzt. Er will über den Mai hinaus bis weit in den Juni hinein dort mehr hofhalten als Wasser trinken. Wir nehmen die Instrumente mit, sogar das neue Clavessin, was ich ihm aus Berlin geholt habe. Er kann nicht ohne Musik leben und will dort selbst mit uns musizieren.

Wenn du mich einmal so lange Wochen nicht sehen und hören wirst, wirst du Zeit finden, auch einmal in den Stieler hineinzusehen, den du gewiß nicht vergessen hast, als wir ihn in Weimar beim Vetter Walther trafen. Er war damals – du erinnerst dich – bereits 78 Jahre alt und hatte nicht mehr viel Zeit vor sich. Seine Verse liegen beinahe auf der Linie Hofmannswaldau:

Laß uns, Kind, der Jugend brauchen,
weil uns noch die Schönheit blüht:
Wenn die Geister einst verrauchen
und die Todtenfarb' umzieht
Unser runzlichtes Gesichte:
Wer begehrt dann unsern Kuß?
Nimm sie an, der Rosen Früchte,
eh ihr Blatt verwelken muß.
Gib zwei Küßchen, gib mir eines,
soll es ja kein mehres sein,
Gib, mein Schatz, mir nur nicht keines . . .«

»Dazu«, so rief Maria Barbara hellauf lachend, »bedarf es nicht erst deines Stielers!«

»Aber ich bedarf deines Bildes sooft, wenn mir eine neue Courante oder ein galantes Menuett einfällt,

weil deine Schönheit selbst der Flammen Zunder hegt . . .
denn Lieb' ist ja die Glut der Seelen, sie erfüllt
Mit Feuer unser Herz, das aus den Augen quillt;
Die sind der Liebe Brunn, der Seelen ihre Sonnen.«

»Und auch das ist keine Poesie von Sebastian!«

»Vom Lohenstein. Da könntest du über viele Wochen hin deine Freude haben an einer einzigen seiner ›sinnreichen Liebes- und Heldengeschichten‹!«

Eine vergnügte Gavotte beendete das Gespräch der beiden Liebesleute an einem jener Abende vor der Abreise des Hofes nach Karlsbad.

6.

Karlsbad war dank seiner Schönheiten, landschaftlichen Reize und seiner Brunnen Treffpunkt der höfischen Gesellschaft Europas geworden – Fürsten, Herzöge, Regenten, Grafen, Prinzessinnen gaben sich hier in Begleitung ihrer Minister, Adjutanten, Hofräte, Exellenzen und Hofdamen ihr Stelldichein; es war das Luxusbad für sehr zerrüttete Gesundheiten wie auch für die Geselligkeiten großen und auch begrenzten Formats, je nach den Staatseinkünften der Landesherren und deren Großzügigkeit in ihrer Verwendung oder einsichtsvollen Sparsamkeit.

Man kannte sich, man traf sich auf den Promenaden, beim Ausritt, auf den weiteren Spazierfahrten durch die von Bergen rings umfriedeten Täler, mitunter auch zu geistreichen Gesprächen oder zu musikalischen Ergötzungen im neuen Kurhause oder in einem der wohlausgestatteten Häuser »Zum Mohren« oder »Zum Weißen Löwen«.

Fürst Leopold von Cöthen-Anhalt galt auch hier in Karlsbad als ein der Musik ergebener Freund seiner Musiker, mit denen selbst zu konzertieren er sich nicht scheute. Man bewunderte ihn sogar darum, ja man folgte gern seinen Einladungen zu den Musikabenden der Cöthener Kammermusiken im Karlsbader Hotel des Fürsten, einem der nicht gerade illustren Häuser, wie sie von den Erzherzögen Wiens oder gar den russischen Großfürsten bewohnt wurden. Diese erschienen allerdings auch nicht bei Leopold von Cöthen-Anhalt.

Dagegen folgte dessen Einladung mit ungeheuchelter Freude der Markgraf Christian Ludwig von Brandenburg, der jüngste Sohn des Kurfürsten – auch er dem »Palmenorden« und daher den alten Beziehungen seines Vaters zum Cöthener Fürsten Ludwig verbunden und nun auch mit dessen Enkel herzlich befreundet.

Der einundvierzigjährige Brandenburger nahm, so oft er es nur einzurichten vermochte, an den Abendmusiken Leopolds teil, der sich dann neben seine Kammermusiker vor das Pult setzte, um in reichem Wechsel neue und alte Kompositionen darauf zu legen, sie zu extemporieren, zu studieren und endlich zu konzertieren: Vincenzo Albricis Festliche Sonate, Bononcinis »Varii fiori del giardino musicale«, Corellis Sonaten à tre, Stradella, aber auch Rosenmüller oder Biber und Reinhart Keiser, und mit seiner schönen Baritonstimme sang Leopold seine Lieblingsarien von Henry Purcell, Bousset und Scarlatti, auch Johann Philipp Kriegers heiteres »Freien ist kein Pferdekauf«, und noch lieber Giulio Caccinis herrliches Solo-Madrigal »Amarilli mia bella«, das nun schon weit über hundert Jahre lang an den europäischen Musikstätten erklang und nicht veralten wollte – ein reiches Programm, angeregt und entwickelt seit der Kavalierstour des jungen Prinzen durch England, Holland, Frankreich nach Italien, besonders seit seinem Aufenthalt in Venedig und Rom.

Und dann gab es noch am Klaviere die neuesten Kompositionen des Herrn Hofkapellmeisters Bach zu hören, durchaus heitere Musiken, wie sie sich aus der Karlsbader Stimmung ergaben, die nicht nur der Sprudel, sondern im besonderen der Umgang mit dem fürstlichen Freunde bewirkte.

Gegen Ende ihres Aufenthalts hatte Leopold seinem Hofkapellmeister einen höchst aufregenden Wunsch des Markgrafen mitzuteilen.

»Er hofft, Ihr werdet bereit sein, auch für seine Kammermusiken einiges an Neuem zu schaffen. Er meinte, daß Euch wohl der Auftrag zu einer Reihe Concerti grossi Freude machen würde?«

»Ein Auftrag . . .?«

»Nun, will sagen, bei guter Honorierung Eurer Arbeit, die ja dann auch Uns in Cöthen zugute kommen wird, da der Markgraf sie nicht in die Geheimfächer seiner Sammlungen verschließen wird.«

»Brandenburgische Konzerte . . . Ich werde dem Wunsche Seiner Hoheit nachkommen, sooft es mir die Zeit erlauben wird, die ich nicht Eurer Durchlaucht schuldig sein werde.«

7.

»Wir haben eine alte Gewohnheit in Unserer Familie seit einem Wort meines Großvaters, das für mich Gesetz geworden ist, lieber Nostitz«, erklärte der Fürst. »Ihr wißt: ›von wegen der freien Künste . . .‹, die ebenso für edel zu gelten haben wie Unsere Bemühungen um eine gute Staatsführung. Sehen Sie – in unseren Räumen haben Wir gewiß Wichtiges, Entscheidendes für das Wohl Unseres Landes und Unserer lieben Anhaltiner zu wirken, haben Entscheidungen zu treffen, Bestimmungen zu erlassen, den Fortschritt zu fördern, den Etat zu sichern. Alles nützliche Aufgaben!

Da drüben in den Räumen unseres Hofkapellmeisters wird nicht weniger Notwendiges – Entscheidendes – Bedeutendes geschaffen, notwendig für uns, für Sie Nostitz, für alle, denen es zu hören vergönnt ist. Und glauben Sie mir, es wird noch vielen vergönnt sein, nicht nur Uns im Cöthener Schlosse, nicht nur in Karlsbad, wo es bereits Aufsehen genug erregt hat, nicht nur in Halle oder Weimar, wo man ihn ebenso hört wie in Leipzig oder Kassel oder Weißenfels – ach, lassen wir die Geographie! Dort drüben entstehen die köstlichsten neuen Suiten und Partiten. Sollen Wir ihm nicht zeigen, wie freundlich Wir – wir alle, Sie Nostitz, und die Zanthiers und unser braver Schloßhauptmann Kötzschau, und der Oberamtmann Schulze ebenso – ihm gewogen sind? Verdient er nicht, daß Wir auch auf ihn das Wort Großvater Ludwigs anwenden, der doch wegen der freien Künste die Gelehrten und die großen Künstler ebenso für Edelleute erklärte wie die Erfahrenen in Waffen, zu denen Uns die Geburt bereits erhob?«

»Ein bedeutendes Wort, hochfürstliche Durchlaucht«, antwortete Hofmarschall Gottlieb von Nostitz auf die langen und breiten Ausführungen Leopolds. »Und was folgern Eure Durchlaucht?«

»Daß wir alle, die ihm gewogen sind, an der Taufe seines Kindes teilnehmen, das seine vortreffliche Eheliebste ihm wohl und hoffentlich in wenigen Wochen schenken wird. Es wird, glauben Sie mir, Nostitz, nicht nur zu seiner Freude, sondern auch zu unserem Ruhme geschehen.«

So kam es denn am 17. November des zu Ende gehenden Jahres 1718 zu der glanzvollen Taufe des am 15. November geborenen jüngsten Bach, der von den fürstlichen Taufpaten, dem regierenden Fürsten und dessen Bruder, die Namen Leopold August empfing und an dessen Tauffeier als Patin weiterhin

Juliana Magdalena Gräfin von Nostitz und der Geheime Rat Christoph Jost von Zanthier teilnahmen. Die Schwester Leopolds, Eleonore Wilhelmine, die nun schon seit zwei Jahren als Herzogin von Sachsen-Weimar im Roten Schloß an der Seite Ernst Augusts, Bachs einstigem Schüler, lebte, hatte als Patin ihre besten Wünsche mit einem fürstlich ausgestatteten Angebinde überreichen lassen.

Maria Barbara hatte die Vorbereitungen zur Feier, die im Hause stattfinden sollte, noch selbst vor ihrer Niederkunft treffen können. Die Verantwortung für die Erledigung aller, während des Vortages und des Tages der Geburt notwendigen Arbeiten lag bei der guten alten Nietzschke, einer braven Cöthenerin, die seit Mitte des Jahres im Hause Bach als treue Helferin der Frau Hofkapellmeisterin zur Seite stand.

An der Tauffeier hatte Maria Barbara noch selbst teilnehmen können. Das festliche Mahl aber, für das wiederum Fürst Leopold durch die Hofküche hatte sorgen lassen, mußte, wie sollte es am zweiten Tage nach der Niederkunft auch anders sein, ohne sie genossen werden. Dagegen hatte sie am Ende doch die Freude, den Musiken Sebastians am Clavicembalo nach der Aufhebung der Tafel wenigstens von ihrer Ruhestätte aus zuhören zu können.

Die heiteren Suiten und Partiten bestätigten Leopolds Überzeugung von der überaus glücklichen Entscheidung bei der Berufung Bachs an seinen Cöthener Musenhof.

Kein Jahr später aber kam der düstere Tag, der 28. September 1719, an dem Maria Barbara und Johann Sebastian den Verlust ihres Jüngstgeborenen, Leopold Augustus, nach einem so kurzen Erdendasein annehmen sollten.

»Gott hat ihn uns gegeben. Gott hat ihn uns genommen. Des Herren Name sei gelobt! Was wissen wir von Seinem heiligen Willen!«

So – Maria Barbara liebevoll in seinen Armen haltend – steht der schwer betrübte Vater vor dem stillen kleinen Wesen und sucht für sich selber und seine Liebste Barbara Trost und innere Ruhe.

»So fest ist dein Glaube?«

»So groß und sicher mein Wissen um das Unendliche der Schöpfung Gottes, um seine Weisheit, seine Liebe und seine Erlösung!«

8.

Der König von Polen und Kurfürst von Sachsen, August II. oder auch, wie er es liebte: Friedrich August I., war doch recht enttäuscht, als ihm Graf Flemming Bericht erstattete:

»Es war mir nicht möglich, Sire! Ich habe ihn nicht überzeugen können, daß ein musikalischer Wettkampf zwischen ihm und dem Cöthener Hofkapellmeister zu den illustren Kostbarkeiten zu zählen wäre, die die Residenz Eurer Majestät, den Hof und die Gesellschaft mit größtem Genusse erfreuen würde.

Aber er will nicht, partout et absolument – er will nicht – Il est un peu fou à ce qu'il un semble! Er weicht mir aus, er hat hundert Gründe.«

»Gäbe es wichtigere Gründe als Unseren Wunsch, ihn mit einem ebenso berühmten Zeitgenossen zu konfrontieren und ihr Gemeinsames und ihr Gegensätzliches demonstriert zu sehen?«

»Einen einzigen Grund würden Eure Majestät gelten lassen; er nannte ihn gestern am späten Abend: seine alte Mutter noch einmal in seine Arme schließen zu können. Sie lebt in Halle und hat, so scheint es, nicht mehr lange zu leben.«

»Eh bien! So möge Monsieur Händel sich von Uns mit einem eigenen musikalischen Abend verabschieden.«

Damit verließ August den Audienzsaal, um sich im Park des kurfürstlichen Schlosses einer der auserwählt schönen Hofdamen der Kurfürstin zuzuwenden und mit ihr über Wesentlicheres als über das Wetter zu plaudern.

Graf Flemming aber schrieb am gleichen Tage nach Cöthen:

»Mon cher très honorable monsieur Bach! Wie gern hätten wir – Eure Freunde und Verehrer bei Hofe wie selbst unsere kunstsinnige und kunstfördernde, Euch wohlgewogene königliche Majestät – Euch zu einem neuen Besuch in Dresden gesehen! Nun ist der besondere Anlaß dazu leider wiederum durch eine ›Abreise‹ wie vordem ausgefallen, da der verehrte Monsieur Georg Friedrich Händel, der sich in Dresden wegen zu treffender Auswahlen italienischer Sängerinnen und Sänger für die königliche Haymarket-Oper in London aufgehalten hat, inzwischen Dresden zu verlassen sich anschickt, um seine alte Mutter in Halle auf der Rückfahrt nach England noch einmal zu sehen.

Mit Sicherheit weiß ich, und ich spreche auch im Namen unseres Hofes, daß Ihr, lieber Herr Hofkapellmeister, zu anderer und günstiger Gelegenheit Dresden mit Eurer kostbaren Musik erfreuen werdet.

Ich verbleibe als Euer Freund und Verehrer Eurer Kunst

Euer Joachim Friedrich Graf von Flemming.«

Die Nachricht vom Aufenthalt Händels in Halle mußte Bach aufs höchste in Spannung versetzt haben. Was anderes als ein unverzüglich anzutretender eigener Besuch in Halle konnte sein Entschluß sein, der – mit Zustimmung des Fürsten – denn auch sogleich ausgeführt wurde; hoffte doch selbst der Fürst, daß es Bach gelingen werde, den berühmten Händel zu einem Besuche in Cöthen zu bewegen, das er ja ebensogut auf seiner Rückfahrt berühren könnte, wie etwa Weimar bei einer Fahrt in die andere Richtung.

Vor dem Hause Händels mußte Bach, der an der Marienkirche den Postwagen verlassen hatte, zunächst um der Beruhigung seiner hohen, angespannten, erwartungsvollen Erregung willen einige Zeit verweilen. Wie würde er empfangen werden, was würde er ihm zu sagen haben!

Als er endlich durch eine alte Hausbetreuerin eingelassen wurde, mußte er zu seiner schmerzlichen Enttäuschung erfahren, daß Händel am Vortage abgereist sei und sich bereits auf dem Wege nach Boulogne befinde.

Aber so schnell, wie es ihm nun erforderlich erschien, sollte er das Händelhaus nicht verlassen. Mutter Dorothea Händel, selbst des Glückes über den Besuch ihres Sohnes übervoll, mußte – so gestand sie dem freundlichen Besucher – ihr Herz erleichtern und vom Sohne, seinem plötzlichen Erscheinen, aber auch von alten Zeiten, von der Kindheit und den Studienjahren ihres Georg Friedrich erzählen, und so kam sie auf manches kleine und auch manches bemerkenswertere Ereignis aus jener Zeit und berichtete nun auch, wie er vor seiner Abfahrt noch einmal auf den Boden hinaufgestiegen war, um das uralte, inzwischen wurmzerfressene Klavier zu ein paar Tönen anzuschlagen, das Instrument, auf dem er heimlich des Nachts lange Zeit unbemerkt vom gestrengen Herrn Vater, dem ja das Musikmachen ein Greuel gewesen, seine kleinen Übungen gespielt habe, bis der Vater ihn eines Nachts entdeckt und ihm das Instrument und den Dachboden verschlossen habe!

»Ja, ja, mein guter Mann hat dann doch umlernen müssen! Der Weißenfelser Herzog hat es ihm geradezu aufgetragen, seine musikalischen Abneigungen nicht an seinem Sohne auszulassen! Nun, und der Fürst hat recht behalten!«

Bach stimmte ihr in aller Herzlichkeit der Bewunderung für ihren großen Sohn zu, erzählte aber dann der lieben und gütigen Händelmutter von einem ähnlichen Erlebnis seiner eigenen Kindheit, als er in Ohrdruf die Nächte über ebenso heimlich sich um den Erwerb der Musiken aus einem Notenbuch des Bruders bemühte und dann ähnlich, wie hier in Halle geschehen, überrascht worden sei, und wie der Bruder auch ihm den Zugang zu den köstlichen, aber nun entrückten musikalischen Schätzen verschlossen hätte.

Auf der Heimfahrt nach Cöthen klangen in ihm die Händelschen »Rinaldo«-Melodien lange Zeit nach. Man hatte sie schon in Weimar am Hofe gern gehört.

9.

»Das mußt du mir noch einmal vorspielen, es klang so herzensgut . . .«

Maria Barbara hatte von ihrer Nähstube aus, in der es stets reichlich viel zu tun gab, den Klängen aus dem Nebenraum mit wachsender Aufmerksamkeit zugehört. Es hatte ihr keine Ruhe gelassen, sie mußte wissen, was Sebastian abwechselnd am Cembalo und am Klavichord ausprobierte.

»Ich überprüfe, was mir da so eingefallen ist . . ., für den Friedemann eingefallen . . .«

»Friedemann . . .?«

»Es wird höchste Zeit, daß ich ihn in eine strengere Lehre nehme. Ich muß so oft an Ohrdruf denken, an die Lektionen bei Christoph. Ich war damals genauso alt wie der Friedemann heute, und war gar nicht zufrieden mit den Fortschritten, die mir der Christoph erlaubte. Das gibt mir zu denken, und so soll er bei mir wenigstens nichts versäumen. Sieh, da habe ich schon ein paar Blätter für ihn, und heute noch will ich mit ihnen ein Klavier-Büchlein anfangen, in dem ich ihm einen rechten Weg aufzeige, und in das er selber eintragen soll, was ihm gefällt oder gar selbst einfällt.«

Am folgenden Morgen – es ist der 22. Januar 1720 – gab es eine über die Gewohnheit ausgedehnte Lektion Friedemanns beim Vater Sebastian mit Anweisungen und Übungen im Lesen der Claves signatae für Sopran, Mezzo-Sopran, Alt, Tenor und Baß und einer kurzen Applicatio mit Übungen im richtigen Spielgebrauch der Finger und in der artigen Spiel-Ausführung der Manieren. Dann aber winkte der Vater Sebastian seinen jungen Schüler an das Schreibpult.

»Nun wollen wir dir endlich auch ein eigenes Musizierbüchlein anlegen, das du ganz allein behalten und spielen sollst.«

Dabei legte er ihm das noch unbeschriebene Notenbuch – bestehend also aus einer großen Anzahl von Seiten leerer Notenlinien, in einen Umschlag geheftet, auf das Pult, ergriff die Feder und schrieb auf einen eigenen weißen Bogen

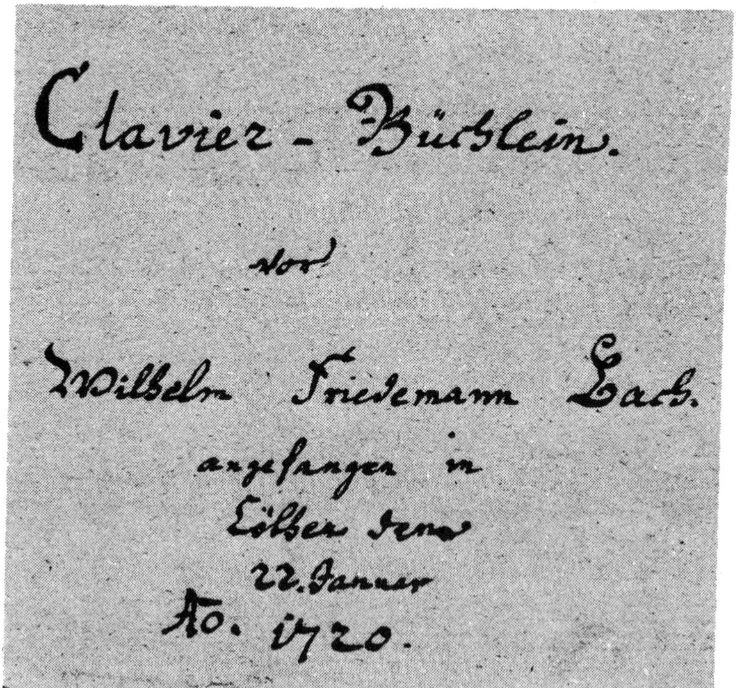
Clavier-Büchlein.
vor
Wilhelm Friedemann Bach.
angefangen in
Cöthen den
22. Jenner
Ao. 1720.

und klebte ihn als Titelblatt auf die Innenseite des Vorderdeckels.

»Die Noten müssen wir beide, Friedemann, du und ich, abwechselnd oder wie wir's gerade einrichten, selber einschreiben, und damit dein Klavierbüchlein dir gleich etwas zu spielen gibt, will ich dir die ersten kleinen Handstücke selbst eintragen.«

Mit der Niederschrift der Applicatur verband der Autor des neuen »Klavier-Büchleins«, einer wohlbedachten Klavierschule für begabte Anfänger, zwei kurze, lehrreiche Präludien.

Um das Ganze wie überhaupt die Erziehung und Ausbildung seines Friedemann und so auch jedes seiner Schüler unter das I. N. I. zu stellen – »Du weißt«, erläutert er dem Sohn, »es heißt *In nomine Jesu*« –, trug er sogleich noch einen Choralsatz zu »Wer nur den lieben Gott läßt walten« ein.

»Das nächste Handstück, mein lieber Friedemann, wirst du dann selbst eintragen.«

Schon nach wenigen Wochen konnte sich Maria Barbara, sooft sie nur Zeit fand, von Friedemann die neuesten Eintragungen des immer reicher werdenden Klavierbüchleins vorspielen lassen, und wenn gar Sebastian selbst das Neue vor seiner Niederschrift ihr und dem Friedemann vorführte, so gab es Feststimmung.

»Wie könnte ich anders als glücklich sein, Sebastian! Heute, gestern, und für alle Zeit, die uns gegeben sein wird!«

11.

Am 27. Mai 1720 hieß es wieder einmal, von Maria Barbara und den Kindern Abschied zu nehmen. Der Fürst hatte einen zweiten Besuch der Karlsbader Quellen – nach dem Rate des Herrn Hofmedikus – für wünschenswert gehalten und wollte auch diesmal nicht ohne seinen Hofkapellmeister und eine Auswahl seiner Musiker reisen.

Bach hatte dem Fürsten eine besondere Überraschung für den Aufenthalt in Karlsbad versprochen. So sehr Leopold ihn aber auch bedrängte, sein Geheimnis zu lüften, so standhaft blieb er bei der Mitteilung, daß es sich um eine Überraschung handele, deren beste Wirkung nur zu dem von ihm geplanten vorbestimmten Augenblick erfolgen könne.

Der Fürst gab endlich nach.

Man verbrachte die erste Woche bis in den Juni hinein mit den gewohnten Spaziergängen, Ausfahrten, Musikabenden, ohne daß Bach auch nur mit einer Andeutung sein Geheimnis in Erinnerung bringen wollte.

Am 12. Juni endlich kam es zur Enträtselung.

Am Tage zuvor war der Markgraf Christian Ludwig, der Brandenburger, in Karlsbad eingetroffen und hatte sich für den 12. Juni zur abendlichen Kammermusik beim Fürsten Leopold angesagt.

Der Abend kam. Die Kerzen an den Pulten der Instrumentalisten, die sich in auffallend und merkwürdig ungewohnter Weise zu drei Einzelgruppen von jeweils einer Violine, einer Viola und einem Violoncell aufgeteilt hatten, waren angezündet, während man im Raum die allmählich eintretende Dämmerung als angenehm empfand.

»Was werden wir heute hören?« Der Markgraf war voller Erwartung. Da Fürst Leopold schwieg, wandte er sich fragend an Bach.

Der stand auf und hielt eine feierliche Rede.

»Eure Hoheit hatten die Güte, mich zu beauftragen, Eurer Hoheit einige von meinen Kompositionen zu übersenden. Ich habe daher gemäß den huldvoll liebenswürdigen Wünschen mir die Freiheit genommen, dem Wunsche Eurer Hoheit nachzukommen und meine sehr bescheidenen Pflichten somit zu erfüllen; ich habe also heute die hohe Ehre und Auszeichnung, eine meiner neusten Musiken aufzuführen, deren Reihe zwar noch nicht vollständig ausgearbeitet werden konnte wegen meiner dienstlichen Obliegenheiten als Seiner hochfürstlichen Durchlaucht, meines gnädigen Herren, Fürst Leopolds Hofkapellmeister und im Bemühen um eine möglichst ausgereifte Vollkommenheit, die ich aber mit zwei bereits vollendeten Konzerten der Wohlgeneigtheit Eurer Hoheit und Eurer hochfürstlichen Durchlaucht empfehlen möchte.«

»Das also«, so Leopold vergnügt, »das war das Geheimnis, das Ihr vor Uns bis zum Augenblicke gehütet habt! Nun begreife ich auch, warum er auf die Reise diesmal gar neun Unserer Kammermusiker mitzunehmen anregte! So beginnt also, Herr Hofkapellmeister!«

Als dann der letzte Ton verklungen war, wagte keiner die Stille zu brechen, bis der Brandenburger zu applaudieren begann. Man war entzückt.

»Wann werden wir das 2. Konzert hören?«

»Wir haben noch einige Tage daran zu proben. Es ergeben sich dabei stets Korrekturen, deren Notwendigkeiten man während der praktischen Ausführung leicht beobachten und deren Mängel man ebenso leicht ausbessern kann! Für den heutigen Abend haben wir ein neues Solokonzert – für 2 Violinen – bereit, wenn die Durchlauchtigsten Hoheiten es zu hören wünschen.«

Da der Markgraf sogleich zustimmte, gab Leopold sein Zeichen zum Beginn.

»Ich fühle mich«, flüsterte Leopold seinem hohen Gast während des 2. Satzes zu, »wieder nach Italien versetzt. Ich träume von einer kostbaren Melodie, wie sie nur die Italiener erfinden können, und siehe da, unser Hofkapellmeister hat ihren gleichen verführerischen Glanz und Duft eingefangen!«

Am 16. Juni folgte das zweite Konzert. Bach hatte sich vom Markgrafen die Mitglieder seiner gleichfalls in Karlsbad anwesenden Kammermusik ausgebeten, insbesondere der Violonspieler wegen, von deren hoher Qualität er bereits erfahren hatte und für die er gerade sein neues Konzert entworfen hatte.

»Bravissimo!« So der begeisterte Ausruf des Markgrafen.

Leopold ging auf seinen Hofkapellmeister zu, legte beide Hände auf dessen Schultern und hatte nur das einzig Beste zu sagen, was ihm in seiner Hochstimmung einfiel: »Ich bin stolz auf Euch, Bach! Das war eine echte Palmenordenstunde!«

Noch an der Tafel, mit der er die Musiker im Anschluß an das Konzert bewirtete und an der sowohl er selbst wie auch sein hoher Gast, der Markgraf, teilnahmen, summte Leopold die Melodie.

»Das habt ihr aus dem Arnstädtischen oder von eurem Vater Ambrosius!«

Christian Ludwig, der Brandenburger, konnte seine Begeisterung kaum dämpfen. »Aber das Hinreißendste, mein lieber Leopold, ist doch der langsame Satz, und überhaupt: Morgen wird er uns die beiden Konzerte noch einmal vorführen. Mit Euer Liebden Einverständnis natürlich!«

12.

Am 7. Juli in aller Frühe erfolgte die Rückreise nach Cöthen, die man nach durchfahrenen jeweils fünfzig Meilen in den Gasthäusern an den Wegen über das sächsische Waldenburg und nun im Reußischen Ebersdorf unterbrach, wo man im gastlichen Schloß des Fürsten Reuß, der natürlich ebenso wie seine Vorfahren ein Heinrich – der Soundsovielte – war, endlich wieder »wirklich fürstlich« übernachten konnte. So traf man erst am späten Abend des folgenden Tages in Cöthen ein.

Bach wurde zu seiner Verwunderung bei der Ankunft vor dem Marstall von der Geheimrätin von Zanthier begrüßt.

»Wo ist Maria Barbara? Hat man ihr nicht unsere Heimkehr vermeldet?«

Die Geheimrätin verneinte mit einer leichten Kopfbewegung und dem ernstesten Ausdruck ihrer Augen, ihrer Lippen, ihrer Hände.

»Ist sie krank?«

»Es ging alles so unerwartet schnell. Wir hatten keine Möglichkeit, Euch Nachricht zu geben; sie wäre ohnedies zu spät in Karlsbad angekommen. Ihre letzten Gedanken waren nur bei Euch . . .«

Bach war stehen geblieben. Es durchlief ihn wie ein Strom von eiskaltem Schneewasser.

»Ihre letzten Gedanken . . . Was soll das heißen!«

Die Geheimrätin winkte ihm weiterzugehen.

Sie waren vor dem Bachischen Hause angekommen. Es war verschlossen. Die Geheimrätin öffnete.

»Ich habe die Kinder zu uns geholt und mir den Schlüssel mitgenommen.

Tretet ein. Faßt Euch, Herr Hofkapellmeister. Ihr wißt, daß allein Gottes Wille über uns waltet.«

Er ergriff ihre Hand.

»Ich möchte zu den Kindern!«

»Ich verstehe Euern Wunsch. Aber gebt Euch und ihnen noch eine Nacht. Morgen wird ein neuer Tag Euch ruhiger, gefaßter, gefestigter finden, und auch die Kinder werden Euch liebevoller, herzlicher empfangen, wenn ich ihnen sage, daß Ihr heute mit der getreuen Verstorbenen allein sein wollt.«

Damit verabschiedete sie sich und überließ den Einsamen seinen Gedanken.

Bach durchschritt die Räume, verweilte in jedem eine lange Zeit, sah die Bilder der Vergangenheit – Maria Barbara am Cembalo, am Herd, vor den Kinderbetten, sah sie im Lehnstuhl, ihm gegenüber, Erinnerungen austauschend. Er sah sie plötzlich an seiner Seite vor dem Grabe der Eltern in Gehren, sah sie in Dornheim im Brautkranz, auf der Fahrt von Weißenfels nach der Festlichkeit beim Herzog Christian –, sah sie beim letzten Abschied vor seiner Abreise nach Karlsbad, sah sie heiter, blühend, ohne das geringste Anzeichen einer nahen Erkrankung, sah, wie sie ihm nachwinkte –.

Er öffnete das Cembalo. Ein paar wilde, erregte Läufe . . .

Ein paar Klänge voll tiefer Schwermut, unlösbarer Fragen, weit in die Ferne gerichteter Blicke, ins Unendliche – Unbegreifbare, Klänge vom Bewußtwerden des Verlustes.

Es war nicht die Stunde, zu schaffen und zu wirken. Es waren nur ein paar Berührungen mit den Claves. Er schloß das Instrument. Lange Zeit noch blieb er träumend im Lehnsessel seiner Maria Barbara, bis die Schloßuhr die zwölfte Stunde herüberschlug.

Am nächsten Morgen weckten ihn die Kinder, von der Geheimrätin und der alten Nietzschke ins Haus zurückgeführt.

»Ihr meine Guten!« Mehr konnte er in der ersten Erschütterung des ersten Wiedersehens nicht sagen.

Erst nach einer langen Zeit der gegenseitigen Zärtlichkeiten nahm er Philipp Emanuel und Bernhard an der Hand und schritt mit ihnen langsam, gefolgt von Dorothea und Friedemann, zur Ruhestätte der Herzallerliebsten und der besten aller Mütter – Maria Barbara.

Am gleichen Abend las er vor Dorothea und Friedemann aus Friedrich von Logaus »Sinngedichten« seine Abschiedsworte an die teure Verschiedene:

Habe Dank für deine Liebe,
die beständig war, wann's trübe
so, wie wann es helle ward,
so in Glück als in Gefahr!
Habe Dank für deine Treue,
die stets bliebe frisch und neue,
habe Dank fürs werte Pfand,
das du läßt in meiner Hand.
Habe Dank für Müh und Sorgen,
die bis Abends an vom Morgen
deine weise Redlichkeit
pfloge mir zur Nutzbarkeit.
Habe Dank, daß deine Tugend,
habe Dank, daß deine Jugend,
obwohl eine kurze Zeit,
mir so viel gab Genüglichkeit.
Fahr in Fried! Ich kann's nicht wenden,
bin zu schwach des Herren Händen.
Du zeuchst weg, wo ich jetzt bin.
Ich, wo du bist, komme hin!

13.

»Hat Dein ausgezeichneter Hofkapellmeister mich denn ganz vergessen! Ich warte geduldig auf die versprochenen Konzerte, von denen Wir ja seit Karlsbad die wohlgelungenen ersten beiden bereits besitzen und häufig zu Unserem und dem Vergnügen Unserer Gäste anhören.«

Fürst Leopold hatte seinem »ausgezeichneten Hofkapellmeister« die mahnende Erinnerung des Markgrafen vorgelesen.

»Lieber Bach, ich weiß, wie schwer Euch die übernommene Arbeit in der gegenwärtigen Schicksalsfügung fallen muß . . .«

»Ich finde aus dem Dunkel nicht ins Freie. Mir kommen immer nur die Schatten der Vergangenheit und umschließen mir Blick, Herz, Gefühl und

Gedanken. Ich besitze nicht die Kraft, sie aufzuhellen. Gewiß, ich schaffe – aber es bleibt der Schmerz, es bleiben Leere und Sehnsucht. Selbst meinem Friedemann schreibe ich nur Düsterkeiten und Klagen in sein Übungsbuch.«

»Ihr solltet wieder einmal reisen. Ihr habt Euch zu lange schon eingesponnen. Dresden – Leipzig – vielleicht gar Eisenach –. Wie wäre eine Ausfahrt? Eure Kinder werden wohl behütet und betreut. Dafür sorge ich. Wozu sage ich das! Ihr kehrt mit neuen Eindrücken zurück. Das Leben da draußen wird Euch neue Kraft und Entschlossenheit zum Schaffen und zum Leben für Euch und Eure Kinder verleihen und sichern.«

So geschah es.

Gegen Ende Oktober fuhr die Eilpost den hochfürstlich Anhalt-Cöthenschen Hofkapellmeister und Direktoren der Hofmusiken gen Norden – nach Hamburg. Frau von Zanthier hatte, dem Wunsche des Fürsten folgend, gern die Betreuung der Kinder übernommen, und die gute alte Nietzschke stand ihr dabei getreulich zur Seite.

Es war der Wunsch Bachs, den großen Reinken noch einmal zu sehen und, wenn überhaupt Gelegenheit dazu gegeben wäre, ihn zu hören und zu sprechen.

Schon beim ersten Wiedersehen mußte Bach erkennen, daß er neue Eindrücke von Reinkens Orgelspiel nicht mehr erwarten konnte. Dagegen wünschte der nunmehr 97jährige Altmeister, der ihn herzlich aufgenommen hatte, den berühmten Bach aus dem Thüringischen zu hören.

Zu einem solchen von Reinken praeponierten Orgelkonzert hatte der Alte seine Freunde und natürlich auch den hochgebildeten Mattheson, die Kantoren und Organisten Hamburgs, die musikliebende Geistlichkeit und den Magistrat in die Katharinenkirche einladen lassen.

Bach spielte an der Orgel Reinkens Älteres und Neueres seiner eigenen Orgelkompositionen. Angeregt durch die Schönheit und Verschiedenheit der Rohrwerke, in wohlüberlegter Steigerung des eigenen Spiels schloß er mit Variationen über die alte Melodie »An Wasserflüssen Babylons«. Der Eindruck war außerordentlich. Er hatte bestätigt, was man von Mattheson bereits über Bach gelesen und von Freunden aus Dresden und Halle gehört hatte. Seinen Dank und seine Anerkennung faßte Reinken in einer kurzen Bemerkung zusammen:

»Ich dachte, diese Kunst wäre ausgestorben, ich sehe aber, daß sie in Euch noch lebt.«

Es lag nahe – und wäre auch unbegreiflich gewesen, wenn es nicht erfolgt wäre, den Cöthener Gast und erwiesenen Meister auf der Orgel in die Reihe der vorgeschlagenen Nachfolger des am 12. September verstorbenen Jakobi-Organisten Heinrich Friese zu übernehmen. Erdmann Neumeister, der weitberühmte dichtende Pastor der Kirche, sah bereits seine kühnsten Hoffnungen erfüllt, diesen Bach für seine Kirche zu gewinnen. So lud man also Bach zum Probespiel auf den 28. November ein.

Wozu ein Probespiel! Hatte er sich nicht bereits nachhaltig hören lassen?! Bach lehnte ab. Es gab da Gründe genug. Ein Probespiel unter sieben weiteren Bewerbern! Das Organistenamt verbunden mit dem Amt des Küsters! Ein Hofkapellmeister als Küster!

Er hatte ohnedies zum 10. Dezember, dem 26. Geburtstag Leopolds, in Cöthen sein wollen, und wenn er bis dahin seine neue Geburtstagsmusik »Heut ist gewiß ein guter Tag« noch gründlich in Proben vorbereiten wollte, so war es für ihn höchste Zeit, den Hamburger Aufenthalt zu beenden.

Mochten die Tage in Hamburg mit allen ihren Anregungen ihm auch neuen inneren Auftrieb gegeben haben, so recht glücklich wurde er erst wieder bei seiner Rückkehr nach Cöthen, zu den Kindern, an eigene Aufgaben und Tätigkeiten, an den Hof des fürstlichen Freundes.

14.

In kurzer Zeit waren die noch fehlenden, vom Markgrafen Christian Ludwig mit Ungeduld erwarteten Konzerte bis gegen Ende März 1721 vollendet. Die Reise nach Hamburg und der Umgang mit der Hamburger Kirchenwelt um St. Jakobi und Katharinen, so auch mit Reinken und Neumeister hatten ihm neue Schaffenskraft gegeben.

Es entstanden nach seiner Rückkehr in diesen Concerti grossi Meisterwerke von einer unvorstellbaren Vollkommenheit, Werke voll kostbarster Einfälle und von großartigen Gestaltungsformen. Vor ihrer Übersendung an den Markgrafen ließ er sie – und dies im Beisein des Fürsten als kritischem Zuhörer – an seinem eigenen 36. Geburtstage am 21. März von seinen Cöthener Musikern noch einmal spielen, um selbst durch den Klang unmittelbar seine Ideen und ihre Ausführungen bestätigt zu hören.

Der Trompeter Johann Ludwig Schreiber hatte seine Partie im Concerto 2 in der nunmehr geordneten Reihe der sechs Concerti vorstudiert, zu einem guten Teile weit draußen vor den Toren Cöthens, da man sich im eigenen Hause und in der Nachbarschaft über die alles übertönenden Signale, wie man meinte, beklagt hatte.

Das Concerto Nr. 5 ließ sich Leopold am folgenden Tage wiederholen, nicht allein des überraschenden Cembalo-Solos halber, das Bach selbst spielte, sondern wegen der süßen Innigkeit seiner Motive und der schwerelosen Heiterkeit seines Finalsatzes.

Nach dem Spiel wandte er sich noch einmal an Bach: »Ihr habt hoffentlich Abschriften der Concerte, ich würde sie gern wiederhören – und das nicht nur einmal!«

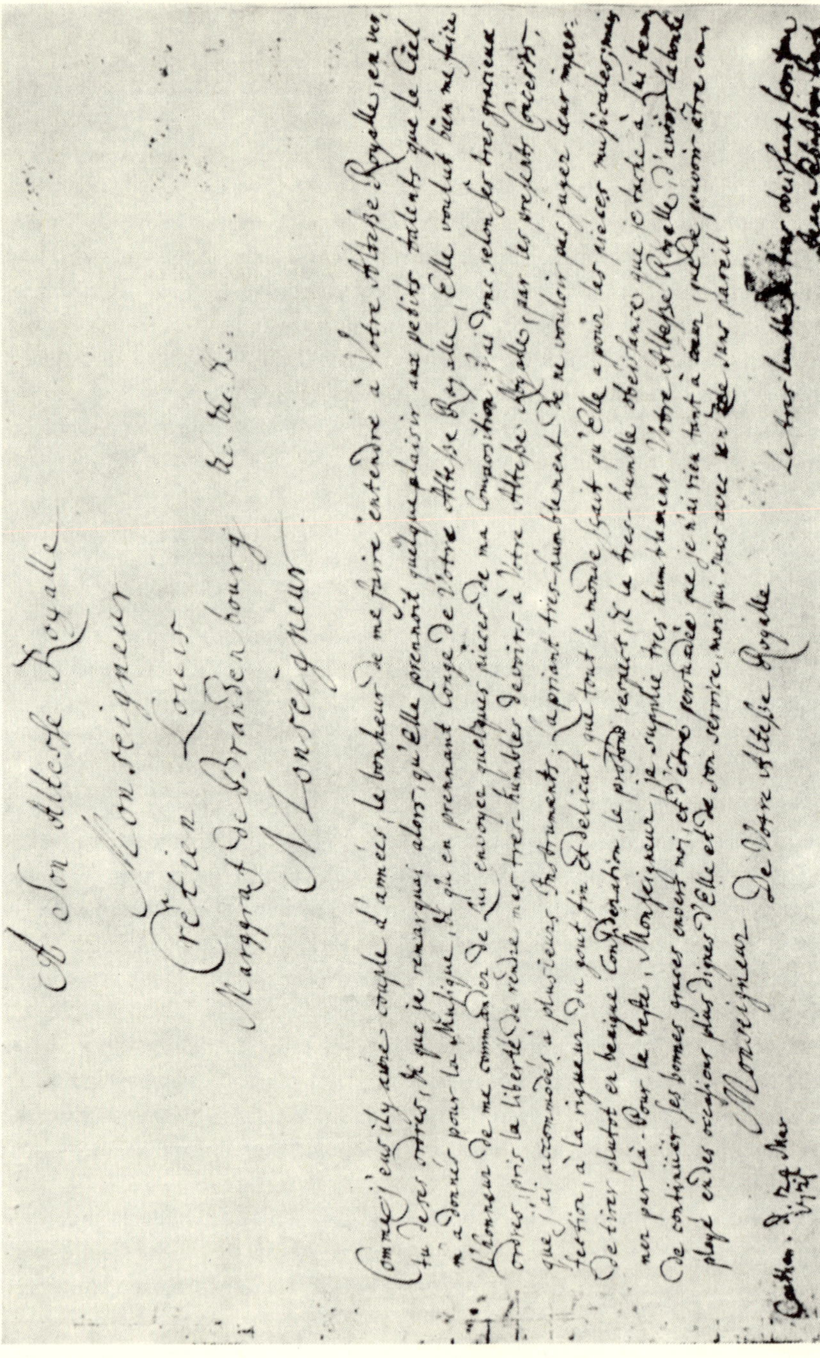

A Son Altesse Royalle
Monseigneur
Cretien Louis
Marggraf de Brandenbourg &c. &c. &c.
Monseigneur

Comme j'eus il y a une couple d'années, le bonheur de me faire entendre à Votre Altesse Royalle, en vertu de ses ordres, & que je remarquai alors, qu'Elle prennoit quelque plaisir aux petits talents que le Ciel m'a donnés pour la Musique, & qu'en prennant Congé de Votre Altesse Royalle, Elle voulut bien me faire l'honneur de me commander de Lui envoyer quelques pieces de ma Composition: j'ai donc selon ses tres gracieux ordres, pris la liberté de rendre mes tres-humbles devoirs à Votre Altesse Royalle, par les presents Concerts, que j'ai accommodés à plusieurs Instruments; La priant tres-humblement de ne vouloir pas juger leur imperfection, à la rigueur du gout fin et delicat, que tout le monde sçait qu'Elle a pour les pieces musicales; mais de tirer plutot en benigne Consideration, le profond respect, & la tres-humble obeissance que je tache à Lui temoigner par là. Pour le reste, Monseigneur, je supplie tres humblement Votre Altesse Royalle, d'avoir la bonté de continuer ses bonnes graces envers moi, et d'être persuadée que je n'ai rien tant à coeur, que de pouvoir être employé en des occasions plus dignes d'Elle et de son service, moi qui suis avec un zele sans pareil

Monseigneur
De Votre Altesse Royalle
Le tres humble & tres obeissant serviteur
Jean Sebastian Bach.

Coethen. d. 24 Mar 1721

Titelblatt mit Widmung der sechs Brandenburgischen Konzerte

Partiturseite vom Beginn des 5. Brandenburgischen Konzerts

Bach bestätigte seinem fürstlichen Freunde, daß er nie eine Arbeit abgebe, ohne sich eine Abschrift angefertigt zu haben, ja, daß er eigentlich nie die erste und daher originale Niederschrift, sondern eben ihre Abschrift abliefere, und die ließe er gern von einem Kopisten anfertigen.

Am 24. März endlich werden Partituren und Stimmen der sechs Concerte »A son Altesse Royalle, Monseigneur Crêtien Louis, Markgraf de Brandenbourg« durch einen Kurier Leopolds zugestellt.

Die Begleitschrift hatte Bach auf Anraten des Geheimen Rates von Zanthier in französischer Sprache gehalten, die der Markgraf mit Vorliebe zu sprechen pflegte, obwohl er sich der mahnenden Worte seines großen Vaters hätte erinnern sollen, die am Cöthener Hofe ihre ganze, volle Gültigkeit behalten hatten: »Gedenke, daß du ein Teutscher bist!«

»Nun gut – Ihr habt den Markgrafen in seiner Lieblingssprache angeredet, das ist nun einmal die große Mode! Mir, lieber Bach, lest eure Widmung an ihn in gutem Teutsch!«

Worauf Bach lächend betonte, daß er die Widmung ja in »Gutem Teutsch« niedergeschrieben habe; die französische Übertragung habe er dem Herrn Geheimen Rat überlassen.

Am Cöthener Hofe des Palmenordens wäre sie so zu lesen:

»Als ich vor einigen Jahren das Glück hatte, mich vor Eurer Königlichen Hoheit hören zu lassen und infolge Eurer Befehle bemerkte, daß Eure Hoheit einiges Vergnügen an den geringen Talenten nahm, die mir der Himmel für die Musik gegeben hat, und von Eurer Königlichen Hoheit Abschied nahm, machten mir Eure Hoheit die Ehre, mich zu beauftragen, daß ich Eurer Hoheit einige von meinen Kompositionen übersenden solle. Ich habe also gemäß den liebenswürdigen Wünschen mir die Freiheit genommen, Eurer Königlichen Hoheit meine sehr bescheidenen Pflichten zu erfüllen, und zwar durch die vorliegenden Konzerte, die ich für mehrere Instrumente eingerichtet habe.

Ich bitte untertänigst, ihre Unvollkommenheit . . .« hier räusperte sich Leopold vernehmlich – »nicht mit der Strenge des feinen und delikaten Geschmacks zu beurteilen, den alle Welt von Eurer Hoheit in musikalischen Dingen kennt, sondern vielmehr in wohlwollender Betrachtung zu erkennen den tiefen Respekt und die tiefe Ergebenheit, die ich Eurer Hoheit durch mein Werk zu bezeugen suche. Im übrigen bitte ich Eure Königliche Hoheit untertänigst, daß Sie die Güte haben mögen, Ihre Wohlgeneigtheit mir zu erhalten, und überzeugt zu sein, daß mir nichts mehr am Herzen liegt, als würdigere Gelegenheiten in Eurem Dienste ergreifen zu können, der ich, erfüllt von unendlicher Bereitschaft, bin Eurer Königlichen Hoheit

untertänigster und gehorsamster Diener

Johann Sebastian Bach.«

15.

Waren seit dem Tode Maria Barbaras bis in den Spätherbst von 1720 die Eintragungen in Friedemanns Notenbüchlein spärlicher und von recht ernstem, schwermütigem, grüblerischem Charakter ausgefallen, so gewannen sie nun, nach dem Abschluß der Konzerte für den Brandenburger, neue, hellere Farben, den Ausdruck der Ausgeglichenheit, ja der Aufheiterung. Nicht selten allerdings, wenn er allein am Instrument saß, kehrten die Erinnerungen an die liebste Maria Barbara und an die erlittenen Schmerzen zurück. Aber immer wieder lösten sie sich wie von selbst.

Die Lektionen Friedemanns verbanden sehr bald Spiel und Unterweisungen in der Anwendung der Harmonien und der Formen. Dabei ging Bach mit Vorliebe immer wieder von der Einleitungskadenz und der in ihr – durch ein quasi Praeambulieren der Finger – erscheinenden Motivgestalten aus, die er dann zum eigentlichen Thema des Ganzen entwickelte.

»Du siehst, die Trias Harmonica hat eigentlich ihren usum in der Komposition, weil eben der Generalbaß ein Anfang ist zum Komponieren und wegen der Zusammenstimmung der Kon- und Dissonantien wirklich eine Komposition extemporanea genannt werden mag, welche derjenige macht, der den Generalbaß schlägt. Wenn sich ein Lernbegieriger – wie du, meine ich – das ins Gedächtnis prägt, so darf er versichert sein, daß er schon ein groß Teil der ganzen Kunst begriffen hat. Natürlich muß die Figur reizvoll oder charakteristisch sein, damit etwas ebenso Reizvolles oder Delikates im Ganzen entsteht, was dann sogar deinen eigenen Charakter aufweist. Aber das wird sich eines Tages von selbst ergeben: gute Ideen zu bekommen und auch durchzuführen, wenn mein Herr Friedemann ein rechter Lernbegieriger bleiben wird.«

16.

Anna Magdalena Wilcken, Kammersängerin am Hofe des Fürsten Johann August von Anhalt-Zerbst, war einer Einladung Fürst Leopolds nach Cöthen gefolgt. Der Fürst hatte sie bei einem Besuch in Zerbst in einem Abendkonzert gehört und daraufhin dem Zerbster Hofe gegenüber den Wunsch geäußert, die junge Künstlerin ganz für Cöthen zu gewinnen. Man hatte in Zerbst nicht gerade abgelehnt.

Nun sollte sie, so der Gedanke Leopolds, bei einem ersten Besuche sein Cöthen, seine Musiker und vor allem seinen Hofkapellmeister kennenlernen, um sich dann ganz nach ihrem Willen, nach ihren Eindrücken und Erwartungen für Cöthen oder für ihr Verbleiben in Zerbst zu entscheiden.

Die erste Begegnung mit dem auch ihr nach Namen und Ruf als hochberühmt bekannten Herrn Johann Sebastian Bach hatte für beide, die Sängerin wie den Herrn Hofkapellmeister, eine eigentümliche Nachwirkung. Man hatte gemeinsam die Gesänge geprobt, mit denen Anna Magdalena Wilcken am Abend in Cöthen debütieren sollte. Bach war von dem bildschönen hellen Sopran des Zerbster Gastes entzückt, die Sängerin von der Art des Bachischen Musizierens tief beeindruckt.

Gemeinsames Musizieren vermag sehr schnell starke innere Verbindungen zwischen den Musizierenden herzustellen. Es war durchaus nicht verwunderlich, daß beide, Sängerin wie Hofkapellmeister, nach dem Konzert noch eine Weile im Schloßpark zwischen Hecken und Amouretten auf und ab gingen und von der Musik im allgemeinen, den aufgeführten Arien im besondern und dem jungen Lebenslauf und den Zukunftsplänen der anmutigen Sängerin sprachen.

Man verabschiedete sich mit herzlichen Worten auf das morgige Musizieren, da ja Anna Magdalena Wilcken noch zwei weitere Konzerte in Cöthen absolvieren sollte, davon das folgende sogar für die Bürgerschaft Cöthens im »Schwarzen Bären«.

Nach dem zweiten Abend, nun wiederum im Festsaal des Schlosses, wiederholte der Fürst die Frage nach der Bereitschaft der Künstlerin, Zerbst gegen Cöthen einzutauschen.

Mochte sie sich nun von der verlockenden Zusammenarbeit mit dem berühmten Herrn Bach auch für sich, ihre Kunst und ihre Zukunft als Sängerin Entscheidendes versprechen, mochte ein unbestimmtes Gefühl der gegenseitigen Zuneigung, die gerade sie als 20jährige zu dem reifen Manne zu empfinden glaubte – wie alt war er? man sagte ihr doch: um die 35 Jahre –; mochte es aber auch die Erscheinung des Cöthener Fürsten und seine Kunstliebe sein, am Ende entschied sie sich, das Einverständnis des Zerbster Hofes vorausgesetzt, für Cöthen.

Die gemeinsamen Verpflichtungen zu den Hofkonzerten, die in ihrer Regelmäßigkeit häufige Proben und daher häufige Begegnungen einbezogen, führten ganz allmählich zu gegenseitigen Neigungen, die an Herzlichkeit gewannen, sooft Bach der jungen Sängerin nach den Proben in seinem Heim aus seinen Kompositionen vorspielte und sie ganz wie von selbst mit seinen Suiten, den Solosonaten und den verschiedenen Entwürfen für Gambe, Flöte, Viola pomposa bekannt machte.

Eines Tages – es war der 20. September – nach der Probe zu einem Hofkonzert, zu dem Mademoiselle Wilcken einige Arien von Monteverdi ausgewählt hatte, legte ihr der Hofkapellmeister ein Notenblatt auf das Pult des Cembalo.

»Sie werden es nicht kennen, liebe Freundin. Ich habe es erst neulich bei einer Visite in Halle aufgefunden. Es ist ein ganz besonders schönes und inniges Liebeslied. Ich will es Ihnen vorsingen.« Und dann sang er, während sie ihm zur Seite stehend die Noten verfolgte, mit zurückgehaltenem Ton, aber mit großem Ausdruck das Lied:

»Willst du dein Herz mir schenken,
so fang es heimlich an,
daß unser beider Denken
niemand erraten kann.

Die Liebe muß bei beiden
allzeit verschwiegen sein,
drum schließ die größten Freuden
in deinem Herzen ein.«

Beim Ausklang der 3. Strophe:

»Du mußt die Brust verschließen,
halt deine Neigung ein,
die Lust, die wir genießen,
muß ein Geheimnis sein«,

legte sie ihre Hand auf Bachs Schulter.

Unbeweglich blieben beide während der 4. Strophe:

»Du mußt den Spruch bedenken,
den ich zuvor getan:
Willst du dein Herz mit schenken,
so fang es heimlich an.«

Nach der vierten stand er auf, faßte ihre beiden Hände und sprach noch einmal die Worte:

»Willst du dein Herz mir schenken?«

Anna Magdalena antwortete mit dem süßesten Sopran der Welt:

»Drum schließ die größten Freuden
in *meinem* Herzen ein.«

Am folgenden Morgen erschien Bach zur Audienz beim Fürsten gegen alle Gewohnheit unangemeldet.

»Es muß etwas Besonderes sein, was ihn veranlaßt . . . , lassen Sie ihn eintreten, Nostitz!«

Und zum eintretenden Bach: »Was in aller Welt führt Sie schon so früh zu Uns, Herr Hofkapellmeister?«

»Mit der Zustimmung Eurer Hochfürstlichen Durchlaucht habe ich mich am gestrigen späten Nachmittag mit der Kammer- und Hofsängerin Anna Magdalena Wilcken versprochen. Wir bitten Eure Durchlaucht um Allerhöchste Erlaubnis, unsere Verlobung am morgigen 22. September öffentlich bekanntzugeben. Es ist der Geburtstag der Mademoiselle Wilcken.«

Leopold sah seinen Hofkapellmeister eine lange Weile schweigend und ein wenig lächelnd an, schüttelte immer heiterer werdend den Kopf und begann auffallend bedächtig und, wie es schien, ein wenig geheimnisvoll:

»Mein lieber Herr Hofkapellmeister! Sofern Ihr Euer Amt nicht unter der höchst begrüßenswerten Souveränität der künftigen Madame Bach einzuschränken beabsichtigt, was ich naturellement in keiner Weise zu erwarten oder auch nur zu vermuten habe, stimme ich aus vollem Herzen und in der vollen Überzeugung, daß Ihr die beste Wahl getroffen habt, Eurem Entschlusse zu. Wann gedenkt der Herr Hofkapellmeister, daß Hochzeit sein wird?«

»Zu Beginn des Dezember, Hochfürstliche Durchlaucht.«

»So hoffe ich, daß auch ich Eure Zustimmung finde, wenn ich Ihm zu Seiner Orientierung, also mit dem ausdrücklichen Auftrage, es in keiner Weise public zu machen, eröffne, daß auch Wir gewillt sind, uns im gleichen Monat Dezember, und zwar an dessen 11., zu verehelichen.«

Leopold war auf Bach zugegangen. »Ja, lieber Bach, es mußte ja einmal sein! Ihr wißt nun, was alles es nicht nur in Eurem Hause, sondern auch für Unser Fest vorzudenken und vorzugestalten gibt. Beglückwünschen wir uns gegenseitig. Ihr werdet Friederike Henriette schon an einem der nächsten Musikabende im Schloß kennen und lieben lernen.«

Am 22. September unseres 1721. Jahres gab es viel herzliche Zustimmung zur Verlobung des Hochfürstlich Anhalt-Cöthenschen Hofkapellmeisters Johann Sebastian Bach mit der ehemalig Hochfürstlich Anhalt-Zerbster, nunmehr Anhalt-Cöthenschen Hof- und Kammersängerin Anna Magdalena Wilcken. Selbst der Zerbster Hof hatte seine Zustimmung nicht verweigert.

Die alte gute Nietzschke aber hatte die vier Bachkinder herausgeputzt, daß es eine Lust war, sie anzuschauen. Sie erschienen am frühen Morgen mit Riesensträußen von Herbstblumen, gratulierten mit Umarmungen und liebevollen Worten und drückten voller Zärtlichkeit und Dankbarkeit ihre neue, junge und so schöne Mama an ihre Herzen.

Keine drei Monate später – am 3. 12. – standen sie wieder vor den Gästen im Hause des Hofkapellmeisters: Catharina Dorothea, Friedemann, Philipp Emanuel und Bernhard, ganz in weißen Samt gekleidet, wie es der Herr anhaltinisch-zerbstische Hofschneidermeister Seim vorgeschlagen hatte, das Mädchen mit einem weißen künstlichen Rosenkranz im Haar, und erwarteten mit den Gästen das »junge Paar«, den Vater Sebastian und die junge Braut. Die hatte ganz im Geheimen ihren alten Zerbster Hofschneider nach Cöthen eingeladen, damit er stets, wenn Sebastian zur Audienz oder zu seinen musikalischen Übungen beim Fürsten im Schlosse weilte, an ihrem Brautkleid nähte.

Die Überraschung war gelungen. Denn als sie erschien, gab es zunächst ein völliges Verstummen, dann aber ein einmütiges, einstimmiges »Ah« der ganzen Hochzeitsgesellschaft.

Am folgenden Morgen lag auf ihrem Frühstücksplatz eine Handschrift Sebastians:

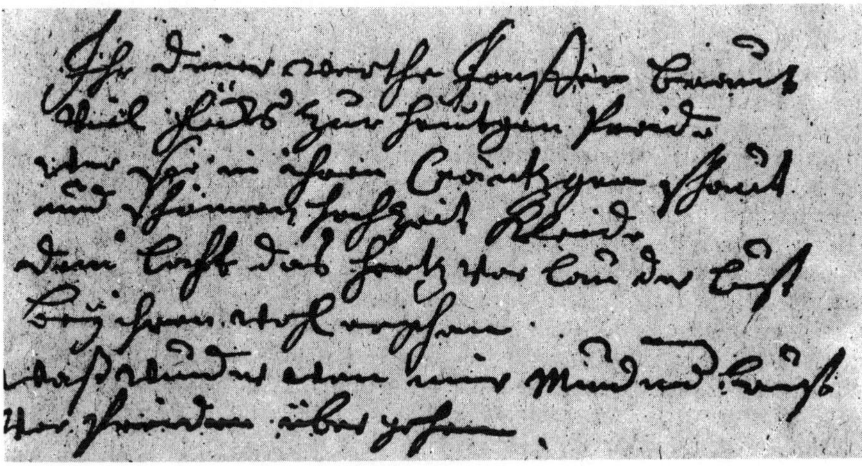

»Ihr Diener, werthe Jungfer Braut,
Viel Glück zur heut'gen Freude.
Wer Sie in Ihrem Kräntzchen schaut
Und schönen Hochzeits-Kleide,
Dem lacht das Herz voll lauter Lust
Bei Ihrem Wohlergehen,
Was Wunder, wenn mir Mund und Brust
Vor Freuden übergehen.«

17.

Fürst Leopold folgte den Wünschen seiner Friederike Henriette, Anhalt-Bernburger Prinzessin und nunmehr Fürstin von Anhalt-Cöthen, als er sich dieses Mal nicht von seinen Musikern nach Karlsbad begleiten ließ. Das geschah in diesem Jahr 1722 zum ersten Mal seit deren Verpflichtung an den Cöthener Hof.

Bach, zwar um einiges verwundert, begrüßte jedoch die Zeit, die er während der Abwesenheit der Fürstlichkeiten für seine eigenen Arbeiten fand, da sie ihn völlig ausfüllten, zumal Anna Magdalena neben all ihren häuslichen Pflichten und der Fürsorge für die ihr so unvermittelt zugewachsenen Kinder ihm auch als Hilfe beim Übertragen der Entwürfe und der Ausarbeitungen durch sorgfältige Abschriften zur Hand ging. Eines ergab sich aus dem anderen, köstliche Suiten, die einen für das Klavier, andere für das Orchester. Die Klaviersuiten trug er heimlich am späten Abend, wenn Anna Magdalena sich längst zur Ruhe gelegt hatte, in ein neu angelegtes Klavierbüchlein ein, auf dessen Titelblatt er von Anna Magdalena recht kunstvoll ähnlich dem Friedemannschen Titel zunächst das

»Clavier-Büchlein
vor
Anna Magdalena Bachin
Anno 1722«

schrieben ließ, ihm aber die besonderen Vermerke beifügte, daß das Büchlein sein sollte ein

»Anti Calvinismus und
Christen Schule item
Anti Melancholicus.«

Die Überreichung wurde zum Festtag für die ganze Familie.

Friedemanns Klavierbüchlein erhielt ebenfalls neue Präludien und Fantasien, und Anna Magdalena schrieb er, nachdem sie sich recht mühsam, aber voller Stolz und Begeisterung mit dem Studium »ihrer« Suiten beschäftigt hatte, und da Bach hatte einsehen müssen, daß er ihr reichlich schwierige Sätze zugemutet hatte, zur Vorübung und besonderem Anti-Melancholicus ein paar schöne Menuette ins Buch.

»Wenn du mit ihnen beginnst, wirst du sehr bald auch die Bourrée und die Gavotte in G spielen können, und dann versuche es einmal mit der Sarabande aus der ersten Suite in a-minore und ihren beiden Menuetten. Und nun will ich dir die ganze Nummer 5 einmal vorspielen.«

Gab es für sie etwas Schöneres?

18.

Nach der Rückkehr der Fürstlichkeiten aus Karlsbad ergab es sich, daß die Abendmusiken im Schloß nicht sogleich wieder aufgenommen wurden. Erst nach dem Verlauf einer Woche wünschte der Fürst eine Musizierstunde, in der er sich von Bach zu seinem Spiel auf der Viola da Gamba begleiten lassen wollte.

Der Fürst war ernstgestimmt. Mitten in einem der Allegrosätze brach er ganz plötzlich ab.

»Ihr werdet bemerkt haben, lieber Bach, daß Wir mit unseren Musiken nicht die volle Zustimmung der Fürstin finden. Sie hat am Bernburger Hofe kaum einmal ein Konzert hören können, weil man dort nicht musiziert, wenigstens nicht so, wie wir es verstehen und lieben. Wir wollen also Geduld haben. Im Augenblick hat sie ganz andere Wünsche – Feste, Maskeraden, Bälle, Illuminationen. Ja, wir werden an der Stelle unserer alten Schloßwache sehr bald eine Schloßgarde haben, mit dem Schloßhauptmann Kötzschau an der Spitze von

Prinzessin Friederica Henrietta, die »Amusa«

vier Sergeanten, sechs Gefreiten, zwei Tambouren und achundvierzig Gardisten, genau nach ihren Proportionen, und Friederike Henriette wird sich selbst um deren Uniformen, die Ausrüstung, die Übungen und die Besichtigungen kümmern, und August Ludwig, Unser lieber Bruder, stimmt ihr in allem begeistert zu, er hat ja kaum einmal unsere Musikabende besucht. Voilà! C'est la vie!«

19.

Am 5. Juni 1722 spät abends wußte man es auch in Cöthen: »Der große Kuhnau ist tot! Er ist nicht einmal alt geworden. Wenn ich an Meister Reinken denke! 62 Lebensjahre, und Reinken steht in seinem Hundersten!«

Der Fürst gab selbst die Anregung: »Ihr werdet nach Leipzig fahren, um Abschied von ihm zu nehmen?«

»Eurer Hochfürstlichen Durchlaucht danke ich für gnädige Bewilligung einer mir sehr erwünschten Reise.«

»Ihr werdet auch sonst in Leipzig mancherlei Neues hören. Wir wünschen eine gute Fahrt. Einer meiner Wagen steht zu Eurer Verfügung. Gewiß werdet ihr Eure Eheliebste zur Fahrt einladen? Sie wird sich gern einmal im schönen Leipzig umsehen und die neuesten Leipziger Moden kennenlernen wollen.«

Mit einer freundlich grüßenden Handbewegung war der Herr Hofkapellmeister allergnädigst entlassen.

Am folgenden Tag schon fuhr der Fürstlich Anhalt-Cöthensche Reisewagen mit Leibkutscher Trötschel und dem Hoflakai Liez über Halle, wo man nach dreistündiger Fahrt kurz Station machte, nach Leipzig.

Noch vor den Toren der Stadt wandte sich Trötschel an Bach:

»Wenn ich dem Herrn Hofkapellmeister eine Empfehlung geben darf, so möchte ich anraten, für die Nacht Unterkunft in einem der Gasthäuser hier draußen zu nehmen. Ihr könntet von hier aus zu jeder gewünschten Stunde bequemer als nach der langen Tour in die Stadt fahren. Ich kenne da ein sehr angenehmes Haus hier in Lindenau, das wir jetzt durchfahren. Wollen der Herr Hofkapellmeister einmal selbst nachschauen?«

Bach war einverstanden. »Aber wir müssen heute noch in Leipzig sein!«

»Gewiß, Herr Hofkapellmeister, wenn nur die Pferde zwischendurch ihre Ruhe haben.«

Man spannte aus. Bach und ebenso Anna Magdalena waren sehr zufrieden mit der Aufnahme, der Reinlichkeit in allen Räumen, mit den weichen Betten und dem delikaten Weißbrot, das man ihnen zu einer Tasse Schokolade servierte.

Gegen Abend hielt der Wagen vor der Thomasschule. Bach erfuhr am Eingang von einem Thomaner, der gerade von seinem Stadtbummel zurückkehrte, daß der Rektor, der Herr Professor Ernesti, um diese Zeit stets in seinem Amtszimmer arbeite, da er ja von hier aus die beste Aufsicht über die lebhaften Jungthomaner führen könne.

Bach war dem Rektor Johann Heinrich Ernisti kein Unbekannter, hatte der hochgelehrte Herr doch der von Bach vorgenommenen Orgelprüfung in der Paulinerkirche als der Musik zugetaner Hörer beigewohnt. »Damals – ja wann war's doch gleich? Richtig, das muß um die Adventszeit anno 16 gewesen sein.«

Man gedachte zunächst der großen Verdienste des Verewigten, sprach von den letzten Tagen seines Wirkens, dem unerwarteten Ende und endlich von der geplanten Gedenkfeier.

»Die Trauerfeier wird noch heute Abend um 8 Uhr in unserer und damit auch in seiner Kirche stattfinden, die Beisetzung dagegen erst morgen nach dem zweiten Frühläuten, um 10 Uhr also, auf dem Johannisfriedhof. – Ihr habt, Herr Hofkapellmeister, gewiß bereits für eine Unterkunft vorgesorgt? Wir hätten euch sonst sehr gern hier im Hause aufnehmen können, da stets der eine oder andere Wohnraum unserer Präzeptoren unbenutzt bleibt.«

Da beiden die Zeit drängte, verabschiedete sich Bach. Es erschien ihm wie auch Anna Magdalena, die vom Wagen aus während der ganzen Zeit die promenierenden Leipziger und Leipzigerinnen beobachtet hatte, in Rücksicht auf

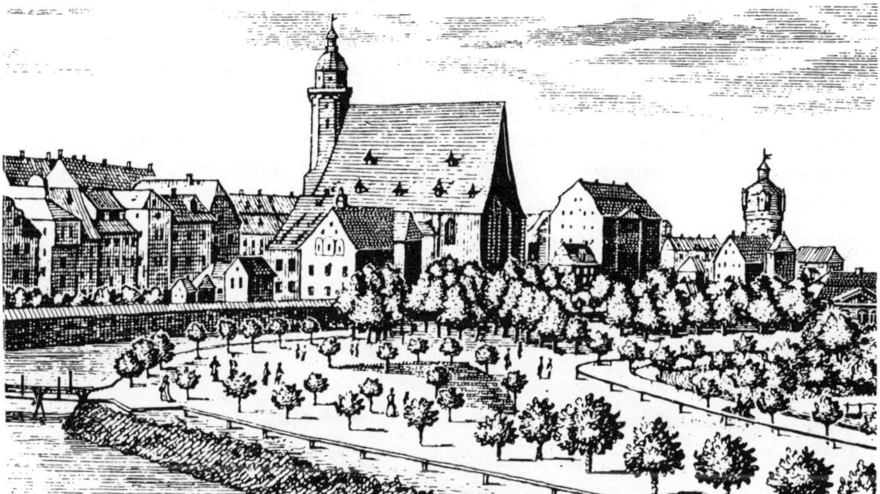

St. Thomas mit Thomasschule rechts daneben; vorn die Pleißen-Promenade

die Pferde, die beiden Kammerdiener und schließlich auch auf ihre eigene allmählich auftretende Müdigkeit wünschenswert, nicht an der abendlichen Trauerfeier teilzunehmen. Man fuhr daher nach Lindenau zurück.

Am nächsten Morgen waren Sebastian und Anna Magdalena, Trötschel und Liez und die Pferde ausgeruht genug, um noch einmal die kurze Wegstrecke zum Johannisfriedhof und nach der Beisetzung die Fahrt zurück nach Cöthen anzutreten.

»Er hinterließ vier Töchter! Wer wird nun für sie sorgen? Keine von ihnen ist bisher verheiratet. Es ist furchtbar: Ein Stern erlischt, und um ihn wird es dunkel – für alle, die von seinem Licht gelebt haben. Wie bald wird ein Nachfolger gewählt sein. Ernesti meinte, ich solle mich um die Vakanz bewerben. Aber wir denken nicht daran, nicht wahr, Anna Magdalena?«

20.

Es hatte nun jeder sein eigenes Notenbuch – der Friedemann und seine liebste Anna Magdalena. Nun wollte er auch sich selbst ein ganz eigenes Musikbuch schreiben – mit lauter kleinen Toccaten, will sagen: Präludien und Fugen durch alle Tona und Semitona, sowohl tertiam majorem als auch tertiam minorem, vom C-majore bis in die entferntesten Tona mit den sieben Erhöhungen und Vertiefungen, zu spielen ganz nach der Manier der neuen, vortrefflichen musikalischen Temperatur des Andreas Werkmeister, also auf einem wohltemperierten Klavier, damit alle modi ficti in einer angenehmen und erträglichen Harmonie genommen werden mögen. Zum eigenen Nutzen und Gebrauch, als eine Schule für die Lernbegierigen und zum Zeitvertreib der in dieser Kunst schon habil seienden, ». . . wobei Ihr wohl beachten mögt, daß Ihr Präludien zur Gemütsergötzung wie auch die Fugen zum Studium des kunstvollsten erhalten sollt, was wir in der Musik zu schaffen vermögen.

Da habt ihr also ein Unterhaltsames:

und wenn ihr wollt, einen gradus ad Parnassum.

Und weil's der Werkmeister selber so genannt hat – ›wie man die Klaviere möge künftig wohl temperieren‹, also wohl temperiert stimmen, so werde ich mein Klavierbuch künftig ›Wohltemperiertes Klavier‹ nennen. Möge es zum Nutzen im Gebrauch aller guten Musikanten vollendet werden.«

»Anno 1722« schrieb er auf das Titelblatt seines neuen Werkes.

21.

Im Rat der Stadt Leipzig kamen die Bemühungen um die Nachfolge des Thomaskantors über Monate, ja über ein halbes Jahr hin zu keinem Ergebnis.

Seit Mitte Juli, kaum sechs Wochen nach dem Tode Johann Kuhnaus, waren

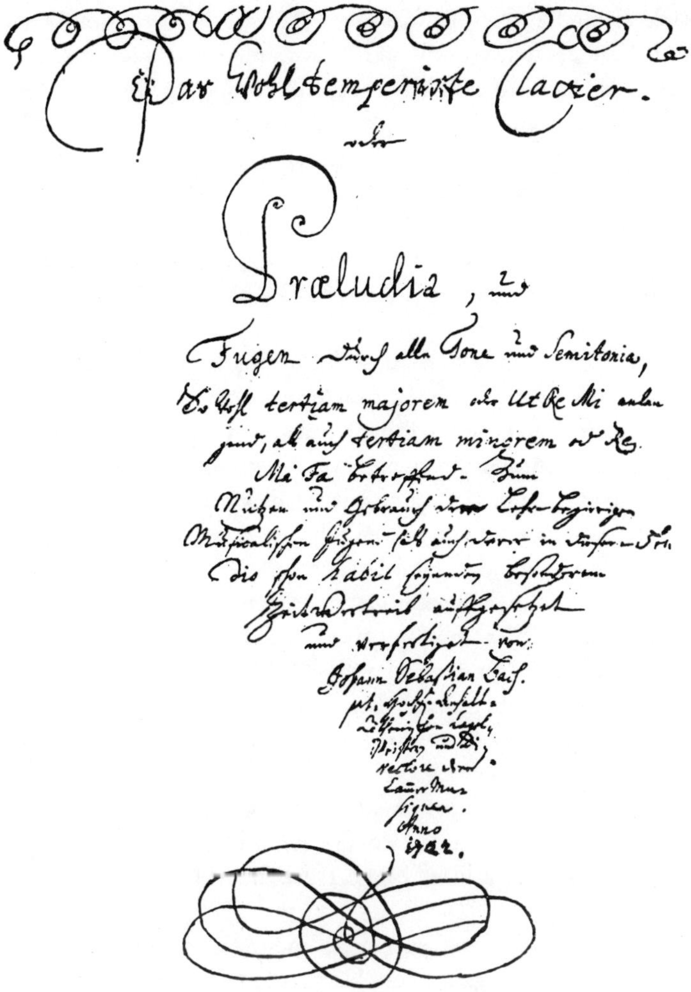
Das Wohltemperirte Clavier.
oder
Præludia, und
Fugen durch alle Tone und Semitonia,
So wohl tertiam majorem oder Ut Re Mi anlan-
gend, als auch tertiam minorem oder Re
Mi Fa betreffend. Zum
Nutzen und Gebrauch der Lehrbegierigen
Musicalischen Jugend, als auch derer in diesem studio
schon habil seyenden besonderem
ZeitVertreib auffgesetzet
und verfertiget von
Johann Sebastian Bach.
p.t. HochFürstlich Anhalt-
Cöthenischen Capel-
Meistern und Di-
rectore derer
Camer Mu-
siquen.
Anno
1722.

Titelblatt von J. S. Bachs eigenem Klavierbuch

zwar Bewerbungsschreiben der unterschiedlichsten Persönlichkeiten eingegangen. Man hatte also hinreichend zu sichten, zu erwägen und oft genug den Kopf zu schütteln.

Da gab es einen Georg Lembke, Kantor in Taucha, einem Städtchen vor Leipzigs Toren – nun ja, gewiß ein ordentlicher Mann, aber Taucha und St. Thomas in Leipzig? Ein Kantor wiederum: Johann Martin Steindorff aus Zwickau, aber bereits 60 Jahre alt! Den Organisten an der Neuen Kirche hier, Georg Balthasar Schott, und den Hallenser Christian Friedrich Rolle sollte man sich wohl einmal anhören, sicherlich aber den Zerbster Hofkapellmeister Johann Friedrich Fasch, ehedem Schüler Kuhnaus!

Man wünschte jedoch noch abzuwarten.

Und wirklich und endlich lag das Bewerbungsschreiben eines Mannes vor, den man im Rate als den vor allen zu bevorzugenden sogleich einlud, sich in einer Probe so bald als nur möglich vorzustellen: Georg Philipp Telemann, der berühmte, in Leipzig seit seiner Studienzeit wegen seiner fruchtbaren, vielseitigen musikalischen Tätigkeiten unvergessene Telemann, Musikdirektor nunmehro in Hamburg – man denke, Hamburg, das er gegen Leipzig einzutauschen bereit war! Dieser große Telemann hatte sich beworben!

Er erschien also wirklich und in eigener Person am 9. August anno 1722 und wurde – ohne jede Einwände oder Vorbehalte – nach der abgelegten Probe und der Bewilligung aller seiner Wünsche, wie etwa der Befreiung vom wissenschaftlichen Unterricht in der Thomasschule, einstimmig gewählt.

Seine Rückfahrt nach Hamburg führte ihn über Cöthen zu einem kurzen Besuch bei seinem alten Freunde Johann Sebastian und seinem Patenkinde Philipp Emanuel. Erstaunt war Bach, als ihm Telemann empfahl, sich unter allen Umständen um das Leipziger Kantorat zu bewerben, da er gar nicht daran denke, von Hamburg nach Leipzig zu wechseln.

»Ich hatte mir nur die den Hamburger Lebenskosten anzugleichende notwendige Erhöhung meiner Besoldung zu sichern, die man mir endlich bewilligen wird, wenn ich von meiner Berufung und meinem Abgang nach Leipzig berichte. Aber Hamburg ist wirklich teuer; also müssen es auch meine Dienste werden! Doch Cöthen und Leipzig, lieber Bach, da gäbe ich doch dem schönen Leipzig den Vorzug. Musik werdet Ihr dort nicht ebenso gute, als vielmehr hundertmal bessere machen. Denkt an die Universität, die Thomaner, das studentische Collegium musicum, an die Geselligkeiten, an die Verbindungen nach Dresden, an den Hof, an den Kurfürsten und üppigen König der Polonaisen! Denkt auch an Eure schöne junge Frau, die in Leipzig erst recht in ihrer Anmut aufleben wird!«

Nach der Abfahrt des illustren Gastes meinte der Hofkapellmeister: »Ich muß und will es mir überlegen. Leopolds musikalische Inclination wird seit seiner Heirat mit der Amousa aus Bernburg doch ein wenig laulicht, und das in zunehmendem Maße, wie ich fürchte.«

Gegen Ende des November entschied eine ermunternde Nachricht, die ihm der Leipziger Rektor hatte zustellen lassen, daß er sich in Leipzig bewarb. Lange Gespräche an den Abenden zuvor und noch danach mit Anna Magdalena erwogen das Für und Wider, wobei die günstigen Aussichten den Umzug nach Leipzig immer klarer für die beste Lösung halten ließen, einmal beim Anblick eines immer drohender aufziehenden Konflikts mit dem Cöthener Hof und der Amousa, zum anderen in der Aussicht auf die Rückkehr zu Orgel und Kirchenmusik, zum Dienste an der Verkündigung, zum Wirken »I. N. I.« – und endlich in der Sorge für eine bessere Schulausbildung, ja das künftige Studium der Kinder.

»Nun ja – aus einem fürstlichen Hofkapellmeister wird ein Kantor und wohl auch ein Director musices der Stadt Leipzig werden. Welche Fülle dort, wie es uns ja Telemann selbst darstellte. Der liebenswürdige Rektor und Nachfolger Johann Kuhnaus – Aufgaben genug, die ich mir für St. Thomas stellen kann. Sei es denn!«

22.

»Ihr wollt Uns also verlassen, und ich kann Euch nicht einmal mit guten Gründen zurückhalten. Ich verstehe Eure Gründe. Ihr gehört nicht dem kleinen Cöthen, Ihr gehört der Welt.«

Bach versuchte abzuwehren. Aber der Fürst ließ sich nicht unterbrechen.

»Wir gedenken Unserer schönen gemeinsamen Jahre des Musizierens, liebster Bach, und Wir hoffen, daß Ihr nicht anders empfindet als Ich. Aber es hat sich so vieles geändert! Es ist, wie überall in der Welt – in der Geschichte und in den Lebensabläufen: Nichts ist von Dauer, nichts beständig – panta rhei – es fließt und verändert sich alles – und wir in diesem allen! Geht nach Leipzig – Unsere besten Wünsche sollen Euch begleiten!«

Am 20. 12. – noch in Kuhnaus Todesjahr 1722 – sandte Bach sein Bewerbungsschreiben um das Kantorat an St. Thomas an den Rat der Stadt Leipzig.

Seiner liebsten Anna Magdalena aber vertraute er ein großes Geheimnis an: Er werde den Leipzigern etwas liefern, was sie mit Sicherheit bestimmen würde, ihn als Nachfolger von Johan Herman Schein und Johann Kuhnau zu berufen. So wenigstens hatte ihm der Thomasrektor ganz vertraulich geraten! Mehr aber wollte er auch ihr heute noch nicht sagen!

23.

Es gab nunmehr nach der eingegangenen Absage Telemanns nur noch zwei Bewerber, die anzuhören und zu prüfen es sich im hochweisen Rate der Stadt Leipzig lohnen sollte, den vierzigjährigen Hofkapellmeister des Darmstädter Hofes, Christoph Graupner, und den um zwei Jahre jüngeren Hofkapellmeister Johann Sebastian Bach aus Cöthen.

Man hatte zunächst den sehr berühmten Herrn Graupner anzuhören, der sich ja vor Bach gemeldet hatte.

Graupner erschien denn auch in der letzten Adventswoche, um sich vorzustellen und sich den angesetzten Proben zu unterziehen. Nachdem er bereits im Weihnachtsgottesdienst von St. Thomas als Leiter der Kantaten die volle Zustimmung des Rates und des Konsistoriums gefunden hatte, bestätigte er in der Bewerbungsprobe am 17. Januar nunmehr des Jahres 1723 die starken Eindrücke und die Berechtigung seines Rufes als einer der vortrefflichsten Kirchenmusiker der Zeit.

Seine Wahl zum Nachfolger Kuhnaus wurde einstimmig beschlossen. Man beglückwünschte ihn und sich selbst und entließ den Ausgezeichneten mit allen Wünschen zu seiner baldigen Übersiedlung, sobald der Landgraf Ernst Ludwig zu Hessen, sein Souverän, ihn aus seinen Diensten am Darmstädter Hofe gnädigst entlassen habe.

Aber der Landgraf lehnte ab. Graupner hatte dem Leipziger Rate – nach den langen, vergeblichen Verhandlungen, die bis in den April dauern sollten – nur noch einmal für alle in Leipzig empfangenen Freundlichkeiten zu danken; sie hatten allerdings auch ihm – neben der Ehre seiner Berufung – ein Gutes eingetragen: eine bedeutende Erhöhung seines Darmstädter Gehaltes durch den Landgrafen auf 900 Gulden, ferner die Bezahlung aller Schulden Graupners und endlich die Sicherung der Pensionen für Graupners Witwe und Söhne.

Der Weg nach Leipzig war für den Hofkapellmeister von Anhalt-Cöthen frei geworden.

Am 7. Februar 1723 hatte er sich erneut mit einer Kantate – »Jesus nahm zu sich die Zwölfe« – vorgestellt. Aber erst nach der Aufführung seiner ersten großen Passionsmusik nach Johannes am Karfreitag, dem 26. März, – inzwischen hatte Anna Magdalena dies »Geheimnis« erraten können, da die Entstehung der Passion ja nicht ohne mancherlei musikalische Espressionen vonstatten gegangen war – war man sich im Rate und im Konsistorium bewußt geworden, daß bei einem Verzicht auf Graupner nur der Cöthener Hofkapellmeister mit dem berühmten Namen Bach den Anspruch auf das Thomaskantorat habe.

24.

Es war eine Zeit der Erwartungen, der bestätigten Hoffnungen, der Überlegungen, wann und wie die Übersiedlung nach Leipzig – mit dem ganzen Hausrat, den Instrumenten, den Stößen von Noten und Büchern und Dorotheas Puppenreich – erfolgen sollte.

Seine endgültige Wahl war so gut wie beschlossen – so wenigstens hatte Dominus Consul Regens D. Lange nach der Aufführung der Johannispassion am 26. März zusichern können, da drei Tage zuvor Graupners sehr bestimmte Absage eingegangen war.

Heute nun, am 4. April, war ein weiteres erfreuliches Schreiben des wohlgesinnten Leipziger Consul Regens eingegangen, dem zu entnehmen war, daß der Consul sich der Zustimmung aller Ratsmitglieder versichert hätte und die beschließende Versammlung in etwa 2 bis 3 Wochen insgesamt für Bach stimmen werde.

»Ich will sogleich dem Fürsten Kenntnis von dem Leipziger Schreiben geben. Sprich du aber noch mit niemandem davon.«

An der Hauspforte stieß Bach unerwartet auf die Nachbarin, Frau von Zanthier, die ihm erregt, mit verweinten Augen, beinahe atemlos und fassungslos in den Weg trat.

»Herr Hofkapellmeister, es ist etwas Furchtbares, etwas Unfaßbares geschehen!«

Anna Magdalena hatte die Stimme der Geheimrätin erkannt und war der erregten Freundin entgegengeeilt.

»Kommen Sie, Frau Geheimrätin, setzen Sie sich . . . !«

Die Nachricht war in der Tat erschütternd: »Die junge Fürstin – Friederike Heinriette – ist vor einer Stunde verschieden . . . «

Man brauchte lange Zeit, ehe man weiterreden konnte.

»Welches Schicksal! Welche Fügung! Und Leopold?«

». . . ist ohne jede Fassung; er ist unansprechbar, ratlos, er wünscht niemanden zu sehen.«

»Aber der Hofprediger wird bei ihm sein?«

»Er ist noch gar nicht verständigt worden. Der Fürst gab bisher keinerlei Befehle.«

Bach trat ans Fenster. Seine Gedanken waren bei Maria Barbara. War es nicht das gleiche Geschehen? Über einen einzigen Tag hinweg aus dem Leben zum Tode!

»Werden wir nun bleiben? Verzichtest du auf das Leipziger Kantorat?«

»Es ist unmöglich. Lies das Schreiben des Dominus Consul Lange. Es ist endgültig und beschlossen. Ich kann nicht zurücktreten. Und ich will auch nicht. Denke an die Passion! Mit welchen Mitteln konnte ich sie aufführen – mit Chören, silberhellen und violetten Stimmen, mit guten Instrumentalisten, der herrlichen Orgel, den jungen Solisten! Nein, nein, ich gehöre auf die Empore, zu den Sängern, an die Orgel. Denke an die Kinder! Dort gibt es die Schule, die Universität, die reichen Büchereien, und keine Calvinisten! Kantor Johann Sebastian Bach, ja, gewiß, und Direktor Musices von vier Kirchen und den Universitätsfeiern! Und immer wieder, liebste Anna Magdalena, Kantor – In Nomine Jesu! – Und ein recht passables Gehalt – 700 Taler, die freie Dienstwohnung und die Stiftungen und Accidentien!« fügte er nach einer Weile hinzu.

Der Fürst blieb auch an den folgenden Tagen unansprechbar.

Erst am 13. April, nach neun Tagen, konnte ihm der Hofmarschall von Nostitz die wichtigsten Dokumente und Schriftsätze zur Unterzeichnung vorlegen. Darunter Bachs ehrenvolles Demissionsschreiben:

»Von Gottes Gnaden Wir Leopold Fürst zu Anhalt pp. fügen hiermit männiglich zu wissen, daß Wir den Ehrenwerten und Wohlgelehrten Johann Sebastian Bachen mit dem 5. August 1717 als Capellmeistern und Directoren unserer Cammer Music in Diensten gehabt. Da Wir dann mit dessen Verrichtungen jeder Zeit wohl zufrieden gewesen: Da aber derselbe anderweit sein Fortun zu suchen willens, und uns derselbe deshalb um gnädigste

Dimission untertänigst angelanget: Als haben Wir ihm dieselbe hier durch in Gnaden erteilen, und zu anderweiten Diensten bestens recommendiren wollen. Urkundl. haben Wir diesen Abschied unter Unserer Eigenhändigen Unterschrift ausgestellet und mit Unserem Fürstl. Insiegel bedrucken lassen.

So geschehen Cöthen den 17. April 1723.«

»Es muß wohl so sein. Es ist seine Fortune. Welch ein Schicksal, Nostitz! Nun geht auch er; lassen Sie ihm sagen, er solle noch vor seiner Abreise seinen Abschied von Uns nehmen. Er möge aus seinen neusten Musiken mir die schönste abschreiben und als Zeichen Unserer dauernden Freundschaft übergeben. Leipzig liegt für Uns ja nicht aus der Welt. – Wann wird er reisen?«

»Der Tag ist noch nicht bestimmt, Durchlaucht. Er erwartet die Nachricht aus Leipzig in wenigen Tagen.«

»So geben Sie mir sogleich Bescheid, lieber Nostitz. Ich danke Ihnen.«

Damit war die Audienz für den Hofmarschall beendet.

Drei Tage darauf übergab Bach das Dokument seiner »dimission« dem Rat der Stadt Leipzig mit einem eigenen Begleitschreiben, dem wir folgendes entnehmen wollen.

»Demnach bei E. E. Hochw. Rate der Stadt Leipzig ich endesbenannter zu dem bei der Thomas-Schule daselbst vacanten Cantor-Dienste mich gemeldet . . ., verspreche ich kraft dieses, daß daferne . . . mir solcher Dienst aufgetragen werden sollte, ich nicht nur binnen dato und drei oder höchstens vier Wochen von der bei dem hochfürstl. Anhalt-Cöthenschen Hofe auf mir habenden Bestallung mich losmachen und dieser-wegen wohlgedachtem Rate den Dimissions-Schein einhändigen . . .«

». . . wolle«, sollte es abschließend heißen. Aber sein Schreiben vom 19. April 1723 enthielt noch mancherlei nachdrückliche Versicherungen: daß er sich »der Schul-Ordnung gemäß verhalten«, die Knaben in »ordentlichen Stunden und auch privatissime im Singen ohne Entgelt informieren«, ja selbst in der Lateinischen Sprache unterrichten »wolle, sofern es erforderlich sei«, und das alles »treulich und ohne Geschrei«; mit eigenem Siegel versehen:

»Johann Sebastian Bach
p. t. Hochf. Anhalt-Cöthenscher
Capellmeister.«

25.

Aktennotiz vom 22. April 1723:

»Dominus Consul Regens D. Lange trug, in Versammlung aller drei Räte, vor, es wäre bekannt, daß man wegen der Cantor-Stelle zu St. Thomas seine Gedanken auf H. Telemann gerichtet gehabt, er hätte auch versprochen, alles zu tun, jedoch aber sein Versprechen nicht gehalten. Man hätte hernach auf Hn. Graupner, Capellmeister zu Darmstadt, sein Absehen, jedoch privatim gerichtet gehabt, welcher aber berichtet, daß man ihn nicht lassen wollte. Hernach hätten sich Bach, Hoffmann und Schott gemeldet. Bach wäre Capellmeister zu Cöthen, und excellirte im Clavier.

Dominus Consul D. Steger: Dankte für die Sorgfalt, und wäre vorgebracht worden, warum es sich verzogen und wes wegen Hr. Bach zu nehmen. Bachs Person wäre so gut als Graupner. Er hätte sich erkläret, nicht alleine als Cantor, sondern als Collega bei der Thomas-Schule seine Treue zu bezeigen. Votirte gleichfalls auf Bachen, und hätte er solche Compositionen zu machen, die nicht theatralisch wären.

Dominus Consul Regens: Es wäre nötig, auf einen berühmten Mann bedacht zu sein, damit die Herren Studiosi animiret werden möchten. Bach hätte seine Dimission zu suchen und wünschte, daß es wohl geraten möge.«

So konnte der Bewerber endlich am 5. Mai vom versammelten Rat der Stadt Leipzig die endgültige Bestätigung entgegennehmen, daß er einstimmig zum Kantor bei der Thomas-Schule erwählt worden sei.

Aber nicht genug damit. Auch die Kirchenbehörde wünschte ihren »Consens« zu erteilen. So hatte sich der bereits gewählte neue Kantor am 8. Mai noch einer besonderen Prüfung seiner religiösen Grundsätze zu unterziehen, die man übrigens, so meinte Rektor Ernesti beiläufig im Gespräch mit seinem Kollegium, während der Musik zu Karfreitag längst hätte erkennen, zum mindesten aber verspüren können.

Der Konsistorialassesor D. Schmid, zum theologischen Examinator des Komponisten der Johannis-Passion bestellt, konnte ihm und dem Konsistorium schließlich und endlich bescheinigen: »Dn. Jo. Sebastianus Bach ad quaestiones a me propositos ita responsit, ut eundem ad officium Cantoratus in Schola Thomana admitti posse censeam.«

Er hätte auch auf gut Deutsch schreiben können: »Er hat meine ihm vorgelegten Fragen so (. . . großartig) beantwortet, daß ich meine, man könne ihn zum Cantorat an St. Thomas zulassen.«

Da auch der Herr Superintendent D. Salomon Deyling sein »Consensit« hinzufügte, konnte endlich die feierliche Einweisung des neuen Kantors in sein Amt auf den 1. Juni 1723 festgesetzt werden.

Bei aller Vorfreude auf das neue Amt und die von ihm erahnte Fülle neuer

Aufgaben blieb ein unbestimmtes Gefühl, das sie beide, Sebastian wie Anna Magdalena, bedrückte. Dieser Abschied war weder mit dem Arnstädter noch Mühlhäuser, am wenigsten mit dem Weimarer Abschied zu vergleichen. Man verließ eine Stätte des glückhaften Lebens – so schwer auch der Verlust des Jahres 1720 für Bach gewesen war.

Hier sahen sie – bei allem Schmerz und aller Düsterkeit jener Erschütterung – auf Jahre des erfolgreichen Wirkens, der weiten Anerkennung, eines segensreichen, ja doch im ganzen sorglosen Lebens zurück.

Wie würde sich das alles in der Zukunft gestalten?

Nach den mühevollen Vorarbeiten für den Umzug blieben sie an den Abenden noch lange Zeit in Gesprächen beieinander.

Am 16. Mai gegen Abend, etwa eine Woche vor der Abreise, erschien, unvermittelt und überraschend, der Hofmarschall.

»Erwarten Sie, lieber Bach, Seine hochfürstliche Durchlaucht. Er folgt mir in wenigen Minuten. Er kommt zu seinem alten Hofkapellmeister und Freund, um Abschied zu nehmen.«

Ein außerordentliches Ereignis!

Es wurde zu einer Stunde tiefer Besinnung, der Nähe einer Freundschaft, der Wehmut des Abschieds.

»Ich werde sehr allein sein.«

»Leipzig, hochfürstliche Durchlaucht, ist nicht so weit entfernt von Cöthen, wie Karlsbad oder Kassel oder Hamburg. Man kommt in wenigen Stunden von dem einen Ort zum anderen. Eure Hochfürstliche Durchlaucht wissen, wie gern wir nach Cöthen reisen werden, sooft Eure Durchlaucht es nur wünschen.«

6. Teil

Leipzig

I.

1723–1730

Die Daten der Thomasschule und ihrer Kantoren

1212, 20. März	Gründung des Thomas-Stiftes unter Kaiser Otto IV. und mit einer Schule für 12 Knaben armer Eltern, die den Gesang in der Nikolai- und Thomaskirche unterstützen sollten.
1218	Thomaskloster
20. 2. 1254	Stiftungsurkunde einer »Schola exterior«, also auch für auswärtige Schüler.
1519–1520	war Georg Rhaw (1488–1548) Thomas-Kantor. Am 27. 6. 1519 eröffnete er den Gottesdienst in der Thomaskirche zur Disputation zwischen Luther und Eck mit einer 12stim. Motette (»Missa de spiritu sancto«). Nach der Eröffnungsrede zur Disputation sangen die Thomaner: »Veni creator spiritus«.
1543	ging das Thomaskloster in den Besitz der Stadt über.
1539, am 16. 8.	wurde die Thomaskirche lutherisch.
1553	Neubau der Thomasschule – 22 Alumnen –
1574	erhaltener Stundenplan
1580	erhaltenes Lehrerverzeichnis

Die berühmten Kantoren seit 1594:

1594–1615	Sethus Calvisius (Kallwitz)
1616–1630	Johan Herman Schein
1657–1676	Sebastian Knüpfer
1677–1701	Johann Schelle
1701–1722	Johann Kuhnau

Titelblatt der »Singenden Muse an der Pleiße«

1.

Leipzig, das »Weltberühmte Pleiß-Athen«, galt um 1720 als galanter »Musensitz«, war jedoch schon seit 1268 berühmter Handelsplatz mit alljährlichen von weither besuchten wichtigen Messen, war seit 1409 Universitätsstadt, in der hervorragende Gelehrte ihre Vorlesungen hielten, seit 1481 Stadt des Buchhandels und des Druckereigewerbes, besaß seit 1693 ein Operntheater und ein Schauspielhaus – in dem einen wirkten Pietro Mingotti und Nikolaus Strungk, im andern von 1727 an die berühmte Neuberin –, bot ein anregendes, geselliges Leben, war führend in der Mode, erfreute sich einer ständig wachsenden Einwohnerzahl, die innerhalb weniger Jahre von 20 000 auf 30 000 angewachsen war, und pflegte in seinen Kirchen das geistliche Leben: in St. Thomas, St. Nicolai, in der Universitätskirche zu St. Paulus, der Neuen Kirche, der Peterskirche und in St. Johannis.

Nach dem 30jährigen Krieg und seinen Verwüstungen galt Leipzig als »des Landes bestes Asylum und armer Verjagter, Dürftiger und Kranker Apothek und Brotkammer«, ja, es überstand zwischen 1706 und September 1707 selbst die drückende Belastung unter Karl von Schweden. In einer alten Leipziger Zeitschrift liest man von den »vielen um und um der Stadt Leipzig liegenden prächtigen Lust- und Küchen-Gärten, worinnen die kostbaren Gebäude, mancherlei Antiquitäten, rare Gewächse, häufige Orangerien vor andern eclatiren. Mit diesen und andern prächtigen Gärten, nebst dem anmutsvollen Rosentale . . . kann man gar füglich ein vor Leipzig liegendes Paradies vorstellen, denn in deren schattenreichen Wäldern höret man derer Nachtigallen holdselige Schläge und derer hoch in Lüften schwebenden Lerchen angenehme Stimmen mit höchstem Vergnügen . . .«

2.

Das »in ganz Europa berühmte, galante und sehenswürdige Leipzig . . .«, das also war nun seine Stadt – und hier sein Amt. Und er? Er war nicht der schlichte »Kantor Thomanus«, als vielmehr der Director musices, der Leiter der sämtlichen Musiken in den vier Hauptkirchen Leipzigs: St. Thomas, St. Nicolai, der Neuen Kirche und St. Peter, hatte dazu das Anrecht auf die Leitung aller Festgottesdienste in der Universitätskirche St. Paulus, war Leiter chorischer und instrumentaler Aufführungen und schließlich und endlich der Kantor auch der Thomasschule, der Dritte im Kollegium, also nach dem Rektor und dem Konrektor, und hatte den Nachwuchs für die Kirchenmusiken sowohl vocaliter wie instrumentaliter auszubilden, um sie im Verein mit den musizierbereiten Studenten der Universität und den städtischen Instrumentalisten zu einer »wohlbestallten Kirchenmusik« zu verbinden.

Was der Telemann in Hamburg, der Graupner in Kassel, sehr bald auch der Hasse in Dresden, das war er nunmehr in Leipzig.

3.

Im Bewußtsein seiner neuen Würde – seines neuen Amtes – seiner großen Aufgaben, die er sich in diesem Amte zu stellen hatte, betrat er sein Leipzig, und im Hollsteinischen Correspondenten vom 29. 5. 1723 las man:

> »Am vergangenen Sonnabend (am 22. Mai) zu Mittage kamen 4 Wagen mit Haus-Rat beladen von Cöthen allhier an, so dem gewesenen dasigen Fürstl. Capell-Meister, als nach Leipzig vocirten Cantori Figurali, zugehörten: Um 2 Uhr kam er selbst nebst seiner Familie auf 2 Kutschen an und bezog die in der Thomas-Schule neu renovirte Wohnung.«

Anna Magdalena war glücklich über ihr neues Heim, die weiten Räume in der Thomasschule, die schöne Lage zur Stadtmitte und ebenso zu den Promenaden, über den freundlichen Empfang, den sie beide durch den Rektor, die Kollegen, ja selbst durch die Alumnen der Schule fanden. Gerade die Thomaner hatten während der Proben zur Februarkantate und zur Passionsaufführung bereits ein gehöriges Maß von Hochachtung empfunden und waren voller Erwartung auf ihren künftigen Umgang mit dem neuen Kantor.

Friedemann und Philipp Emanuel wurden »Externe« der Schule, also Thomaner mit dem Recht, im Hause der Eltern zu wohnen; nun, und dies war ja

Thomaskirche und Thomasschule vor dem Umbau

wiederum die Thomasschule. Catharina-Dorothea und Bernhard hatten ihren Unterricht bei der Mama, die inzwischen selbst auf eine neue Niederkunft wartete.

Am Dienstag, dem 1. Juni, fand die Einweisung in sein neues Amt statt. Sie war für Bach eine erste, ihn überraschende Enttäuschung. Da ging es für ihn, den ehemaligen Hofkapellmeister, den künftigen Director musices, doch recht nüchtern zu.

Als Vertreter der Stadt war ein Herr Oberstadtschreiber erschienen, als Vorsteher der Schule der Baumeister Gottfried Conrad Lehmann und als Vertreter der Kirchenbehörde der Pastor bei der Thomaskirche, Herr Licentiat Weiß, also weder ein Ratsmitglied noch der hohe Herr Superintendent D. Deyling. Man nahm Platz gegenüber den Herren Schul-Collegen. Nach einem kurzen Gesang vor der Tür traten auch die Schüler in das Auditorium, und dann hatte der Herr Oberstadtschreiber seine »ordentliche Ein- und Anweisungsrede« vorzutragen, nachdem des nunmehr von dieser Welt abgeforderten Collegen und Kantoren Herrn Johann Kuhnauen kurz gedacht worden war. Dessen Nachfolger wurde nun ermahnt, sein Amt treu und fleißig zu verwalten, den Oberen und Vorgesetzten mit gehörigem Respect und Willigkeit zu begegnen, mit seinen Herren Collegen gutes Einvernehmen und Freundschaft zu pflegen, die Jugend zu Gottesfurcht und andern nützlichen Wissenschaften treulich zu unterrichten und damit die Schule in gutem Aufnehmen zu unterhalten.

Auch der Herr Licentiat Weiß ließ es sich als Vertreter des Kirchen-Konsistoriums nicht nehmen, eine Ermahnung zu treulicher Beobachtung des Amts anzuschließen.

O Leopold – o Cöthen – o Anna Magdalena! Welche Mutation, welche mutatio rerum!

Das aber sagte Bach nun nicht etwa laut vor der Anweisungsversammlung, sondern bedankte sich mit wenigen Worten dafür, daß man bei der Vergabe des Kantorendienstes auf ihn hochgeneigt reflectiert habe, und mit einer kurzen Musik der Schüler fand der erhebende actus seinen Abschluß.

An einem der nächsten Abende überlas Bach gemeinsam mit Anna Magdalena den Revers, den er am 5. Mai nach seiner amtlichen Ernennung vor dem Rat auf dem Rathause hatte unterschreiben müssen. Was ihm damals im Hochgefühl der endlichen Bestätigung als eine obligate Formalität erschienen war, machte ihn nun bei ruhiger Überlegung doch stutzig.

»Höre nur, es soll dir schon das große Staunen ankommen! Hier heißt es, daß ich den Knaben in einem ehrbarn eingezogenen Leben und Wandel – hörst du Anna? – vorleuchten solle; und hier: die Musik in beiden Haupt-Kirchen dieser Stadt nach meinem besten Vermögen – ei, ei! da werdet ihr euch noch wundern! – in gutes Aufnehmen bringen; und da: einem Hochweisen Rathe allen schuldigen Respekt und Gehorsam erweisen – gehorsamster Diener, Euer hochehrenvoller, weiser Dominus Consul regens oder gar Herr Oberstadtschreiber! Und, nun höre weiter: . . . Ohne des regierenden Herrn Bürgermeisters und der Herren Vorsteher der Schule Vorbewußt und Einwilligung mich nicht aus der Stadt begeben – halten zu Gnaden, möchte mit meiner Frau einen Spaziergang nach Mockau oder nach Eutritzsch unternehmen . . .«

Anna Magdalena nahm die Abschrift des Revers und las weiter:

»Denen Herren Inspektoren und Vorstehern der Schule in allem und jedem, was im Namen E. E. Hochweisen Raths dieselbige anordnen werden, gebührende Folge leisten . . .«

»Nun denn«, unterbrach sie Johann Sebastian, »das wäre doch höchst merkwürdig, wenn der hochweise Rath anordnete, ich solle alle meine Noten verbrennen und selbst vom Giebel der Thomasschule hinabspringen! – aber lies weiter!«

1

Siehe Chronik der AMB S. 142/143

Wie die Schüler sonderlich in ihren auf der Schule befindlichen Cammern sich zu verhalten haben.

I.

Alle diejenigen Alumni, welche auf dieser Schule wohnen, sollen frühe Morgens, nehmlich des Sommers um 5 des Winters aber um 6 Uhr, so bald das Zeichen gegeben wird, aufstehen, sich anziehen, waschen und die Haare auskämmen, so dann gleich, wann das erste viertel schlägt, und zwar ieder an seinen Ort und Stelle, zum gemeinen Gebet herunter gehen, dasselbe mit hertzlicher Andacht und Stille verrichten, auch ieder seine Bibel mitbringen, damit er das allemahl vorkommende Stück derselben fleißig nachlesen könne. Auf eben die Weise soll es auch das gantze Jahr hindurch, mit dem Abend-Gebet um 8 Uhr gehalten, und die welche es ohne Noth verabsäumen, mit behöriger Strafe angesehen werden.

Die Alumni sollen frühe zu rechter Zeit aufstehen, sich gebührend ankleiden, dem gemeinen Gebet andächtig beywohnen.

II. Ihre Kleider, Schuhe, Strümpffe und weisses Zeug reinlich halten, wann etwas daran zerrissen und mangelhafft, es so gleich ausbessern, nicht weniger daß ihre Betten rein bleiben, sorgen, und die Cammern fleißig auskehren, auch solches Auskehrigt, und andere Unreinigkeit, an behörigen Ort bringen lassen.

Ihre Sachen reinlich halten, und das schadhaffte ausbessern lassen.

III. In solchen ihren Cammern, wie auch an denen angewiesenen Studier-Tischgen stille und einträchtig beysammen wohnen, alles Zanckens, Schertzens, Schlagens und Rauffens, sonderlich aber auch alles ärgerlichen Lebens in Worten und Wercken, sich enthalten, keine Degen noch andere Gewehr führen, und da ein oder andere dergleichen mitgebracht, selbige bey dem Rectori verwahrlich niederlegen.

In ihren Cammern friedlich beysammen wohnen. Kein Gewehr bey sich führen.

IV. Des Nachts keine Lichter brennen lassen, noch iemahls in die Cammern mit nehmen, die Nacht-Geschürre nicht in denen Cammern umschütten noch zerbrechen, viel weniger den Urin aus denen Fenstern herunter giessen, noch sonsten etwas durch dieselben herab werffen.

Des Nachts keine Lichter brennen lassen, die Geschürre rein halten und nichts ausgiessen.

V. Ehe sie Abends zu Bette gehen, dasjenige, was

Des Abends ihre Lection repetiren,

Auszug aus der Thomas-Schulordnung von 1723

»In Beibehaltung guter Ordnung in den Kirchen die Musik dergestalt einrichten, daß sie nicht zu lang währen, auch so beschaffen sein möge, damit sie nicht opernhaftig herauskomme, sondern die Zuhörer vielmehr zur Andacht aufmuntere.«

»Das klingt ganz nach dem Arnstädter Konsistorium. Warum laßt ihr hochweisen Herren dann überhaupt noch die Musik in eure Gotteshäuser!«

Anna Magdalena beruhigte den Eheliebsten. »Es ist Papier. Nimm es, wie es gemeint ist, als Formalität, ohne die ein Hochweiser Rath eben nicht auszukommen vermag. Das verstaubt unter den Aktenstößen der Kanzleien!«

Worauf der aufgebrachte Sebastian ihr lächelnd übers Haar strich und ihr einen herzhaften Kuß auf die weisen Lippen drückte.

4.

Zu Beginn der ersten Kantatenprobe am 5. Juni (1723) fand Bach – endlich bestätigt, eingeführt und beamteter Kantor – die Gelegenheit zu einer kurzen Ansprache an seine jungen Thomaner.

»Wir alle wissen, ihr, meine jungen Freunde, und ich, daß seit mehr als einem Jahr nach dem Tode meines von mir hochverehrten Vorgängers die Kirchenmusiken recht im Argen gelegen sind; eine erklärliche Folge der langen Generalpause. Wir wollen uns gemeinsam vornehmen, den Ruf der Leipziger und im besonderen unserer Thomaner-Musiken, die sie seit erdenklichen Zeiten genossen, wiederherzustellen. Was im übrigen an mir liegen soll, eure Schulzeit mit allen ihren Kümmernissen angenehmer zu restaurieren, so verspreche ich euch, stets dafür besorgt zu sein. – Und nun an die Arbeit, und öffnet nicht nur eure Kehlen, sondern auch eure Herzen zum Lobgesang.«

Nach der kurzen Pause, die er auch künftig in die Probezeiten einzuführen gedachte, setzte er sich heute ans Cembalo und spielte vor seinen Schülern ein Kuhnausches Präludium.

»Das war nicht mein Eigenprodukt: Es stammt von eurem alten Meister Johann Kuhnau, den ihr alle miteinander hochehren und stets im Gedächtnis behalten solltet. Er war ein großer Mann! Ich weiß, daß Jugend oft am Alter zu kritisieren beliebt – der Unterschied der Jahre zwischen 16 und 60 ist eine lange Zeit. Aber seid gewiß, dieser große und edle Mann hat uns viel Schönes an Musiken hinterlassen. Ihr könnt euch, wenn ihr einmal 60jährig an eure Leipziger Jünglingsjahre zurückdenkt, mit Stolz daran erinnern, daß ihr noch mit ihm musiziert habt. Eure eigenen Kinder und Enkel werden euch darum beneiden. Und wenn ihr euch ein rechtes Bild von seinem Humor machen wollt, dann leiht euch in der Thomasbücherei seinen ›Musikalischen Quacksalber‹. – So – und nun wollen wir weiter arbeiten! Seconda parte – den Choral »Es danke, Gott, und lobe dich . . .« –

Am folgenden Sonntag aber flüsterte er vor Beginn des Gottesdienstes dem

Thomasorganisten Christian Gräbner ins Ohr, er möge ihm zur Einleitung die Orgelbank einräumen, damit er sich mit einem Präludium der Gemeinde – worauf er besonderen Wert lege – und seinen Schülern auch als Organist vorstellen könne, was Gräbner nur zu gern gewährte.

5.

Der alte Rektor Ernesti hatte Bach »für ein paar Minuten«, wie er betonte, herausgebeten.

»Eure Sänger und Musikanten sind recht gut auf euch zu sprechen. Wenn die Rede auf den neuen Kantor kommt, überbieten sie sich mit Lobeshymnen. Ich freue mich darüber.«

Bach sah den ehrwürdigen alten Mann, der seit 39 Jahren das Rektorat innehatte, lange an, dankbar für dessen Freundlichkeiten, besorgt aber, ja bedrückt, wie der nun 71jährige noch die Kraft finden werde, all das durchzuführen, was dem Kantor am Herzen liegen mußte, nachdem er die trostlosen Zustände an der Thomasschule in ihrer völligen Vernachlässigung und Verwahrlosung kennengelernt hatte: Die Räume waren verschmutzt, die Schüler ungepflegt, es gab Ratten und Ungeziefer im Haus. Selbst im Kollegium herrschten Uneinigkeit und mangelhafte Pflichterfüllung, so daß Ernesti selbst, nachdem ihm schon Kuhnau die betrüblichen Zustände und sein Bemühen um Abstellung geschildert hatte, in einer Eingabe an den Rat der Stadt darauf hinwies. Er hatte mit seiner Eingabe die Klagen seines alten Kantors Kuhnau bestätigen und erhärten wollen. Es hatte sich seitdem jedoch kaum etwas geändert. Daher hatte Ernesti endlich begonnen, eine neue »Ordnung der Schule zu St. Thomas« zu entwerfen, die nun ihre endgültige Fassung erhalten sollte. So nahm er heute seine Entwürfe zur Hand, um sie Bach in besonderen Kapiteln vorzulesen.

»Sehen Sie, lieber Kantor, das wird vom Rate der Stadt nunmehr gedruckt werden und soll für einige Zeit wohl seine Gültigkeit behalten. Und dann wollen wir hoffen, daß wir auch in der Schule wieder Ordnung haben und auch die höchst notwendige Sauberkeit, die mir doch rechte Sorge macht. – Aber nun laßt Eure Sänger nicht länger warten. Und laßt mich ein wenig zuhören; Ihr habt da eine gar köstliche Motette vorgenommen . . .«

6.

Man begegnete sich häufig genug als Nachbarn, die junge Anna Magdalena Bachin und die Frau Rektorin Ernesti, die mit viel Freundlichkeit und Güte das Wirken ihrer neuen Hausgenossin beobachtete.

»Ihr solltet daran denken, daß Ihr nicht alle eure Arbeiten auf die Dauer allein ausführen werdet. Es wird Zeit, daß wir uns nach einer Hilfe für eure Hausarbeit umsehen.«

»Mein Sebastian hat es mir auch schon vorgehalten. Ich habe gehofft, um die Ausgaben dafür sparen zu können, daß ich's allein vermag, aber allmählich glaube ich es auch, daß mir Hilfe wohl gut tun wird.«

»Ihr kennt die alte Schwester Maria, die nie einen Gottesdienst, nie eine Gedenkfeier, ja nicht einmal eine Beerdigung versäumt, seit sie nicht mehr ihr Schwesternamt ausübt. Sie kennt hier in Leipzig jeden Menschen, erfährt alles, rät alles, selbst denen, die es gar nicht verlangen; sie soll uns eine Hilfe besorgen. Ich werde es mit ihr besprechen.«

Schwester Maria wußte sogleich Rat.

Schon am nächsten Morgen nach ihrer Aussprache mit der Rektorin meldete sich Jungfer Anna Hertzsch, ein freundliches junges Menschenkind von noch nicht siebzehn Jahren, aber dem ersten Anschein nach – und in der Folge auch nachgewiesen – kräftig genug, um einem Haushalt wie dem der Bache mit demnächst sieben Personen nützlich zu sein.

So war denn vorgesorgt, als endlich das erwartete Geschwisterchen Christiana Sophia Henrietta erschien und von den Eltern und den Geschwistern, von Anna Hertzsch und den Kollegen, insbesondere von der Frau Rektorin als Patin und schließlich von den Thomanern herzlich begrüßt wurde.

Die größte Freude aber empfanden über dieses ihr erstes Kind die junge Mutter Anna Magdalena und ihr treuer, liebster, bester, zärtlicher Sebastian. Lange noch, nachdem die Taufgäste das Haus verlassen hatten, sprachen die beiden von ihrer Liebe, ihren Hoffnungen und von der zarten kleinen Christiana Sophia Henrietta.

»Ich will dir sagen, was ich empfinde . . .« Sebastian öffnete das Klavichord, sein Lieblingsinstrument für die musikalischen Empfindsamkeiten, und spielte eine ihr wohlbekannte Melodie: Willst du dein Herz mir schenken . . . »Das läßt sich auch so sagen . . .« Es folgte eine neue Gestaltung der Melodie zu einer zarten Poesie:

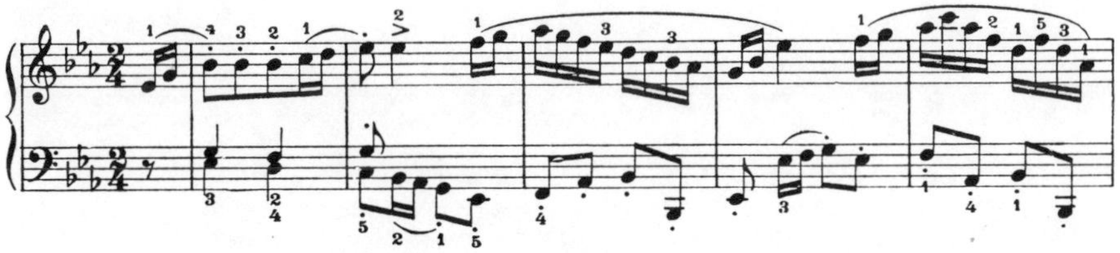

»Und ich weiß nicht einmal, ob ich sie erfunden oder gar neulich vom Friedemann oder gar dem Philipp Emanuel gehört habe.«

7.

»Da sollten doch gleich alle Erzengel dreinschlagen! Die hohen Herren vom Universitätskollegium haben sich noch immer wieder gegen unser Thomaskantorat gestellt und behaupten nun erneut, daß nach Kuhnaus Tod alle Verbindlichkeiten ihrer Paulinerkirche zum Thomaskantor gelöst seien!«

»Sie beharren also auf Görner?«

». . . als dem neuen Musikdirektor ihrer Kirche, und wir haben auf unsere verbürgten Accidentien zu verzichten! Aber da irren die Herren! Verbürgte Rechte werden von Erzengeln geschützt!«

»Gewiß, und ein zürnender Thomaskantor auch!«

»Ich werde nicht nachgeben. Es geht nun schon über vier Monate. Sie werden nachgeben müssen. Und sollte ich am Ende beim Kurfürsten in Dresden selbst vorstellig werden. Was meinen Vorgängern, dem Schellen wie dem Kuhnauen, rechtens gewesen, wird man mir nicht verweigern; die Musik im Gottesdienst an den hohen Feiertagen bleibt wie bisher, dessen sei sicher, das Recht des Thomaskantors!«

Es sollten, wie wir noch zur gegebenen Zeit erfahren werden, seit dem Gespräch vom 28. September 1723 im Kantorenheim noch zwei Jahre vergehen, bis endlich, zwar nicht mit Hilfe der vier Erzengel, so doch auf höchsten Erlaß des Kurfürsten die alte Verbindung von Thomaskantorat und Paulinerkirche rechtsverbindlich und in ihren Grundzügen wiederhergestellt wurde.

Die Paulinerkirche

8.

Es sollte nicht bei der einen Enttäuschung bleiben. Die Wiederholung seiner »Johannes-Passion« in der Karwoche des folgenden Jahres 1724 sollte ihm neue Verärgerung einbringen.

Bach hatte die Wiederholung in der Thomaskirche angesetzt und auch

St. Nicolai

bereits die Ankündigungen drucken und an die Gemeinde verteilen lassen, als ihm eine Nachricht des Rates der Stadt vom 3. April 1724 zugestellt wurde, in der es hieß, daß nach Beschluß des »Hochweisen Rathes die Passions-Musik des Charfreytags in denen Kirchen zu St. Nicolai und St. Thomas wechselweise« zu halten seien und daß sie also »vor diesesmahl in der Kirche zu St. Nicolai gehalten werden möchte . . .«

Das war nun ganz gegen Bachs Anschauungen von der Sache selbst und gegen seine Dispositionen, da ihm die Nicolaikirche mit ihren mangelhaften Voraussetzungen für die Aufführung eines so anspruchsvollen Werkes wie seiner Passion wenig geeignet erschien.

»Man entscheidet im Hochweisen Rat also über Dinge, von denen man nichts – gar nichts – versteht! Haben sie dort überhaupt eine Ahnung, *wen* sie zu ihrem Kantor gewählt haben und was ihnen seitdem ihr Kantor geliefert hat? Hast du je eine Zustimmung von einem der Hochweisen Herren gehört – zur Passion im Vorjahr, zu den Weihnachtsmusiken – zum Magnificat – zur Neujahrsmotette, irgendeine Zustimmung? Aber nun kommen sie mit Vorschriften und Beschlüssen. Wir hätten doch in Cöthen bleiben sollen! Hier gebärdet sich ein jeder wie ein Potentat. Der Consul regens wie der Rector magnificus und der hochedle Herr Superintendent! Aber sei es!«

Gegen den beschlossenen Turnus, den Wechsel der Passionsmusik von Jahr zu Jahr, wollte er sich nicht etwa auflehnen, so schwer es ihm auch ankam. Aber mit seinem Hinweis auf die Unvollkommenheiten in der Nicolaikirche, das mangelhafte Clavicymbel und die engen räumlichen Verhältnisse auf dem Chor, hoffte er noch immer, daß man seine Wahl verstehen und seinem Wunsche nachkommen werde, die Passion auch dieses Mal in der Thomaskirche zu musizieren.

Nach der Niederschrift seiner Entgegnung in den Ratsakten wurde sie dem Rate der Stadt vorgetragen.

Der Rat entschied jedoch gegen ihn. Es blieb also bei der Einhaltung des gewohnten Turnus. Die Gemeinden von St. Thomas und St. Nicolai wurden durch neue Handzettel über die Verlegung informiert, und die Johannes-Passion erklang am Karfreitag, dem 7. April 1724, in der Nicolaikirche, wie der E. E. Hochweise Rath es befahl. Sei es!

9.

Es gab aber auch Angenehmes im aufreibenden Jahre 1724. Am 25. Juni fuhr Bach ins Reußische, um in Gera die neue Orgel in der Johanniskirche zu prüfen und einzuweihen. Bei seiner Rückkehr nach Leipzig hatte er, wie stets nach seinen Reisen, viel Erbauliches zu erzählen.

»Deine Vaterstadt läßt die hochberühmte Hofsopranistin Anna Magdalena Bachin, geborene Wilcken, ehrerbietig grüßen! Dein Elternhaus ist gut erhalten. Ich habe es mir doch gleich ansehen müssen!«

»Du hast also die Fahrt über Zeitz genommen . . .?«

». . . und dem Herrn Johann Heinrich Bolek einen Besuch gemacht. Du erinnerst dich an ihn sicherlich; er war ein vortrefflicher Musikus am Weißenfelder Hofe. Wir hatten uns viel zu erzählen, und er fragte nach dem und jenem in Leipzig, so daß er mich bis nach Köstritz begleitete, wo wir im ›Goldenen Kranich‹ recht gut zu speisen hatten, du weißt . . .«

». . . im Geburtshaus Heinrich Schützens.«

»Man will es in der nächsten Zeit verkaufen. Eine Familie Ernst, wie man erzählt, soll sich um den Erwerb bemühen. Nun, in Gera gab es eine vortreffliche Orgel, und nach der Orgelabnahme in der Salvator-Kirche eine recht andächtige Gemeinde zum Orgelkonzert – und endlich ein gut gepolstertes Salär und ein vorzügliches Nachtmahl. Da sind 30 Gulden Honorar, die uns gut tun werden; für die Reise und die Mahlzeiten zahlten sie mir noch einmal mehr als 34 Gulden. Ich wünschte, es gäbe ein Dutzend solcher Geras!«

Und wirklich, kurze Zeit danach traf in der Kantorei ein Schreiben des Fürstlichen Hofmarschallamtes aus Cöthen voller dicker Siegel ein, in dem Seine Hochfürstliche Durchlaucht selbst den beiden Bachs seinen Wunsch eröffnete, den Herrn Hofkapellmeister und die Frau Hofsopranistin in einem Schloßkonzert in Cöthen zu hören. Der Tag war bereits festgelegt; es sollte ein Dienstag sein, an dem der Herr Thomaskantor ohne besondere Mühe und Bemühungen von Leipzig durchaus abkömmlich sein werde.

»Wirst du dir die Reise zumuten dürfen?«

Johann Sebastian war nach der – allerdings schon Ende Februar – nicht ganz leicht überstandenen Geburt des jüngsten Sohnes Gottfried Heinrich besorgt um Anna Magdalena.

Da sie beide die Betreuung des kleinen Gottfried in den besten Händen der fürsorglichen Anna Hertzsch, aber auch Katharina Dorotheas wußten, fuhren sie – mit eingeholter und dem fürstlichen Wunsche gern willfahrender Erlaubnis des Leipziger Rates – am 17. Juli, einem Montag, dem 6. post Trinitatem, ins geliebte Cöthen, wo am folgenden Tage das »Gastspiel« der Madame Anna Magdalena Bachin, accompagniert vom ehemaligen Hochfürstlich Cöthenschen Hofkapellmeister Johann Sebastian Bach, mit großem Applaus ausgeführt wurde.

Beim Abschied schloß Leopold die beiden von ihm geliebten Bache in seine Arme, unvermittelt, stürmisch, herzlich.

»Ich habe Euch sehr vermißt. Kommt bald wieder! Ihr findet bei Uns stets Unser herzlichstes Willkommen.«

10.

Mit großen Ziffern hatte Bach die Zahl des neuen Jahres auf ein noch unbeschriebenes bereitgelegtes Blatt mehr gezeichnet als geschrieben, darüber die Buchstaben A M B.

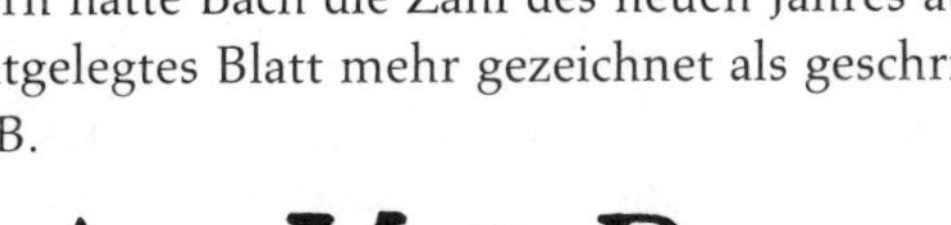

wie es kurze Zeit darauf ausgemalt wurde.

»Für Anna Magdalena Bach soll auch dieses zweite Klavierbüchlein sein, in dem sie sich selbst verewigen soll!«

Friedemann und Philipp Emanuel waren auf den Ruf des Vaters hin aus der oberen Arbeits-, Spiel- und Schlafkammer herunter gepoltert – so ungestüm, daß in der unmittelbar neben der Bach'schen gelegenen Wohnung der Ernestis der gute alte Rektor aus seinem frühen Mittagsschlaf emporfuhr – und ließen sich nun vom Vater das neue Unternehmen vorzeigen und erklären.

»Das sind genau 75 Blätter, also 150 Notenseiten für ein neues Klavierbüchlein und viele Cembaloseiten. Wir wollen es der Mama schenken, wenn sie ihren 24. Geburtstag feiert. Das hat zwar noch eine lange Weile Zeit, werdet ihr sagen, aber die Blätter müssen doch auch ihre Noten bekommen. Ergo – wer von euch Künstlern zu seinem Inhalt beitragen will, soll es sich hier aus dem Pult nehmen und heimlich, von der Mama unbeobachtet, seine musikalischen Gedanken und Einfälle einschreiben. Ich werde euch gern dabei helfen, wenn ihr mir stets zuvor eure Produktion auf einem Notenblatt vorlegt, das aber nicht etwa aus meinen 75 Blättern stammen wird.

Und zum Geburtstag lassen wir das Ganze schön einbinden – zu einem musikalischen Haus- und Tagebuch der Familie Bach in Leipzig, in das wir – ich schließe mich nicht aus – alles Schöne, was der Mama und auch euch und mir gefällt, eintragen. So, und nun marsch, an eure Schularbeiten! Friedemann wird als jüngster akademischer Bürger der Alma mater lipsiensis dem Emanuel beim Lateinischen auf die Finger sehen. Und nun seid nicht wieder so laut bei eurem Treppen-Holterdiepolter, damit der Rektor sich nicht wieder bei mir beklagt!«

Damit waren die beiden Ältesten entlassen.

Bach aber begann seine erste Eintragung in das neue Haus- und Familientagebuch mit kunstvollen Sätzen seiner neuen Partiten in a-minore und e-minore.

11.

Ja, es war und blieb ein ereignisreiches Jahr. Sooft er daheim war, entstand immer Neues. Die Arbeit wurde kaum einmal durch einen Spaziergang mit Anna Magdalena und den Kindern unterbrochen.

»Du solltest dir viel mehr Ruhe gönnen, Sebastian! Du verzehrst dich in deinem Amte.«

»Weil ich schaffen muß, weil jeder neue Sonntag von den fünfundzwanzig nach Trinitatis und die Jubilate und Kantate und Rogate und jeder Festtag immer wieder und immer neu in mir Eingebungen, Ideen, Zwänge zum Schaffen erregt und mir neue Aufgaben stellt – seit nun schon beinahe 40 Jahren, wenn ich schon in der Wiege daheim am Frauenplan meine erste Kantate gesungen haben würde. Und nun kommt der Serenissimus von Weißenfels und will an seinem Geburtstage seine alte Jagdmusik aus meiner ›opera‹ von damals wieder hören und wünscht sich dazu eine neue ›opera‹, und ich muß meine Kantaten wieder unterbrechen. Es ist ein Freitag, an dem ich nach Weißenfels fahren soll, übrigens sehr früh mit der Morgenpost; man wird mir die Reise zu Ehren des Herzogs wohl gestatten, zumal wir bis Palmarum keine

Figuralmusik haben. Aber du, Lenchen, Liebste, wirst wieder einmal daheim bleiben müssen.«

Es gab einen zarten Seufzer Anna Magdalenens zu hören.

»Wenn's nur nicht schon eintritt, bevor du zurück bist! Ich glaube, es ist recht nahe, daß es auf die Welt will.«

Nun, Johann Sebastian konnte nach solenner Festlichkeit in Weißenfels und dem Erfolg seines neuen *»dramma per musica«* von den heiteren Hirten Damoetas und Menalcas, ihren Schäferinnen Doris und Sylvia und der Blumengöttin Flora rechtzeitig genug am 24. Februar zur erwartungsschweren Eheliebsten zurückfahren, und beide hatten dann doch noch reichlich Wartezeit, bis nach sieben Wochen am 14. April der jüngste Bach, ein Christian Gottlieb, die Familie zur Freude der älteren sechs auf nunmehr sieben Mitglieder wachsen ließ.

»Du hast mir das schönste Geschenk zu meinem 40. Lebensjahr gemacht. Möge er uns erhalten bleiben! – Denke dir, St. Paulinen hat sich weniger freundlich und freigebig gezeigt. Sie verzögert noch immer die Auszahlung meines Salärs. Ich habe auch auf meinen letzten Protest keine – absolut keine – Zahlung quittieren können. Und sie wäre uns doch gerade jetzt recht angenehm – mit unseren sieben an einem Tisch. Und die Anna will als achte ja auch mitessen!«

12.

Natürlich hatte Bach seinem neuen Textdichter bereits nach seiner Rückkehr aus Weißenfels von der Aufführung ihrer gemeinsamen Minioper, dem Huldigungs-Pastorale für Herzog Christian, berichtet, wie sich überhaupt seit ihrer ersten Zusammenarbeit aus gegenseitiger Hochachtung allmählich ein herzlicher Bund wohlgeneigter, wohlwollender und endlich freundschaftlicher Empfindungen entwickelt hatte. –

Nach dem Studium in Wittenberg hatte sich Christian Friedrich Henrici, zwanzigjährig, reich an literarischen Einfällen und Plänen, ebenso reich an Hoffnungen und Erwartungen, Leipzig als Stätte seines literarischen Wirkens ausgewählt, die berühmte Stadt der Büchereien und Buchverleger, und hier seit dem Jahre 1720 ein vergnügliches, aber auch ebenso arbeitsames Leben geführt. Die Grundlagen seiner sorgenfreien Existenz hatten ihm seine satirischen Schriften, literarische Leckerbissen mit einem leichten Hang zum Frivolen, gesichert.

Er war ein musikalisch aufgeschlossener, selbst musizierender und ein im Grunde durchaus religiöser Mann, mit Propheten und Aposteln ebenso vertraut wie mit Apoll und Aphrodite, und es war daher gar nichts Außergewöhnliches, daß er in gewohnter Regelmäßigkeit wie schon in Wittenberg so auch in Leipzig die Gottesdienste besuchte und in St. Thomas und St. Nicolai mit Ergötzen die Musiken des neuen Thomaskantors anhörte.

So ergab sich denn ganz von selbst aus einer ersten Begegnung der beiden eine Reihe von Aussprachen, zu der Henrici eines schönen Tages dem erstaunten Herrn Kantor seine »Sammlung erbaulicher Gedanken über und auf die gewöhnlichen Sonn- und Fest-Tags-Evangelien« vorlegte.

»Ei, ei, mein werter Herr Poet und Musikfreund, eine Kantatenreihe über das ganze Jahr, wie für einen komponierenden Kantor geschaffen, der in die Fülle nur hineinzugreifen hat, und das von *monsieur Picander*, über dessen Poesien man in Leipzig nicht allerorts erbaut ist.«

»Um sie im Geheimen desto anhaltender zu frequentieren!« lachte Henrici alias Picander.

Es war in den Wochen ohne Figuralmusik, also in den Wochen des *tempus clausum* zwischen Invocavit und Palmarum, zur ersten gemeinsamen Arbeit gekommen – jener Hirtenoper für den Weißenfelser Hof –, und sehr bald ergaben sich seitdem weitere Aufträge Bachs an seinen neuen Textdichter, so zu allernächst für ein Osteroratorium, für dessen eigene Komposition Bach in der Fülle seiner Aufgaben – der Palmarumkantate und der Vorbereitung der Karfreitags-Passionsmusik – keinen Augenblick an Zeit und innerer Ruhe mehr fand, so daß er die Weißenfelser Musik dafür verwandte.

»Nun«, so wohlgelaunt Henrici, »wenn wir aus Damoetas und Menalcas Petrus und Johannes und aus Doris und Sylvia Maria und Maria Magdalena machten, hätten wir das schönste österliche ›*dramma per musica in ecclesia*‹*!* Aber ernsthaft, lieber Herr Thomaskantor«, hierbei überreichte er Bach eine neue Sammlung seiner Poesien, »wenn Ihr meine neuen ›Erbaulichen Gedanken auf den Grünen Donnerstag und Karfreitag über den leidenden Jesum‹ lesen wollt, so mögen auch Euch ›erbauliche Gedanken‹ über Euren Textdichter kommen.«

»Sie sind mir schon seit langem gekommen und haben mich wohl überzeugt . . .«

Nur wenige Wochen nach diesem letzten Gespräch erreichte Bach die Nachricht vom Heimgang seines Lieblingspoeten und alten Weimarer Freundes Salomon Franck.

»Es wechseln Sonne und Wolken – lichte und trübe Tage, da draußen in der Gottesnatur und so in unserem Erdendasein! In Cöthen jubiliert das ganze Fürstentum zur neuen Hochzeit seines geliebten Leopolds«, das war Anfang Juni, »und in Weimar trauert der Hof und mit ihm die Residenz um ihren großen Dichter – nur ein paar Tage später.«

»Ihr habt mit ihm«, so Henrici bei seinem Besuch wenige Tage später, »einen teuren, großen Freund verloren. Laßt mich, so gut ich es vermag, den Verlust mit Euch teilen. Ich werde stets, so oft und sofern Ihr nur wollt, mich ganz in Eure Dienste stellen.«

Bach ging sofort darauf ein. »Die Gelegenheit dazu ist gegeben. Was würdet Ihr für die Abendmusik zur Namenstagsfeier vorschlagen, die die Studiosi dem verehrten Doktor August Friedrich Müller vor seinem Hause aufzuführen wünschen?«

»Wieviel Zeit sollte uns bis dahin bleiben?«

»Wir hätten genügend Zeit, gute acht Wochen . . .«

»Ich werde es mir durch den Kopf gehen lassen. Ihr hört morgen mehr darüber.«

Damit verabschiedete sich Henrici, um am folgenden Tage seinem Kompositeur den Entwurf zu einem vergnüglichen ›dramma per musica‹ vorzulegen, in dem er die Musen auf dem Helikon, Pallas Athene, Zephyros, den Gott der zarten Sommerlüfte, und Pomona, die Göttin des Obstbaues, bemühte, um den stürmischen Äolus zu bewegen, zu Ehren des zu feiernden Herrn Doktor Müller seine Herbststürme noch ein wenig zurückzuhalten.

»Das wäre ein rechter Stoff! Ich höre schon das Brausen der Stürme, daß die Dächer krachen, und die Viola d'amore zu Zephyrs zartem Wirken! Schafft mir nur bald den Text, lieber Poeta!«

Am 3. August, abends um 9 Uhr, fand die Aufführung durch die Studentenschaft mit großem Applaus vor dem Hause des Gefeierten statt, unter der Teilnahme der Professoren und mancher Vertreter der Geistlichkeit, des Rates und der Gesellschaft. Nur der Herr Professor Gottsched war der Einladung nicht gefolgt. Er war verstimmt, daß man dem leichtsinnigen Herrn Henrici den Vorzug bei der Wahl des Poems gegeben hatte.

13.

Heinrich Nikolaus Gerber aus dem kleinen Wenigen-Ehrich im Schwarzburgischen hatte unerwartet schnell die Bereitschaft Bachs für seinen Wunsch gewonnen, während seines Studiums der Rechte in Leipzig, das er am 8. Mai 1724 begonnen hatte, musikalische Lektionen bei dem Herrn Thomaskantor zu nehmen.

Im ersten halben Jahre, da er seine Collegia ordnete, hatte er manche vortreffliche Kirchenmusik und manches Konzert in St. Thomas unter Bachs Direktion angehört; allein noch immer hatte es ihm an einer Gelegenheit gefehlt, die ihm Mut gemacht hätte, diesem großen Mann sein Anliegen zu eröffnen, bis er endlich einem Freunde namens Wilde gegenüber seinen Wunsch geäußert, der ihn denn auch bei Bach einführte.

»Er ist Schwarzburger? Also Landsmann! Nun gut; wir wollen's miteinander versuchen.«

Es hatte mit strengen Übungen im Choralsatz und auf dem Klavier mit den Inventionen begonnen und den jungen Scholaren der Musica allmählich bis zu den Entwürfen von Fugenexpositionen und ihrer Weitergestaltung geführt. Das ging nicht immer – ja beinahe nur selten – zur völligen Zufriedenheit des Lehrmeisters aus.

»Das ist nichts, nichts, mein lieber Gerber. Die Konstruktion mag hingehen, aber was soll all das trockene Zeug – nichts als trockenes Zeug –! Wo bleibt der Einfall – wo bleibt die Fantasie – wo bleibt Eure Beteiligung – wo die Cantabilität! Soll nicht – wie sich die Natur mit der Kunst vermischt – auch eine Fuge neben dem Künstlichen, Technischen, das Angenehme hören lassen? Ach, was denn! Es sollte jede Fuge entweder munter oder aufgeweckt oder ernsthaft oder poetisch oder gar ein Tanz – kurz: eine Neuschöpfung des Gemüts sein!«

Nach einem solchen vulkanischen Ausbruch, den sich der arme Konstrukteur der Fuge widerspruchslos anzuhören hatte, setzte sich Bach ans Klavier, rief den Komponisten des »trockenen Zeugs« zu sich und beruhigte ihn lächelnd mit einem besonders vergnügten Augenzwinkern.

»So, Landsmann, und nun höre Er sich noch einmal an, was man zu erfinden und wie man's zu gestalten hat. Ich habe ohnehin heute keine rechte Lust zum Informieren.«

Nach Beendigung der kostbaren Lektion, in der Bach seinem Schüler eine reiche Auswahl seiner Präludien und Fugen aus dem »Wohltemperierten Klavier« vorgespielt und mit Hinweisen auf diese und jene wichtige Einzelheit versehen hatte, wußte Gerber nichts Eiligeres zu tun, als den Freunden im Übungssaal der Schule zu berichten und am Klavier vorzuführen, was alles ihm in der Lektion aufgegangen war.

»Ihr habt ihn ja selbst oft genug gehört! Er ist ein anderer, wenn er spielt; ganz und gar verwandelt.

Ihr meint, das sei eine Folge von Modulationen, aber er spielt es wie im Traume, ein Traumbild über aller Wirklichkeit, und plötzlich – danach – in der Fuge – ist es, als gehe die Sonne auf. Da seht, er hat mir erlaubt, daß ich mir kopieren dürfte, was ich aus seiner Sammlung für das ›Wohltemperierte Klavier‹ – so nennt er seine 24 Toccaten – zu behalten wünsche. Seht«, wiederholte er und zeigte auf die schnell abgeschriebenen Stücke in seinem Heft.

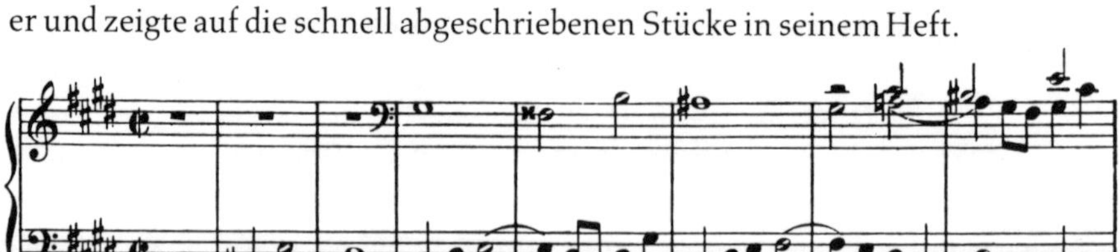

»Und hier – ihr fühlt euch erdenweit entfernt in eine Welt entrückt, die wir nur ahnen können, die ihm aufgegangen ist, erschlossen, zu unfaßbaren Gedanken:

Wer von uns fände da von selbst den Zugang! Ich meine, sein ›Wohltemperiertes Klavier‹ sei das tönende Gegenstück zu Leibnitzens Philosophie – in der ›Ordnung, von welcher alle Schönheit kommt‹, aber ebenso in der Lust, die die Seele an sich selbst, nach dem Verstand, empfindet – in der Weihe des Euphantasiotos, in der großen Zusammenstimmung, Ordnung, Freiheit, Kraft oder auch Vollkommenheit, in der Freude, die von der Erkenntnis herrührt . . .« In seiner Begeisterung fuhr er fort: »Da habt ihr den vollen Frühling in all seiner Liebespracht:

Und hier das graziöse Menuett für ein zierliches Frauenzimmerchen:

Wollt ihr aber ein Beispiel für seine Forderung nach dem Delicaten im Generalbaß, in der Selbständigkeit aller seiner Stimmen, so werde ich's euch hören lassen, ganz gleich, ganz willkürlich, wo ich auch aufschlage:«

14.

»Flemming hat Wort gehalten!« rief Bach Henrici entgegen. »Mit der Morgenpost kam heute die Einladung nach Dresden, ›an den sehr besorgten Herrn Thomaskantor und für seine Madame Anna Magdalena‹, eine Einladung zu ›auszuführenden Musiken‹ an Silbermanns Prachtorgel in der Sophienkirche. Der Graf läßt mir schreiben, daß er den König, sofern er nur in Dresden und nicht etwa auf einer Jagd in Polen wäre, zum Besuch einer der Musiken anregen werde. Nun werden die Herren von St. Paulus und der Rektor unserer teuren Universität sehr bald ein wohlwollendes Papier aus Dresden vorfinden. Graf Flemming hat sich der traurigen Sache angenommen und mir zu einer Eingabe an den König geraten, die er ihm dann selbst – nach den Dresdener Musiken – vorlegen wird. Sie wird der Rentkasse der Herren Professoren und Magister ein wenig übel ankommen. Sei es denn!«

»Ich beglückwünsche Euch!« Henrici wußte, daß damit auch die Klärung vom Recht auf die Saläre aus den Festtags-Musiken der Universitätskirche bevorstand. »Aber sind die Tage der Dresdener Reise schon bestimmt?«

»Flemming schreibt vom 19. und 20. September. Schöner konnte er sie gar nicht auswählen. Das gibt in Dresden die schönsten Vorfeiern zum Geburtstage der Frau Kantorin. – Aber nun hören Sie, lieber Poeta, was ich für den König aufgesetzt habe:

›Dem Allerdurchlauchtigsten, Großmächtigsten Fürsten und Herrn, Herrn Friedrich Augusto, König in Pohlen, Groß-Hertzog in Lithauen, zu Reußen, Preußen, Mazovien, Samogitien, Kiovien, Volhinien, Podolien, Lieffland, Smolenzhien, Severien und Zschernicovien pp. Hertzog zu Sachsen, Jülich, Cleve und Berg, auch Engern Westphalen; Des Heil. Röm. Reichs Ertz-Marschalln und Churfürsten, LandGraffen in Thüringen, MargGrafen zu Meißen, auch Ober – und Nieder Lausitz, BurgGrafen zu Magdeburg, Gefürsteten Grafen zu Henneberg, Grafen zu der Marck, Ravensberg und Barby, Herrn zu Ravenstein p. Meinem allergnädigsten König, Churfürsten und Herrn . . .‹«

Henrici lächelte ein wenig anzüglich: »Nun, mit den p. und pp's haben Sie sich ja für jeden vergessenen oder unterdrückten Titel des Allergnädigsten, Allerdurchlauchtigsten, Großmächtigsten König und Kurfürsten a priori gerechtfertigt! Den Inhalt des Schreibens lesen Sie aber nicht vor! Lassen Sie mich einmal hineinsehen.«

Da gab es nun in der gewohnten ausführlichen Weise die Geschichte von dem Unrecht zu lesen, das ihm die löbliche Universität zu Leipzig zugefügt hatte, indem sie es nicht zuließ, daß er das ihm zugesagte Amt des Direktors der Musik im Gottesdienst der Universitätskirche antrat und die damit verbundene Amtsbesoldung entgegennahm.

»Als ergehet an Ew. Königl. Mayest. und Churfürstl. Durchl. mein aller untertänigstes Suchen und Bitten, es wollen Dieselben an die löbl. Universität zu Leipzig . . . allergnädigsten Befehl ertheilen . . .« nämlich, daß dem »aller-unterthänigst-gehorsamsten Johann Sebastian Bach« sein Recht wiederhergestellt werde.

Henrici hatte das Schreiben in allen seinen Einzelheiten gelesen und fragte erstaunt seinen »gehorsamsten Johann Sebastian Bach«:

»Der Thomaskantor schickt also – wie ich dem Schreiben entnehme – seine Musikanten mit einem seiner Chorpräfekten zu den hohen Festen in die Universitätskirche, wie es seit je der Brauch gewesen, und der Herr Görner als der widerrechtlich neu eingesetzte Musikdirektor von St. Paulus kassiert das Gesamtsalär! Wie kann das überhaupt geschehen?«

»Sehr einfach, mein Bester: Die Rentkasse hat keine Kenntnis von dem rechtmäßigen Empfänger, die Herrn Professoren der theologischen Fakultät nehmen keine Kenntnis von den Autoren der gelieferten Musiken, der Magnificus weist die Saläre dem neuen Musikdirektor an, und der Görner schweigt dazu, und man kann es ihm nicht einmal als Bosheit auslegen, weil er annimmt, ihm gebühre rechtens das Salär auch für meine ihm überlassenen Musikanten. Aber das ist es ja gerade. Die Musik der Festgottesdienste hat nach Fug und Recht der Thomaskantor zu stellen – und also gehören ihm auch die Accidentien!«

15.

Die Dresdener Tage sollten, sehr zum Vergnügen Bachs und seiner Eheliebsten, noch in deren Geburtstag nachklingen, denn just am 22. September, zur Feier ihres vollendeten 24. Lebensjahrs, erhielt man im Kantorhaus den »Hamburger Relationscourier« mit dem folgenden Bericht aus Dresden, datiert auf den 21. 9. 1725:

»Nachdem neulich der Capell-Director aus Leipzig Mr. Bach anhero kommen, so ist selbiger von hiesigen Hoff- und Stadt-Virtuosen sehr wohl empfangen worden, welcher um seiner Geschicklichkeiten und Kunst in der Music von ihnen allerseits sehr admiriret wird, wie er denn gestern und vorgestern in derselben Gegenwart auff dem neuen Orgel-Werck in der St. Sophien-Kirche in Praeludiis und diversen Concerten mit unterlauffender Doucen Instrumental-Music in allen Tonis über eine Stunde lang sich hören lassen.«

»Das wird den Silbermann freuen, wenn er es liest. Nur schade, daß er aus seinem Freiberg nicht herüberkommen konnte!«

So angenehm die Erinnerungen an die Dresdener Tage auch waren, so bedrückend mußte Bach die mühsame Fortentwicklung seiner unglückseligen Beziehungen zur Universität empfinden, auch daß durch ihren Rektor Christian Ludovici in dessen neustem Schreiben an den Kurfürsten die Ablehnung jeder Zahlungen des vollen Salärs begründet wurde. Inzwischen war es November.

Es wurde eine schwierige Aufgabe, den Gegenbericht des Universitäts-Rektors, den ihm der König auf seine Bitte hin übersenden ließ, bis in alle Einzelheiten zu widerlegen.

Seine neue Eingabe an den »Allerdurchlauchtigsten, Großmächtigsten König und Churfürsten« faßte die ganze Entwicklung der Rechtsfragen in einer gründlichen Darstellung zusammen. Sie ging am 31. Dezember 1725 nach Dresden ab.

Nun hieß es, weiter in Geduld und im Vertrauen auf die Entscheidung des Königs zu warten.

»Ja, wenn Cöthen nicht wäre!«

»Und die Tempus – Clausum – Stille in der Figuralmusik!« ergänzte lachend Anna Magdalena, »ohne die es keinen Besuch und kein Konzert in Cöthen gegeben hätte!« Sie waren einer neuen Einladung Leopolds gefolgt und hatten frohe Tage erlebt.

»Du hast wieder wunderschön gesungen . . .«

». . . und die allerdurchlauchtigste Fürstin Charlotte Friederike Wilhelmine hat deine Geburtstagsmusik über alle Maßen gelobt!«

»Oh, Anna Magdalena, hätten wir wohl Cöthen verlassen, wenn sich Leopold damals nicht mit der Bernburger amusa, sondern mit der liebenswürdigen Nassauischen Prinzessin vermählt hätte . . .?«

Endlich – mit dem neuen Jahr 1726 – war auch die Entscheidung des Königs eingetroffen. Sie erklärte kurz und bündig:

»Da das Directorium Musices beim alten Gottesdienste aus altem Gestifte herrührt, so soll es beim Alten bleiben.«

16.

Rektor Johann Heinrich Ernesti hatte, wie alljährlich zu Beginn eines neuen Jahres, die Lehrer seines Kollegiums zu einem geselligen Abendumtrunk eingeladen und dazu auch Freunde aus seinem Umgang mit der Leipziger Gesellschaft gebeten, unter ihnen den Consul regens Gottfried Lange, der in seiner ganzen Würde neben dem gleichermaßen höchst Ehrenwerten Superintendenten Salomon Deyling der Rektoratswohnung besonderen Glanz verlieh; sodann den Rechtsanwalt Johann Falckner und den Archidiakonus mit dem unaussprechbaren Namen Carpzov. Schließlich und endlich erschien, von allen lebhaft begrüßt, Christiane Marianne von Ziegler, die 30jährige und von der Leipziger Gesellschaft bereits anerkannte junge Dichterin, früh schon zweimal verwitwet und seit ihrer zweiten Witwenschaft von 1722 wieder im Elternhause ganz ihren literarischen Neigungen lebend.

Von ihr wußte Rektor Ernesti, daß sie ihren Kantatenkomponisten Johann Sebastian Bach endlich, nachdem er seit dem April des vergangenen Jahres bereits neun ihrer Kantatendichtungen gesetzt und aufgeführt hatte, einmal näher und freundschaftlicher sprechen wollte, als es bisher die wenigen Gelegenheiten ihrer kurzen Begegnungen im Hause der gemeinsamen Freundin Marie Elisabeth Taubert ergeben hatten. Sie wollte mit ihm über mancherlei Fragen reden, die sie ihm im besonderen über sein erstaunliches Schaffen zu stellen wünschte.

»Ihr macht Euch selten, verehrter Herr Thomaskantor; man vermißt Euch allenthalben in der Gesellschaft. Ihr solltet Euch mit Eurer reizenden jungen Frau häufiger auf unseren Festivitäten sehen lassen. Man spricht bereits ein wenig verbittert davon, daß Ihr den Fürstenhöfen ringsum mit Euren häufigen Besuchen den Vorzug gebt.«

»Das sei nun wirklich ferne von uns, verehrte Frau von Ziegler. Haben Sie – oder hat jemand aus der von Ihnen zitierten Gesellschaft eine Ahnung von den Pflichten eines Thomaskantors und von den Zeitaufwänden, sie recht und wohl zu erfüllen?«

»Ich werde die letzte sein, die es Euch, mein hochverehrter und lieber Herr Kantor, verargen wollte, die kostbaren Aufgaben Eures Amtes so außerordentlich und bewunderungswürdig zu erfüllen. Nur denke auch ich darüber nach, warum denn gerade Ihr für einen jeden Sonntag und die Feiertage und Feste im besonderen jeweils eine so ungewöhnlich bedeutsame eigene Musik schaffen und vorführen müßt.«

»Was würden Sie, verehrte Frau von Ziegler, zu einem Prediger sagen, der auf seiner Kanzel an manchen Sonntagen im Jahr seiner Gemeinde erklärte, er habe in der vergangenen Woche keine Lust – oder auch keine Zeit – gehabt, eine Predigt vorzubereiten. Das eine Mal wär's ein Besuch, andere Male die Arbeit im Obstgarten, das nächste Mal eine kleine Reise gewesen, die ihn dem Studierzimmer ferngehalten hätten. So müsse die Gemeinde bitte entschuldigen, daß er die Predigt vom letzten Sonntag kurz wiederhole. Sehen Sie, liebe Poetin, jeder Sonntag verlangt auch von uns eine wohlgestaltete Predigt zu den Herzen der Gemeinde.«

»Aber mit dem Wort läßt sich in einer kurzen Woche wohl leichter eine Predigt ausgestalten, als auf den vielmal fünf Linien eurer Stimmen zu einer musikalischen Kirchenpredigt.«

»Das mag der Hörer musikalischer Predigten vermuten. Der Musiker hat seine zehn oder zwölf mal fünf Linien für die Violinen oder Oboen oder die Violons, die Soprane und Alte und was ihr immer wollt, so fest im Auge und im Kopfe, wie der Prediger vor seiner Kanzelpredigt daheim die Buchstaben auf seinem Papier. Ich mag nur einen Text zur Hand nehmen, so klingt er in mir, ein guter Text eher als ein magerer, und die Niederschrift kommt dann von selbst. Wenn mir dann noch fleißige Hände bei der Abschrift der Stimmen zur

Hand gehen – und die hat der Thomaskantor und der Hausvater sogar zur Wahl –, dann läßt es sich wohl erklären, wie eins zum andern kommt.«

»Ihr habt uns aber, mein verehrter Herr Kantor, seit Eurer Ankunft in Leipzig vor nunmehr drei Jahren an jedem Sonn- und Festtag eine neue musikalische Dichtung oder Predigt, wie wir es nennen wollen, vorgetragen . . .«

»Darum geht es ja: Wie der Geistliche seine noch so gelungenen Predigten nicht Jahr für Jahr wiederholt, er sei denn ein trauriger Bärenhäuter, so bleiben auch wir erfüllt vom Wort Gottes, seinen Aposteln und Propheten. Es ist etwas Geheimnisvolles um die Empfängnis des Geistes und des Herzens. Oft ist es der Ton, oft das Wort eines alten geistlichen Liedes, was mich erfüllt, irgendein biblischer Text, daß ich Raum und Zeit vergesse und – Ihr möget lächeln und zögern, mich ernst zu nehmen – gleichsam in einem weiten Gotteshause Klänge vernehme, holdselige Melodien, oder auch den starken Ruf der Offenbarung vom jüngsten Gericht. Könntet Ihr dann schweigen? Ich werde auch im neuen Jahr nicht nachlassen können, in meinen Tönen Gott zu verkünden, ihn zu loben, ihm zu danken, zu ihm hinzuführen. Es gibt noch so vieles zu sagen, und Ihr Poeten werdet mir dabei helfen!«

Die Dame war dazu bereit, wenn auch mit wechselndem Erfolg.

17.

Das Jahr 1726 hatte mit der guten Dresdener Nachricht über die Entscheidung des Kurfürsten begonnen. Es sollte ein gutes Jahr bleiben, ohne die Aufregungen der vergangenen Jahre.

Es wurde – wie sollte es auch anders sein – wiederum ein arbeitsreiches Jahr, das Bach mit dem Jubel und Dank auf Georg Christian Lehms Text von Lob, Jauchzen und Segen begrüßt hatte. Ganz mit Recht. Denn mit der Dresdener Entscheidung war um die gleiche Zeit ein großes Postpaket mit Noten vom Vetter Johann Ludwig Bach aus Meiningen eingetroffen, das eine ganze Reihe von vortrefflichen Kantatenkompositionen des Vetters enthielt, die der hochgeschätzte Meininger Hofkantor und »Herzoglich-Meyningische Capellmeister« nun auch in Leipzig gern bekannt gemacht haben wollte.

»Da schickt mir der gute Johann Ludwig aus Meiningen einen ganzen Kantatenband! Ich hab' ihn mir gestern Nacht durchgesehen und vieles Schöne und Brauchbare darin gefunden. Zu Mariae Reinigung und den folgenden Epiphaniassonntagen bis Estomihi, und für Ostern hat er mir gleich drei Kantaten geliefert. Das gibt mir schöne Zeit für meine eigenen Pläne. Hör' einmal, ob dir's gefällt,« und dabei legte er ein frisch beschriebenes Notenblatt auf das Cembalo.

»Wird wohl eine neue Suite, eine Leipziger Thomassuite gar?«

». . . eine Partita aus unterschiedlichen partibus, die ich dir ins neue Klavierbüchlein einschreiben werde, und eine zweite dazu, da mir der Herr Vetter

Zeit genug dazu gestiftet hat und wir übrigens zum Karfreitag die Markus-Passion vom Reinhard Keiser musizieren werden. Wird's dann ein Mädchen, das wir mit den neuen Partiten begrüßen wollen, so soll es ein recht musikalisches Kind werden.«

Und es wurde ein Mädchen, urkräftig, kerngesund, heiter und liebenswürdig, das am 2. April die Familie Bach in Leipzig um ein zehntes Mitglied erweiterte, zur Freude der vergnügten Runde am Tisch des Thomaskantors, und das bei der Tauffeier am 3. April die Namen Elisabeth Juliana Friderica erhielt.

»Ein Liesgen also, so echt nach Leipziger Art! Soll sie nur ja eine echte Leipziger Lerche werden!« meinte Christian Friedrich Henrici, von dem sie ihren dritten Namen erhalten hatte. »Dann werde ich ihr, sofern es mir noch vergönnt sein wird, einen eigenen Lerchengesang nach Bachischer Art textieren!«

Nach Taufe, Karfreitagspassion und Osterkantate gab es die alljährliche Prüfung der neu angemeldeten Bewerber um eine Alumnatsstelle »auf die Schule zu St. Thomae«, und bei ihr nunmehr eine unerwartete, aber höchst vergnügliche Überraschung.

Da sitzt ein munteres, etwa 13jähriges Bürschlein vor dem gestrengen Herrn Thomaskantor und singt mit seiner schönen Altstimme jede Notierung, die ihm aus Choralblättern vorgelegt wird, ohne jedes Zögern mühelos herunter, als ob sie ihm schon längst bekannt, ja vertraut wäre. Der Herr Thomaskantor legt ihm also eine Kantatenarie vor mit einigen virtuosen Verzierungen und Koloraturen, und das Bürschlein läßt sich nicht im mindesten einschüchtern und besteht strahlend seine Prüfung.

»Du bist ein tüchtiges Subjektum- woher kommst du und wie heißt du?«

»Johann Ludwig Krebs«, beginnt lächelnd der Gefragte.

»Krebs? Etwa aus Buttelstedt . . .?«

»Nein, Herr Thomaskantor. Wir haben vor fünf Jahren Buttelstedt verlassen, nach dem Tode der Mama. Der Papa hat sich damals nach einer anderen Kirchenstelle umgesehen, und so sind wir nun in Buttstedt geblieben.«

»So bist du also doch und wahrhaftig der Ludwig, den ich als Piccolokrebs oder Hosenmatz beim Vater Tobias auf meinen Knien habe reiten lassen!«

»Der Papa hat es mir sehr genau erzählt.«

»Und die Mama hat euch so früh verlassen müssen! So grüße deinen Vater, wenn du bis zum Schulbeginn wieder in Buttstedt fleißig weiter musizieren wirst.«

»Der Papa ist mitgefahren nach Leipzig, um den Herrn Thomaskantor wiederzusehen . . .«

»Ei der Daus! Das hätte ich mir nicht einmal träumen lassen! Also lauf hinaus zu ihm und bestell' ihm, daß ich ihn, sobald die Prüfung beendet ist, in unserem Heim dort drüben erwarte, natürlich mit seinem virtuosen angehenden Alumnen von St. Thomas, Ludwig Krebs, dem zweiten Krebs, den ich mir nun auch in meinem Bache einfangen werde.«

Der Besuch des alten Weimarer Schülers Johann Tobias Krebs währte bis in die späten Abendstunden. Man hatte sich viel zu erzählen, von den eigenen Lebensläuften, von den alten Zeiten, vom Heimgang der Eheliebsten beider Freunde.

»Und nun, verehrter Herr Thomaskantor, habt Ihr wieder einen Krebs in eurem Bache, und es werden noch zwei weitere junge Krebse kommen, wenn sie erst nachgewachsen sind.«

18.

Mitten im Jahre 1726, am 29. Juni, nur wenige Tage nach St. Johannis, hatte es wieder eine sehr stille Zeit im Kantorenheim gegeben. Denn jener Engel, den am Johannistage die Kantate des Vetters Ludwig verkündet hatte, – »Siehe, ich will meinen Engel senden . . .« – er war gekommen, um Christiana Sophia Henrietta, Anna Magdalenas noch nicht vierjähriges erstgeborenes Töchterchen, heimzuholen.

Zwei Tage nach dem Heimgang des Töchterchens wurde für den Tag der Heimsuchung Mariae eine weitere Kantate des Vetters musiziert: »Der Herr wird ein neues Land erschaffen«. Das war mehr als ein Zufall. Es war ein großer Trost für den Schmerz der Mutter.

»Sieh, Lene, er hat es an uns erfüllt.« Also sah es auch Johann Sebastian. »Wir werden sie nicht vergessen, aber wir empfingen auch seine Güte, die du dort in unserem alten Wiegenkörblein so lieblich schlafen siehst, unser Liesgen mit seinen molligen Ärmchen und dem süßen Spitzmäulchen! Ich lese gerade in den Gedichten von unserm alten lieben Paul Fleming – hör nur:

Laß dich nur nichts tauren,
nit trauren;
sei stille,
wie Gott es fügt,
so sei vergnügt,
mein Wille . . .

Steh feste;
was Gott beschleußt,
das ist und heißt
das Beste.

Und nun laß mich ein wenig improvisieren. Komm, setz dich zu mir.«

19.

»Du hast ein gutes Maß an Erfahrung im Orgelschlagen manualiter et pedaliter erworben, mein lieber Friedemann, und gehst am Ende des Jahres gar schon ins 17. Lebensjahr, so daß es allmählich höchste Zeit wird, mich bei den Musiken deines Meininger Oheims an der Orgel zu begleiten. Am 6. nach Trinitatis wirst du unsern guten Gräbner zum ersten Mal vertreten, und er wird froh sein, wenn wir ihm von Zeit zu Zeit sein Amt erleichtern.«

So geschah es denn. Friedemann erfüllte die Erwartungen des Vaters als ein eifriger, stürmischer, selbstbewußter und durchaus bereits virtuoser Nachgestalter seines geliebten Vorbilds, und der Vater war stolz auf das kunstvolle Spiel seines Ältesten.

Philipp Emanuel dagegen hatte vorläufig noch beim Registerziehen zu helfen; aber auch er sollte schon in der allernächsten Zeit an der Orgel der Peterskirche die Choräle anstimmen und begleiten. Gerber, der ihm als Substitut zur Seite stand, falls einmal etwas daneben gehen sollte, erhielt als Lohn und besondere Auszeichnung die Erlaubnis zur Abschrift der Französischen Suiten, einer Kostbarkeit besonderer Art, denn in ihnen hatte Bach die Fülle der Erinnerungen an seine frühen Eisenacher Eindrücke eingefangen: Tänze nach deutscher und französischer Art, alte und neue Liedlein, Gassenhauerlein, aber auch spanische und englische Tanzsätze; neben der Allemande also und der Courante eine höfische Gavotte à la Versailles, eine Bourrée, eine leicht beschwingte Polonaise, eine Sarabande, die heitere, vergnügt einherspringende Gigue am Ende, ihr voran aber ein Menuett, das nun gar nicht nach Versailles, als vielmehr nach dem fröhlichen jungen Benediktinerpater aus Banz, dem Johann Valentin Rathgeber, klang –, und in ihnen allen konnte man die alten und neuen Lieder mit hören, wie man sie in den vorangegangenen fünf Suiten in solcher Fülle nicht zu hören bekam.

20.

»Wenn man nicht ganz im Jenseits des Hades in Vergessenheit geraten will – beschützt nur vom ungnädigen dreiköpfigen Zerberus –, dann muß man wohl selbst an den Pforten des klangdurchfluteten Reichs der Polyhymnia – oder«, mit einer tiefen Verbeugung vor Anna Magdalena, »der heiligen Cäcilia anklopfen, um dem Herrn Director musices seine Aufwartung machen zu können.«

Die Frau Bachin hatte die vergnügliche Anmeldung des Herrn Christian Friedrich Henrici mit einem charmanten höfischen Knickslein entgegengenommen und führte den Gast nunmehr ins Arbeitszimmer des Herrn Direktor.

»Willkommen, im besten Sinne: willkommen, lieber Henrici! Ihr seht mich zwar über mühsamer Tätigkeit der Überprüfung eines Notenstiches, den ich für die erste Ausgabe meiner vorhandenen und noch geplanten Partiten vorbereite – da seht: eine Partita B-majore –, sie wird als erste von mir den Musikliebhabern vorgestellt werden. Aber Ihr kommt mir gerade recht dazu. Wie Ihr noch gar nicht werdet erfahren haben, erwartet die junge Cöthener Fürstin Charlotte Friederike Wilhelmine ihr erstes Kind, einen Prinzen, so Gott es fügen möge, oder eine Prinzessin als Wegweiserin für einen nachfolgenden Erben der Dynastie. Wir werden also, lieber Henrici, gemeinsam ein Carmen zur Geburt auf das junge Fürstenkind textieren, als Widmung zu meiner ersten Partita, die bis dahin – man rechnet in Cöthen mit dem September – im Stich vorliegen wird. Doch zuvor das Anstehende: Graf Joachim Friedrich von Flemming feiert am 25. Augustus seinen Geburtstag. Wir brauchen auch hier einen guten Text. Ihr wißt, Flemming ist ein einflußreicher und den Künsten wohlgesinnter Mann. Ich habe viel Gutes durch ihn erfahren – seit jenem geplanten Wettkampf mit dem Franzosen damals, im Herbste von 1717.«

»Also ein neues ›dramma per musica‹ für Dresden?«

». . . mit einer Musik, die Euch schon lange vertraut ist. Ihr nehmt die Arien unserer Weißenfelser Schäferoper noch einmal vor und textiert sie auf Dresden und seinen Grafen neu. Ihr wißt ja, was da alles zusammenkommt – die regulären Kirchenmusiken, für die ich nun wieder einmal eine ganze Reihe neuer Texte vornahm, um nicht nur meines Meininger Vetters Musiken aufzuführen, dann die Partiten, die Besuche in Cöthen, die Alumnen. Wenn ich den jungen Kuhnau nicht hätte, der mir fleißig beim Kopieren der Stimmen zur Hand geht, säße ich wieder mal bis in die tiefen Nächte hinein über den Noten und verdürbe mir am Ende noch meine Augen.«

Am 12. September schenkte die junge Cöthener Fürstin ihrem Leopold den Erbprinzen Emanuel Ludwig, »Erb-Printzen zu Anhalt, Hertzogen zu Sachßen, Engern und Westphalen, Grafen zu Ascanien, Herrn zu Bernburg und Zerbst usw.«

Als Taufgeschenk überreichte Bach seine rechtzeitig im Stich erschienene Partita mit der poetischen Widmung, die er mit Henrici bereits besprochen hatte. Bevor er sie dem Cöthener Hofe zustellen ließ, überprüften beide noch einmal gemeinsam den einleitenden Text, was nicht ganz ohne ein leichtes Schmunzeln erfolgte:

»Durchlauchtigst Zarter Printz,
Den zwar die Windeln decken,
Doch den sein Fürsten-Blick mehr als erwachsen zeigt,
Verzeihe, wenn ich Dich im Schlafe sollte wecken,
Indem mein spielend Blatt vor Dir sich niederbeugt . . .«

21.

»Ich muß Euch, lieber Bach, für Eure wunderschöne Kantate – so nanntet Ihr die heute aufgeführte Musik doch wohl? – vom Kreuzstab unserer Wanderung oder Schiffahrt – von ganzem Herzen danken.«

Superintendent D. Deyling hatte seinen Kantor in der Sakristei erwartet, um ihm zunächst seine Zustimmung zu einem Urlaub Bachs und dessen Reise nach Cöthen zu geben, zumal sie ja in die Adventszeit mit ihrem tempus clausum fallen sollte. Nach den Formalitäten nun fühlte der geistliche Herr gerade heute, am 19. Sonntag nach Trinitatis, daß er endlich einmal seine Verbundenheit mit dem von ihm oft schon bewunderten Kantor aussprechen müsse, und so kam es zu einer langen und herzlichen, ganz unmittelbaren Begegnung.

»Es ist mir wiederum heute und so seit langem, als spräche Euer Herz zu uns, als empfingen wir in Eurer Musik die Verkündigung eines wahren, gelobten Christentums, die ganze Hingabe an Ihn und Seine Lehre.«

»Es wirkt«, erklärte ihm Bach, »seit der frühen ersten Kindheitsbegegnung mit unserem Heiland am Kreuz in mir fort – unaufhörlich – in der ganzen Wärme, die ich bei seinem Anblick, ja selbst bei der Vorstellung seiner Erscheinung empfinde. Es ist seine Güte, seine Milde, der Klang seiner Stimme, wie ich sie aus seinen Worten vernehme; es ist der Anblick seiner weit geöffneten Arme, weit geöffnet allen auf seinen Wegen durchs gelobte Land, zu den Kindern Israels wie zu den Galiläern und den Samaritern am See Genezareth und auf den Anhöhen seiner Bergpredigt. Der Anblick der weit geöffneten Arme, Herr Superintendent, auch am Ende, am Kreuz, von wo er noch einmal, sterbend die Bürde unserer Sünde tragend, die ganze Welt umfangen wollte. Sehen Sie, Herr Doktor Deyling, hier haben Sie den Urgrund meiner Quelle, der unaufhörlich wirkenden Quelle . . .«

». . . der der Bach entströmt, bis er zum Meer der Unendlichkeit dahinfließt und uns in jenes Meer des Glaubens, der Hoffnung und der Erfüllung mit sich reißt.«

Deyling hatte Bachs Hände ergriffen und hielt sie lange Zeit fest im Gefühl, ihm seine Dankbarkeit ungehemmt zeigen zu müssen.

22.

»Schau, ma très chère Altesse, da sind die Leipziger alten Freunde, sie werden uns viel Schönes überbringen. Du weißt, die Jahre, die wir zusammen musizierten, gehören zu den schönsten Erinnerungen meines Lebens, und auch der Bach hat mir Ähnliches bei seinem letzten Besuche gesagt. In Cöthen hat er niemals eine Obrigkeit spüren müssen, die ihm jetzt in seinem Leipzig in recht merkwürdigen Gestalten beschwerlich wird.«

Ein tiefer Seufzer beschloß Leopolds Betrachtungen über das Einst und Jetzt seines Hofkapellmeisters in Leipziger Diensten.

Um so herzlicher aber wurde der Empfang, als Bach, nachdem man ihm und der Frau Anna Magdalena Bachin im Gästeflügel des Schlosses zwei sehr behagliche Räume zugewiesen hatte, zur ersten Audienz erschien.

»Wir wollen noch vor der Tafel ein wenig musizieren, lieber Bach«, und lächelnd fügten Seine Hochfürstliche Durchlaucht hinzu: »Die Fürstin hat mich für den heutigen Tag ganz und gar der Musik überlassen; sie ahnt gewiß, was Euch gerade für heute und morgen nach Cöthen geführt hat. Aber was wir musizieren wollen, das wird sie erst morgen, zu ihrem Geburtstagsfeste, erfahren. Also kommt, Ihr werdet sehen, wie fleißig ich die Soli Eurer Geburtstagsmusik studiert habe.«

Nach einer kurzen Probe der Arie »Der Tag, der dich vordem gebar« unterbrach der Fürst den Fortgang, ohne auf das zustimmende Lob Bachs einzugehen.

»Ach, lieber Freund, wäret Ihr nur bei uns geblieben und hättet Eure Concerti und Fantasien und eure Fugenkünste von Cöthen aus in die musikalische Welt hinausgesandt, statt nun den Knaben Eurer Thomasschule das Lateinische beizubringen! Wir hätten in Cöthen einen zweiten, einen musikalischen Palmenorden gegründet – mit Eurem Händel und Eurem Telemann und meinetwegen dem Graupner und dem Mattheson.«

»Das Lateinische, Eure Durchlaucht, habe ich längst darangegeben. Die Schul-Labores hat mir der Herr Collega Carl Friedrich Pezold für 50 Taler Jahresgratifikation aus meinen Einkünften abgenommen, mit der Erlaubnis des Herrn Rektors natürlich; denn, wie Eure Durchlaucht wohl annehmen werden, ich habe mir mancherlei angenehmere Aufgaben gesucht, als die Herrn Tertianer im Lateinischen zu informieren. So hat mir seit dem vergangenen Jahre der junge Professor Gottsched seine Poesien angelegentlich empfohlen, nachdem ich ihm seinen Hochzeitstext für die Tochter seines Freundes, des Universitätsprofessors Burkhard Mencke, vertont hatte.«

»Ja, der Professor Gottsched, soll ja, wie ich hörte, nächstens zum Senior der ›Deutschübenden Poetischen Gesellschaft‹ gewählt werden – ein Senior mit nur 26 Jahren! Man hört viel Gutes von ihm. Ihr seht, er gehört ganz und gar auch in unseren Kreis. Aber kommt, wir wollen uns für die Tafel umkleiden. Wir setzen unsere Übungen wohl am besten gegen Abend fort.«

Nach der Mittagstafel, zu der der Fürst außer den beiden Leipziger Gästen auch deren alte Freunde geladen hatte, galt der erste Besuch der beiden Bache der Ruhestätte Maria Barbaras, an der sie eine lange Zeit verweilten. Bachs Gedanken gingen weit zurück bis in die Arnstädter Jahre, nach Gehren und nach Mühlhausen, und Anna Magdalena erkannte wohl, daß sie ihn ganz ungestört in seinen Erinnerungen lassen müsse.

»Sie hat es um vieles verdient, daß wir sie immer wieder besuchen werden, damit ich ihr Dank sage für alle ihre Liebe und Güte.« Dann aber schloß er, noch am Grabe, Anna Magdalena in seine Arme, sah ihr lange in die Augen, trocknete voller Zärtlichkeit ihre Tränen und führte sie behutsam von der Grabstätte zurück in ihre gemeinsame Gegenwart und gleich darauf ins Schloß.

»Ihr werdet noch einige Zeit bei uns verweilen, lieber Hofkapellmeister?«

»Es traf sich glücklich, daß wir in der Adventszeit in den Kirchen nicht zu musizieren haben. Und dann kam uns zugute, daß man seit dem Anfang des Monats sämtliche bewohnten Räume des Schulgebäudes, also die des Rektors ebenso wie unsere eigenen, von Grund auf überholt – mit Pinseln und Farbtöpfen, mit Schrauben und Hämmern, mit Kalk und Mörtel. Es ist ein Durcheinander wie in einer 8stimmigen Fuge mit dem einen Thema der Restauration.«

»Und eure Töchter und Söhne? Habt ihr sie mitten unter den Farbtöpfen gelassen?«

»Wir haben eine vortreffliche Hilfe in unserer jungen Anna und eine liebenswürdige Nachbarin in der Frau unseres Rektors Ernesti, die selbst keinen Nachwuchs mehr im Hause hat und von allen unseren Kindern geliebt wird.«

»Ihr solltet mir von ihnen erzählen! Wieviel sind es, was treiben sie, wie vertragen sie sich untereinander, welche Pläne habt ihr mit ihnen?«

Bach hatte also bis in alle Einzelheiten dem anteilnehmenden Fürsten zu erzählen: von Friedemanns erstaunlichen Fortschritten im Orgelspiel – »er übertrifft mit seinen sechzehn Jahren manchen alten Orgelmeister . . .«, von Philipp Emanuels, des zwölfjährigen Aufgeschlossenheit für alles, was in Musik vor sich geht, und von seinen fleißigen Übungen auf den Klavieren, von Gottfried Bernhard, dem elfjährigen, von Catharina Dorotheas hausmütterlichen Neigungen und ihrer liebevollen Betreuung der Kleinsten, nämlich des Gottfried Heinrich, »der ein recht zartes Kind ist, zwei Jahre alt, und, wie ich hoffe, mit einem recht feinen Gehör für Musik begabt, so daß er einmal ein ebenso guter Musiker werden wird wie seine älteren Brüder. Und da sind noch in Dorotheas und Annas Obhut die beiden allerjüngsten: Christian Gottlieb, ein Jahr und etwas darüber auf unserer Erdenwelt, und Elisabeth, das immer vergnügte, immer durstige und immer jubilierende Ebenbild ihrer Mutter.«

So fuhr man erst am dritten Tage nach den Geburtstagsfeierlichkeiten, in dem ihnen vom Fürsten wie stets gestellten Reisewagen – und natürlich mit Trötschel auf dem Kutschbock – nach Leipzig in das von den Handwerkern noch immer belagerte Heim zurück, reich bedacht vom Fürsten und der gefeierten jungen Fürstin und mit Geschenken auch für die Kinder.

23.

Die beiden folgenden Jahre brachten nach dem erfreulich früchtereichen Fortgang seines Wirkens doch auch mancherlei Unerfreuliches; ja selbst neue Bosheiten von außen sollten dem Hause des Thomaskantors nicht erspart bleiben.

Da waren zunächst die erfreulichen Ereignisse von 1727, so die Zusammenarbeit mit Henrici, die neuen Musiken zum Neujahr, zu Mariae Reinigung mit der von Anna Magdalena so gern gesungenen Arie:

»Schlummert ein, ihr matten Augen,
fallet sanft und selig zu;
hier muß ich das Elend bauen,
aber dort, dort werd' ich schauen
süßen Frieden, stille Ruh.«

»Ich werde sie mir ins Klavierbüchlein einschreiben . . .«

Dazu kamen die neuen Musiken zu Septuagesimae, zu Trinitatis, zum Ratswechsel und die Ausgaben der Partiten Zwei und Drei.

Es gab Feiern zum Geburtstag des Kurfürsten am 12. Mai und zu dessen Namenstag am 3. August, beide mit großem Aufwand auf dem Leipziger Marktplatz in Gegenwart des Kurfürsten festlich begangen.

Zu beiden Feiern hatte auch Bach Festmusiken geschrieben, »Entfernet euch, ihr heitern Sterne« zu der ersten, »Ihr Häuser des Himmels, ihr scheinenden Lichter« zu der anderen, und mit seinen Thomanern und den Stadtmusikern aufgeführt.

Im Mai hatte ihn zudem zur großen Freude der ganzen Familie der Cöthener fürstliche Freund Leopold besucht und zwischen dem Vorspiel neuer Musiken über die gemeinsamen Stunden im Cöthener Schloß und in Karlsbad geplaudert.

Von dem mancherlei Unerfreulichen, den Erschütterungen beider Jahre zwischen 1727 und 1728, aber soll doch ein weniges mehr erzählt werden.

Nur einen Monat nach der festlichen Huldigung zum Namenstag Seiner Königlichen Majestät erschütterte am 5. September eben des Jahres 1727 die Nachricht vom Tode der Kurfürstin Christiane Eberhardine ganz Sachsen.

Einige Zeit danach – es mochten etwa 2 Wochen vergangen sein – meldete sich im Rektorate der Universität ein junger Student Hans Carl von Kirchbach mit dem Ersuchen, er wolle in der Paulinerkirche, also der Universitätskirche, eine Gedenkfeier an die Verewigte vorbereiten, bei der er selbst die Gedächtnisrede halten und eine Trauermusik eigens zur Gedenkfeier bestellen werde, wobei er für den Text an den Herrn Professor Gottsched und für die Musik an den Herrn Thomaskantor gedacht habe. Da man ihm im Rektorat empfahl, die noch ausstehenden Verfügungen des Dresdener Hofes, die Trauerfeiern im Lande betreffend, abzuwarten, ohne die man auch in Leipzig nicht nach eigenem Ermessen verfahren dürfe, wandte sich also der junge Kavalier von Kirchbach an den Hof in Dresden und erhielt bereits nach wenigen Tagen – am 3. Oktober – die besondere allergnädigste Erlaubnis, zum Gedächtnis der Höchst-Seligen eine wohlgesetzte Trauer- und Lobrede in der Paulinerkirche zu halten.

So erschien noch am gleichen Tage Herr von Kirchbach an der Hauptpforte des Bachischen Wohnhauses und wünschte, als Katharina Dorothea öffnete, den Herrn Thomaskantor zu sprechen. Nach einem kurzen gegenseitigen Komplimentieren eröffnete der junge Besucher dem erstaunten Bach seine Absicht und seine Bitte; der Herr Professor habe ihm die Odendichtung bereits am heutigen Vormittag zugesagt, nachdem die Dresdner Genehmigung eingetroffen sei.

»Warum wendet Ihr euch, verehrter Herr von Kirchbach, nicht an den Universitäts-Musikdirektor selbst, Herrn Goerner, dem ja das Vorrecht seines Amtes auch den Anspruch auf seine Berücksichtigung zubilligt?«

»Es gibt, Herr Kantor und Director musices und auch Hofkapellmeister, wie ich Euch wohl anreden darf, nicht nur meine Meinung, sondern auch anderer Achtbarer Ansichten über die Fähigkeiten des Herrn Goerner, eine Gottsched-Ode zum Gedächtnis der seligen Monarchin – bedenket doch: einer vielverehrten Königin, treuen Bekennerin der Lutherischen Reformation an einem Katholischen Hofe – in Musik zu setzen. Zudem ist uns – ich meine sowohl dem Hof in Dresden wie den Freunden des Hofes in Leipzig – wohl bekannt, welche vortrefflichen Erinnerungen Euch mit dem Hofe verbinden.«

»Und wann soll die Feier stattfinden?«

»Der Herr Professor Gottsched wird die Ode schon morgen bereit haben. Wenn es Euch, verehrter Herr Hofkapellmeister, beliebt, könnten wir für die Feier den 17. Oktober wählen, so daß doch gute vierzehn Tage für Komposition und . . .« – hier lachte Bach hell auf – »Proben verblieben . . . oder meint und wünscht Ihr es anders?«

»Mein lieber Herr von Kirchbach, wenn ich für jede Ode oder Kirchenmusik oder ein dramma per musica zu komponieren vierzehn Tage nötig hatte, dürfte ich mein Amt als Thomaskantor längst abgegeben haben. Schickt mir den Odentext, und der Herr Professor und Ihr, mein verehrter Herr, sollt mit Musik und Musikanten zu Eurem Termin wohl bedient werden.«

Bach geleitete seinen jungen Gast an die Pforte und entließ ihn lachend mit der Schlußbemerkung, daß er außer an der ihm recht willkommenen Ode in den nächsten vierzehn Tagen noch einiges andere zu bewirken habe.

Weniger angenehm verlief Kirchbachs Besuch bei Herrn Johann Gottlieb Goerner am folgenden Tage. Sobald der Herr Universitäts-Musikdirektor nämlich von den Plänen des Herrn von Kirchbach und der Zustimmung der Universität erfahren hatte, war er ins Rektorat geeilt, um gegen alle getroffenen Abmachungen auf das entschiedenste zu protestieren. Wenn schon eine Trauerfeier in der Paulinerkirche stattfinden solle, so sei er der für die Musik zuständige Musikdirektor – allen Erlässen des Königs und Kurfürsten zum Trotz –, zuständig jedenfalls für alle Kirchenmusiken außer an den hohen Festtagen.

Nun war es an Kirchbach, den höchst erregten Director musices an der Universitätskirche zu besänftigen. Er hatte jedoch wenig Erfolg.

»Nein, nein, mein verehrter Herr von Kirchbach, Ihnen bleibt allein die Aufgabe, den Auftrag der Komposition an Herrn Bach sogleich zurückzuziehen und ihn an mich zu richten.«

»Aber der Herr Professor Gottsched hat mir auf das Bestimmteste zugestimmt, als ich ihm den Herrn Thomaskantor als Compositeur seiner Ode vorschlug.«

»Eure Vereinbarungen mit dem Herrn Professor können mich gar nicht berühren; zumal mir durch Eure willkürlichen Unternehmungen nicht allein ein mir zustehendes Honorar entgehen sollte, als vielmehr auch ansonsten Umstände sich ergeben könnten, die die Belange meines Amtes beeinträchtigen würden. Nein, nein, Herr von Kirchbach, ich bestehe auf meinen Rechten.«

Da sich nun der Herr Universitäts-Musikdirektor Johann Gottlieb Goerner allen Versuchen gegenüber, ihn zu einem Einlenken zu bewegen, unzugänglich zeigte, hatte Hans Carl von Kirchbach, Studiosus und Kavalier der Leipziger Adelsgesellschaft, nichts anderes zu tun, als seinerseits in entschiedene Opposition zu gehen, um so mehr, als ihn nun auch das Konzil der Universität bedrängte, er möge zum wenigsten Herrn Goerner die Leitung der Aufführung übertragen, wenn er schon auf Herrn Bachs Komposition nicht verzichten wollte.

»Hochedle und Hochweise Herren Dekane, so bleibt mir also nichts anderes zu entscheiden übrig, als auf die Durchführung meines Vorhabens der Euch erklärten Trauer- und Gedächtnisfeier auf die verewigte Königin und Churfürstin zu verzichten und die Gründe dieses meines Verzichts dem Dresdener Hofe mitzuteilen.«

Das aber entschied den weiteren Lauf der Dinge.

Man bedeutete Goernern, sich mit einer Entschädigung von 12 Talern zufriedenzugeben, und ermahnte Bach, künftig die Vorrechte des Universitäts-Musikdirektors zu achten und keine neuen musikalischen Aufträge für Musiken in der Paulinerkirche, es sei denn für die hohen Festtage, anzunehmen.

Man sandte also den Universitätsschreiber, Aktuarius Moritz Christian Eberhardt, mit einem entsprechenden Revers in die Thomasschule. Es war um die Mittagszeit, so daß der Herr Thomaskantor den Besuch als eine ungebührliche Belästigung empfinden mußte. Nach einem kurzen Blick auf den ihm von Eberhardt vorgelegten Revers komplimentierte er den unerwarteten Besucher mit sehr erhobener Stimme und dem vollen Pathos einer Zornesarie zum Tore hinaus.

»Was denken sich die Herren – ›daß solches zu keiner Konsequenz gereiche‹ – da hätte ich viel zu tun, an dergleichen mich zu erinnern!«

Damit war der Fall für ihn ein für allemal erledigt.

Am 15. Oktober war die Komposition beendet, bereits zwei Tage darauf konnte die Trauerfeier stattfinden.

Nur wenige Tage danach, am 1. November, starb, einen Tag nach seiner Geburt, Ernestus Andreas Bach, das jüngste Söhnlein Johann Sebastians und Anna Magdalenas.

24.

Das neue Jahr 1728 begann wie das vergangene heiter und schien viel Schönes und Gutes zu versprechen.

Am 5. Januar, einem Montag und dem letzten Tage der Landestrauer, die im Kurfürstentum Sachsen keinerlei Musizieren erlaubte, fuhr man, wiederum zu einem Hofkonzert eingeladen, nach Cöthen, diesmal begleitet von den drei ältesten: Catharina Dorothea, Friedemann und Philipp Emanuel, und sah sich wiederum mit der alten Herzlichkeit empfangen. Während die Jungen nach Herzenslust in der Stadt herumstreiften, alte Freunde aus der gemeinsamen Schulzeit aufsuchten, aber auch, ohne daß sie die Alten dazu aufgefordert hätten, das Grab der Mutter besuchten, gab es im Schloß viel zu musizieren, Altbekanntes und das Neueste: die Partiten Nr. 2–4, die Bach dem fürstlichen Freunde in schönen Notenstichen überreichen konnte.

Die Rückfahrt wurde in Halle unterbrochen. Trötschel war nicht wenig überrascht, als ihm Bach bedeutete, er solle, nachdem er die Pferde in der Postei hätte ausruhen lassen, sogleich nach Cöthen zurückfahren.

»Aber Herr Hofkapellmeister, ich habe doch ausdrückliche Order seiner Durchlaucht . . .«

»Laßt nur, ich hatte uns schon auf der Herfahrt die Plätze in der Eilpost nach Leipzig bestellt. Wir wollen uns nämlich erst noch eine Weile in Halle umsehen. Also denn, lieber Trötschel, adio und alles Gute weiterhin!«

Mit einem blanken Taler – aus der reichen Konzert-Dotation der fürstlichen Rentkasse – erschütterte er den verblüfften Fürstlich Cöthenschen Hof- und Leibkutscher nun noch vollends.

Die Kinder aber und Anna Magdalena führte Bach über den Marktplatz zur Marienkirche und zum Geburtshause Georg Friedrich Händels, ohne allerdings diesmal einzutreten. Man gönnte sich vor der Rückfahrt nach Leipzig noch ein gutes Mittagsmahl und konnte also auch innerlich aufgewärmt in die Pelzdecken des Postwagens kriechen, um endlich vor dem Leipziger Rathause trotz kalter Nase und kalten Ohren fröhlich aus dem Wagen zu steigen.

Im Kantorenheim gab es großen Jubel der Kleinsten beim Wiedersehen und über das Mitgebrachte.

»Ich habe oft darüber nachgedacht«, sinnierte Johann Sebastian, »und gerade heute wieder auf der Rückfahrt, ob wir uns nicht wieder nach Cöthen zurückwünschen sollten. Aber es ist doch vieles ganz anders geworden, nicht dort, nicht beim Leopold, aber mit mir und in mir. Ich fühle es, mich hält die größere Pflicht – hier auf dem Chore, vor der Gemeinde, und ich habe ihr noch so viel zu sagen . . ., vielleicht das Beste, was mir zu sagen aufgegeben ist. Also – zunächst und zudem erfreuen wir uns der vergnügten Pleißenstadt! So wenigstens hat mir Henrici die Rückkehr nach Leipzig schmackhaft gemacht, wenn ich sein neues Hochzeitscarmen für die ›angenehme Hemplin‹ und ihren Heinrich Wolff lese. Da höre nur:

›Sei willkommen, vergnügte Pleißenstadt!
Dein Blühen wächst und glänzt vor allen.
Wer seine Lust an deiner Schönheit hat,
wird deiner Gegend niemals satt,
dem kann es nirgends mehr gefallen!

Ihr Städte, die man in der Welt
vor weit berühmt und auserlesen hält.
Kommt, eilt herbei
und sagt, ob Leipzig nicht ein Sonnenlicht
und jener Glanz ein schwaches Sternlicht sei.‹

Und das, liebe Anna Magdalena, Leipziger Kantorenliebste, soll ich nun in Musik setzen!«

25.

Der Thomas-Kantor saß an einem der ersten Maitage vor einem noch unbeschriebenen Notenblatt.

»Das Wort sie sollen lassen stahn . . . Das Wort!« Es behagte ihm gar nicht, wenn Neumeister mit seinen Poesien über unsere Evangelien gar zu viele Nachahmer fand. Und nun wieder der Henrici! »Ich halte mich an das Wort, und mein Evangelist sollte viel eher vom Altar aus die Worte des Evangeliums verkünden, in dem ihm gemäßen Rezitationston der Alten und nicht im Madrigalton der opera seria, und das Vollkommenste wäre, wenn wir Prediger in der Kirche hätten, die selbst am Altar die Worte des Evangelisten singen würden.«

Kurz darauf zeichnete er die ersten Noten aufs Papier.

Als er seine erste Notierung gar noch vor sich hinsang, hatte ihn Anna Magdalena, die gerade vom Einkauf aus der Stadt zurückkam, vor den Fenstern gehört und war nun leise in das Arbeitszimmer ihres Sebastian eingetreten.

»Du bist über einer neuen Musik?«

»Am Anfang einer herrlichen Arbeit, über alle Maßen groß und gewaltig in Thema und Aufgabe, erschütternd und voller Segen . . . Sieh, da hatte mir schon vor langem der Henrici eine Passion nach Matthäus ins Haus geschickt.

Ich habe sie mir nach dem Karfreitag vorgenommen und sie ein paar Mal gelesen. Er hat – wenn ich die Verse ausnehme, die er für den Evangelisten schrieb, übrigens ganz nach Neumeisters Beispiel – manche schöne Betrachtungen eingefügt. Er hat mir zu sehen erlaubt, welches kostbare Geschenk uns der Evangelist Matthäus in seinen Worten hinterlassen hat. Was er uns so liebevoll berichtet, hat mir bisher, ohne daß ich es bedachte, gefehlt: das Abendmahl des Herrn mit seinen Jüngern – Gethsemane – seine Nähe bis zu den letzten Worten am Kreuz. Das alles drängt mich zur Arbeit, und ich habe auch schon die besten Verse Henricis aus seinen ›Erbaulichen Gedanken‹ ausgewählt. Wenn du sie hören willst, so will ich sie dir gern heut nach unserm Abendmahl vorlesen.«

Am Abend erlebte als erste seiner Hörer Anna Magdalena die Entstehung eines neuen Werkes mit Worten des Evangeliums nach Matthäus und in den Poesien des Herrn Henrici, alias Picander dictus.

Bach las, ja sang die von ihm ausgewählten Henrici-Verse, von ihnen zu ersten Melodiewendungen angeregt, während er sie gleichzeitig am Cembalo mit einigen Akkorden begleitete.

Seine erste Auswahl galt ihm als endgültig, so der Eingangschor »Kommt, ihr Töchter, helft mir klagen« und die Strophen zu den Leidensstunden des Herrn. Er las sie Anna Magdalena vor, eine nach der andern: »O Schmerz, hier zittert das gequälte Herz« – »Erbarme dich, mein Gott, um meiner Zähren willen« – »Aus Liebe will mein Heiland sterben« – »Erbarm es Gott, hier steht der Heiland angebunden« – »Wir setzen uns mit Tränen nieder«.

»Das ist schön – – –, wunderschön, Sebastian!«

»Nun mag er kommen, der Herr Poeta, daß wir gemeinsam eine neue Passion entwerfen. Sie soll die Herzen aller, die sie hören werden, für immer erfüllen mit den Worten der Schrift, dem Geschehen um den Leidenstag und den Klängen, die mir gegeben – eingegeben werden, vom neuen Testament des Herrn und seinem Kreuzesopfer . . .«

26.

»Auf den Grünen Donnerstag und Karfreitag, was ist Euch da eingefallen, verehrter Poeta!«

»Es ließe sich darüber miteinander reden, ob wir meinen Text amputieren wollen, auf den Karfreitag allein.«

»Nein, nein, ich habe nicht Bedenken, als vielmehr meine Bewunderung ausdrücken wollen, ja, beinahe schon die freudige Zustimmung, die mich für Euren Passionstext erfüllte beim Anblick all der Möglichkeiten, die er uns aufgibt! Das ganze Geschehen, von den ungetrübten, noch immer ahnungslosen, heiteren Jüngern, ahnungslos in der Gesellschaft mit Jesus, vom Abend des gemeinsamen Mahles, dem Weg in den Garten Gethsemane bis zum unfaßbar unbegreiflichen Verrat eines der Jünger, mir rätselhaft undeutbar, bis zum folgenden Tage des Leides. – Kommt einmal herüber, lieber Henrici, in die Thomana, ich will Euch dazu noch ein weiteres für unsere Passion zeigen.«

Im Kirchenraum von St. Thomas deutete Bach mit einer kurzen Armbewegung auf die beiden Emporen an der Ost- und der Westwand der Kirche, und da ihn Henrici fragend anschaute, weil er nicht begriff, setzte Bach mit mächtigem Stimmaufwand seinen Poeten in noch größeres Erstaunen:

»Kommt, ihr Töchter, helft mir klagen« – und dabei dirigierte er gleichsam den Chor auf der großen Empore – »sehet den Bräutigam, seht ihn als wie ein Lamm!« – und danach mit einem geringeren Stimmaufwand und dabei einer zweiten imaginären Chorgruppe auf der anderen Empore den Einsatz gebend: »Wen? Wie? Wen? Wie?«

»Versteht Ihr nun, was mir vorschwebt? Welche Anschaulichkeit: im Evangelium, in Eurer Poesie, in der Musik und in der Darstellung! Welche Wirkungen! Wir werden uns schon bald zusammensetzen und unser gemeinsames Werk ausführen. Laßt mich noch einige Zeit mit Euren ›Erbaulichen Gedanken‹ umgehen, bis wir das Beste aus ihnen auswählen.«

27.

Es gab wieder einmal Ärger und Aufregung. Gerade hatte der Thomaskantor am 30. des August in seiner Musik zum Ratswechsel des Jahres 1728 »Heil und Segen« für die »geliebte Lindenstadt« singen lassen, als ihm nur wenige Tage danach der Ehrenwerte und Hochweise Herr Magister und stellvertretende

Subdiakon an St. Nicolai vor Beginn des Gottesdienstes eröffnete, daß er von nun an nicht nur gelegentlich in einer Vesper-Predigt, sondern für die kommende Zeit in aller Regelmäßigkeit die Auswahl der Gemeindelieder selbst bestimmen werde, wie es ja an anderen Orten durchaus der Brauch sei.

»Ja, gewiß, an anderen Orten, aber niemalen und keineswegs in den Leipziger Gotteshäusern, Herr Subdiakon . . .«

». . . ich muß doch bitten, mich mit meinem Magistertitel anzusprechen, Herr Kantor . . .«

». . . Director musices und Hofkapellmeister, Herr Magister Gaudlitz! Wollen also Herr Magister wohlgeneigt beachten, daß mir, dem Directore musices der Stadt Leipzig, das verbriefte und wohlbedacht verordnete Recht zusteht, die Auswahl der geistlichen Gesänge vor und nach der Predigt in jedem Falle allein zu treffen.«

»Wir werden die verbrieften Rechte, wie Ihr sie nennt, Herr Kantor et Director musices, von nun ab im Konsens mit dem hohen Konsistorium also neu zu formulieren haben, und bis dahin . . .«

». . . bleibt es bei den bisherigen Gebräuchen, Herr Magister et Subdiaconus an St. Nicolai! Ergebenster Diener.«

Die erregte Unterredung hatte zur Folge, daß Gaudlitz dem Konsistorium in Leipzig am 7. September 1728 eine geharnischte Eingabe zustellte, mit folgendem Wortlaut:

»Es ist ungefähr vor Jahresfrist geschehen, daß ich mit Vorbewußt Ihro Magnif. des Herrn Superintendenten und Einwilligung des Herrn Cantoris ein der reinen Evangelischen Wahrheit gemäßes Lied in meiner ordentlichen Vesper-Predigt anzugeben den Anfang gemacht, und bis daher also fortgefahren.

Nachdem aber obgedachter H. Cantor unter dem eitelen Vorwand, daß Er seinen Successoribus nichts vergäbe, solches ferner nicht leiden will: Als sehe mich genötiget, zu Ew. Magnif. und Hoch Edl. Herren meine Zuflucht zu nehmen, und zu bitten, daß Sie hochgeneigt geruhen wollen, mir bei diesem allein Zur Ehre Gottes abzielenden Vornehmen die Hand zu bieten, und mir dasjenige zu verstatten, was nicht nur andern meinen HochgeEhrtesten Herren Collegen, wie auch denen Herren LandPredigern bei Circulations-Predigten, ja jedem privato bei Copulationen und Leichen-Predigten erlaubt ist. Ich versehe mich hochgeneigter Willfahrung. Gott aber, dessen Ruhm gesuchet wird, wird es vergelten, der ich im übrigen mit aller Devotion und Respect verharre

E. Magnif. und HochEdlen
Herren
gebet und dienstschuldig
M. Gotlieb Gaudlitz.«

Eine Abschrift erhielt der »obgedachte Herr Kantor« in der unglückseligsten Zeit einer bedrohlich schweren Erkrankung seines dreijährigen Söhnchens Christian Gottlieb, deren erhoffte Besserung nicht eintreten wollte, so daß man das Bitterste bereits befürchten mußte.

So hatte der schwer besorgte Vater dem Konsistorium zu antworten. Da eine von ihm nachgesuchte Unterredung mit dem Superintendenten von St. Nicolai zu keiner Lösung des Konfliktes führte, ja Deyling ihm auf die Anweisung des Konsistoriums hin aufgab, den Wünschen des Herrn Subdiakon Gaudlitz nachzugeben, reichte Bach am 20. September eine wohldurchdachte Entgegnung zwar nicht an das Konsistorium, sondern vielmehr an den Rat der Stadt unmittelbar ein, ». . . mit untertänigen Bitten, mich bei den bisherigen üblichen Gebräuchen der Lieder und deren Anordnung Hochgeneigt zu schützen. Wofür lebenslang verharre E. Magnif. HochEdlgeb. und HochEdl. Herrl. gehorsamster.«

Christian Gottlieb starb am folgenden Tage, dem 21. September, und wurde am 22. September zu Grabe getragen.

Allein die Erwartung der sich für die allernächsten Tage ankündigenden Niederkunft Anna Magdalenas vermochte die Enttäuschungen im Amt und die Trauer um den heimgegangenen Liebling der Familie um ein weniges überstehen zu helfen.

Am 10. Oktober erhielt die Jüngste der Bache, ein urgesundes, kräftiges kleines Wesen, in der heiligen Taufe die Namen Regina Johanna.

28.

Am 20. des November 1728 traf im Thomasschulheim ein mit schwarzen Siegeln verschlossenes Schreiben des Cöthener Hofmarschallamtes ein. Anna Magdalena übergab es ihrem Eheliebsten in dessen Arbeitszimmer, besorgt fragend, was er wohl aus Cöthen erwarte, ob eine neue Einladung gar, die zwar nicht zu den schwarzen Siegeln passe, die man aber wohl noch nach dem frühen Tod des jungen Erbprinzen in Gebrauch habe. Bach öffnete die Siegel behutsam, ein wenig erregt, entfaltete das Schreiben und starrte eine Zeitlang unbeweglich, ausdruckslos, wie gebannt auf dessen Inhalt. Erst nach einer Weile vernahm Anna Magdalena fast unhörbare Worte.

»Es ist unmöglich –, undenkbar –, es ist unfaßbar –« und zu Anna Magdalena gewandt: »Leopold – –« Die Stimme versagte ihm.

»Was ist mit Leopold?«

Bach hielt ihr das Schreiben entgegen. »Lies es selbst . . .«

»Das Fürstliche Hofmarschallamt zu Anhalt-Cöthen hat die traurige Pflicht, von dem unerwarteten Hinscheiden Seiner Hochfürstlichen Durchlaucht, des Fürsten Leopold von Anhalt-Cöthen in tiefster Erschütterung hierdurch eine erste Nachricht bekannt zu geben . . .«

Sie las und las wieder, bis die Tränen das Gelesene undeutlich machten. Endlich gab sie das Schreiben ihrem Sebastian zurück:

»Wir müssen sogleich nach Cöthen reisen?«

»Nein, Annelene; du hast nicht zu Ende gelesen. Der Hof wünscht während der Landestrauer keine Besuche. Zu einer Trauerfeier soll erst im nächsten Jahr eingeladen werden. Lies hier das Schreiben, das uns der Zanthier beigelegt hat«:

»Sie werden, lieber Herr Hofkapellmeister, zu der für März des kommenden Jahres vorgesehenen Gedächtnisfeier, wie ich annehmen darf, die Trauermusik ausführen. Der Auftrag hierzu wird Ihnen vom Hofmarschallamte noch zugesandt werden. Trauern Sie mit uns, lieber Bach, um unsern geliebten Freund!« –

Es war für Bach eine doppelt schwere Aufgabe; der Verlust des verehrungswürdigsten, liebenswertesten und treuesten Freundes mußte ihm jeden Entschluß, die Arbeit an der Trauermusik zu beginnen, lähmen, und zudem hatte ihn die Arbeit an seinem großen Plane, der Passion in der Sprache des Evangeliums nach Matthäus und mit den Texten Henricis, wozu er bereits eine recht beträchtliche Anzahl von Teilen hatte ausführen können, so völlig beschäftigt, und sie würde ihn wohl auch weiterhin nicht frei lassen, so daß er in seiner gleichermaßen seelischen Betrübnis wie schöpferischen Bedrängnis keinen anderen Ausweg sah, als seine zwiespältigen Gefühle Henrici zu offenbaren und sich mit ihm zu beraten, wie und wann man gemeinsam eine Trauermusik, würdig einem so edlen Manne, schaffen könne.

Henrici überdachte die Vorstellungen, die Bach ihm von dem Widerstreit seiner Empfindungen und Überlegungen gemacht hatte, sehr schnell. Sein Vorschlag war ebenso überraschend wie überzeugend:

»Wählt aus Euren Trauermusiken früherer Jahre das Schönste und Innigste aus und laßt es mich neu textieren nach Euren Erinnerungen an den verehrten Regenten und Freund, wie Ihr sie mir oft erzähltet.«

»Das ergäbe eine schöne Pasticcio, einen Salat unterschiedlicher Früchte von Kraut und Rüben und kostbaren Granat-Äpfeln, wie es der selige Kuhnau zu nennen beliebte. Dem Cöthener Freunde habe ich das Beste nachzusenden, was ich je vermocht oder noch werde schaffen können.«

Nach kurzem Nachdenken fuhr er fort: »Trotzdem – Ihr habt mir einen guten Weg aufgezeigt. Seht – da liegt die Niederschrift der schönen Schlußpoesie eurer Passion bereits in Musik gesetzt. Ich will sie euch vorspielen und wünschte, die liebevollen Empfindungen, die Wehmut und das Gedenken im Text und in der Musik auch noch über dieses frische Grab hinaus lebendig erhalten zu können, während wir unsere Blicke hinab auf den geliebten Toten senken.

Und Ihr, Henrici, werdet etwas ihm Gleichendes ersinnen.«

Henrici war wie gebannt. »So lassen Sie es mich noch einmal hören!«

Beim erneuten Aufklingen der Melodie kamen ihm erste Versuche, in Sprache zu bringen, was Bach in seiner großen Trauer empfand. »Ich kann mich nicht aus dem Passionsgeschehen lösen, ich müßte alles verlieren, was mich erfüllt. Ihr seid, lieber Henrici, ein guter Musiker und vortrefflicher Cembalist. Ich übergebe Euch heute, was ich – außer dem Schlußgesang – noch für geeignet halte, daß es am Grabe des hohen Verewigten musiziert werde. Wir haben, wie mich das Hofmarschallamt wissen ließ, zwei Gedenkfeiern vorzubereiten, die eine in der Nacht vom 23. auf den 24. März für die Beisetzung in der Fürstengruft, die andere am folgenden Tage, also dem 24. März, zur Gedächtnispredigt. – Für die nächtliche Feier in St. Jacob, vor der Fürstengruft also, werde ich Euch morgen die ausgewählten Teile in die Burgstraße bringen, wenn Ihr mich bei Euch gegen Abend erwarten wolltet. Heute versucht Euch am Schlußchor.«

»Aber woher wollt Ihr die Instrumentalisten nehmen, wenn Ihr schon Eure Alumnen für den Chor auswählen müßt?«

»Das soll Eure Sorge nicht sein. Der Hof in Cöthen hat eigene gute Musiker, die man, wie ich dem Hofe empfehlen werde, zudem aus Halle, Zerbst und Merseburg, vielleicht auch aus Dessau und Güsten ergänzen wird.«

Am folgenden Tage übergab Bach Henrici vier ausgewählte Teile seiner Passionsmusik, jeweils zwei vor und nach der Predigt zur Beisetzung, so die beiden Arien »Buß und Reu . . .« und »Blute nur, du liebes Herze . . .«; das Alt-Solo »Erbarme dich, mein Gott, um meiner Zähren willen« und das Sopran-Solo »Aus Liebe will mein Heiland sterben«, die Henrici zu eigenen neuen Texten anregten.

29.

Im Schloß Neu-Augustusburg zu Weißenfels gab es in den letzten Februartagen des Jahres 1729 wieder einmal ausgedehnte Feste zur Feier des Geburtstages von Herzog Christian. Dem gesamten Stab der Bediensteten, vom Kammerdiener bis zum Oberhofkoch, von den Musikern bis zu dem Stallmeister und den Leibkutschern, gönnten der Herzog und seine mehr als vierzig höchsten und allerhöchsten Gäste aus den nahen und ferneren Höfen kaum einen Augenblick des Verschnaufens, bis am Geburtstage selbst, dem 23.

Februar, die Abendmusik unter der Leitung Bachs für eine Stunde selbst die eifrigsten Lakaien auf den Gängen hinter den Türen zu aufmerksamen Lauschern verzauberte.

Es gab – auf des Herzogs Wunsch – noch einmal, wie vor genau sechzehn Jahren, eine Aufführung von Bachs heiterer opera von den Jagdfreuden der Göttin Diana, mit ihren zärtlichen Liebesarien und schließlich auch mit der Huldigung, die Dichter und Komponist dem Durchlauchtigsten Regenten darbrachten.

Nach der Aufführung der opera, die wieder, wie einst, von den Sängern in antiken Kostümen – jedoch so, wie das Barock sie verstand – dargestellt wurde, hatte Bach aus der Hand des Herzogs ein höchst kunstvoll ausgefertigtes Blatt zu empfangen, das ihm bekundete und beurkundete, daß der Herzog ihn zum »Herzoglich Sachsen-Weißenfelsischen Hofkapellmeister von Haus aus« zu ernennen geruht habe.

»Mein lieber Herr Hofkapellmeister – diese Eure Ernennung zu einem Mitglied Unseres Hofes haben Wir beschlossen, nachdem mit dem Heimgang Unseres lieben Vetters Leopold Eure Bindung an den Cöthener Hof und damit Euer Titel als Fürstlich Anhalt-Cöthenscher Hofkapellmeister erloschen ist. Seid versichert, daß Wir Euch ohne Euren Anhaltinischen Titel längst mit dem Unseres Hofes ausgezeichnet hätten.«

Das war allerdings eine in jener Zeit ungewohnt lange Ansprache eines Herzogs an einen Musiker. Aber der Durchlauchtigste Christian war sehr wohl davon unterrichtet, wie huldvoll man seinem neuen Hofkapellmeister gerade auch in Dresden gesonnen war.

30.

Das Kostbarste also – seine tiefe Versenkung in das Liebesopfer seines Herrn und Heilands und dessen Verkündigung – erklang nun in ausgewählten Teilen zuerst in seinem geliebten Cöthen. Wie abgesprochen, hatte Henrici die von Bach ausgewählten Arien neu textiert, die für die Musik vor der Predigt und die danach. Sie richteten sich an den toten Freund und an Den, dessen Barmherzigkeit dieser von vielen beweinte Fürst nun anvertraut war.

Auf der Heimfahrt am folgenden 25. März sang Bach, den Blick weit in die Ferne gerichtet, noch einmal die Worte des neu gedichteten Recitativs: »Bleibet nun in eurer Ruh . . .«

Die Leipziger städtische Verwaltung hatte den Thomanern des Chorus primus zur Teilnahme an den Trauerfeiern in Würdigung des hohen Verstorbenen Reiseerlaubnis erteilt – zudem gab es ohnehin in den Leipziger Kirchen zwischen Invocavit und Palmarum keine Figuralmusik – und einen Reisewagen bewilligt. Die jungen Sänger folgten nun auf der Heimreise gern der Anregung Friedemanns, die Cöthener Chorsätze wieder auf die Passionstexte anzustimmen. So mochte die im übrigen nicht immer reizvolle Fahrt durch das flache Ackerland zwischen Cöthen, Halle und Leipzig doch noch einigermaßen angenehm verlaufen.

31.

In den beiden letzten Proben vor dem Karfreitag sollten die Choralsätze, die Bach zu den Evangelientexten ausgewählt hatte, mit den Thomanern gesungen werden. Er hatte seinen Poeten eingeladen, den Proben beizuwohnen, da er sein Urteil über die Auswahl der Kirchenlieder zu hören wünschte.

»Der Herr Subdiakon und Magister Gaudlitz sollte sich ein Beispiel nehmen, wie und wann oder auch wozu man Choräle auszuwählen hat; ich will es ihm in unserer Passion vorführen. Und Ihr, lieber Henrici, werdet es heute mit meinen Thomanern gemeinsam erfahren. Also kommt, laßt uns mit Probe und Instruction beginnen!«

Bach hatte zu dieser Choralprobe auch eine Streichergruppe von vier Instrumentalisten zur Verfügung, also 2 Violinen für die Sopran- und die Altstimmen, eine Viola und ein Violoncell für die Tenor- und Baßstimmen, deren Spiel die Sänger stützen sollten.

»Wenn wir heute unsere Choräle, die ich eigens für die Passion neu gesetzt habe, durchsingen werden, so sollt ihr bei jedem einzelnen Choral erkennen, welche Absicht ich mit ihm verfolge, ich möchte sagen: wie ein jeder Satz aus dem Evangelium selbst hervorwächst, oder noch anders gesagt: Was ihr, die Sänger, als die Gemeinde und für diese dem Evangelium antworten werdet. Ihr seid also mit eurem Choralsingen selbst die Gemeinde, die gläubig an dem Geschehen, wie es uns der Evangelist Matthäus berichtet hat, Anteil nimmt. Also laßt uns beginnen, damit es euch noch klarer werde als durch meine Worte!«

Er öffnete das Cembalo und schlug einen ersten Accord an. Der Schüler, dem er die Aufgabe des Evangelisten übertragen hatte, begann:

»Da Jesus diese Rede vollendet hatte, sprach er zu seinen Jüngern.«

Bach gab den Instrumentalisten das Zeichen zum Einsatz, und gleichzeitig erhob sich der für die Stimme Jesu ausgewählte Sänger und begann:

»Ihr wisset, daß nach zween Tagen Ostern wird und des Menschen Sohn wird überantwortet werden, daß er gekreuzigt werde . . .«

Bach: »Was also habt ihr – die Jünger des Herrn –, was hast du, liebe Gemeinde, zu sagen?«

Auf sein Zeichen setzten Chor und Instrumente zum ersten Choral ein:

»Herzliebster Jesus, was hast du verbrochen?«

Vor dem zweiten Choral ließ Bach wiederum Evangelisten und Jesusstimme einsetzen:

Jesus: »Wahrlich, ich sage euch: Einer unter euch wird mich verraten.«

Evangelist: »Und sie wurden sehr betrübt und huben an, ein jeglicher unter ihnen, und sagten zu ihm:«

Und Bach fuhr allein mit den Stimmen der Jünger fort:

»Herr, bin ich's . . ., bin ich's . . .?«

»Nun fragt euch selbst . . . und antwortet!«

Die Thomaner fühlten sehr wohl die Bedeutung des Choraltextes, den sie wie von selbst mit gehaltenen, kaum hörbaren und ebendeshalb so ausdrucksvollen Stimmen einsetzten:

»*Ich* bin's, *ich* sollte büßen . . .«

Und so führte Bach von Choral zu Choral, wobei seine jungen Thomaner in immer stärkere innere Teilnahme gerieten, die sich zu Erschütterungen im Ausdruck ihrer Stimmen steigerten von »Ich will hier bei dir stehen . . .« zu: »Wer hat dich so geschlagen . . .« und endlich zu dem schmerzensreichen Choral »O Haupt voll Blut und Wunden . . .«, den Bach durch die Evangelistenworte einleiten ließ:

». . . und flochten eine Dornenkrone und setzten sie auf sein Haupt . . . und spotteten ihn und sprachen: ›Gegrüßet seist du, Judenkönig!‹ und speieten ihn an und nahmen das Rohr und schlugen damit sein Haupt.«

Bach unterbrach die Stille nach dem Choral:

»Das mag für heute sein Genüge haben. Ich fühle es, wie ihr ganz von selbst erkannt habt, daß ihr nicht zu einem Konzert oder einer Figuralmusik gehen werdet. Laßt uns also gemeinsam an der Geschichte teilnehmen, die da geschehen ist; ihr werdet dabei sein, und ihr werdet, wenn des Heilands Stimme spricht, ihn auch erleben, wie ich ihn erlebte, als ich ihn in den Klängen vernahm, die nur und allein von ihm und durch ihn aufleuchten.«

Als Henrici sich vor der Tür des Schulgebäudes von Bach verabschiedete, umarmte er ihn mit der ganzen Herzlichkeit seiner Freundschaft, im Gefühl der eigenen Ergriffenheit vor den Wundern, die er heute wieder, wie schon so oft, vor den Klängen der »Passio Domini nostri Jesu Christi secundum Evangelistam Matthaeus« erlebt hatte.

»Meinen Dank, verehrter Freund, habe ich euch heute in einer mir eigentümlichen Form auszudrücken.« Mit diesen Worten überreichte Henrici seinem großen Freunde das erste gedruckte Exemplar seiner neuen Kantatensammlung. »Lest zunächst das Vorwort.«

Er las es zu Hause seiner Anna Magdalena noch einmal vor:

»Gott zu ehren, dem Verlangen guter Freunde zur Folge und vieler Andacht zur Beförderung habe ich mich entschlossen, gegenwärtige Kantaten zu verfertigen. Ich habe solches Vorhaben desto lieber unternommen, weil ich mir schmeicheln darf, daß vielleicht der Mangel der poetischen Anmut durch die Lieblichkeit des unvergleichlichen Herrn Capell-Meisters, *Bachs*, dürfte ersetzet und seine Lieder in den Haupt-Kirchen des andächtigen Leipzigs angestimmet werden.«

32.

Kommt man von der Thomaskirche über den Marktplatz zu den Arkaden des Rathauses, so gelangt man mit wenigen Schritten in die Catharinenstraße, in der man an den Freitagabenden von acht bis zehn Uhr das berühmte Zimmermannsche Caffee-Haus besuchen wird, um hier die Musiken des ebenso berühmten Collegium musicum, einer Gründung des jungen Studiosus Georg

Das Zimmermannsche Caffee im Örtelischen Haus des »Collegium musicum«

Philipp Telemann aus dem Jahre 1702, neben einer guten Schale Kaffee zu genießen.

Es ist Ende März unseres Jahres 1729. Der bisherige Leiter der Musiken, Georg Balthasar Schott, Organist an der Neuen Kirche, hatte sich mit Erfolg um die Kantorstelle in Gotha beworben; seine Übersiedlung stand unmittelbar bevor.

Die Mitglieder des Collegium musicum – Studiosen der verschiedensten Fakultäten und Semester – hatten daher über seinen Nachfolger zu beraten und sich, obwohl eine Wahl ihres Universitäts-Musikdirektors Goerner nahegelegen hätte, für den Thomaskantor entschieden, dessen überragende Persönlichkeit sie nach den in der Paulinerkirche gehaltenen Kirchenmusiken längst erkannt hatten.

Bach hatte die Wahl mit besonderer Freude angenommen. Konnte er zum einen in ihr die Bestätigung seines bisherigen gemeinsamen Musizierens mit einzelnen der jungen Studentenschaft sehen, so erhielt er zum andern mit ihrer Musiziergemeinschaft eine wesentliche Verstärkung seines eigenen, bisher zahlen- wie leistungsmäßig doch recht begrenzten Orchesters, das aus nicht viel mehr als achtzehn Personen, darunter acht Stadt-Pfeifern, im übrigen Thomanern und einigen, allerdings bisher nur ganz vereinzelt wenigen Studenten bestand. Die in wenigen Wochen bevorstehende Aufführung der Matthäus-Passion konnte also in ihrem instrumentalen Teil nun bestens ausgestattet werden.

Es kam noch ein Drittes hinzu, der Wunsch nämlich, sein instrumentales Musizieren nach guter Cöthener Art wieder aufzunehmen, die Cöthener Werke – die Klavier- und Violinkonzerte, die Orchestersuiten, aber auch seine Sonaten für Violinen und für Flöten – auf ihre Gültigkeit zu überprüfen, dazu aber auch Neues zu schaffen, das er nun sogleich erproben konnte.

33.

Über die Ostertage von 1729 hin gab es – auf Spaziergängen und bei den gegenseitigen Festtagsbesuchen – die unterschiedlichsten und auch merkwürdigsten Urteile über die Passionsmusik des Herrn Thomaskantor Bach und seines Textdichters Henrici.

Man verwarf oder lobte die Länge der ausgedehnten Arien, einige sehr vornehme Damen sprachen wieder einmal davon, wie sie geglaubt hätten, in der Dresdener Opern-Komödie zu sitzen, während die Herren Christian Gottlob Eichler, Magister an St. Nicolai, und Stephan Söllner, der Erste Kustos der Neuen Kirche, ganz anderer Meinung waren, daß man nämlich eine echte Exegese des Evangeliums erlebt habe.

»Er ist ein großer Maler, der Herr Kantor«, meinte endlich Dr. Gottlieb Korte, Professor der Rechtswissenschaft, dem Bach zur Antrittsvorlesung, angeregt durch die Studentenschaft, eine Huldigungsmusik komponiert hatte. So wies er seine Freunde auf manche malerischen Beispiele hin. »Denken Sie nur an das Gewittergemälde mit Blitz und Donnergrollen und gar das tremblement de terre und die schöne italienische Belcanto-Melodik:

Das ist Vivaldi – und Poussin oder Claude Lorrain!«

Zu Henrici gewandt, der sich inzwischen ebenfalls eingefunden hatte, meinte Eichler: »Nur eines bleibt mir unverständlich, lieber Herr Henrici. Ihr beginnt die Passion mit dem Wege Jesu Christi nach Golgatha – wohl mit Worten wie ›Seht ihn Holz zum Kreuze selber tragen . . .‹, und plötzlich führt ihr uns zurück auf zwei Tage vor dem Passahfest – von dem Sonnabend also, dem Sabbat der Israeliten, also auf unseren Gründonnerstag.«

»Sehen Sie, verehrter Herr Magister Eichler, das große Werk vom Leidensweg unseres Herrn, von der Gefangennahme bis zur Kreuzigung, bedarf einer Introductio oder Intonatio, oder noch klarer gesagt: eines Prologs, wie ihn das dramma per musica der großen Italiener kennt; denken Sie etwa an Peri und Caccini oder Monteverdi, an die ›Euridice‹ oder ›L'Orfeo‹. Wir haben, der Kantor Bach und ich, mit dem Chorus 1 genau in der gleichen Weise auf das folgende Geschehen hinführen, also sagen wollen: Kommt und seht und hört auch ihr, was da geschehen ist und wie es geschehen konnte! Und danach führen wir euch zurück zum Beginn des Geschehens, zu dem Augenblick, als der Herr seine letzte Ölbergrede beendet hatte.«

34.

»Wir haben, lieber Herr Kantor, bisher neun Abgänger unter den Alumnen, dagegen einige zwanzig und mehr, die als Alumni aufgenommen werden wollen. Ihr habt selbst – und ich stimme dem durchaus zu – die unumgängliche Notwendigkeit betont, bei bevorstehender Besetzung der vacanten Stellen auf solche Anwärter zu achten, die zur Musik und zum Singen geschickt sind. Wir werden also recht sorgfältig zu befinden haben, welche der Knaben die ihnen vorgelegten Examen am besten bestehen werden.«

Johann Heinrich Ernesti, nunmehr im 45. Amtsjahr Rektor der Thomasschule, hatte auch in diesem Jahre noch einmal seinem Kantor die Zustimmung zu einer gewissenhaften Auswahl der Alumnatsbewerber nach ihren musikalischen Anlagen und Fertigkeiten gegeben.

Am Mittwoch, dem 18. Mai 1729 also, wurden nach erfolgten Examinis die Namen der als »geschickt« befundenen Knaben dem Rat der Stadt eingereicht.

Bach war sehr gründlich verfahren und hatte seine Specificationen in mehreren Vorschlägen niedergelegt, die der vom Rate der Stadt amtlich bestellte »Ofseher« der Prüfungen, Dr. Christian Ludwig Stiglitz, weiterleitete.

Zu seinem Erstaunen mußte Bach durch Ernesti erfahren, daß man sich im Rate der Stadt durchaus nicht an die von ihm eingereichten Vorschläge gehalten, sondern die Auswahl der aufzunehmenden Alumnen nach ganz anderen Gesichtspunkten getroffen habe, wobei diesmal die wissenschaftlichen Fähigkeiten der Bewerber den Vorzug vor den musikalischen erhalten hätten. Und dies, obwohl der Herr Dr. Christian Ludwig Stiglitz den Rat der Stadt in einem eigenen Schreiben darauf hingewiesen hatte, »daß der Cantor, zu Bestellung des GottesDienstes, was das Singen anbelangt, in allen 5 Kirchen 44 Knaben nötig habe«.

Bach war empört.

»Dann wird also an eine Wiederholung unserer Passion kaum noch einmal zu denken sein, und unsere Sonntags-Musiken in St. Thomas und Nicolai werden kaum noch mehr aufzuweisen haben als den Gesang der Gemeindechoräle. Was mag wohl in den Köpfen der Räte vorgegangen sein, wenn sie mit ihren Beschlüssen unsere Figuralmusik noch mehr verkümmern, wo diese bisher schon zur Genüge an Schwäche leidet!« Worauf der Rektor Ernesti nicht anders zu antworten wußte als mit einer bedauernden Handbewegung und einem leisen, unmerklichen Kopfschütteln.

Am 16. Oktober 1729 starb Johann Heinrich Ernesti, Rektor der Thomasschule und Professor der Poesie an der Universität Leipzig, im 77. Lebensjahre. Zu den beiden Trauerfeiern am 20. und 24. Oktober, die nacheinander in der Thomaskirche und der Universitätskirche St. Pauli stattfanden, sangen seine Thomaner Bachs doppelchörige Motette »Der Geist hilft unser Schwachheit auf«, und dies in St. Thomas vocaliter, in St. Paulus mit der Unterstützung der Studenten vocaliter et instrumentaliter.

35.

Georg Friedrich Händel hatte auf seiner neuen Reise von London aus nach Italien über Brügge, Antwerpen, Kassel, Merseburg wieder einmal kurz in Halle Station gemacht, um noch einmal seine alte Mutter zu sehen. Die Nachricht von der Reise und dem Besuch in Halle hatte man auch in Leipzig ebenso wie in Hamburg und in anderen Städten bis nach Florenz und Neapel bereits Tage zuvor erhalten.

Im Kantorenheim in Leipzig gab es große Aufregung. Der Händel in Halle, und der pater familiae Johann Sebastian krank im Bett festgehalten!

»Friedemann, du wirst nach Halle reisen, sobald wir erfahren, daß Händel dort angekommen ist. Du kennst das Händelhaus von unsrer letzten Cöthener Reise. Du bist ein ansehnlicher Bursche, den man einem so berühmten Manne wohl zusenden kann. Du wirst ihm unsere besten Empfehlungen überbringen und ihn im Namen deiner Eltern einladen, uns in Leipzig zu besuchen, und wirst mich entschuldigen, daß ich ihn nicht selbst in Halle aufsuchen könne. Und noch etwas: Dort liegt einer der neuen Partiten-Stiche. Nimm ihn mit, vielleicht macht es ihm Freude, hineinzusehen.«

So geschah es. Am 29. Juni fuhr Friedemann mit der Frühpost nach Halle und stand zur gebührenden Besuchsstunde rechtzeitig vor dem großen neapolitanischen Londoner Maestro Georg Friedrich Händel in dessen deutscher Geburts-, Studien- und Heimatstadt und überbrachte die Grüße des thüringisch-sächsischen Maestro Giovanni Sebastiano Bach aus Leipzig.

»Der Name Bach ist mir wohlvertraut. Vielleicht werdet Ihr Euch darüber wundern, wie man ihm in London begegnet –, aber mein Freund Mattheson aus Hamburg hat mir mancherlei recht Beachtenswertes von Eurem Vater und seinen Musiken geschrieben; ich erinnere mich ganz deutlich, wie er mir die Orgelkunst Eures Vaters nach dessen Besuch in Hamburg beschrieb, und auch der Telemann soll meinem Hamburger Jugendfreunde Jonny viel über Euren Vater erzählt haben. Ihr seid doch gar der Patensohn des liebenswerten Signor Telemann?«

Friedemann bedauerte, daß er nicht das Glück seines Bruders Philipp Emanuel gehabt habe, der den verehrten Herrn Hofkapellmeister und Musikdirektor Georg Philipp Telemann zum Paten und von ihm einen der Namen, eben Philipp, erhalten habe.

»Dafür seid Ihr heute mein Gast, was Euch hoffentlich eine verlorene Patenschaft vergessen läßt. Leider, mein lieber junger Freund, ist es mir nicht möglich, meine Reise über Leipzig fortzusetzen und dort gar zu verweilen. Ich muß auf dem kürzesten Wege die Fahrt über Naumburg und Gera, wo ich Signor Steffani treffen werde, der mich begleiten will, direkt auf Regensburg fortsetzen und werde erst dort einige Stunden von den Mühseligkeiten der Fahrt ausruhen können. Mein Auftrag drängt mich, da ich nach meiner Rückkehr in London einen ernsten und schweren Kampf gegen die Lästerer der opera seria führen muß. Ihr ahnt ja gar nicht . . .« dabei wandte er sich zu den inzwischen neu hinzugekommenen Besuchern, ». . . mit welcher Niedertracht man die Opernbühne eines Carissimi, des Scarlatti und des Porpora, aber auch des schwierigen, aber dennoch köstlichen Senesino und der Faustina, einer unbezahlbaren Künstlerin, hinabzieht in den Dunstkreis der Fischhändler und Obstverkäufer am Hafen der Themse! Aber wir geben nicht auf!«

Seine riesenhafte, majestätische Gestalt und der harte Blick seiner Augen waren gleichsam die Bestätigung seines Entschlusses und seiner ungebrochenen Kraft.

»Eigentlich die gleiche Natur, wie der Vater«, war Friedemanns Eindruck, »nur scheint es, als habe der Papa zu allem, worin er dem mächtigen Riesen gleicht, außerdem noch seinen Humor«, den er – bei allem Respekt – beim

Händel heute doch vermißt hatte. Aber dafür war der auch allein in seinem London und hatte keine Friedemanns und Emanuels und Dorotheen und Liesgens! Und keine Anna Magdalena!

Doch auch im Leipziger Kantorenheim konnte man den mancherlei Veränderungen und Wechsel im neuen Jahre 1730 nicht immer mit Humor begegnen. Im Gegenteil, es begann mit banger Befürchtung:

Nur wenige Tage sollten dem neugeborenen jüngsten Kinde, einem zarten Mädchen, beschieden sein. Nach ihrer Taufe am Neujahrstage trug man die jüngste Bachin – Christiane Benedicta – am darauffolgenden Mittwoch, dem 4. Januar, zu Grabe, zu den drei Geschwistern, die vor ihr in Leipzig ihre Ruhestätte auf dem Kirchhof von St. Johannis gefunden hatten – neben Christiana Sophia Henrietta, die 1726, Ernestus Andreas, der 1727, und Christian Gottlieb, der 1728 verstorben war.

Nicht ohne Grund sprach man seit langem in der Stadt von den ungesunden und sehr begrenzten Wohnverhältnissen im veralteten Schulgebäude.

37.

Christian Gräbner hatte es nicht versäumen wollen, vor seinem Abschied von der Thomasorgel und seinem Amte als Organist noch einmal das Heim des Kantors aufzusuchen, um ihm – eben zum Abschied – seine Bewunderung, seine Verehrung und seinen Dank für die Jahre des gemeinsamen Musizierens auszusprechen.

»Ihr habt ja nun, verehrter Herr Kantor, für mich einen Nachfolger gewählt, der meine geringen Künste bei weitem übertrifft, wie er es genügend reichlich an St. Nicolai und St. Paulus bewiesen hat.«

»Ihr seid zu bescheiden, lieber Gräbner. Ihr habt mir viel Freude gemacht, mit euren Präludien . . .«

». . . Euren, verehrter Herr Musikdirektor!«

». . . nun ja, auch mit ›meinen‹ Fantasien auf den Manualen; aber ich erinnere mich gern eurer vortrefflichen Toccaten und Choralvorspiele, und ganz besonders eurer unermüdlichen Teilnahme an unseren Proben zu den sonntäglichen Musiken und zu den Passionen. Es war gar nicht so leicht, den richtigen Nachfolger für euch zu finden, und es hat bei den Probespielen mancherlei Aufregungen gegeben. Aber schließlich mußte der junge Scheibe doch vor Goernern weichen. Ich selbst habe den anspruchsvollen, stolzen Herrn Musikdirektor der Universität zur Wahl empfohlen. Er war ja auch Thomaner bis anno 1713 und erwarb sich seit nun doch so etwa vierzehn Jahren genügend Erfahrung und Vermögen zu einem erbaulichen Orgelspiel. Euren Besuch hatte ich erwartet, lieber Gräbner, und habe euch für unser Abschiednehmen ein kleines Zeichen meiner Dankbarkeit und großen Anerkennung vorbereitet.

Da seht – meine neuste musikalische Arbeit für Liebhaber und scheidende Leipziger Orgelmeister . . .«

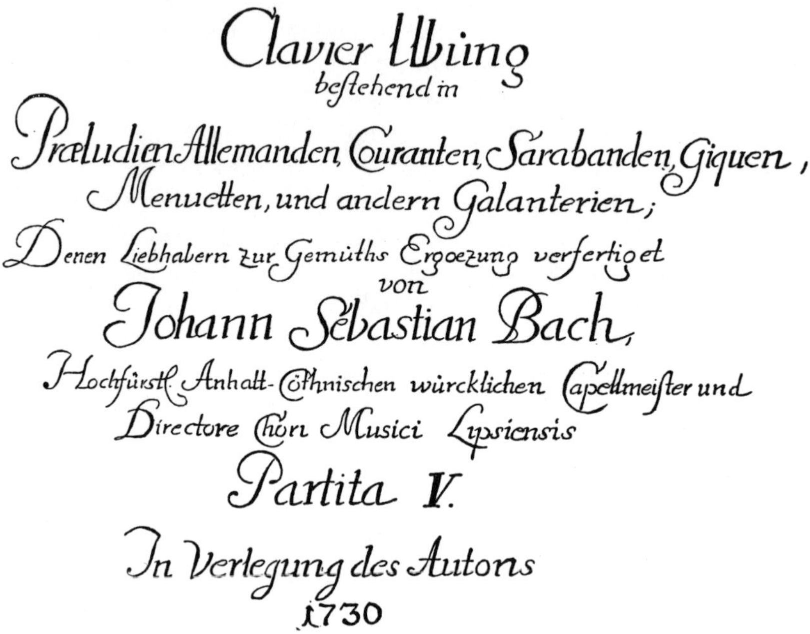
Clavier Ubüng
bestehend in
Præludien, Allemanden, Couranten, Sarabanden, Giquen,
Menuetten, und andern Galanterien;
Denen Liebhabern zur Gemüths Ergoezung verfertiget
von
Johann Sebastian Bach,
Hochfürstl. Anhalt-Cöthnischen würcklichen Capellmeister und
Directore Chori Musici Lipsiensis
Partita V.
In Verlegung des Autoris
1730

Gräbner hielt die neue Partitenausgabe mit beiden Händen vor sich.

»Ein wunderschöner Titel! Ein kostbares Blatt . . .«

»Von mir selbst gestochen, lieber Gräbner.«

»Und der Herr Autor werden mir seinen Namen noch manu propria neben den Titel setzen?«

»Wenn es Euch Freude macht. Hier habt Ihr das Gewünschte manu propria.«

38.

Nach der Singstunde mit seinen jüngsten Scholaren war Bach in einer so heiteren Stimmung zur Mittagstafel heimgekommen, daß es sogar der Anna beim Auftragen der in der Familie beliebten Obstsuppe aus frischgeernteten Beeren auffiel. Nach dem Tischgebet, das heute – es war der 8. Juni – die jüngste am Tisch, Regina Johanna, zu sprechen hatte, erhellte sich die Stimmung des Hausvaters wieder zu einer überraschend ausgelassenen Fröhlichkeit.

»Ich weiß etwas, was keiner von euch weiß und keiner von euch errät. Aber nun laßt es euch erst einmal wohlschmecken.«

Obwohl nun ein aufgeregtes Durcheinander der Stimmen anhob, wehrte Vater Sebastian schmunzelnd und beruhigend alle Fragen ab.

»Wartet nur, bis ihr der Anna beim Abtragen geholfen und euch danach alle miteinander um das Clavicembalo versammelt habt.«

Es gab keine Widerrede mehr. Man löffelte seine Suppe heute doppelt so geschwind wie sonst, wobei man sogar auf den langsamen und deshalb größeren, weil längeren Genuß der köstlichen Leckerei verzichtete, um nur ja so bald als möglich das neue Geheimnis des Herrn Papa zu erfahren.

Während man Schüsseln, Teller und Bestecke abtrug, hatte sich Bach bereits an das Instrument gesetzt, das Klavierbüchlein von Anna Magdalena mit dem Goldschnitt aufgeschlagen und vergnügt die neuen Eintragungen der Besitzerin und der Söhne überflogen. Dann aber begann er gleichsam als Signal und einleitenden Festmarsch mit einem von Philipp Emanuel eingetragenen, geradezu flotten Marsch:

Man hatte sich inzwischen vollzählig eingefunden; rechts und links vom Vater saßen die beiden Ältesten, Friedemann und Philipp Emanuel, zur Seite rechts Anna Magdalena mit der vergnügt zappelnden und strampelnden Regina, zur Seite links Catharina Dorothea mit Elisabeth, deren Geplapper sie nur eindämmen konnte, wenn sie ihr liebevoll das Mündchen verschloß. Gottfried Heinrich saß abseits – still, wie verträumt, in sich versunken, und doch aufmerksam lauschend. Gottfried Bernhard dagegen war in der Küche geblieben, um die Reste aus den Suppenschüsseln auszuschlecken. Der Vater ließ ihn gewähren; bei seiner nächsten Lektion am Klaviere würde er ihm schon ordentlich auf die Finger klopfen, wenn er das Untersetzen der Daumen noch nicht begriffen hätte. Nach dem Spiel einer Polonaise und eines Menuetts eröffnete der Papa endlich seinen neugierig ungeduldigen Zuhörern sein Geheimnis.

»Wißt ihr, wen der hohe Rat der Stadt zum Nachfolger unseres verehrten alten Rektors gewählt hat? Nun – einige von euch werden sich möglicherweise noch seiner erinnern –, du Dorothea gewiß, der Friedemann vielleicht –, aber die Mama kennt ihn wenigstens aus meinen Erzählungen von der Weimarer Zeit. Es ist unser alter Weimarer Freund Johann Matthias Gesner, von dem ich mir ein sehr schönes Wort aus einer seiner Ansprachen im Gedächtnis wohl aufbewahrt habe, daß nämlich die himmlischen Heerscharen mit dem größten

Vergnügen Gottes Lob in ihren Gesängen verkünden; und ich meine mich zu erinnern, daß er dabei an den Doktor Martinus Luther gedacht hat, wie der über und nach Tisch mit seinen Freunden und Tischgenossen musizierte, wie insonderheit ihm seine jungen Söhnlein Martinus und Paulus die Responsoria de tempore nach dem Essen singen mußten und er dabei die wunderbaren Wirkungen der Musica so unübertrefflich beschrieb, wie man es gar nicht schöner sagen kann. Denn die Musica – und das ist nun wirklich vom Doktor Luther – ist ein herrlich und göttlich Geschenk, nicht ein Menschengeschenk. Und nun stimmen wir unsere Musik von neuem an!«

Dann gab es noch eine kleine fröhliche Hausmusik mit den letzten Eintragungen im Klavierbüchlein der Frau Mama, es gab Polonaisen, Menuette und eine Erinnerung sogar an Lüneburg und seinen berühmten Georg Böhm, den nun schon 70jährigen Landsmann aus dem Ohrdrufschen.

Den schönsten Abschluß aber der heiteren Stunde bildete der plötzliche Einfall Bachs, seiner Anna Magdalena eine erst neulich entstandene, ganz für sie geschriebene Melodie vorzuspielen, als Anregung zudem, nun auch die Kinder mit der Vergnügsamkeit vertraut zu machen.

»Ruhig und in sich zufrieden
ist der größte Schatz der Welt . . .«

39.

Nicht ebenso heiter und wohlgelaunt verlief eine andere Zusammenkunft wenige Wochen nach unserer vergnügten Hausmusik im Heime des Thomaskantors.

Sie gehörte zu den regelmäßigen Ratssitzungen der HochEdlen und HochWeisen Herren Hofräte, Stiftsräte und Stadträte unter dem Vorsitz des allerwürdigsten Herrn Konsul Doktor Platz im Sitzungssaal des Rathauses am Marktplatz unseres urbanen Pleiß-Athens.

Auf der vorgesehenen Sitzungsordnung vom 2. August 1730 also stand auch eine ernsthafte Behandlung einzelner Fragen, die Thomasschule und ihr pädagogisches Kollegium betreffend, darunter eine recht dringende Untersuchung der dem Rate gemeldeten Eigenwilligkeiten und Versäumnisse des Kantors.

»Er hat doch recht erstaunliche Beziehungen, dieser Herr Kantor! Da reist er an den Hof nach Cöthen, und der Fürst besucht ihn in Leipzig; er reist an den Hof nach Weißenfels, und man lädt ihn nach Dresden ein an den Hof und in die Häuser der Hofgesellschaft; der Kurfürst ist ihm wohlgesinnt – es muß doch mehr um ihn sein als um einen Kantor, und sei er es auch an unserer berühmten Ecclesia zu St. Thomas!«

So hatte ein Abendgespräch am runden Honoratiorentisch im »Caffeebaum« begonnen, wo sich nach den Mühen des Tages die Herren vom Rat, der

Kirche und der Universität zum Austausch der allgemeinen Ereignisse und der eigenen Erlebnisse gern zusammenfanden, wobei man natürlich auch auf diesen und jenen der Mitbürger, die gerade nicht anwesend waren, zu sprechen kam.

»Nun, nun, Herr Superintendent, dafür trägt er auch das Kinn weit höher, als einem Kantor zusteht.«

Und dem vom HochWeisen Doktor Abraham Gesagten fügte Stadtrat Born hinzu: »Und man sollte auch bedenken, daß seine Reisen, und diese nicht nur zu den Residenzen, sondern zu allerlei Orgelmusiken und Orgelabnahmen in alle möglichen Orte unserer näheren und der weiteren Gegenden nicht ohne nachteiligen Einfluß auf seine Amtspflichten am Ort – in der Schule und in den Kirchen – bleiben müssen.«

»Über seine Kirchenmusiken sollte man sich nicht beklagen, verehrter Herr Stadtrat.«

»Es ist mir zuviel Oper dabei«, meinte Hofrat und Doktor Adrianus Steger, »wir hatten es ihm schon bei seinem Amtsantritt nahegelegt, das moderne Opernhafte, das seit neuerem sich auch in die Kirchenmusiken eingeschlichen hat, zu vermeiden.«

»Man mag darüber streiten, lieber Herr Hofrat. Sie werden mir gewiß keine Vorliebe für die Oper vor unserer Kirchenmusik vorwerfen; aber ich stimme dem Apostel Paulus durchaus zu, wenn er den Philippern ans Herz legt, daß Christus verkündiget werde auf allerlei Weise. So freue ich mich daran und will mich auch freuen! Sehen Sie, meine Herren, nichts ist verwerflich, was im Glauben gesagt und mit Danksagung empfangen wird. Denn es wird geheiligt durch das Wort Gottes. Ja, liebe Freunde, haben Sie einmal Neumeisters Verteidigungsschrift über die neue Kirchenmusik gelesen? Warum schaffen wir – so meint er – nicht alle die geistlichen Lieder und Choräle ab, welche mit weltlichen Liedern einerlei Genus versuum haben? Denken Sie doch an unser schönes ›In dir ist Freude‹ und gar an unser teuerstes Passionslied ›O Haupt voll Blut und Wunden‹, dessen Vorbild sogar in einem ›Lustgarten‹ als Liebeslied vom Hans Leo Haßler stand, natürlich mit dem weltlichen Text ›Mein G'müt ist mir verwirret‹; und selbst unser Doktor Martinus Luther hat sich sehr wohl durch alte, schöne Volksweisen anregen lassen; hat doch sein ›Vom Himmel hoch, da komm' ich her‹ ein uralt Liedlein als Anregung gehabt!«

»Vergessen wir nicht den alten Innsbruckgesang vom Heinrich Isaak und wie er seine Nachklänge fand . . . ja – ja, unser Bach!«

»Ich hab's noch im Ohr, wie der Chorus das ergreifende ›Ich bin's, ich sollte büßen‹ anstimmt, und ›Wer hat dich so geschlagen‹.«

Man nickte und stimmte dem Herrn D. Deyling, Superintendent, Professor der Theologie und akademischer Rat, natürlich zu und bestätigte so lebhaft seine Meinung, mit der er ja seinen bemerkenswerten Einfluß auf den Charakter der Leipziger Kirchenmusiken seit seinem Amtsantritt bewirkt habe, ja man nahm sogar seine ausdrücklichen Hinweise auf die Würde der Passionsmusik secundum Matthaeus vom vergangenen Jahre zustimmend auf, wenn auch der Herr Stiftsrat Born mit einiger Zurückhaltung zu bemerken wünschte, daß es ihm eigentlich und im Grunde recht merkwürdig erschienen sei, daß ein Poet wie der Herr Henrici – oder wie er sich sonst zu benennen beliebt –, plötzlich mit seinen Versen in die Kirche habe einziehen können:

»Der Herr Professor Gottsched hat sich, soweit es mir nach der Ausgabe seines ›Versuchs einer Critischen Dichtkunst‹ bekannt wurde, nicht gerade sehr erbaulich über des Herrn Henrici sogenannte deutsche Schauspiele vom ›Erz-Säufer‹ und der ›Weiberprobe‹ und ganz besonders über dessen ›akademischen Schlendrian‹ und die ›Satyrischen Gedichte‹ ausgesprochen.«

»Er ist immerhin Student in Wittenberg gewesen, der Henrici-Picander; lassen Sie's gut sein, lieber Herr Stiftsrat!«

Das Gespräch im »Caffebaum« hatte am Abend vor der Ratssitzung des 2. August 1730 stattgefunden. Auf dieser kam es nun allerdings zu ganz anderen und heftigeren Vorwürfen gegen das Wirken des Thomaskantors, da dieser »sich nicht so, wie es sein solle, aufgeführt« habe.

So wurde vorgetragen, daß der Kantor ohne Vorwissen des Regierenden Herrn Bürgermeisters einen Chorschüler aufs Land geschickt, daß er ohne genommenen Urlaub verreist etc. etc., was alles ihm zu verweisen sei.

Hierauf äußerten sich die Ratsherren nacheinander:

Herr Hofrat Lange: Es sei alles wahr, was wider den Kantor erinnert worden, und man müsse ihn ermahnen.

Herr Hofrat Steger: Es tue der Kantor nicht allein nichts, sondern wolle sich auch diesfalls nicht erklären, halte die Singstunden nicht, es kämen auch andere Beschwerden dazu, Änderung sei nötig, es müsse doch einmal brechen . . .

Herr Stiftsrat Born: Stimmt obigen Voten zu.

Herr D. Hölzel: Etiam.

Nun wurde entschieden, dem Kantor die Besoldung zu kürzen. Denn mit ihrem »Etiam« stimmten noch weiterhin Baumeister Dr. Falckner, Baumeister Kregel, Syndikus Job (der Kantor sei incorrigibel), die Baumeister Winckler und Hofmann und der Schriftführer der Sitzung.

Bach war außer sich. Es vergingen Tage, ehe er zu ruhigeren Überlegungen kam.

»Er halte die Singstunden nicht? Ja, glauben denn die Herren, meine Sänger und Instrumentalisten fielen von den Bäumen herab, wie reife Äpfel, stellten sich vor die Orgel und sängen die Motetten und Passionen und das Magnificat und die Oratorien ohne voraufgegangene und regelmäßige Singstunden –, so ganz einfach auf meine Winke? Mir die Besoldung kürzen? Ich werde ihnen meine Gegenrechnung aufmachen, auf Taler und Groschen, und einen höchstnötigen Entwurf einer wohlbestellten Kirchenmusik nebst einer Darstellung meiner Beurteilung der Gründe vom Verfall derselben in Leipzig vorlegen! Komm einmal herüber, Anna Magdalena, und hilf mir beim Schreiben. Da wäre erst einmal eine ganz nüchterne Zahlenreihe: Was wäre zu einer wohlbestellten Kirchen-Musik an Sängern und Instrumentalisten zu fordern? Also schreib einmal.« Und nun wurde gründlich nachgewiesen, was von alledem erforderlich sei, wie wenig akzeptable Schüler aber zur Verfügung ständen, wie viele dagegen sich zur Musik gar nicht schicken wollten, so daß leicht zu schließen sei, daß der Chor sich sehr verringern müsse. Auch hätte der Mangel an Instrumentalisten durch Studenten wohl behoben werden können. Da man diese aber in ihrer Erwartung einiger Ergötzlichkeiten, wie etwa durch Honororia oder Stipendien, völlig enttäuscht habe, sei daher auch ihre Willfähigkeit verlorengegangen ect. ect.

»Das wäre also meine Gegenrechnung, soweit es das Soll und Haben in den Zahlen unserer Musici betrifft. Laß uns morgen nach der Singstunde mit einer anderen Gegenforderung an die Herren vom Rate der Stadt fortfahren, zur höchstnötigen Förderung und erklecklichen Beihilfe aller Leipziger Musici, der Thomaner wie der Stadtpfeiffer und unserer Herren Studiosen.«

Am nächsten Tag eröffnete der Musikdirektor der Stadt Leipzig seiner hilfsbereiten Eheliebsten am Schreibpulte die Fortsetzung seines »Entwurfes« mit dem Entschluß:

»Laß uns nun den HochWeisen Ratsherren von Pleiß- und Parthe-Athen oder vielmehr wohl von Elster- und Luppe-Sparta zum Beschluß meiner Gegenrechnung ein Privatissimum halten über den itzigen status musices, über den man auch im Rathause sich einmal informieren und recht ausgiebig nachdenken sollte. – Nun denn, meine beste Anna Magdalena, schreiben wir:

›. . . Da nun aber der itzige Status musices ganz anders wie ehedem beschaffen, die Kunst um sehr viel gestiegen, der Gusto sich verwunderungswürdig geändert, daher auch die ehemalige Art von Musik unsern Ohren nicht mehr klingen will und man um so mehr einer erklecklichen Beihilfe benötigt ist, damit solche Subjekte ausgewählt und bestellet werden können, die dem itzigen musikalischen Gustum entsprechen, die neuen Arten der Musik bestreiten, mithin im Stande sein können, dem Kompositor und dessen Arbeit Satisfaction zu geben, hat man die wenigen Beneficia, so hätten eher sollen vermehret als verringert werden, dem Choro Musico gar entzogen.

Es ist ohnehin etwas Wunderliches, daß man von den deutschen Musicis erwartet, sie sollen capable sein, allerhand Arten von Musik, sie komme nun aus Italien oder Frankreich, England oder Polen, sofort ex tempore zu musizieren, wie es etwa denjenigen Virtuosen, für die sie gesetzt sind und welche sie vorher studiert, ja fast auswendig können, überdies auch – quod notandum – in schwerem Solde stehen, deren Müh und Fleiß mithin reichlich belohnet wird, praestiren können . . . Mit einem Exempel diesen Satz zu beweisen darf man nur nach Dresden gehen und sehen, wie daselbst von Königlicher Majestät den Musicis die Sorge der Nahrung benommen wird . . .

Der Schluß ist demnach leicht zu finden, daß bei fehlenden Beneficiis mir die Kräfte benommen werden, die Musik in besseren Stand zu setzen . . .‹

Und nun sollen sie sich Gedanken darüber machen, wie man mit 17 zu gebrauchenden, 20 noch nicht zur Musik zu gebrauchenden und 17 untüchtigen Alumnis eine wohlbestellte Kirchen-Musik vor dem Verfall bewahren könne! – Und nun noch Unterschrift und Siegel!

Leipzig, den 23. Aug. 1730

Director Musices

Das Siegel wird sie besonders freuen! Mögen sie die Perlen über der Krone und im Stirnreif einmal genauestens nachzählen, und wenn sie dann auf die Zahl 14 kommen sollten – die äußersten da oben nur zur Hälfte zu erkennen –, dann hätten sie den Herrn Hofkapellmeister

2 – 1 – 3 – 8
oder B – A – C – H,

den sie auch aus dem J. S. B. sehr wohl erkennen könnten, wenn ihnen über meinem Entwurf einer wohlbestellten Leipziger wünschenswerten Kirchenmusik nicht bereits die Augen übergegangen sein sollten.«

40.

Johann Matthias Gesner hatte nach seiner Ankunft in Leipzig am 8. September und der Amtsübernahme als neuer Rector der Thomasschule eine solche Fülle an Pflichten schulischer und Verpflichtungen gesellschaftlicher Art vorgefunden, daß es zunächst nur zu kurzen Begegnungen mit seinem alten Weimarer Freunde Bach kam, bei denen man sich herzlich begrüßte, ergiebigere Gespräche oder gar Besuche jedoch auf eine spätere Zeit verschieben mußte.

Da eine Unterredung Bachs mit dem Bürgermeister Dr. Born auf dem Rathause am 25. August, zwei Tage nach der Überreichung seiner gründlichen und grundlegenden Entgegnung in der Gestalt seines »Entwurfes« nichts anderes als ein kühles Bedauern Borns ergeben hatte, eine amtliche Antwort oder Stellungnahme aber auf seinen eingereichten Schriftsatz bisher nicht erfolgt war, entschloß sich der höchst verletzte und verstimmte Thomaskantor endlich gegen Ende Oktober, einen neuen, nochmaligen Wechsel in der Ausübung seines Amtes vorzubereiten.

So überraschte er denn am Abend des 28. Oktobers, einem Samstag, der im Grunde still und ohne bemerkenswerte Ereignisse sowohl in der Schule wie überhaupt in der Stadt und in der Familie verlaufen war, seine Eheliebste mit der Vorlesung eines Briefes, dessen Niederschrift er gerade beendet hatte.

»Ich habe soeben meinem alten Freunde Georg Erdmann – du weißt, meinem Leinaer Wandergenossen nach Lüneburg – von unseren Schicksalsläuften, unseren schönen Jahren in Cöthen, unserem Leben hier in Leipzig und unserem Verdruß über die Herren im Rate der Stadt einen Bericht gegeben und dabei durchblicken lassen, daß wir recht gern unser Leipziger Amt aufgeben und uns um eine Vakanz bewerben würden. Erdmann ist heute ein Mann von großem Einfluß in seiner Position als Baron und Russisch-Kaiserlicher Regent in Danzig. Warum sollte er nicht von Gelegenheiten hören, die er für passabel hielte, sie uns mitzuteilen? Höre also mein Schreiben an ihn, ob's dir zusagt . . . Du seufzest? Du siehst einen Umzug gar ins Russische vor uns? Aber gute Lene, laß es bei dem Versuche bleiben. Wir wollen sehen, was er uns antwortet. Also höre:

›Es werden nunmehr fast vier Jahre verflossen sein, da Euer Hochwohlgeboren auf mein Ihnen Abgelassenes mit einer gütigen Antwort mich beglückten . . .‹ – ich lese nur das Wichtigste:

›Von Jugend auf sind Ihnen meine Fata bestens bewußt, bis auf die Mutation, so mich als Kapellmeister nach Cöthen zog. Daselbst hatte einen gnädigen und Musik so wohl liebenden als kennenden Fürsten, bei welchem auch vermeinte, meine Lebenszeit zu beschließen. Es mußte sich aber fügen, daß erwähnter Serenissimus sich mit einer Bernburgischen Prinzessin vermählte, da es dann das Ansinnen gewinnen wollte, als ob die musikalische Inclination bei gesagtem Fürsten in etwas laulicht werden wollte, zumal die neue Fürstin schien eine Amusa zu sein: so fügte es Gott, daß zu hiesigem Director musices und Kantor an der Thomas-Schule vocieret wurde. Ob es mir nun zwar anfänglich gar nicht anständig sein wollte, aus einem Kapellmeister ein Kantor zu werden. Jedoch wurde mir diese Station dermaßen favorable beschrieben, daß endlich – zumal da meine Söhne den Studien zu inclinieren schienen – es in des Höchsten Namen wagte und mich nach Leipzig begab, meine Probe ablegte und sodann die Mutation vornahm. Hier bin nun nach Gottes Willen annoch beständig. Da aber nun 1) finde, daß dieser Dienst bei weitem nicht so erklecklich, als man mir ihn beschrieben, 2) viele Accidentia dieser Station entgangen, 3) ein sehr teurer Ort und 4) eine wunderliche und der Musik wenig ergebene Obrigkeit ist, mithin fast in stetem

Verdruß, Neid und Verfolgung leben muß, als werde genötigt werden, mit des Höchsten Beistand meine Fortun anderweitig zu suchen.

Sollten Eure Hochwohlgeboren vor einen alten Diener dasigen Ortes eine convenable Station wissen oder finden, so ersuche ich ganz gehorsamst, für mich eine hochgeneigte Recommendation einzulegen; an mir soll es nicht manquiren, daß dem hochgeneigten Vorspruch und Intercession einige Satisfaction zu geben mich bestens beflissen sein werden.

Meine itzige Station beläuft sich etwa auf 700 Taler, und wenn es etwas mehr als ordinairement Leichen gibt, so steigen nach Proportion die accidentia; ist aber eine gesunde Luft, so fallen hingegen auch solche, wie denn voriges Jahr an ordinairen Leichen-accidentia über 100 Taler Einbuße gehabt. In Thüringen kann ich mit 400 Talern weiter kommen als hiesigen Orts mit noch einmal so viel hunderten, wegen der excessiven kostbaren Lebensart.

Nunmehro muß doch auch mit noch wenigen von meinem häuslichen Zustande etwas erwähnen. Ich bin zum 2. Mal verheiratet und ist meine erste Frau seel. in Cöthen gestorben.

Aus erster Ehe sind am Leben 3 Söhne und eine Tochter, wie solche Eure Hochwohlgeboren annoch in Weimar gesehen zu haben sich hochgeneigt erinnern werden. Aus 2. Ehe sind am Leben 1 Sohn und 2 Töchter. Mein ältester Sohn ist ein Studiosus Iuris, die andern beide frequentieren noch einer primam und der andere 2dam classem, und die älteste Tochter ist auch noch unverheiratet.

Die Kinder anderer Ehe sind noch klein. Insgesamt aber sind sie geborne Musici, und kann versichern, daß schon ein Concert vocaliter und instrumentaliter mit meiner Familie formieren kann, zumal da meine itzige Frau gar einen saubern Soprano singt, und auch meine älteste Tochter nicht schlimm einschläget.

Ich überschreite fast das Maß der Höflichkeit, wenn Euer Hochwohlgeboren mit mehrerem incommodire; derowegen eile zum Schluß mit allem ergebensten Respekt zeitlebens verharrend

Euer Hochwohlgeboren
ganz gehorsamst ergebenster Diener
Jo. Seb. Bach.

Leipzig, d. 28. Octobris 1730.‹«

Hatte er von Geßners, dieses alten Freundes verständnisvoller Amtshilfe so wenig erwartet? War die frohe Erwartung umgeschlagen in so tiefe Resignation?

Leipzig

II.

1731–1736

1.

1731. Es wird ein arbeitsreiches Jahr.

Unter dem Eindruck der neuen Rektoratsverfügung innerhalb der Schule und der zielbewußten Verhandlungen des neuen Rektors mit dem Rathaus kehrten auch im Kantorenheim Schaffensfreude und Schaffenseifer zurück.

Mit seinem Poeten Christian Friedrich Henrici gab es häufige Besprechungen: gemeinsame Überlegungen über eine neue Passion, zu deren Gestaltung sie jedoch die Zeit bis zu ihren Proben für so begrenzt fanden, daß sie sich endlich entschlossen, wiederum Vorhandenes an Gesängen neu zu textieren, dazu für diesmal Worte des Marcus-Evangeliums auszuwählen und sie in einen eigenen Recitationston zu fassen, und endlich die geeigneten Choräle einzufügen. Was nun aber erschien den beiden Leipziger Passionsschöpfern aus den vorhandenen früheren Musiken geeignet, in einer neuen Passion wieder zu erklingen?

»Wir haben schon einmal eine Trauermusik mit einer Passionsmusik verbunden, lieber Herr Poeta, und Ihr habt vortrefflich textiert. Hier habt Ihr eine andere, die Trauerode für die Kurfürstin – Ihr erinnert Euch gewiß. Gottsched dichtete sie damals auf Bestellung:

> Ihr Dichter, schreibt, wir wollen's lesen:
> Sie ist der Tugend Eigentum,
> der Untertanen Lust und Ruhm,
> der Königinnen Preis gewesen.«

Henrici lächelte. »Ja, ja, der Gottsched! – ›Wie starb die Heldin so vergnügt! – Doch, Königin! du stirbest nicht!‹ – Das sind so seine Gottschediaden!«

»Warum also sollten wir die Chorsätze und die drei Arien nicht noch einmal zum Leben erwecken? Seht hier den Eingangschor . . .« Bach deutete auf dem Cembalo die Eingangsmelodie an, während Henrici, der erfahrene, geübte, hellhörige und einfallsreiche Poeta, sie schon bei ihrer von ihm erbetenen Wiederholung auf die neuen Worte mitsang: »Geh, Jesu, geh zu deiner Pein.«

So entstanden an diesem und den folgenden Tagen am klingenden Vorspiel der alten Odenteile die neuen Texte für ihre Einfügung in das Markus-Evangelium:

> »*J. J.*
> *Passio D. J. C. secundum Evangelistam Marcus*
> *à 4 Voci, 2 Hautb., 2 Violini, Viola e Cont . . .*
> *am Charfreitage 1731.*«

2.

Fünf Tage vor dem Karfreitag – am Sonntag Palmarum – hatte es im Kantorenhause nach dem Hauptgottesdienste die Tauffeier eines Töchterchens – Christiane Dorothea – gegeben, zu der sich, wie um seinem Kantor und Director musices ein Zeichen seiner Wohlgeneigtheit zu geben, auch der Herr Superintendent eingefunden hatte, worüber nach seiner Verabschiedung während der Abendtafel der ebenfalls geladene Rektor Gesner seine besondere Genugtuung und Freude zum Ausdruck brachte.

»Ihr habt in ihm einen überzeugten Fürsprecher, lieber Bach. Er weiß sehr wohl – gleich mir – Euer Wirken an St. Thomas und St. Nicolai hochzuschätzen. Ihr seht, Eure Demissionsgedanken waren verfrüht. Wir werden gemeinsam noch viel Schönes und für die Thomana Wichtiges zu schaffen haben. Es ist doch mit dem neuen Jahre schon manches geschehen! Denkt einmal an Antonii Weizii ›Verbessertes Leipzig‹, das er vor nunmehr drei Jahren sehr zum Erschrecken mancher Herren erscheinen ließ, wenn er da von früher berichtet, von den armen schmachtenden Schülern zu St. Thomae, wie sie aus den in ihren Kammern stehenden Wasserkrügen mit den Ratten – welches Ungeziefer damals in entsetzlicher Menge da anzutreffen war – einerlei Trank trinken mußten, wodurch dann viele und schwere Krankheiten entstanden sind! Nun, wir werden schon in wenigen Wochen unser altehrwürdiges, aber wegen mancherlei Übelstände beklagenswertes Institut von Grund aus um- und aufbauen, mit neuen Stockwerken und einem Mansarden-Dach, und zur Einweihung werdet Ihr mit den Thomanern eine neue Musik konzertieren, zu Lob und Preis des Herrn, der schützend seine Hand über das neue Haus und seine einsitzende Gemeinschaft von Präzeptoren und Alumnis halten möge. Nun, das hat noch eine Weile Zeit. Was aber werdet Ihr zum Osterfest musizieren?«

Die Noten zu den Ostermusiken lagen auf dem Schreibpult.

»Ich habe sie noch einmal durchgesehen und mit unsern Thomanern durchgeprobt. Es sind ältere Musiken, die ich wieder einmal hören wollte, und die selber nicht vergessen sein wollten. – Da seht, aus unserer Weimarer Zeit – Ostern 1715, auf die schönen Verse vom Salomon Franck zum ersten Ostertag: ›Der Himmel lacht, die Erde jubilieret‹. Ich habe damals für die Schloßkirche schon recht kühn Trompeten und Pauken, drei Oboen, eine Taille, ein Fagott und sechsstimmige Streicher angesetzt, um mit dem vollen Osterjubel den ›erwünschten Tag‹ zu begrüßen.«

»Ich erinnere mich, lieber Bach, man war überaus beglückt damals, selbst Serenissimus sprach stolz von seinem Konzertmeister . . .«

». . . den er am Ende in Arrest steckte. Aber reden wir nicht mehr davon. Ihr habt nach den Ostermusiken von 1731 gefragt. Am zweiten Ostertag hört Ihr eine Musik aus der Cöthener Zeit, die wir auf einen neuen Ostertext singen

– ›Erfreut euch, ihr Herzen‹ und am dritten Feiertage wird ebenso eine Cöthener Musik mit neuem Text gesungen: ›Ein Herz, das seinen Jesum lebend weiß‹.«

»Ein kostbares klingendes Triptychon! Und ich habe die Freude, Euch vom Weimarer Anfang an begleitet zu haben!«

3.

»Es ist gut, daß wir uns davongemacht haben; es wird recht ungemütlich im Hause – die Klopferei und Hämmerei den ganzen Tag über, Staub und Mörtel und Späne – und Papa ungemütlich, poltert und schimpft in seiner Stube, wütet auf den Klavieren herum, holt sich alte Musiken aus seinen fruchtbarsten Jahren auf den Chor – für Quasimodogeniti und Jubilate . . .«

»Ihr werdet weinen und heulen . . .«, sang Friedemann.

». . . doch eure Traurigkeit soll in Freude verkehret werden . . .«, antwortete Philipp Emanuel.

»Jawohl und das ganz gewiß, wenn der Umbau der Schule erst beendet ist!«

»Er wäre am liebsten mit uns losgezogen, wie in früheren Zeiten, wo er eigentlich immer auf Wanderschaft war, quer durch Sachsen und durchs Thüringische. Aber er muß ja zu Pfingsten im Amte sein.«

»Er hat sich keine große Mühe für die Pfingstmusiken gemacht! Weimar und Cöthen ein bißchen hier und da ausgebessert, ein bißchen aufgeputzt . . .«

Das Gespräch fand auf der Landstraße statt, in Richtung aufs Altenburgische zu. Die beiden ältesten Bache hatten ihre Bündel gepackt und sich – mit dem Einverständnis des Papas natürlich –, während der ersten unruhigen Tage nach dem Beginn des Schulumbaus nach gut bachischer Tradition auf den Weg gemacht, um sich ein wenig im Lande umzusehen. Ihr Ziel sollte die kleine sächsische Residenz der Ernestinischen Nachfolge sein, Altenburg, dessen Schloßorgel sie kennenlernen wollten. Aber es gab dort noch mancherlei zu sehen, so das herzogliche Schloß selbst, auf einem mächtigen hohen Felsen erbaut, dessen Unbezwingbarkeit dennoch die berühmten Prinzenräuber nicht gehindert hatte, die beiden Jungen Ernst und Albrecht aus den Schloßfenstern über Stricke und Seile in die Tiefe und danach ins Freie zu entführen; so geschehen anno 1455 als ein Racheakt des Ritters Kunz von Kaufungen, dessen Wünsche nach einer Belohnung für geleistete Dienste im Kampf gegen den Bruder des Fürsten der Vater der beiden Prinzen, Friedrich der Sanftmütige, nicht hatte befriedigen wollen. Des Ritters Anschlag mißlang. Dem jüngeren der beiden Prinzen, Albrecht, gelang es, während einer Rast den Räubern zu entspringen und in den nahen Wäldern bei Köhlern Hilfe zu finden. Die Verfolgung führte endlich zur Befreiung auch des Prinzen Ernst und zur Gefangennahme des verbitterten Ritters.

»Eine tolle Geschichte«, meinte später Friedemann beim Anblick der Schloßfelsen. »Man würde sie kaum glauben, wenn sie nicht verbrieft und versiegelt wäre!«

Aber man hatte zuerst einmal am verträumten Marck-Kleeberg vorüber die sächsischen Wälder der Harth durchstreift, war durch idyllisch gelegene Dörfer mit stolzen Bauernhöfen und malerischen kleinen Dorfkirchen gewandert, an den reichdotierten Rittergütern und Schlössern des Landadels vorüber.

In den Pfarrhäusern der kleinen Dorfgemeinden fanden die beiden rüstigen Marschierer liebenswürdige Aufnahme durch die Pfarrherren und ihre Frauen, denen man beim Abschied zum Dank für Lagerstätte und köstlich deftige Mahlzeiten abwechselnd an den Orgeln der Dorfkirchen musizierte, wobei jeweils einer spielte und der andere die Bälge zu treten hatte, die mitunter recht mühsam zu bewegen waren. Als Söhne des berühmten Herrn Thomaskantors zu Leipzig hatten sie überall offene Türen gefunden, hatten auch mancherlei von Leipzig und im besonderen vom Herrn Vater zu berichten, von seinen Kirchenmusiken, den Scholaren und Studenten in Leipzig, von den unterhaltsamen Konzerten im Zimmermannschen Kaffeehause, die nun bald wieder im Kaffeegarten vor dem Peterstore abgehalten werden sollten, sobald nur das Wetter es erlauben würde. Der Herr Pfarrer und seine verehrte Frau Pfarrerin möchten bei einem Besuche in Leipzig ja nicht versäumen, diese köstlichen Konzerte des berühmten Collegium musicum zu besuchen, bei denen es das Neueste aus Italien und Frankreich, aber natürlich auch aus der Komponistenstube des Herrn Vaters zu hören gäbe.

So war man endlich am Abend des dritten Wandertages in dem kleinen Städtchen Lucka angekommen, berühmt durch die entscheidende Schlacht um die thüringischen Herrschaftsrechte der Söhne Albrechts des Entarteten – Friedrich und Dietzmann – gegen Albrecht von Österreich. Gern ließ man sich vom Pfarrer des Städtchens die überlieferten Ereignisse aus dem Jahre 1307 erzählen, von den Machtansprüchen des Österreichers auf Thüringen, dem entschlossenen Widerstand, den die Thüringer leisteten, vom Sieg der Thüringer in der Schlacht bei Lucka und dem Verzicht des Österreichers, der im folgenden Jahre 1308 – wie ja bekannt – von seinem Neffen Johann von Schwaben bei einer Begegnung an der schwyzer Reuß ermordet wurde.

»Johann Parricida, der Onkelmörder.«

»So also kommt ein kleines, in den Wäldern unseres Kammerforstes verstecktes Städtchen zu einer unauslöschbaren Stelle in unserer Geschichte. Aber Spuren der Schlacht bei Lucka findet ihr nach vier Jahrhunderten nicht mehr!«

Bis zur Altenburger Residenz war es nur noch ein Morgenspaziergang von kaum zwei Stunden. Da stand man nun vor den sichtbaren Zeugen geschichtlicher Vergangenheit, dem Schloßfelsen, den »Roten Spitzen« des Bergklosters, eines mächtigen Kirchenbaus mit den beiden roten Spitztürmen, die für alle

Zeiten die Altenburger an den Besuch Kaiser Barbarossas erinnern sollten, und der lag nun auch schon beinahe sechs Jahrhunderte zurück in der Vergangenheit. Dagegen lag den beiden Bewunderern des alten Residenzstädtchens noch wesentlich näher das stolze Rathaus, bewunderungswürdiger Meisterbau, aus den glücklichen Jahren deutscher Vergangenheit zwischen 1562 und 1564 mit seinem mächtigen Turme, den kunstvoll angefügten Rund-Erkern, den drei reich geschmückten Portalen und seinem Pyramidendach.

Bei ihrer Rückkehr nach Leipzig fanden die beiden Wanderer das Dach der Thomasschule abgetragen, und die Aufstockung hatte bereits begonnen.

Die Alumnen waren längst im vielräumigen Hause des Ratsmitglieds Michael Koch am Markte untergebracht, während die Familie Bach gerade den Umzug ins Dondorffsche Haus in der nahen Haynstraße vorbereitete. Man hatte also sogleich Gelegenheit, zu helfen, während man in den Ruhepausen von den Erlebnissen des ausgedehnten Ausfluges in den Süden zu erzählen hatte.

In den Abendstunden aber zog sich der Herr Papa in ein ihm vorbehaltenes Arbeitsstübchen zurück, um die Ratswechselmusik für den August und eine Geburtstagsmusik für den Grafen Joachim Friedrich von Flemming, seinen Dresdener Freund und alten Förderer, vorzubereiten.

An beiden Musiken lag ihm in diesem Jahre besonders; er wollte dem Ratswechsel besonderen Glanz, der gräflichen Geburtstagsmusik innige und herzliche Heiterkeit verleihen.

4.

Im September meldeten die »Dreßdnischen Merckwürdigkeiten« ein Ereignis, von dem man noch lange sprach:

»Am 14. Sept. nachmittags um 3 Uhr hat sich der wenige Tage vorhero aus Leipzig allhier angelangte Fürstl. Anhalt-Cöthische Capellmeister und Cantor zu St. Thomas in Leipzig, Hr. Joh. Sebastian Bach, in hiesiger Sophien-Kirche, in Gegenwart derer gesamten Hof-Musicorum und Virtuosen, auf der Orgel spielende also hören lassen, daß jedermann es höchstens admiriren müsse, weswegen eine Poetische Feder in folgende Gedanken gerathen:

Ein angenehmer Bach kann zwar das Ohr ergötzen,
Wenn er in Sträuchern hin durch hohe Felsen läufft;
Allein, den Bach muß man gewiß weit höher schätzen,
Der mit so hurtger Hand gantz wunderbahrlich greifft.
Man sagt: Daß, wenn Orpheus die Laute sanft geschlagen,
Hab alle Thiere er in Wäldern zu sich bracht;
Gewiß, man muß diß mehr von unserm Bache sagen,
Weil er, so bald er spielt, ja alles staunend macht.«

So lasen es die Dresdener nach den beiden Konzerten Bachs in der Sophienkirche und am Hofe vor König und Hofgesellschaft.

Unter den Hof-Musicis befanden sich zum ersten Male auch der seit dem 3. Februar des gleichen Jahres 1731 in Dresden eingetroffene und seitdem an der Dresdener Hofoper wirkende Hofkapellmeister Johann Adolf Hasse und seine junge Frau, die berühmte Faustina Bordoni. Der Leipziger Musikdirektor und mehrfache fürstliche Hofkapellmeister Johann Sebastian Bach war ihnen bereits an den Tagen zuvor begegnet, als er am 13. September, am Tage also vor seinem eigenen Orgelkonzert, die Uraufführung der Hasse'schen Oper »Cleofide« besucht hatte; nun nach seinem Orgelkonzert suchte er sie im Hause Hasses wiederum zu anregenden Gesprächen auf.

Komödien- oder Opernhaus in Dresden

»Ah, der Herr Hofkapellmeister aus Leipzig! Der unübertroffene Maestro des Orgelspiels! Es war ein großes Erlebnis – Euer Toccatenspiel! Ich denke da an eine ganz exzellente, mit der Ihr das Konzert einleitetet – in re-minore, nicht wahr?«

»Zu viel Eures Lobes, verehrter Herr Hofkapellmeister. Ich muß es um ein mehreres zurückgeben, wenn ich an Eure ›Cleofide‹ denke und an die unvergleichliche Stimme der Frau Hofsängerin Faustina . . .«

»Wollen wir doch, lieber Maestro Giovanni Sebastiano Bach, alle Titulaturen und Förmlichkeiten beiseite lassen. Wir wissen ja beide, daß wir unsere

Titel besitzen, die gleichen überdies, wozu also die gegenseitigen Ansprachen! Erzählt mir lieber von Eurem Leipzig! Meine Signora Bordoni wird sehr bald selbst erscheinen. Sie ist noch mit der Auswahl ihres heutigen Tagesmodells beschäftigt. Also – was gibt es in Leipzig an Bemerkenswertem?«

»Was gäbe es dort im Vergleich zu Dresden! Das Opernhaus am Brühl des Herrn Nikolaus Adam Strungk – Ihr erinnert Euch: des Arcidiavolo, wie ihn der Arcangelo Corelli nach dessen Künsten auf der Violine nannte – ist vor zwei Jahren geschlossen worden und wurde inzwischen abgetragen, nachdem es unter Strungks Nachfolger Sartorio wohl noch eine Weile florierte, aber schon um die Zeit, als wir von Cöthen nach Leipzig mutierten, recht in Verfall geraten war. Nun, es soll ein Direktor Angelo Mingotti aus Prag für die Michaelis-Messe beim Leipziger Rate vorstellig geworden sein, mit einer Compagnie italienischer Operisten, um italienische Opern mit gewöhnlicher Vocal- und Instrumental-Musik öffentlich repräsentieren zu lassen. Wir werden's erwarten können.

Dafür haben wir unsere berühmte Friederike Caroline Neuberin, sie nennt sich selbst die Chefin der Königlich Polnischen und Kurfürstlich Sächsischen Hofkomödianten, mit Schauspielen ihrer eigenen Erfindung, mit den überaus anmutigen französischen Komödien, die ihr der Herr Professor Gottsched übersetzt, und seinen Trauerspielen, einer ›Iphigenia‹ und jüngstens einem neuen Objekt, dem ›Sterbenden Cato‹. Ihr solltet, lieber Maestro Hasse, Euch selbst in Leipzig eine Aufführung des ›Cato‹ ansehen; sie hat einen ungewöhnlichen Applaus in jeder Wiederholung! Oder Ihr besucht bei der Neuberin eine der lustigen Komödien des fürtrefflichen und unvergleichlichen königlich französischen Komödianten, Herrn von Molière . . .«

Hier war die Signora Faustina Hasse-Bordoni eingetreten, gefolgt von ihrer Kammerzofe Angelica, die dem Gast kleine Spezialitäten italienischer Leckereien reichte, Konfekt und Gebackenes.

Man sprach auch weiterhin vom Erfolge der »Cleofide«, von Ereignissen am Hofe, dem Kunstsinn des Regenten und schließlich von Bachs Kunst der Improvisation, die er im letzten Konzert an der Orgel der Sophienkirche so eindringlich aufgewiesen hatte.

Dann aber wünschte Bach sich einige Berichte der Signora aus ihrer Londoner Zeit am Operntheater, im besonderen von ihrer Arbeit mit dem caro Sassone, Maestro Händel.

»Der Maestro . . .!«

»Ich habe zweimal vergeblich versucht, ihn zu sehen«, erinnerte sich Bach, »und mit ihm Gedanken auszutauschen; er war stets sehr in Eile.«

»Das ist seine Eigenheit«, bestätigte die Signora. »Er meidet alle Besuche und hält sich daheim fast immer eingeschlossen. Er schaut meist finster drein, was man bei all den Widerwärtigkeiten verstehen kann, die ihn ständig verfolgen, aber wenn er einmal lächelte, so war es wie die Sonne, die aus einer schwarzen Wolke hervorbricht. Wenn aber das Orchester seine weiße Perücke vibrieren sah, zitterten alle Musiker! Seine Stimme, mit der er am Schluß einer Arie ›Chorus!‹ zu rufen pflegte, war wirklich fürchterlich, und selbst der Hof, der Prinz und die Prinzessin, schlichen sich, wenn sie sich verspätet hatten, in ihre Logen, um von ihm nicht bemerkt zu werden! Aber böse – so richtig aus vollem Herzen böse – war der Maestro nie!«

»Sie haben, verehrte Signora, in einer vortrefflichen Gemeinschaft an der Oper gewirkt, ich denke an die berühmte Cuzzoni, die mit Ihnen, Signora, den Ruhm der vollkommensten Primadonnen Italiens und Englands teilte.«

»Ja, die Cuzzoni! Sie hat einmal seinen ganzen Zorn heraufbeschworen, als sie sich weigerte, eine seiner Arien zu singen. Sie lag ihr wohl zu hoch oder zu tief, ich erinnere mich nur, daß der Maestro sie packte, ans Fenster trug und ihr drohte, sie auf die Straße zu werfen: ›Meine Gnädige, ich weiß schon, daß Sie eine Teufelin sind; aber ich bin Beelzebub, der Herr aller Teufel!‹ Und siehe da, sie sang die Arie mit dem zartesten Ausdruck, dessen sie fähig war!«

Die Signora verschwieg allerdings ihren eigenen Eifersuchtskrieg mit der Cuzzoni, der bis zu gegenseitigen Angriffen auf offener Bühne ausarten konnte. Händel hatte nie eingegriffen. »Wenn die beiden müde werden, wird ihre Wut von selbst aufhören«, soll er gesagt haben.

»Jetzt hat er die Maria Strada, die Antonia Margherita, die Francesca Bertolli und den Annibale Pio Fabri neben Senesino, dem Paradesänger; er hat sie auf seiner Italienreise vor zwei Jahren für sein Opernhaus verpflichet, für viel Geld – der Senesino war am teuersten. Denken Sie, lieber Maestro, er kam auf 2000 Pfund und mehr in der Stagione.«

»Warum hat er nie die Romanina nach London aufgefordert? Sie wäre gewiß eine gute Nachfolgerin für Sie, verehrte Signora, nach eurer Heirat?«

»Das ist eine traurige Geschichte! Habt Ihr nie davon gehört, daß sie versucht hat, in ihrer Verzweiflung sich mit einem Dolch ins Herz zu treffen? Und es war kein Theaterdolch!«

»Unvorstellbar!«

»Nicht wahr? Aber man hat sie auch niederträchtig genug behandelt.«

»Man . . .?«

»Nun, der Pietro Trapassi, Ihr kennt ihn unter dem Namen Metastasio. Sie war ehedem in Napoli seine Geliebte, ich habe es damals selbst erlebt. Ach, Napoli, bella musica di Napoli! Er war damals jung, sehr jung, beide, so um die Zwanzig! Und nun, nach zehn Jahren – seit er, der große Paradiesvogel, am Kaiserhof in Wien avancierte, hat er seine treue Romanina abgehängt, ausgeschlossen; verhindert durch allerhöchstes Decret, daß sie ihm, wie es ihr heißester, einziger Wunsch war, nach Wien folgen könne!«

»Aber er ist«, so beendete Hasse den Redeschwall seiner Signora, »bei allen seinen Schwächen doch der erste Dichter der neuen Oper. Auch wir, liebste Faustina, verdanken ihm die fruchtbarsten Anregungen.«

Johann Adolf Hasse (1699–1783) Faustina Hasse, geb. Bordom (1700–1781)

Beim Abschied versicherte Hasse, daß man sehr bald nach Leipzig zu einem Gegenbesuche fahren werde, da er seine Dresdener Verpflichtungen zunächst nicht zu verlängern beabsichtige. Man wolle nach Italien zurückkehren, wo man sich neue starke Anregungen erhoffe. »Aber in einigen Jahren – drei, vier Jahren – werden wir wieder in Dresden sein, und dann sicherlich auf eine lange Zeit. Vorher aber, lieber Maestro Giovanni Sebastiano, a reviderci in Leipzig!«

5.

Er hatte sich zu seinem Vergnügen ausgedacht, seine Annelene und die Kinder bei seiner Rückkehr aus Dresden, die er ihnen nicht hatte ankündigen können, zu überraschen. Es waren nur ein paar Schritte vom Rathaus, vor dem der Postwagen regelmäßig anhielt, bis zur Haynstraße ins Aushilfe-Quartier.

Schon vor dem Zugang zum Dondorffschen Hause hörte er die vertraute Stimme Anna Magdalenens, die zu ihrer eigenen Begleitung am Clavicembalo ihre Lieblingsarie ihren kleinen Zuhörern – dem siebenjährigen Gottfried Heinrich, der fünfjährigen Elisabeth, und der vierjährigen Regine Johanna – vorsang:

»Ich hab' genug! – Ach wäre doch mein Abschied hier,
mit Freuden sagt' ich, Welt, zu dir: Ich hab' genug.

Schlummert ein, ihr matten Augen,
fallet sanft und selig zu.
Welt, ich bleibe nicht mehr hier,
hab' ich doch kein Teil an dir,
das der Seelen könnte taugen . . .«

»Das ist aber gar nicht schön, daß du mit Freuden Abschied nehmen willst . . .«

Anna Magdalena hielt inne. Überraschung und Freude waren gleich groß. »Aber du weißt doch, ich singe es so gern und denke eigentlich gar nicht an den Sinn der Worte!«

Bach war an das Instrument getreten.

»Also gut, bevor ich euch von Dresden erzähle, singen wir deine Arie noch einmal, und diesmal begleite ich dich, und du kannst ganz allein auf deine Stimme achten.«

»Aber sieh einmal . . .«, und bei dem ersten Wiederauftreten des »Schlummert ein . . .« hielt er inne.

»Da fehlen ja gleich zwei Takte Zwischenspiel! Das müssen wir aber noch einmal neu schreiben! Gerade eine so schöne Erholungsmusik, bei der du aussetzen und dich entspannen solltest, willst du mir wegstreichen? Also noch einmal den Teil ›Schlummert ein –‹, und achte auf deine Pausen und meine Zwischentakte!«

Nach der Arie wünschte sich Bach, daß sie noch eine Ergänzung zu dem Weltenabschied singen solle, und intonierte ein ihr wohlvertrautes Lied.

»Komm, sing es uns als unser beider treues Vermächtnis.«

Sie mag es nie bisher und sicherlich kaum noch einmal in späterer Zeit mit der gleichen Innigkeit gesungen haben, wie am heutigen Tage seiner Heimkehr und in der ersten Stunde ihres Wiedersehens:

»Bist du bei mir,
geh' ich mit Freuden
zum Sterben und zu meiner Ruh . . .«

Plötzlich mußte sie an Marie Barbara denken. Es war ihr damals nicht beschieden.

Am gleichen Abend erzählte er nach Tisch der versammelten, voller Erwartung längst ungeduldig gewordenen Familie von den ereignisreichen Dresdener Tagen.

Gottfried Bernhard hatte zwischendurch aus dem Klavierbüchlein vorzuspielen.

»Zeig einmal her, das Buch – wer hat denn diese Musette eingeschrieben?«

»Es steht noch gar nicht in dem Büchlein. Die Mama hat es uns neulich ein paar Mal vorgespielt und gemeint, sie wolle es noch eintragen.«

Bach blätterte in Annelenens Klavierbüchlein, lächelte über die leeren Seiten, überflog mit Genugtuung die saubere Abschrift der beiden Suiten pour le Clavessin, stutzte jedoch, als er bemerkte, daß sie die zweite Suite gar nicht zu Ende geschrieben hatte.

»Du hast sie damals in mein Cöthener Klavierbuch so unleserlich eingeschrieben; ich blieb immer stehen, wenn ich's gar nicht entziffern konnte, und kam nicht weiter. Also habe ich sie alle fünf neu schreiben wollen, bin aber so oft daran gehindert worden« – dabei sah sie lächelnd auf die Jüngsten, die heute einmal länger aufbleiben und zuhören durften.

Mit der Sarabande der 1. Suite verabschiedete Vater Johann Sebastian Bach seine Zuhörer für den heutigen Abend, um seiner Eheliebsten Anna Magdalena noch lange von seinen Dresdener Erlebnissen zu erzählen.

6.

»Sieh, hier schreibe ich für dich eine neue Liebesmusik – zum seltenen 27. Sonntag nach der heiligen Dreieinigkeit. Es ist lange her, beinahe dreißig Jahre, wenn ich mich recht besinne, daß wir ihn im Kalender hatten – lassen wir ihn also einläuten!«

»Es geht ja zum Hochzeitsfest, wenn der Bräutigam kommt. Drum singen wir am letzten Sonntag vor Advent das ›Wachet auf . . .‹ Und dann folgt die Musik, wie ich sie beim Lesen des Hohenliedes empfinde – denke doch:

Du bist allerdinge schön, meine Freundin.
Wie eine Rose unter den Dornen,
so ist meine Freundin unter den Töchtern.

Du hast mir das Herz genommen,
liebe Braut – – –
Wie schön ist deine Liebe – –
Wie schön
und wie lieblich bist du,
du Liebe voller Wonne.

Hörst du, wie sie voller Sehnsucht den Bräutigam erwartet:

und wie beglückt sie ihn erschaut, wenn er ihr erscheint:

Achte wohl auf die Sehnsuchts-Sexte in minore und nun die Freude-Sexte in majore, als er den Saal öffnet und sie zu sich winkt. Und dann feiern wir das Hochzeitsfest und stimmen die Musik zu einem freudigen Tanzreihen an, bei dem sogar das Herz vor Freude springen soll!«

Am Weihnachtsabend lag neben den Geschenken für die Kinder und für Anna Magdalena auf jedem Platze ein Exemplar des abgeschlossenen op. 1 in seiner neuen Ausgabe der 6 Partiten:

»Clavir Übung, bestehend in Praeludien, Allemanden, Couranten, Sarabanden, Giguen, Menuetten und anderen Galanterien; Denen Liebhabern zur Gemüths Ergoetzung verfertiget von Johann Sebastian Bach Hochfürstlich Sächsisch-Weisenfelsischen würklichen Capellmeistern und Directore Chori Musici Lipsiensis Opus I. In Verlegung des Autoris. 1731.«

7.

Gegen Ende April 1732 war es endlich so weit, daß die ausquartierten Thomaner – Lehrer und Alumnen – in die Thomasschule zurückkehren konnten.

Die Einweihungsfeier des nun vollendeten Umbaus mit seinen neuen Stockwerken hatte dann am 5. Juni stattgefunden.

Anna Magdalena hatte dem Feste fernbleiben müssen und den »Frohen Tag«, den ihr Thomaskantor in seiner Festmusik besungen hatte, nur vom Fenster ihres Schlafgemachs aus erleben können, da sie sich den Aufregungen und Anstrengungen – und gar Besuchen – nicht mehr gewachsen fühlte.

Nur wenige Tage nach den Feierlichkeiten innerhalb des Thomasbezirks, am 21. Juni, gab es auch in ihrem Heime das lang erwartete Fest der Geburtsstunde eines ganz prächtigen, bereits in den ersten Stunden seines Erdendaseins bemerkenswert braven Jungen, eines gesunden, kräftigen, auf die Namen Johann Christoph Friedrich getauften Sohnes der glücklichen Leipziger Bache.

Was in und um Leipzig anno 1732 alles geschah!

Man hatte auch in Leipzig mit fortwährender Spannung an den aufregenden Geschehnissen der Zeit teilgenommen. Man sprach noch lange Zeit nach den Ereignissen von den Schwedeneinfällen nach Sachsen und den mit ihnen verbundenen Kriegslasten, von den Türkenkriegen, den Kämpfen bei Peterwardein und der Eroberung Belgrads durch Prinz Eugen, vom Tode des russischen Zaren Peter und der Zarin Katharina, und nun verfolgte man seit den Julitagen von 1730 mit den Gefühlen höchster Anteilnahme das Schicksal des jungen, achtzehnjährigen preußischen Kronprinzen Friedrich nach dessen mißlungenem Fluchtversuch und seiner Inhaftierung auf der Festung Küstrin, und mit ebensolcher Empörung sprach man über die verständnislose Härte seines Vaters, des preußischen Königs Friedrich Wilhelm, und dessen eigenwillig-rücksichtlose Verurteilung seines Sohnes und dessen Freundes Hans Hermann von Katte, dessen Hinrichtung der König vor den Fenstern des Kerkers vollstrecken ließ, eben des Küstriner Zuchthauses, in dem der Sohn gefangengehalten wurde. Ja, man erfuhr noch Abscheulicheres, daß nämlich der König durch einige seiner Offiziere den Kronprinzen am Fenster, vor dem die Hinrichtung erfolgte, mit aller Gewalt festhalten und ihn zwingen ließ, der Vollstreckung beizuwohnen.

Das lag nun mehr als eineinhalb Jahre zurück.

Seitdem kamen beruhigendere, aber doch noch recht düstere Nachrichten aus dem ungeliebten Preußischen. Der König hatte seinem Sohn zwar noch nicht die Rückkehr in die Armee erlaubt, ihn aber endlich aus dem Zuchthaus entlassen und an die Kriegs- und Domänenkammer im gleichen Küstrin befohlen. Schließlich hörte man, erleichtert in der allgemeinen Teilnahme am Schicksal des Kronprinzen, daß der König ihn endlich begnadigen, ihn zum Regimentskommandeur nach Neuruppin ernennen, ja, ihn mit Elisabeth Christine, Prinzessin von Braunschweig-Bevern, verloben werde, so wie er seine Tochter Wilhelmine mit dem jungen Markgrafen von Bayreuth zu verbinden wünschte. –

Dem eigenen Landesvater, Kurfürsten Friedrich August von Sachsen und König von Polen, dagegen erklangen zu dessen 52. Namenstage die Huldigungsklänge »Es lebe der König, der Vater im Lande«, die der Director musices Lipsiensis und Fürstlich Weißenfelsische Hofkapellmeister auf den Text Picanders alias Henrici dictus angestimmt hatte.

8.

Die Bachs hatten neuerdings einen jungen, etwa 15jährigen Tischgast aus Treuenbrietzen, einem kleinen, in der Nähe Berlins gelegenen Landstädtchen. Christoph Nichelmann, dem die Aufnahme im Kantorenheim zu St. Thomas und die Teilnahme an der leckeren Mahlzeit hier sichtlich wohl taten, war, obwohl Preuße, also Ausländer und kein Sachse, von Bach dem Rektor für das Alumnat der Thomasschule wegen seiner auffallend schönen Sopranstimme empfohlen worden. Bach mochte dabei an seine eigene Lüneburger Schulzeit gedacht haben, wo man ihm ja auch als Thüringer »von weit her« einen Platz in Schule und Chor zugesprochen hatte.

Die Mahlzeit war beendet, das Tischgebet gesprochen. Der Herr pater familiae verteilte die Aufgaben:

»Unser jüngster civis academicus Friedemann wird mit unserem jungen Freund Christoph die Studien im Generalbaß fortsetzen und dabei seine beliebten Dissonanzen besser auflösen als gestern abend, als er mich mit einer Fantasie con espressione in Schlaf und angenehme Träume spielen sollte! Denkt euch: Da hat er gemeint, daß ich schon eingeschlafen sei, und hat sich davongemacht, ohne Auflösung einer Dissonanz, so daß ich mich am Ende selbst noch einmal aus dem Bette bemühen mußte, um die Friedemannsche Fantasie mit einem ordentlichen harmonischen Schlußakkord zu beenden! – Der Herr Patensohn des hochberühmten Herrn Telemann, Philipp Emanuel Bach, wird hinüber gehen und die neusten Choralvorspiele seines Vaters durchgehen, und der Bernhard wird ihm Wind machen. Die Dorothee hilft der Anna in der Küche, und die Kleinen gehören ins Bett, damit sie am Nachmittage frisch genug sind für unseren Spaziergang nach Eutritzsch, und die Mama hat tempus clausum und besucht mich im Studierstübchen. – Gesegnete Mahlzeit allerseits!«

Anna Magdalena folgte lachend ihrem Sebastian, der sie mit höflicher Gestikulation in sein Arbeitszimmer einlud. »Du bist so gut gelaunt, Bastien!« Es war aber mehr eine Frage als eine Feststellung.

»Nun, du wirst schon sehen!« Damit holte er vom Pult seines Schreibschrankes ein kürzlich ihm zugestelltes, gerade eben erst erschienenes Buch vom Johann Gottfried Walther – »Musikalisches Lexikon oder Musikalische Bibliothek« – und legte es vor Anna Magdalena auf den Tisch.

»Da hat der Herr Vetter in Weimar eine recht angenehme Notiz in sein neustes Lexikon aufgenommen und sogar das op. 1 freundlichst empfohlen. Höre doch, was er schreibt:

›Bach (Joh. Sebastian) Hrn. Joh. Ambrosii Bachs gewesenen Hof- und Raths-Musici zu Eisenach Sohn, gebohren daselbst anno 1685 den 21. Martii, hat bey seinem ältesten Bruder, Hrn. Johann Christoph Bachen, gewesenen Organisten und Schul-Collegen zu Ohrdruff, die ersten Principia auf dem Clavier erlernet; wurde erstlich 1703 zu Arnstadt an der Neuen Kirche, und anno

1707 zu Mühlhausen an der St. Blasii-Kirche Organist; kam anno 1708 nach Weimar, wurde hieselbst Hochfürstlicher Cammer-Musikus und Hof-Organist, anno 1714 Concert-Meister, anno 1717 zu Cöthen Hochfürstlicher Capell-Meister, und anno 1723 nach des seel. Hrn. Kuhnauens Tode, Music-Director in Leipzig, auch Hochfürstlich Sachsen-Weißenfelsischer Capell-Meister. Von seinen vortrefflichen ClavierSachen sind in Kupffer heraus gekommen: anno 1726 eine Partita aus dem B dur, unter dem Titul: Clavier-Übung, bestehend in Praeludien, Allemanden, Couranten, Sarabanden, Giquen, Menuetten, etc. Dieser ist gefolgt die Zweyte, aus dem C moll; die 3te aus dem A moll; die 4te aus dem D dur; die 5te aus dem G dur, und die 6te aus dem E moll; womit vermuthlich das Opus sich endiget. Die Bachische Familie soll aus Ungern herstammen, und alle, die diesen Nahmen geführet haben, sollen so viel man weiß, der Music zugethan gewesen seyn; welches vielleicht daher kommt: daß sogar die Buchstaben b a c h in ihrer Ordnung melodisch sind. (Diese Remarque hat den Leipziger Hrn. Bach zum Erfinder.)‹«

»Erscheint mir aber ein wenig mager. Er weiß so gar nichts von deinen Musiken in Weimar und in Cöthen zu berichten und gar von den Passionsmusiken –. Ist eine reine Aufzählung.«

»Sei gerecht, Annelene! Was darf er wohl in Weimar, wo man's bei Hofe lesen wird, vom ehemaligen, bei Hofe in Ungnade stehenden Arreststuben-Bewohner mehr als die nüchternsten Daten aufstellen! Du mußt es verstehen! Schon seine freundliche Bezeichnung der ›vortrefflichen Clavier-Sachen‹ wird beim Serenissimus in Weimar ein paar Runzeln mehr auf die hochfürstliche Stirne zeichnen!«

»Aber höre nun das schöne Gegenstück:
›An den Herrn Capell-Meister J. S. Bach.
  Wenn vor gar langer Zeit des Orpheus Harfen-Klang,
  Wie er die Menschen traf, sich auch in Thiere drang;
So muß es, grosser Bach, weit schöner Dir gelingen:
Es kan nur Deine Kunst vernünftge Seelen zwingen.
  Und dieses trifft gewiß mit der Erfahrung ein:
  Oft sieht man Sterbliche den Thieren ähnlich seyn,
Wenn ihr zu blöder Geist nicht Dein Verdienst erreichet,
Und in der Urteils-Kraft dem dummen Viehe gleichet.
  Kaum treibst Du Deinen Schall an mein geschäfftig Ohr,
  So tönet, wie mich deucht, das ganze Musen-Chor.
Ein Orgel-Griff von Dir muß selbst den Neid beschämen,
Und jedem Lästerer die Schlangen-Zunge lähmen.
  Apollo hat Dich längst des Lorbeers wehrt geschätzt,
  Und Deines Namens Ruhm in Marmor eingeätzt.
Du aber kannst allein durch die beseelten Säyten
Dir die Unsterblichkeit, vollkommner Bach, bereiten.‹

Das kam aus Hamburg vom Ludwig Friedrich Hudemann; und was mich dabei besonders freut: Er ist erst 25 Jahre alt. Die Jungen haben oft bessere Ohren als unsere Alten. Denk nur einmal an unsere Ratsherren!«

9.

Eine Reise von Leipzig nach Kassel hat mancherlei Beschwerlichkeiten. Man hat sich auf Unterbrechungen einzurichten, unvermeidbar ist die Übernachtung auf halbem Wege; aber es ist eben Kassel, das den berühmten Herrn Thomaskantor eingeladen hat, das neue Orgelwerk in der Martinskirche zu prüfen und mit einem eigenen Orgelkonzert einzuweihen.

Es gab einen besonderen Grund – außer seinen Erinnerungen an den Besuch in Kassel vor nunmehr achtzehn Jahren, der ihn bestimmte, der Einladung Folge zu leisten.

Den Verlust ihres Töchterchens Christiane Dorothea, die man erst vor zwei Wochen auf dem Johannisfriedhof zu Grabe getragen hatte, vermochte Anna Magdalena nur schwer zu ertragen. Immer wieder kehrte sie in ihren Erinnerungen zu dem zarten Wesen zurück; sie saß oft lange Zeit in ihrem Lehnsessel, wortlos, still in sich gekehrt; dann wieder spielte sie aus ihren Notenbüchern Musiken, in denen sie Trost und Erleichterung suchte. Am 15. September endlich entschloß sich Bach, mit ihr über die Kasseler Einladung zu sprechen.

»Ich werde die Einladung annehmen, wenn du mich begleitest, mein liebstes Lenchen. Sie wird dir den Schmerz mildern helfen, wenn du einmal dein altes Weißenfels wiedersiehst, und – dann schleichen wir uns heimlich durch Weimar . . .« Das sagte er lächelnd und schaute sie verschmitzt an, da sie beide wohl wußten, warum man Weimar eigentlich meiden sollte. ». . . und auf der Rückfahrt nehmen wir uns Zeit und überspringen in Eisenach und Erfurt und dann auch noch einmal in Weißenfels eine Post. Wenn wir Glück haben, können wir sogar von Weißenfels aus über dein altes Zeitz nach Leipzig weiterfahren. Mit Deyling und Gesner habe ich die Vertretungen besprochen. Friedemann und Philipp Emanuel werden ihre Sache gewiß gut machen.«

Am 21. September kamen die beiden Bache in Kassel an, nachdem sie am Abend des Vortages in Erfurt bei den Lämmerhirts herzlich aufgenommen waren und sich für die Weiterfahrt gründlich ausgeruht hatten.

Den Leipziger Gästen waren wohlausgestattete Räume im Gasthause »Stadt Stockholm« bereitgehalten und alle erdenklichen Erleichterungen für ihren Aufenthalt geschaffen, zu denen außer der köstlichen Versorgung auch noch ein eigener Bedienter und zwei Porteurs und eine Sänfte gehörten, in der man den Herrn Hofkapellmeister und Cantorem Thomanum vom Gasthause zur Kirche und zurück trug.

Die »Casselische Zeitung« berichtete bereits am 22. September voller Erwartung von des berühmten Herrn Bachs Eintreffen.

Die zu examinierende Orgel hielt den sehr gründlichen Experimenten des Herrn Bach durchaus stand, so daß am 28. September ein »vollkommenes« Konzert die Orgel aufs Festlichste einweihen konnte. Bach präludierte und improvisierte nach Herzenslust, führte der Gemeinde von St. Martini und ihren illustren Gästen aus Adel und Bürgerschaft Toccaten und Choralvorspiele vor und endete mit seinem Bekenntnischoral, in dem er – wie er gern betonte – den ersten Leitsatz seines Lebens und Wirkens sah:

»Dir, dir, Jehova, will ich singen,
Denn wo ist doch ein solcher Gott wie du?
Dir will ich meine Lieder bringen,
Ach! Gib mir deines Geistes Kraft dazu . . .

Verleih' mir, Höchster, solche Güte,
So wird gewiß mein Singen recht getan;
So klingt es schön in meinem Liede,
Und ich bet' dich in Geist und Wahrheit an.
So hebt dein Geist mein Herz zu dir empor,
Daß ich dir Psalmen sing' im höh'ren Chor.«

Am folgenden Morgen nahm man – nachdem das großzügige Honorar von 50 Talern und 26 Talern Reisegeld quittiert worden war – Abschied vom gastlichen Kassel.

Die Rückfahrt nahmen die beiden Reisenden in Unterbrechungen, wie sie es schon in Leipzig geplant hatten.

In Eisenach blieb man zur Nacht. Am nächsten Morgen führte Sebastian seine Eheliebste vor das alte Bachhaus am Frauenplan. Man erbat sich bei seinen jetzigen Bewohnern den Eintritt in das Haus, schaute kurz in die schmukken, sauberen Stuben und gelangte endlich in den Garten mit seinen reichen Gemüsebeeten und Obststräuchern, die allerdings längst abgeerntet waren.

Ganz plötzlich und wie unwillkürlich begann Bach eine Melodie zu summen und dann auch auf ihren Text zu singen:

»›Ich bin so lang nicht bei dir g'west‹ – Ich habe sie noch im Ohr! Wir sangen sie gern auf dem Heimweg von der Schule, der Jakob und ich. Aber weißt du, was wir mit der Kurrende vor den Türen zu Weihnachten gesungen haben?« Er summte eine andere Melodie. »Das schöne Lied auf die Weihnacht von unserm Luther: ›Vom Himmel hoch, da komm' ich her‹. Er hat ja selber als Partekenhengst von Eisenach in der Kurrende vor den Türen um sein Brot mitgesungen. Weißt du, was er einmal seinen Tischgenossen vortrug, als die Wittenberger Kurrende über Tisch vor seinem Hause sang? Ich las es in den ›Historien von des ehrwürdigen Luthers Anfang, Lehr, Leben und Sterben‹: ›Verachte mir einer solche Gesellen nicht, die vor den Türen panem propter deum sagen und den Brotreigen singen! Ich bin auch ein solcher gewesen und habe das Brot vor den Häusern genommen, sonderlich zu Eisenach in meiner lieben Stadt. Das sind die Rechten, die in geflickten Mänteln und Schuhen gehen und das liebe Brot vor den Türen sammeln – das werden oft die besten, vornehmsten und gelehrtesten Leute!‹«

Auf der Weiterfahrt blieb man noch einmal bei den Lämmerhirts in Erfurt über Nacht, wo Bach – nachdem er auf der Fahrt von Gotha aus in der Höhe von Dietendorf seine Anna Magdalena auf die »Drei Gleichen« aufmerksam gemacht hatte – immer noch den Gedanken erwog, ob man nicht schnell noch einen Umweg über Arnstadt machen solle, ihn aber dann doch auf Anna Magdalenens Bitte aufgab.

»Wir sind nun schon über acht Tage von den Kindern entfernt. Laß uns heimkehren, Sebastian!«

So ging es am nächsten Tage in aller Frühe auf die Heimfahrt; man verzichtete auch diesmal auf Besuche in Weimar und suchte die schnellsten Postanschlüsse, bis man spät am Abend vor dem Leipziger Rathause ankam.

Man braucht nicht noch ein langes und breites zu erzählen, mit welchem Jubel die beiden Reisenden von den Kindern empfangen wurden, nicht etwa nur wegen all der hübschen Überraschungen, die sie ihnen aus Kassel und von den Erfurter Verwandten mitgebracht hatten. Der aufmerksame Leser wird sich die allgemeine Freude im Leipziger Kantorenheim gewiß selbst ausmalen.

10.

1733 wurde ein Jahr aufregender Ereignisse.

Die Musik zu Epiphanias, dem 4. Januar, zum alten Choraltext: »Ach Gott, wie manches Herzeleid« aus dem Jahre 1587, die Bach nach ihrer ersten Fassung von 1727 noch einmal überarbeitet hatte, schien – ungewollt und zunächst ungeahnt – für die erste Jahreshälfte gelten zu wollen.

Am 1. Februar starb Kurfürst Friedrich August – als König von Polen August II., der Starke, – in seinem 63. Lebensjahr, nach fruchtbaren neununddreißig Regierungsjahren als Kurfürst von Sachsen und sechsunddreißig Jahren als König von Polen, ein Lebenskünstler und bedeutender Staatsmann zugleich. Die Nachricht lähmte zunächst alles Leben im Kurfürstentum. Superintendent Salomon Deyling hatte unter dem Eindruck der tiefen Erschütterung, aber auch in der Voraussicht der kommenden Ereignisse sehr bald schon seine Erwägungen angestellt und seinen Kantor nach dem Frühgottesdienst des folgenden Sonntags Sexagesimae – dem 8. Februar – zu sich gebeten, um mit ihm Fragen zu einer kirchlichen Gedenkfeier und zu erwartenden Inthronisation zu besprechen.

»Wir erwarten schon für die nächsten Tage mit Sicherheit die Landestrauer, Herr Superintendent, und daher ein langes tempus clausum.«

»Sie wissen, lieber Bach, daß es auch im tempus clausum Ausnahmen gibt . . .«

». . . wie eben Musiken zu einer Trauerfeier für das Herrscherhaus . . .«

». . . oder zu einem solennen Huldigungsactus, der uns sicherlich auch in Leipzig bevorsteht.«

»Halten wir es, Herr Superintendent, also mit unserem seligen Doktor Martinus: ›Ich wollt heute gern‹, so hat er einmal niedergeschrieben, wie Sie sich erinnern werden, ›eine deutsche Messe haben, ich gehe auch damit um, aber ich wollte ja gerne, daß sie eine rechte deutsche Art hätte . . .‹ und schließlich wünschte er, daß in der Messe ›beides, Text und Noten, Accent, Weise und Gebärde aus rechter Muttersprache und Stimme kommen‹.«

»Ihr denkt also an eine Messe?«

»Nicht anders, als wir sie in unseren Kirchen singen, an das Kyrie und das Gloria; und da wir's mit den Dresdenern halten werden, lassen wir's beim Lateinischen. Welches Wort – dieses ›Gloria in excelsis‹.«

Am 16. Februar wurde Landestrauer auf 5 Monate angesetzt. Damit waren alle öffentlichen Musiken ebenso wie öffentliche Komödienaufführungen verboten, so daß die Neuberin mit ihren »königlich polnischen und kurfürstlich sächsischen Hof-Komödianten« Leipzig verließ, um für die Folgezeit in Hamburg ihre Bretter aufzuschlagen.

Bach dagegen hatte erwünschte Ruhe zu eigenem Schaffen.

»Welches Wort, dieses ›Gloria‹! Sieh, Lenchen, ich will mein ganzes Ich, meinen festen Glauben, meine innigste Hingabe, mein tiefstes Bekenntnis in meinen Tönen niederlegen und musizieren – nicht ich allein, es sollen alle, die es hören werden, mit mir singen zu des Höchsten Verkündigung! ›Gloria in excelsis – et in terra pax hominibus bonae voluntatis.‹ Oh, wären sie alle dieses bonae voluntatis – nach so viel Elend und Kampf und Morden und Brennen! ›In terra pax‹, das will ich festhalten, und alle Welt soll immer wieder das ›gloria in excelsis‹ anstimmen!«

Am 15. April nahm der neue Herrscher, Kurfürst Friedrich August II. – als König von Polen August III. – in Dresden die Huldigung und das Treuegelöbnis der Residenzstadt entgegen. Danach beschloß Seine Durchlaucht, der neue Kurfürst, in den Hauptstädten seiner Lande die Erb-Huldigung in höchst eigener Person entgegenzunehmen, »dergleichen in vierzig Jahren daselbst nicht gesehen worden ist«.

Der zweite solenne Huldigungs-Akt geschah dann auch am 20. April in der Stadt Leipzig, zu welcher der Vater der Königl. Hoheit eine ganz sonderbare Liebe getragen und die sich rühmen kann, sehr wohl in dessen Gnade eingeschrieben gewesen zu sein.

»Am folgenden 21. April geschah früh um 7 Uhr die Huldigungs-Predigt in

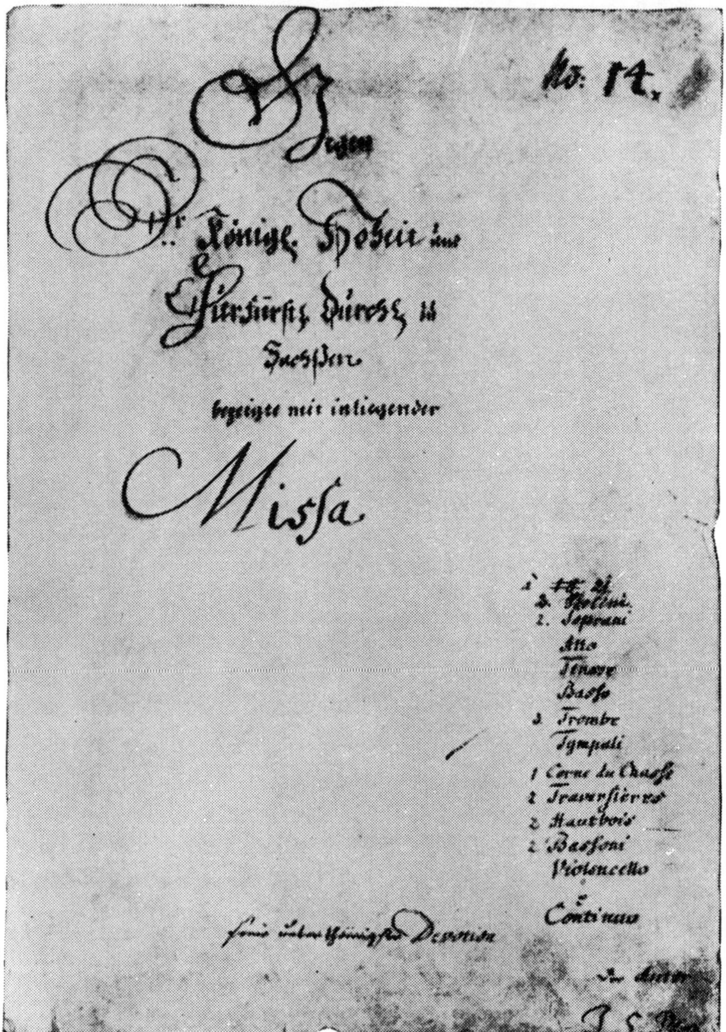

der St. Nicolai-Kirche, gehalten von dem Superintendenten D. Salomon Deyling über Psalm 28, Verse 8 und 9: ›Der Herr ist ihre Stärke; er ist die Stärke, die seinem Gesalbten hilft. Hilf deinem Volk und segne dein Erbe, und weide sie und erhöhe sie ewiglich.‹« Deyling ergänzte mit seinen eigenen Worten den Psalm: »Ja, der Herr ist unsere Stärke und unser Schild. So sei unser Herz fröhlich, und wir wollen ihm danken mit unserem Lied.«

Dann stimmten Chor und Instrumente das Kyrie eleison gleich einem inbrünstigen Gebet und wie einen Trauergesang zum Gedenken an den verstorbenen Kurfürsten an, ein Flehen der ganzen Menschheit zu Gott, dem das ›Christe eleison‹ danach die sichere Zuversicht der Erhörung verkündete.

»Nach geendeten Sacris«, schreibt der Chronist, »versammelte sich die sämtlich hierzu verschriebene Ritterschaft des Leipziger und Thüringischen Kreises auf der Börse mit gewöhnlichen Zeremonien, wohin sich unser Durchl. Augustus gegen 10 Uhr in einer Portechaise in Begleitung der ganzen Hofstaat erhoben. Allhier wurde denenselben von besagter Ritterschaft die Erb-Huldigung und das Hand-Gelöbnis geleistet.«

Nur wenige Tage nach dem Leipziger Kurfürstenbesuch – am 25. April – verlor das Kantorenheim die geliebte, erst fünfjährige, immer freundliche Regina Johanna, und es bedurfte aller Kraft zärtlichsten Zuspruchs vom Vater, um Anna Magdalena über die Tage ihres Schmerzes hinwegzuleiten in ihre bleibenden Pflichten und zum Bewußtsein ihres eigenen Geborgenseins im Credo und Sanctus, das er nach den ersten Teilen seiner Messe nun über das Hinscheiden seines Kindes anstimmte mit der ganzen Innigkeit seines eigenen Credo und seines Sanctus-Bekennens:

»Heilig, heilig, heilig ist der Herr Zebaoth,
alle Lande sind seiner Ehre voll.«

In seine Bibel aber trug er am gleichen Abend des 25. April ein: »Bei einer andächtigen Musik ist allezeit Gott mit seiner Gnade Gegenwart.«

11.

Rektor Johann Matthias Gesner hatte sich am Abend des 21. April in sein Studierzimmer zurückgezogen, um die ersten Entwürfe zu seiner neuen Arbeit, »De Institutione Oratoria« des Marcus Fabius Quinctilianus, die ihm seit langem am Herzen lag, niederzuschreiben. Aber seine Gedanken gingen von seinen Betrachtungen über die Künste antiker Musiker, der Citharaspieler und ihrer Kunstfertigkeiten immer wieder zurück zu der Huldigungsfeier in der Nicolaikirche und zu seinem Kantor, den er schon während der Proben zur »Messe« und nun in besonderem Maße während ihrer Aufführung bewundert hatte. Wie von selbst schien sich die Feder zu bewegen, und wie von selbst schrieb sie gleichsam an Marcus Fabius Quinctilianus seine Erinnerung an das heutige Erlebnis: »Si videre tibi ab inferis excitato contingeret Bachium . . .«, was wir jedoch ins Deutsche übertragen, als: ». . . wenn Du, Fabius, aus der Unterwelt heraufbeschworen, Bach sehen könntest – wie er mit beiden Händen und allen Fingern etwa unser Klavier spielt, das allein schon viele Kitharai in sich faßt, oder jenes Grund-Instrument, dessen zahllose Pfeifen von Bälgen angeblasen werden, wie er hier mit beiden Händen, dort mit schnellen Füßen über Tasten eilt und allein gleichsam Heere von ganz verschiedenen, aber doch zueinander passenden Tönen hervorbringt; wenn Du ihn sähest, sag ich, wie er bei einer Leistung, die mehrere Eurer Kitharisten und zahllosen Flötenspieler nicht erreichten, nicht etwa nur eine Melodie singt wie der Kitharöde und seinen eigenen Part hält, sondern auf alle zugleich achtet und von 30 oder gar 40 Musizierenden diesen durch Kopfnicken, den nächsten durch Aufstampfen mit dem Fuß, den dritten mit drohendem Finger zu Rhythmus und Takt anhält, dem einen in hoher, dem andern in tiefer, dem dritten in mittlerer Lage seinen Ton angibt; wie er ganz allein mitten im lautesten Spiel der Musiker, obwohl er selbst den schwierigsten Part hat, doch sofort merkt, wenn irgendwo etwas nicht stimmt; wie er alle zusammenhält und überall abhilft, und wenn es irgendwo schwankt, die Sicherheit wiederherstellt; wie er den Takt in allen Gliedern fühlt, die Harmonien alle mit scharfem Ohre prüft, allein alle Stimmen mit der eigenen begrenzten Kehle hervorbringt. Sonst ein begeisterter Verehrer des Altertums, glaub' ich doch, daß Freund Bach allein, und wer sonst ihm vielleicht ähnlich ist, den Orpheus mehrmals und den Arion zwanzigmal übertrifft.«

Am gleichen Abend berieten im Kantorenheim Komponist und Dichter – Bach und Henrici –, was für die Folgezeit gemeinsam zu tun sei.

»Denkt nur, lieber Herr Kantor, an den bevorstehenden Namenstag unseres Kurfürsten – und den Geburtstag des kleinen Dresdener Kurprinzen!«

Bach seufzte: »Die Solennitäten folgen schneller aufeinander, als man dazu neue Musiken erfinden und gar auf das Papier bringen könnte! Es bedarf da mancher guten Stunde, in denen einem die Themata und neuen Ideen besser und leichter einfallen – und da kommt dann ein solcher Schwätzer wie der Herr Konrad Friedrich Hurlebusch – Ihr wißt: der Hamburger oder Braunschweiger oder Münchener oder wo überall er sich mit seinen Kompositionsversuchen aufgehalten hat –, kommt auf der Durchreise und will mir unbedingt seine Menuetten und Variationen vorspielen und läßt sich durch keine noch so deutlichen Höflichkeiten hinaus komplimentieren, sondern erteilt mir gute Ratschläge, wie ich dem Friedemann und dem Philipp Emanuel seine, des Hurlebusch, Sonaten zum gewissenhaften und nützlichen Studium empfehlen solle! Nun, Ihr wißt ja, daß mein Haus jedem Durchreisenden offensteht, der in rebus musicae oder ecclesiae oder auch der Poeterei uns zu besuchen wünscht; aber mitunter kommen die Hurlebusche, die Scharlatane und musikalischen Quacksalber und rauben mir Zeit und Laune!« Er mußte erst einmal tief Atem holen. »Aber ich habe schon nachgedacht. Nehmen wir für die nächste Feier die Musik vom ›Frohen Tag‹ – Ihr erinnert Euch, wir musizierten sie bei der Einweihung des Schulneubaus.«

»Ihr werdet sie mir vorspielen, wenn ich Euch am kommenden Sonntag nach der Predigt besuche. Ihr habt ja ohnehin tempus clausum der Landestrauer. Um so mehr Zeit hätte ich wohl für ein neues dramma per musica, das ich gerade auf den Geburtstag des jungen Kurprinzen entworfen habe. Ich glaube, es wird Euch Vergnügen machen.«

Dann erzählte er Bach von seinem neuen dramatischen Entwurf und dem Geschehen, das darzustellen wäre: »Ihr erinnert Euch an den alten griechischen Sagenhelden Herakles – oder Herkules, wie ihn die alten Römer zu nennen beliebten – den Sohn des Göttervaters Zeus und der schönen Alkmene?« Es sollte, wie schon so manches Mal, ein hellenistisch-sächsisches Mysterienspiel voller Anspielungen auf den sächsischen Hof werden.

»Nun, lieber Henrici, dann bringt mir nur recht bald Euer Poem!«

12.

Der Dresdener Hofrat Alius hatte dem von ihm hochverehrten Leipziger Thomaskantor durch einen im Auftrag des Hofes nach Leipzig reisenden Kurier mitteilen lassen, daß der Organist der Dresdener Sophienkirche so schwer erkrankt sei, daß man mit seinem Ausscheiden aus seinem Kirchenamte rechnen müsse. Für das Amt des Sophienorganisten werde also wohl in der allernächsten Zeit ein Nachfolger zu bestimmen sein, und Bach möge erwägen, ob nicht einer seiner Söhne sich um das doch recht angenehme Amt bewerben wolle.

Es gab also im Heime des Thomaskantors mancherlei aufregende Gespräche unter den Söhnen, zwischen Vater und Mutter, endlich zwischen Vater und Friedemann, nachdem Philipp Emanuel sich entschieden hatte, zunächst an einer Universität außerhalb Leipzigs ein Rechtsstudium zu absolvieren.

Für die Dresdener gab es unter der Anzahl der Bewerber – nach dem Eintreffen der Leipziger Bewerbungsschreiben, die der Vater für Friedemann eingereicht hatte, überhaupt keine andere Entscheidung als für des Leipziger berühmten Thomaskantors und unübertrefflichen Orgelvirtuosen Sohn, der sich nun auch selbst am 22. Juni an der Sophienorgel vorstellte und die Dresdener ebenso entzückte und in Erstaunen und Bewunderung versetzte wie der Vater. Schon am nächsten Tage erhielt Friedemann die Bestätigung seiner Wahl vor dem Konsistorium ausgesprochen.

13.

Das schöne Pfingstwetter hatte Rektor Johann Matthias Gesner bewogen, seinen Kantor zu einem Spaziergang nach dem Gottesdienst des zweiten Feiertages einzuladen.

»Ich möchte Ihnen, lieber Bach, eine Mitteilung anvertrauen, über die ich Sie bitte, zu keinem Menschen ein Sterbenswörtchen weiterzuerzählen. Ich habe dafür besondere Gründe, wie ich Ihnen noch erklären werde. Es handelt sich um unser beider Zukunft. Die Universität in Göttingen hat mir auf meine Anfrage hin eine Professur angeboten, die ich nicht ausschlagen werde, da ich in Leipzig nach den Beschlüssen unseres hochweisen Rats als Thomasrektor nicht auch an der Universität eine Professur erhalten dürfe! Man verwies mich, als ich mich um die Leipziger Professur bewerben wollte, auf die Zustände an der Schule vor meinem Rektorat und erklärte mir, daß man einen Rektor wün-

Johann Matthias Gesner (1691–1761)

sche, der ganz und gar nur um seine Schule zu sorgen habe. Da ich aber, wie Sie verstehen werden, mein Leben und meine wissenschaftlichen Forschungen nicht als Schulrektor – und sei es auch die Thomasschule in Leipzig – beenden möchte, muß ich also, so wertvoll mir die hiesige Tätigkeit auch erscheint, den Wechsel und den schon im kommenden Frühjahr vornehmen.«

Bach schwieg. Man schritt eine Weile nebeneinander her, wortlos, nachdenklich.

»Sie sagen ja gar nichts, lieber Bach?«

»Was sollte ich sagen! Mit Ihnen verliere ich den besten Schutz in meinem Amte! Die Herren vom Rathause werden mir nun wieder rechte neue Mühen machen!«

»Eben deswegen habe ich Ihnen heute meine bevorstehende Mutation nach Göttingen und den damit verbundenen Rektorratswechsel anvertraut. Sie müssen selbst zur rechten Zeit – und das wäre sofort! – irgend ein Unternehmen einleiten, das Sie vor neuen Belästigungen durch die Herren Räte zu schützen vermag. Der Leipziger Bach – der Schöpfer der Matthäus-Passion und der Messe – muß unangetastet bleiben für alle die kleinen Geisterchen, die ein Bachisches dramma per musica nicht von einer Neuberschen Harlekinade unterscheiden können!«

»Soll ich in meinen Jahren etwa noch einmal mutieren? Mein alter Jugendfreund Erdmann in Danzig hat mir schon damals abgeraten, als ich im 45. Lebensjahr stand. Ich nähere mich allmählich dem fünfzigsten! Wer wollte einen so bejahrten Alten noch annehmen!«

»Nein, nein, lieber Bach, Sie bleiben im schönen Leipzig, das noch so viele Erwartungen an Sie stellen wird! Aber was mich bewegt, Sie zu bedeuten, daß Sie Ihre Position gegenüber neuen Aggressionen abschirmen sollten, ist noch eine andere Sache, die nichts mit den Herren auf dem Rathause zu tun hat. – Sie haben es sicher bereits selbst bemerkt, daß wir in einer Zeit des Umbruchs leben. Die Wissenschaften beginnen die Künste zu überflügeln – nicht etwa in den Leistungen, sondern in ihren Ansprüchen. Unsere junge Gelehrtengeneration hat kaum noch Sinn für das ›Schöne an sich‹, wie ich es nennen möchte. Ich sehe voraus, wie man unsere geliebte musica in den äußersten Winkel unserer Schulen verbannen wird, und wie mit der Nachlässigkeit der neuen Verantwortlichen gegenüber dem Stiefkind Musik und leider auch gegenüber der Erbauung und der ästhetischen Gemütsergötzung eine Entfremdung erfolgen wird, die sich auch zwischen Kirche und Musik bemerkbar machen wird. Wenn erst einmal die Musik aus der Schule verbannt wird, wird die Kirche sie von selbst verlieren. Denn wer sollte dann noch in ihr musizieren?

Deshalb habt Ihr, lieber Bach, Hofkapellmeister am Dome unseres Herrn, hier, hier im Bezirk von St. Thomas, Eure bleibende Aufgabe! Sichert sie Euch, indem Ihr Euch und Eurem Amte den Schutz des Kurfürsten sichert! Wendet Euch so bald als möglich an den Hof in Dresden!«

Am 26. Juli bestieg Bach den Postwagen nach Dresden. Hofrat Alius, sein alter Verehrer, hatte ihm seine Hilfe bei der Eingabe eines Gesuches an den Kurfürsten zugesichert, so daß Bach nach seiner Ankunft in der Residenz sogleich die Wilsdruffer Gasse aufsuchte, um dem Hofrat sein Anliegen vorzutragen.

»Ich beabsichtige, dem Kurfürsten das gesamte Stimmenmaterial meiner Missa zu überreichen, die wir in Leipzig am Tage unserer Huldigungsfeier in St. Nicolai musizierten. Wollt Ihr, lieber Hofrat, mein Begleitschreiben an die Königliche Hoheit überprüfen und es, wenn es sein sollte, in seiner Form den Erfordernissen des Amtsgebrauchs angleichen?«

Der Hofrat betrachtete eine lange Zeit das ihm von Bach dargereichte Titelblatt der Missa-Handschrift.

»Sehr gut –! und nun Euer Begleitschreiben!«

Nachdem der Hofrat das Schriftstück gewissenhaft gründlich überprüft und hie und da ein geeignetes Wort, der Hofsprache entsprechend, eingesetzt hatte, las er das Ganze in seiner endgültigen Form seinem Gast noch einmal vor:

> »Ew. Königlichen Hoheit überreiche in tieffster Devotion gegenwärtige geringe Arbeit von derjenigen Wißenschafft, welche ich in der Musique erlanget, mit ganz unterthänigster Bitte, Sie wollen dieselbe nicht nach der schlechten Composition, sondern nach Dero Welt berühmten Clemenz mit gnädigsten Augen anzusehen und mich darbey in Dero mächtigste Protection zu nehmen geruhen. Ich habe einige Jahre und bis daher bey denen beyden Haupt-Kirchen in Leipzig das Directorium in der Music gehabt, darbey aber ein und andere Bekränkung unverschuldeter weise auch iezuweilen eine Verminderung derer mit dieser Function verknüpfften Accidentien empfinden müßen, welches aber gänzlich nachbleiben möchte, daferne Ew. Königliche Hoheit mir die Gnade erweisen und ein Praedicat von Dero Hoff-Capelle conferiren, und deswegen zu Ertheilung eines Decrets, gehörigen Orths hohen Befehl ergehen laßen würden; solche gnädigste Gewährung meines demüthigsten Bittens wird mich zu unendlicher Verehrung verbinden und ich offerire mich in schuldigstem Gehorsam, iedesmahl auf Ew. Königlichen Hoheit gnädigstes Verlangen, in Componirung der Kirchen Musique sowohl als zum Orchestre meinen unermüdeten Fleiß zu erweisen, und meine ganzen Kräffte zu Dero Dienste zu widmen, in unauffhörlicher Treue verharrend Ew. Königlichen Hoheit unterthänigst-gehorsamster Knecht Johann Sebastian Bach.«

»Und nun die Anschrift! Schreiben Sie, verehrter Herr Hofkapellmeister: ›Dem Durchlauchtigsten Fürsten . . .‹ und so weiter . . . Die Eingabe werde ich selbst der Hofkanzlei überbringen. Ich zweifle nicht an des Kurfürsten gnädigster Gewährung.«

14.

Die Eingaben an hohe und höchste Behörden werden nicht sogleich bearbeitet. Sie gelangen erst einmal unter die Eingänge, wo sie bei starkem Geschäftsverkehr mitunter über mehrere Wochen unbearbeitet lagern. Kommen sie endlich in Umlauf, so bestimmt die Bürokratie den Zeitverlauf und die Zeitverluste, denn jeder der »zuständigen« Sachbearbeiter kennt seine bedeutende Wichtigkeit, prüft, stellt Rückfragen an, holt ergänzende Erkundigungen ein, unterbricht gelegentlich die ihm zukommende Bearbeitung, da er einen kurzen oder längeren Urlaub antritt, oder wird durch Erkrankung zur Unterbrechung gezwungen, und so wird es in unserem Falle der Bach'schen Eingabe vom Dezember 1733 ergehen, bis endlich der »Vorgang« im Hofmarschallamt ankommt.

Inzwischen feierte man in Leipzig die kurfürstlichen Namens- und Wiegenfeste mit aller Solennität, dem Herrscherhause zu huldigen und zu gefallen. Am Namenstage des neuen Kurfürsten Friedrich August II. – am 3. August – sangen die Thomaner Henricis Neutextierung des »Frohen Tages« zur kurfürstlichen Huldigung: »Frohes Volk, vergnügte Sachsen«.

Nur wenige Wochen später gab es zum Geburtstag des 11jährigen Kurprinzen Friedrich Christian von Sachsen am 5. September eine Besonderheit, die in den Leipziger Zeitungen am Vortage mit besonderen Anzeigen angekündigt wurde. Es hieß da:

> »Das Bachische Collegium musicum wird morgen als dem 5. Sept. anni currentis im Zimmermannschen Garten vor dem Grimmaschen Thore den hohen Geburts-Tag des Durchl. Chur-Prinzen von Sachsen mit einer solennen Musick von Nachmittag 4. bis 6. Uhr untertänigst celebrieren.«

Untertänigst musizierten also Bach, das Collegium musicum mit seinen Streichern, Hörnern und Oboen und die Thomaner dem »hoffnungsvollen Helden zu Ehren« das neue dramma per musica »Herkules auf dem Scheidewege«.

In den düsteren Stunden des Novemberanfangs nach dem kurzen Aufleuchten und schnellen Verlöschen eines jungen Lebens – man hatte den Neugeborenen am 5. November noch auf die Namen Johann August Abraham taufen können, bevor man ihn am folgenden Tage bereits zu Grabe tragen mußte –, in diesen Folgestunden mußte Vater Johann Sebastian die nächste Festmusik vorbereiten, die am 8. Dezember zum Geburtstage der Kurfürstin Maria Josepha, einer Tochter des Kaisers Joseph I., einer Wiener Erzherzogin also, aufgeführt werden sollte. Bachs Brief lag noch – irgendwo – unbeantwortet. In den Ministerien des Kurfürsten und in seinem Hofmarschallamt hatte man bereits seit dem 10. September andere Sorgen als die Erledigung angelaufener Anträge aus dem eigenen Lande. Die Polen hatten sich nach dem Tode ihres ungeliebten, um nicht zu sagen: verhaßten Königs aus dem Sächsischen mit der Gewißheit der Hilfe Frankreichs erhoben, um ihre nationale Freiheit zurückzugewinnen. Kardinal Fleury, Frankreichs kluger Minister, hatte die Gunst der Stunde nicht etwa nur für Polen, sondern in erster Linie für Frankreichs Einfluß erkannt und hielt daher den für den Augenblick rechten Thronfolger Polens bereit: den Schwiegervater des jungen französischen Königs Ludwig XV., Stanislaus Leszcynski, der schon einmal, im Jahre 1706, von Schwedens König Karl XII. wenn auch nur für kurze Zeit als König von Polen eingesetzt worden war.

Nun war es also wieder soweit. Am 10. September 1733 war Stanislaus zum zweiten Male in Warschau zum König ausgerufen. Alle Unternehmungen – alle Beratungen – alle Entscheidungen – die höchsten Anspannungen des Dresdener Hofes galten nun nur noch dem Kampfe um die Wiederherstellung der sächsischen Herrschaft in Polen, und Bachs Eingabe an den Kurfürsten blieb noch für lange Zeit unter den unerledigten Eingängen.

15.

Die Kämpfe der sächsischen Truppen gegen Stanislaus und die Aufständischen waren dank auch der an der Seite der Sachsen kämpfenden starken russischen Regimenter erfolgreich, so daß Kurfürst August, an seiner Seite die Kurfürstin, schon am 17. Januar 1734 in Krakau als August III. zum König von Polen gekrönt werden konnte.

Die treuen Leipziger feierten den Ruhmestag ihres Landesherrn, dem allerdings noch die Kämpfe um Warschau bevorstanden, mit einer Festmusik Bachs mit dem Collegium musicum, und schon einige Wochen darauf, am 19. Februar, die zweite Krönung des siegreichen Kurfürsten zum König von Polen nun auch in Warschau mit einer neuen Festmusik des Thomas-Kantors, die er in der Eile aus seinen früheren Musiken zusammenstellte und neu textieren lassen mußte: »Blast Lärmen, ihr Feinde! verstärket die Macht!«

Es wurde auch in Leipzig eine rechte Siegesfeier.

Am späten Abend blieben Johann Sebastian und Anna Magdalena noch lange zu ernsten Gesprächen beieinander.

»Es ist eine seltsame Zeit. Im letzten April haben wir den alten Kurfürsten zur Ruhe gesungen, im letzten halben Jahr haben wir die Huldigungen für die neue Kurfürstenfamilie angestimmt, mit Pauken und Trompeten, und nun singen wir Siegeslieder, und viele hundert Menschen haben für den Sieg und die Königskrone ihr Leben lassen müssen! Ich hätte wohl lieber, wenn ich's hätte bestimmen können, ein Requiem angestimmt!«

»Es ist dein Amt, Sebastian. Du mußt es erfüllen, wie sie es erwarten.«

Als sich die beiden Eheliebsten endlich zur Ruhe begaben, mußte Bach sich noch einmal an sie wenden:

»Mir ist leichter, seit ich mit Dir darüber gesprochen habe. Es hat mich lange bedrückt. Aber heut werde ich ruhiger einschlafen. Ich danke dir, Lenchen.«

16.

Es gab um die Osterzeit wieder mancherlei Besuche.

Es kam der Hirschberger Organist Balthasar Reimann, der sich, in seine schlesische Heimat Hirschberg zurückgekehrt, gar nicht genug tun konnte, von seiner Leipziger Begegnung mit dem »großen Künstler« zu berichten. »Dieser nahm mich liebreich auf und entzückte mich dermaßen durch seine ungemeine Fertigkeit, daß mich die Reise niemals reuen wird.«

Willkommener Gast wenige Tage darauf, am 12. März, war der junge, vielgereiste Geiger Franz Benda, der nach Jahren seiner Wanderschaft zwischen Alt-Benatek, seinem nordböhmischen Geburtsort, Prag, Dresden, Warschau vor einem Jahre in Küstrin beim Kronprinzen von Preußen eine Verpflichtung als Geiger in dessen kleiner, erlesener Kammermusik erhalten hatte. Er hatte den aufmerksamen Bachs viel Bemerkenswertes zu erzählen, vom Dresdener Hofe, von den Aufregungen seiner Warschauer Jahre und besonders von dem angenehmen Leben bei einem liebenswürdigen Prinzen, der eine vorzügliche Flöte blase und leidenschaftlich der Musik ergeben sei.

»Er wird wohl sehr bald von Neuruppin ins nahe Rheinsberg wechseln, wo er in der schönsten Gegend ein idyllisch gelegenes Schloß erworben hat; sobald es ihm der strenge Herr Vater erlaubt haben wird, will er dort Hof halten und viel musizieren. Ihr solltet einen eurer Söhne nach Rheinsberg schicken. Er fände dort außer dem prachtvollen, jugendlichen Kronprinzen den vortrefflichen Geiger Gottlieb Graun, und gelegentlich erscheint auch der Quantz und unterrichtet den Kronprinzen im Flötenspiel. Also, wie wär's? Der Herr Philipp Emanuel – ich höre, daß er ein Pate des verehrten Herrn Telemann in Hamburg ist – wäre gerade in einem Alter, das sich zu uns jungen Musikern ganz vortrefflich schicken sollte!«

»Er wird erst einmal seine Studien an der hohen Universität in Frankfurt – nein, nein, nicht im Hessischen, vielmehr im Preußischen, also im Lande Eures Kronprinzen, beginnen. Danach mag er sich's überlegen – so meinst du gewiß, Emanuel?«

Es war längst zwischen Vater Bach und Sohn beschlossene Sache, daß dieser, bereits an der Leipziger Universität als Depositus eingeschrieben, erst einmal sein Studium der Juristerei zu absolvieren habe.

»Wir wollen's nicht vergessen, lieber Benda! Ihr mögt zur gegebenen Stunde ein gutes Wort für uns einlegen.«

»Was gar nicht nötig sein wird, denn nennt man nur den Namen Bach, so sind Aufmerksamkeit sogleich vervielfacht. Das könnt Ihr mir glauben!«

»Und Ihr könnt mir glauben«, meinte Philipp Emanuel am Abend, nachdem der Gast sich verabschiedet hatte, zur Mama und den Geschwistern«, es reist nicht leicht ein Meister in der Musik durch Leipzig, ohne den Papa kennenzulernen und sich vor ihm hören zu lassen.«

17.

Im Kantorenheim summte und sang man – von Anna Magdalena bis zu Lieschen und Christoph und der Anna beim Putzen und Fegen – die neuen, fröhlichen Melodien, die ihnen der Papa Kantor in den letzten Tagen zur Erheiterung immer wieder vorgespielt hatte, das Lobeslied auf den Coffee und auf den Coffeebrauch der Kaffeeschwestern, der Mama und der Großmama.

»Es soll eine Überraschung für Henrici werden, zu seiner Ernennung zum Oberpostcommissarius; ich habe den Text aus dem neusten Teil seiner ›Schertzhafften Gedichte‹. Wir werden es in der kommenden Woche beim Zimmermann aufführen, im Kaffeehause, wo so ein lustiges Spiel um den Kaffee auch hingehört; der Emanuel wird den Vater Schlendrian und Bernhard den Tenore singen, und wie wär's, Frau Hofkapellmeisterin und Hof- und Kammersängerin, wenn Ihr dem Henrici zur Überraschung die Partie des Liesgen übernehmen wolltet?«

Es gab ein vergnügtes Musizieren um das lustig-listige Liesgen und den Vater Brummbär; der Herr Tenore eröffnete nach alter italienischer opera – Weise mit einem Prolog, wie ihn auch Shakespeare nicht amüsanter hätte dichten können, und dann begannen die Instrumentalisten den Zorn und die hilflose Erregung des Herrn Schlendrian über die hunderttausend Hudeleien eines fürsorglichen Vaters mit Vehemenz zu skandieren.

Charmant und unbekümmert zwitscherte dagegen das »lose Liesgen« Lob und Preis des lieblich-süßen Coffee's, und bei den erregten Disputen des besorgten Vaters und den schnippigen Entgegnungen seiner verschleckerten Tochter gab es im Caffeehause Zimmermann in der Katharinenstraße den stärksten Applaus.

»Woher nehmt Ihr nur alle die köstlichen Melodien, lieber Bach!«

»Und woher nehmt Ihr, Herr Poet, Eure lustigen Einfälle, daß das Liesgen sich am Ende beides, Freier und Coffee, sichert?«

18.

Schmerzlicher wurde für den Thomaskantor der Abschied von seinem Rektor und Freund Johann Matthias Gesner, der nun wirklich mit Sommeranfang Amt und Leipzig verließ.

Der bisherige Konrektor Johann August Ernesti, Sohn des verewigten früheren Rektors, ein vorzüglicher, etwa 27jähriger Gelehrter, übernahm nach der Gewohnheit ähnlicher Vorgänge stellvertretend die Aufgaben Gesners in der sicheren Erwartung, daß der Rat der Stadt ihm die Nachfolge als Thomasschul-Rektor übertragen werde.

Es war Bach längst aufgefallen – Ernesti hatte das Amt des Konrektors seit 1731 inne –, daß die Neigungen des jungen Gelehrten ganz und gar seinen Wissenschaften, der Theologie und der klassischen Philologie, gehörten. Um die musikalischen Belange der Thomasschule hatte er sich nie gekümmert; Musikstunden oder Proben hatte er nie besucht; in den Konzerten des Collegium musicum war er nie bemerkt worden.

Nicht einmal die Namenstagfeier seiner Königlichen Majestät in Polen und Kurfürstlichen Durchlaucht am 3. August, zu der in den Zeitungen eingeladen worden war, hatte ihn bewegen können, das solenne Konzert des Collegium musicum am Nachmittage um 4 Uhr im Zimmermannschen Garten vor dem Grimmaschen Thore zu besuchen.

Nur die Neugierde hatte ihn schließlich veranlaßt, von einer der Ratsstuben aus mit einigen jungen Freunden aus der Ratsverwaltung dem bunten, bewegten Treiben auf dem weiten Marktplatz am Jahrestag der Königswahl des Kurfürsten, dem 5. Oktober, zuzuschauen.

»Gegen 9 Uhr Abends brachten Ihro Majestät die allhiesigen Studenten . . .«, so trug Johann Salomon Riemer in seine Stadtchronik noch den selben Abend ein . . ., »eine alleruntertänigste Abendmusik mit Trompeten und Pauken, so Herr Capellmeister Johann Sebastian Bach, Cantor zu St. Thomae, componieret. Wobei 600 Studenten lauter Wachsfackeln trugen, und 4 Grafen als Marschälle die Musik aufführten. Der Zug geschah aus dem schwarzen Brett durch die Ritterstraße, Brühl und Katharinenstraße herauf, bis ans Königslogis; als die Musik an der Wage angelanget, gingen auf derselben Trompeten und Pauken, wie denn auch solches vom Rathause durch ein Chor geschah. Bei Übergabe des Carmens ›Preise dein Glück, gesegnetes Sachsen‹, dessen Text Magister Johann Christoph Clauder gedichtet hatte, wurden die vier Grafen zum Handkuß zugelassen; nachgehends sind Ihro Königliche Majestät nebst Dero Königlicher Frau Gemahlin und Königlichen Prinzen, so lange die Musik gedauert, nicht vom Fenster weggegangen, sondern haben solche gnädigst angehört, und Ihro Majestät herzlich wohl gefallen.«

Von der Eingabe Bachs vom Vorjahre und seinem Wunsche nach der Verleihung eines Hoftitels war allerdings nicht die Rede.

Dagegen gab es am folgenden Tage ein recht trauriges Nachspiel. Der vortrefflichste und hochgeschätzte Trompeter der Leipziger Stadtmusik, Johann Gottfried Reiche, »der wohlerfahrene und kunstreiche Musicus und Senior der musikalischen Stadt-Compagnie, war – so berichtete Riemer in seiner Chronik –, als er nach Hause gehen wollte, im Stadtpfeifergäßchen ohnweit seiner Wohnung vom Schlag gerührt worden, so daß er niedergesunken und tot in seine Wohnung gebracht worden.«

Der 67jährige Meister seines Instrumentes hatte an der Festmusik vor dem anwesenden Königspaare am Tage zuvor teilgenommen. Der Rauch der 600 Studentenfackeln war ihm beim Blasen bereits so beschwerlich geworden, daß er sich von den Strapazen nicht mehr hatte erholen können.

»Man geht – und wir bleiben! Sieh, Lenchen, Anna Magdalena Bachin, Hof- und Kammersängerin, dort verläßt uns der liebe Gesner, dann geht der Philipp Emanuel auf die Hohe Schule, und nun hat uns unser vortrefflicher Gottfried Reiche verlassen. ›Ich armer Mensch, ich Sündenknecht. Gottes Zeit ist die allerbeste Zeit! Mein Zeit und Stund ist, wann Gott will!‹«

Am Abend des folgenden Tages sang er seiner Eheliebsten ein neues Carmen vom Trauerbild des Lebens – erbauliche Gedanken in moll über die Tabakpfeife und ihren Knaster.

19.

»Bleiben Sie, lieber Poeta, noch einige Augenblicke, ich habe ein wichtiges Anliegen an Eure Kunst, nach meiner Musik einen neuen Text zu finden.« Gerade war an diesem 21. November die Begrüßungsfeier zum Amtsantritt des nunmehr bestätigten neuen Rektors Johann August Ernesti, zu der Bach seine Musik zu einem Text des jungen Thomaners Johann August Landvoigt aufgeführt hatte, zu Ende gegangen, als Bach diese Bitte an Henrici richtete, der sogleich mit Bach in dessen Wohnung ging. »Ich brauche einen Weihnachtstext, die Aufteilung für die drei Feiertage habe ich hier, wie Ihr seht, bereits vorgenommen.«

Sie wählten an Bachs Disposition über die Weihnachtstage die geeigneten Ruhepunkte zwischen den Evangeliumstexten aus, an denen Betrachtungen und Choräle eingefügt werden konnten.

»Wir haben also für den ersten Weihnachtstag die Geburt, für den zweiten die Verkündigung an die Hirten und für den dritten die Anbetung. Die Recitative nach Lucas habe ich schon auf dem Papier. Aber nehmen wir erst einmal die Eröffnung. Ich würde meinen Chorus aus der Geburtstagsmusik für die Churfürstin herübernehmen; ›Tönet, ihr Pauken, erschallet, Trompeten‹ . . .« Bach deutete auf dem Cembalo die Chorsätze an, um Henrici – wie der es ja längst gewöhnt war – zu einer neuen Textfassung anzuregen.

»Also – gut so –: Jauchzet, frohlocket . . . stimmet voll Jauchzen und Fröhlichkeit an!«

»Aber nun unsere erste Arie der Erwartung . . . Ich habe mir dafür aus unserem ›Herkules‹ eine bewegte Musik ausgewählt. Ihr erinnert Euch – dort habt Ihr zwar gesagt: ›Ich will dich nicht hören, ich will dich nicht wissen‹, aber das ging gegen die ›verworfene Wollust‹. Heute müßt Ihr Eure Poesie an den verkündeten Heiland richten!«

»Spielt es noch einmal, jawohl gewiß. ›. . . den Schönsten, den Liebsten bald bei uns zu sehn‹, so etwa . . .«

»Wenn wir mit der Geburtsstunde schließen – ich denke da an die Choräle ›Wie soll ich dich empfangen‹ und ›Er ist auf Erden kommen arm‹, dann laßt Euch dazu noch einen Text einfallen, mit dem wir die erste Feiertagsmusik abschließen.«

Man verabredete sich auf den nächsten Tag, um über die Ausgestaltung auch der beiden folgenden Feiertage miteinander zu Rate zu gehen. –

Als Henrici am 22. November gegen Abend im Kantorenheim erschien, fand er die ganze Familie Bach um das Cembalo versammelt.

»Ich wollte heute einen Vorgeschmack auf unsere Weihnachtsmusik nicht nur dem Herrn Poeta vermitteln, sondern meine lieben Leute daran teilnehmen lassen.«

Und dann spielte er, zum Entzücken seiner Zuhörer, die Sinfonie zum 2. Feiertage – eine wunderbar schöne Musik der Engel und der ihnen antwortenden Hirten.

Danach wurde die Familie verabschiedet, und die gemeinsame Arbeit an der Gestaltung der Weihnachtsmusiken und ihrer Texte wurde bis in die tiefe Nacht hinein fortgesetzt.

»Auch für den Neujahrstag habe ich eine Anregung für Euch, lieber Henrici. Ich habe da eine Melodie; sie fiel mir ein, als wir hörten, daß nun endlich die Friedensproklamation an Polen verkündet werden soll. Was sagt Ihr . . .?« Schon griff er in die Tasten. Während er seine neue Melodie – »mit freundlichen Corni und Oboi« ergänzt – vorspielte, stand für Henrici fest:

»Fallt mit Danken, fallt mit Loben
vor des Höchsten Gnadenthron . . .«

»Wie schmerzlich aber empfangt Ihr, lieber Bach, unsern Heiland, wenn ich Euren Eingangschoral höre! Ich muß dabei stets an seine andere Textierung denken, ›O Haupt voll Blut und Wunden‹.«

»Das sollt Ihr auch, bester Herr Poeta! Und es soll's auch die Gemeinde! Über der Krippe von Bethlehem erscheint, wie ein Schatten, das Kreuz von Golgatha! Seht, so erlebe ich die Geburtsstunde – schon sein Menschwerden ist Leiden, Passion.«

20.

Für seinen traditionellen Ausflug am Himmelfahrtstage hatte das Kollegium der Thomasschule in diesem Jahre 1735 auf Anregung Abraham Kriegels das idyllische Dörfchen Knauthain als Ziel gewählt. Man erfreute sich des späten Maitages, der Blütenpracht im Gasthofgarten und übertraf sich in heiteren Gesprächen und Anekdoten.

Auf dem Heimweg hatte Rektor Johann August Ernesti, der zunächst mit dem Gros der Kollegen und Schul-Collaboratoren vorausgewandert war, sich ganz plötzlich abgesondert und erwartete nun seinen langsam nachfolgenden Kantoren Bach.

»So in Gedanken, Herr Hofkapellmeister? Wohl mit einem neuen Oratorium beschäftigt?«

Bach schüttelte lächelnd den Kopf. »Nein, nein. Ich bin gerade in meinem alten Mühlhausen gewesen. Es hatte so seinen Anlaß. Ich erzählte Euch doch schon davon?«

»Ganz recht, ich erinnere mich. Euer Sohn Bernhard hat sich um die Vacanz der Orgel von St. Marien beworben.«

»Wobei ihm sein Vater, vormals Organist zu Divi Blasii, geholfen hat. Und nun erwarte ich die Antwort. Ich meine, daß ich sie morgen in der alten Faveur auf meinen Brief an den Hochweisen Rat zu Mühlhausen vorfinden werde. Dann müßte ich wohl mit dem Bernhard auf ein paar Tage zu seinem Probespiel mitreisen, falls es die Schule und die Kirche erlauben?«

»Nun, Ihr habt uns ja im neuen Jahre reichlich mit Musik versorgt. Ich denke an die Musiken bis zu den ›Heiligen drei Königen‹ und die Osterkonzerte und nun heute an Euren Lobgesang. Der Henrici hat mir erzählt, daß Ihr mitunter gar nicht Neues komponiert, sondern ein- und dieselbe Musik einmal für unser königlich-kurfürstliches Haus und zum andern für unsern Herrgott anstimmt?«

»Das ist nun so, verehrter Herr Rektor Ernesti: Wenn mir ein weltliches

Lied über die Maßen wohl gelungen erscheint, so daß es unserem lieben Herrgott recht wohl gefallen möchte, warum soll ich es nicht auch ihm anstimmen! Denkt nur einmal an das Wiegenlied, das wir – der Henrici und ich – dem Kurprinzlein sangen. Es ist mir seitdem nicht mehr aus dem Sinn gegangen, da es noch viel liebevoller und mit viel größerer Zärtlichkeit unserem lieben Heiland in seiner Geburtsstunde gesungen werden sollte!«

Ernesti wechselte das Thema.

»Es will mir gar nicht in den Sinn, daß Ihr Eure Schulbetätigung so ganz und gar auf Eure Musik beschränkt. Ihr befreitet Euch von der lateinischen Information. Ihr hättet wohl nicht wieder einmal Neigung, eine der wissenschaftlichen Disziplinen zu übernehmen?«

»Herr Rektor, wenn ein Musikus in seiner Musik voll und ganz aufgeht, so hat er auch in der musikalischen Erziehung der Jugend so ganz und gar zu wirken, daß ihm für die lingua latina oder die Arithmetik gar keine Zeit bleibt. Denn hätte er auch für die wissenschaftlichen lectiones ein erheblich Teil seiner Aufmerksamkeit aufzubringen, so geschähe es zum Schaden seiner Musik!«

»Ihr wart, soweit ich informiert bin, niemals an einer Hohen Schule inscribiert?«

»Wenn ich von heute auf mein Leben zurückschaue, so sehe ich mit innerer Zufriedenheit, wie sich alles wie unter einem Gesetz entfaltet und nach absoluten Konsequenzen ergeben hat. Ich wäre heute nicht Euer Kantor und nicht der Director musices von St. Thomas und St. Nicolai und gewiß nicht Hofkapellmeister zweier Höfe – ganz zu schweigen von dem, was ich einmal an Musiken hinterlassen werde –, hätte ich nach meiner Lüneburger Maturität nicht sogleich weiterhin die Musik studiert und praktizieret. Seht, verehrter Herr Rektor Ernesti; auf die Arnstädter Orgeljahre und Mühlhausen folgte Weimar mit seiner Hofkirche und seiner Kammermusik, auf die Kirchenmusiken in Weimar folgten die Jahre am Cöthener Hofe, die mich die tiefsten Geheimnisse unserer Musik ergründen ließen, und dann hatte ich für die Leipziger Erwartungen beides aufzubieten, die musikalischen Informationen an unserer schola Thomana und die Musiken im Dienste unseres Herrn – und«, so fügte er lächelnd hinzu, »die Konzerte bei Zimmermann, ›zur Gemütsergötzung der Liebhaber unserer schönen und gar lieblichen Kammermusiken‹! Was hätten mir zu all dem die Studien einer hohen Wissenschaft noch weiterhin beitragen sollen!«

»Nun ja, es ist Euer eigener Weg. Ich aber habe als Rektor einer berühmten Lateinschule mit den Zielen der gründlichen Ausbildung der Jugend in den Wissenschaften für deren erste und vorzügliche Pflege zu sorgen. Mir erscheint dagegen der übermäßige Anspruch Eurer musica im Gesamtgefüge der Schulprogramme eher als ein Nachteil, ein Verlust für die Wissenschaft! Man sollte da kürzer treten!« Darauf also wollte Ernesti hinaus? In Bach begann sich Widerstand zu regen.

»Ihr habt gewiß unseres ehemaligen Thomaners, des Magister Mizlers, Dissertation ›Quod musica ars sit pars eruditionis philosophiae‹ gelesen. Das wäre das eine, was ich Euch zu erwidern hätte. Zum andern aber: Wolltet Ihr die disciplina musicae an der Thomana einschränken, würden die Musiken in St. Thomas und St. Nicolai in ihrer heutigen berühmten Perfektion nicht mehr auszuführen sein; wir hätten uns dann mit dem Gemeindegesang zu begnügen. Ist dies Euer Ziel –, Euer Wunsch –, etwa Eure Absicht?«

Der Rektor schwieg. Erst nach einer geraumen Zeit beschloß er die Unterredung. »Lassen wir es für heute, lieber Bach. Ich werde lange und ernsthaft darüber nachzudenken haben.«

21.

Und wirklich, am folgenden Tage – es war der 20. Mai – traf in Leipzig die Aufforderung des »HochEdelgebohrenen, Vest- und Hochgelahrten Herrn Christian Petri« aus der »Kayserlich freyen Reichs-Stadt Mühlhausen«, ein, der Bewerber Johann Gottfried Bernhard Bach möge eine kleine Probe seines musikalischen Könnens ablegen. Woraufhin am folgenden 21. Mai der »ganz gehorsamst-ergebenste« Johann Sebastian Bach in einem neuen Schreiben um die weiteren geneigtesten Befehle zu Tag und Stunde der erlaubten Probe ersuchte.

So fuhren dann am 8. Juni, dem vom Rate der Stadt bestimmten Termin, Vater und Sohn gen Mühlhausen.

Bach hätte die Fahrt über seine alten Wirkungsstätten der kürzeren über Frankenhausen vorgezogen, um seinen Bernhard mit Weißenfels und Weimar, Erfurt und Eisenach bekannt zu machen. Aber die Zeit drängte. Er wollte sich eine historische Reise, wie er sie nannte, für eine spätere Zeit vorbehalten; wenn erst der Bernhard in Mühlhausen wirken werde, gäbe es weit mehr Gelegenheiten zu Ausflügen, sogar bis nach Arnstadt und Ohrdruf.

Tags darauf, also am 9. Juni, stellte sich der 20jährige, vom Vater ausgebildete und wohlvorbereitete Bewerber um das Organistenamt an Beatae Virginis als so außergewöhnlich befähigt, für die Bestreitung des Organistendienstes vollkommen geschickt und vermögend, wie es der Vater versprochen hatte, der Kommission vor, daß seine Wahl bestätigt und am 16. Juni den beiden Bachen mitgeteilt wurde.

In der Zwischenzeit vom 9. zum 16. Juni hatte Johann Sebastian in alter Verbundenheit mit Mühlhausen und in der Erinnerung an seinen verehrten Freund Georg Christian Eilmar, den musikaufgeschlossenen Prediger von St. Marien, mit großer Sorgfalt die Marienorgel geprüft, »ohne Entgelt«, aber für eine »kleine Mahlzeit«, die der Rat ihm und seinem Sohne für bare 6 Taler und 8 gute Groschen hatte ausrichten lassen. Man tafelte ja gern, reichlich und lange bei diesen und ähnlichen Anlässen.

Die Mama hatte die beiden Reisenden nicht begleiten wollen. Ihre Jüngsten, die 9jährige Elisabeth und der 3jährige Christoph Friedrich, besonders aber die Erwartung ihrer Niederkunft zu Beginn des September waren Beweggründe genug für ihren Verzicht gewesen.

22.

»Gesner hatte wohl recht, wenn er für die Zukunft unserer Musica Thomae wenig Erfreuliches unter seinem Nachfolger vorausahnte. Ernesti ist ein merkwürdig nüchterner Gelehrter, gewiß, in Cicero und Terenz, im Ovid und in den Aesopischen Fabeln bewandert, er rezitiert ganze Strecken aus dem ›Bellum Gallicum‹ und dem Livius und seiner Geschichte ›ab urbe condita‹, aber er hat so gar keine Neigungen zur Musik! Da liegt nun mein neues Opus, die neue ›Klavierübung‹ für den musikalischen Liebhaber, ich hab's noch gerade zu meinem Fünfzigsten fertig stellenkönnen. Sieh einmal!« Magdalena las:

»Zweyter Theil: der Clavier Übung, bestehend in einem Concerto nach Italiaenischen Gusto und einer Overture nach Französischer Art, vor ein Clavicymbel mit zweyen Manualen. Denen Liebhabern zur Gemüths-Ergötzung verfertiget, von Johann Sebastian Bach, Hochfürstl. Saechßisch Weißenfelßischen Capellmeistern und Directore Chori Musici Lipsiensis; in Verlegung Christoph Weigel Junioris.«

»Da hast du etwas für die Liebhaber neuer Inventionen. Ich muß so oft an den vortrefflichen Andreas Werckmeister denken und seine Lehre von den veränderlichen Manieren in der Musik; wie sagte er doch: ›Dasjenige, was vor zehn, zwanzig, dreißig und mehr Jahren am angenehmsten gelautet, dasselbe wird anitzo verlacht und gar nicht aestimiert.‹ Dem Ernesti mag ich nicht einmal ein Exemplar verehren; er hätte gar nichts davon. Aber ich werde uns, den Bachen, unseren Kindern zu Wissen und Gedenken einmal notieren, woher das alles kam, von den Ursprüngen der musikalischen Bachischen Familie bis auf den heutigen Tag.«

So entstanden seine Aufzeichnungen über die »musicalisch-Bachische« Familie.

»›No. 1 Vitus Bach, ein Weißbecker in Ungern, hat im 16ten Seculo der lutherischen Religion halber aus Ungern entweichen müßen. Ist dannenhero, nachdem er seine Güter, so viel es sich hat wollen thun laßen, zu Gelde gemacht, in Teütschland gezogen; und da er in Thüringen genugsame Sicherheit vor die lutherische Religion gefunden, hat er sich in Wechmar, nahe bei Gotha niedergelaßen, und seine Beckers Profession fortgetrieben. Er hat sein meistes Vergnügen an einem Cythringen gehabt, welches er auch mit in die Mühle genommen, und unter währenddem Mahlen darauf gespielet.‹ –

Es muß hübsch zusammengeklungen haben! Wiewohl er sich dabei doch den Takt hat imprimieren lassen.

›Und dieses ist gleichsam der Anfang zur Music bey seinen Nachkommen gewesen.‹ –

Nun ja, Annelene, wir lassen uns noch durch mancherlei andere Funktionen zur Musik, zu Takt und Melodien anregen! Für heute will ich's mit dem Urahnen genügen lassen. Es wird noch viel von den Nachkommen unsres lieben Vitus niederzuschreiben sein bis zu Johann Ambrosius Bach und seiner Jungfer Elisabeth Lämmerhirtin aus Erfurt und endlich zu Johann Sebastian, Direktor des Chors und Kantor an der Thomasschule, wo er noch bis jetzt nach Gottes Heiligem Willen lebt, und seiner Annelene . . .«

23.

Am 3. August unseres Jahres 1735 kündigten die Leipziger Zeitungen an:

»Auf den Hohen Nahmens-Tag Ihro Königlichen Majestät in Polen und Kurfürstlichen Durchlaucht zu Sachsen etc. wird das Bachische Collegium Musicum heute Abend eine solenne Music bey einer Illumination im Zimmermannischen Garten vor dem Grimmischen Thore unterthänigst aufführen.«

Bach hatte wieder eine seiner früheren Musiken im Charakter des dramma per musica ausgewählt, die der Huldigung an den Landesherrn notwendigen neuen Recitativ-Texte jedoch eigens neu komponiert, Texte, in denen der König wieder durch mythologische Gestalten angesprochen werden sollte, also etwa »Augustus' Wohl ist der treuen Sachsen Wohlergehn«, und ähnlich.

Das ganze musikliebende Leipzig hatte sich eingefunden, selbst der Herr Rektor Ernesti war mit seinem Collegium erschienen und spendete seinem Kantor – und wohl noch um ein Mehreres dem in dessen Musik Gehuldigten und Gefeierten – reichen Applaus.

Man saß nach dem Konzert – es war ein milder, angenehmer Sommerabend – noch eine Weile zusammen.

Ernesti schien bewegt; er beglückwünschte Bach und seine Musiker überraschend herzlich, so daß Bach ihm seine Anteilnahme nun doch mit einem Zeichen der Freude erwidern wollte.

»Verehrter Herr Rektor, wie es von Ihnen sicher schon bemerkt wurde, werden wir in der allernächsten Zeit einen kleinen Bach erwarten, masculini aut feminini generis, man weiß es noch nicht. Wird's ein Junge, so bäten wir, meine Eheliebste und ich, Ihr möchtet die Patenschaft übernehmen.«

»Das werde ich mit Freuden, ja, ich wünsche Euch daher ein Bächlein masculinum!«

Am nächsten Morgen überreichte Bach seinem Rektor nun auch noch ein Widmungsexemplar der »II. Klavierübung«.

Es war ein Johann Christian, masculini generis also und Pate daher des Herrn Thomasrektors, der das kleine, zarte, aber auffallend heitere, ja lebhafte Büblein über das Taufbecken in St. Thomas hielt und dem Prediger hinzufügte: »Er hat strahlende, ganz helle blaue Äuglein! Möge er in aller Zukunft seines Erdendaseins so vergnügt und zuversichtlich in diese unsere doch oft so trübe Welt hinausschauen.«

Das waren Worte ganz nach dem Herzen des glücklichen Vaters und der Anna Magdalena, die – 2 Tage nach der Geburt – an der Tauffeier teilnehmen durfte, sich aber dann sehr schnell wieder zur Ruhe zu begeben hatte.

24.

Das Jahr 1736 hatte in seiner ersten Hälfte viel Gutes versprochen. Die »Matthäus-Passion« war am 30. März wieder erklungen. Bei Bernhard Christoph Breitkopf, dem Leipziger Buchdrucker und Verleger, war, vom Zeitzer Schloß-Kantor George Christian Schemelli herausgegeben, das »Musicalische Gesang-Buch« erschienen, an dem der Leipziger Thomaskantor in erheblichem Maße mitgearbeitet hatte, wie die Vorrede Friedrich Schulzens, Schloßprediger, Stifts-Superint. und des Stifts-Consistorii Assessor zu Zeitz, anzeigte:

> »Die in diesem Musicalischen Gesangbuch befindlichen Melodien sind von Sr. Hochedl. Herrn Johann Sebastian Bach, Hochfürstlich Sächßischem Capellmeister und Director Chori Musici in Leipzig, theils ganz neu komponiret, theils auch von Ihm im General-Baß verbessert, und beym Anfange eines jeden Liedes gleich eingedrucket worden . . .«

»Ich habe eigentlich, als ich dem Zeitzer Schemmel die Arbeit zusagte, an dich gedacht, Liebste! Da hast du nun auch dein ›Liederbuch für AMB‹, und nun singe, *A*nna *M*agdalena *B*ach, mit den Kindern daraus, wie es dir ankommt. Du wirst manches Vertraute vorfinden und singen, auch wenn die Melodie einmal nicht von deinem Giovanni Bastiano herstammt, aber im Generalbaß hörst du ihn trotzdem. Ich glaube, ich habe sogar etwas vom Sperontes im Ohr gehabt, du weißt: der gute Sigismund Scholze, der jetzt seine ›Singende Muse an der Pleiße‹ herausbringt, ›auf Kosten der lustigen Gesellschaft‹, wie er sagt – eine recht artige Sache, die ich dir auch noch auf Kosten deines lustigen Ehegesellen in deine Musiken hineinbringen werde. Und nun rate, wenn du singst, was vom Bastiano stammt und was er eben nur ›im General-Baß verbessert hat!‹«

25.

Vier Chor-Präfekten auszuwählen und einzusetzen – vom ersten bis zum vierten in klarer Abstufung ihrer Bedeutung und daher auch ihrer Fähigkeiten – was läge näher, als daß es durch den Director musices erfolgte! Nicht so in der Thomana. Hier wird in Verbindung mit dem Rektor und dem Vorsteher der

Thomaner und ihr Chorpräfekt

Schule, einem Ratsmitglied, entschieden, von denen kaum einer zur Sache, d. h. der rechten musikalischen Eignung, etwas zu sagen vermochte, die jedoch Charakter und Führung aus den auszuwählenden Persönlichkeiten beachtet wissen wollten.

Bei gegenseitiger Achtung der Funktionen von Vorsteher, Rektor und Kantor dürften ohne Zweifel die jährlich durch die Schulabgänge eintretenden Wechsel der Präfekten reibungslos, ohne weitschweifige Dispute und Erwägungen geregelt werden. Das war bei Gesner und auch bei dessen Vorgänger so gewesen. Wenn aber nun einmal zwei Dickschädel, oder sagen wir liebevoll nachsichtiger: zwei sehr selbstbewußte Rechthaber aneinander gerieten?

Solches geschah am Ausgang des so freundlich bisher verlaufenen ersten Halbjahres 1736 und im weiteren Verlauf bis über die Jahreswende hinaus.

Wenn der Leipziger Musikdirektor vier Kirchen in zeitlich gleich angesetzten Gottesdiensten zu betreuen hat, so bedarf er, da er selbst ja nur in einer der vier Kirchen die Musik zu leiten vermag, dreier Stellvertreter, ja, zu den nicht einmal nur selten auftretenden Gelegenheiten seiner eigenen Abwesenheit eines vierten Vertreters.

Die Besetzung der Leipziger Kirchenmusiken glich einem Rechenexempel, insbesondere da der Kantor die Musik das eine Mal in St. Thomas, das andere Mal in St. Nicolai zu leiten hatte. War er in der Thomaskirche, so bedurfte es eines Chorpräfekten in St. Nicolai, und umgekehrt hatte ein Präfekt in St. Thomas zu wirken, wenn der Kantor in der Nicolaikirche dirigierte.

Da von den 55 Alumnen nun die Auslese der besten Solisten und Chorsänger nur für die Thomaskirche und ihre besonderen musikalischen Aufgaben bestimmt war, hatte hier eben auch der beste der Präfekten seine ständige Aufgabe, während in Nicolai ein zweiter, noch immer wohl erprobter Chor mit einem kaum weniger vortrefflichen Präfekten zu musizieren hatte.

Für die Neue und die Petrikirche hatten zwei weitere Präfekten zur Verfügung zu stehen, die man aus dem Nachwuchs auswählen konnte, da in beiden Kirchen keine Figuralmusik stattfand, sondern eben nur Choral und Gemeindegesang ausgeführt bzw. intoniert und unterstützt werden mußten.

Es hatte für Bach recht ärgerlich begonnen.

Sein erster Präfekt, Gottfried Theodor Krause, Kantorensohn aus Herzberg, war von Bach angewiesen worden, bei Störungen, Zuchtlosigkeiten, ungebührlicher Aufführung der Chor-Alumnen während der Proben, in der Kirche, beim Hochzeitssingen oder bei anderen kirchlichen Verrichtungen sie durch

Strafen an die Pflichten eines Alumnen zu erinnern. Es hatte leider nicht bei geringen Verweisen oder Ermahnungen bleiben können, so daß Krause eines Tages zum Stock gegriffen hatte. Einer der von ihm härter als üblich geschlagenen Knaben war unverzüglich zum Rektor gelaufen, um sich über den Präfekten zu beschweren. Bei der Untersuchung seines – wie er angab – blutig geschlagenen Rückens stellte sich jedoch heraus, daß – wie der Schulbarbier und dessen Gehilfe zu Protokoll gaben – nicht die geringste Spur einer Verletzung festzustellen war. Ernestis Empörung über Krauses Verhalten ließ jedoch nicht nach: »Diese Bierfiedler in unserer Schule! Man sollte ihnen die Eigenmächtigkeiten austreiben!« So entschied er zum Entsetzen der Präzeptoren, daß Krause vor der versammelten Schule nun selbst eine Tracht Prügel erhalten solle.

Bach war der erste, der sich sogleich für Krause einsetzte. »Bedenken Sie, Herr Rektor, Krause ist ein 22jähriger Mann. Wollen Sie bei uns preußische Spießrutenbräuche einführen?«

Ernesti blieb allen Beteuerungen der Lehrer, daß die Aufführung Krauses bisher stets vorbildlich gewesen sei, und allen Beschwörungen Krauses selbst gegenüber unerbittlich, ja er lehnte dessen Bitte um Dimission – sein Ausscheiden aus der Schule und die Ausfertigung seines Abgangszeugnisses – ohne jede Verständigungsbereitschaft ab.

Als daraufhin Krause heimlich die Schule verließ, um der so schimpflichen und seinen Fehler so himmelweit übersteigenden Strafe zu entgehen, ordnete Ernesti an, daß Krauses »Hausrat«, den der Entwichene nicht hatte mitnehmen können, zu beschlagnahmen sei und ihm auch seine Ersparnisse – »die bißhero gesammelte Caution« von 30 Talern – nicht ausgezahlt werden dürften.

Der Rat der Stadt war jedoch anderer Meinung. Er gab der Klage Krauses um sein Eigentum statt und verfügte dessen Herausgabe. Dafür aber übertrug Ernesti seinen ganzen Groll auf den Kantor der »Bierfiedler«, der sich Strafrechte angemaßt hatte, die nur dem Rektor zustanden.

Es bestand nun seit langem eine Gewohnheitsregel, daß beim Abgang eines Präfekten der nächste in der Reihe der »Vier« nachzurücken hatte.

Zu Weihnachten 1735 war Johann Gottlieb Krause, Müllersohn aus Großdeuben, einige Jahre älter als sein Namensvetter Gottfried Theodor Krause, zum dritten Präfekten eingesetzt worden, obwohl beide, der Rektor wie der Kantor, zunächst Bedenken hatten, einen so »liederlichen Hund von unordentlicher Lebensart« und Schuldenmacher, einen Charakter von üblem Rufe, überhaupt zu wählen. Aber Rektor Ernesti hatte nun einmal eine merkwürdige besondere Geneigtheit für eben diesen anderen Krause; oder waren es pädagogische oder organisatorische oder gar diplomatische Überlegungen, die ihn dazu bestimmten, mit Bach noch einmal recht gründlich den Fall zu besprechen und sich dann doch für eine Präfektur des »liederlichen« Krause einzusetzen?

»In der 3. Präfektur wird er kein Unheil anrichten, was die Musik in der

Neuen Kirche betrifft, bei allem Ungeschick, das Ihr ihm zusprecht, lieber Bach; aber er wird endlich aus den Einnahmen aus seinem neuen Amt seine Schulden tilgen; der Schule wird dadurch eine rechte Blamage erspart; und übrigens, bedenkt, seine Zeit bei uns ist sehr bald schon zu Ende, und wir werden ihn mit guter Manier los.«

»Nun denn, in der Neuen Kirche gibt's kein Konzertmusizieren für den Präfekten, dem dort ja weiter nichts zu tun bleibt, als die Choräle zu singen, allenfalls einmal eine Motette der leichteren Satzart. Wenn der Krause also im neuen Jahre die Schule verlassen wird, hätten wir auch nicht zu besorgen, daß er noch einmal in die zweite oder gar erste Präfektur nachrücken werde. Denn die würde ihm nun wirklich nicht zukommen!«

So stand es also um die Jahreswende von 1735 zu 1736.

Aber die Rechnung sollte nicht aufgehen.

Der 1. Präfekt – Maximilian Nagel, ein Nürnberger – hatte schon vorher infolge einer schweren, »übelbeschaffenen Leibeskonstitution« aus seinem Amte entlassen werden müssen; nun hatte also der 2. Präfekt ins Amt des ersten nachzurücken, und ebenso ergab sich gegen alle ursprüngliche Voraussicht das Aufrücken Krauses in die zweite Präfektur.

Bach hatte also zunächst einmal zu prüfen, wieweit Krause überhaupt fähig sein werde, den hohen Anforderungen des Amtes zu genügen, zumal Bach von den Alumnis des Nicolaichores bereits das heillose Durcheinander der Musiken an den ersten Sonntagen seiner – Krauses – Amtsführung berichtet worden war.

So ließ also der Herr Kantor in seiner nächsten Singstunde den neuen zweiten Präfekten Johann Gottlieb Krause selbst die Chorprobe halten, die er dann aber – so mußte Bach dem Rektor nach der Probe berichten – gar nicht durchführen konnte. Zum allgemeinen Schrecken hatte es sich gezeigt, daß er nicht einmal in den beiden Hauptarten des Taktes, nämlich dem 4-Viertel- und dem 3-Viertel-Takt, die Mensur genau habe angeben können, sondern daß er bald aus dem ¾ einen 4/4 und umgekehrt gemacht habe.

»Nun möge der Herr Rektor doch – und jedermann sonst – bedenken, daß die musikalischen Kirchenstücke, die im ersten Chore gemacht werden und meistens von meiner Komposition sind, ohngleich schwerer und komplizierter sind als die, die im andern Chor musiziert werden.« Wenn also gar – so stellte Bach wiederum dem Rektor vor – der derzeitige 1. Präfekt aus irgendeinem Grunde ausfiele und sodann Krause aus der ihm schon nicht zukommenden 2. in die 1. Präfektur vorrücken werde, so sei das Unheil überhaupt nicht auszudenken! Und dieser Fall war nun gerade eingetreten: Der jüngere Krause hatte die Schule verlassen, die 1. Präfektur war frei geworden.

Bach aber, der Rechtmäßigkeit seiner Entscheidung bewußt, ernannte am 10. Juli den nachfolgenden Präfekten Samuel Kittler zum 1. Präfekten und verwies Krause wieder auf seinen zweiten Platz. Dieser aber, empört, gekränkt, erregt, forderte eine Unterredung mit dem Rektor und von diesem die Zubilligung seines Rechtes auf die 1. Präfektur, worauf Ernesti, noch immer einsichtig genug, seinem Kantor das bessere Urteil über die musikalischen Qualitäten seiner Schüler zuzugestehen, den erregten Zurückgewiesenen aufforderte, sich die Gründe seiner Rückversetzung vom Kantor erklären zu lassen.

Hier aber begann die Entwicklung eines neuen schweren Konfliktes zweier selbstbewußter Heißsporne, der zu einer völligen Entfremdung zwischen Rektor und Kantor führen sollte.

Nachdem Bach den um eine Unterredung nachsuchenden Krause mehrmals mit der kurzen Bemerkung hatte abweisen lassen, er wisse ja wohl selbst, wie wenig er für den ersten Präfekten geeignet sei, bestand der erregte junge Mann auf einer ganz bestimmten Auskunft, da er doch als 1. Präfekt nicht einmal eine so große Verantwortung habe wie der 2. Präfekt, der alle musikalischen Dienste regelmäßig auszuüben hätte, während der 1. Präfekt ja nur zuzusehen hätte, wie der Herr Kantor die Musiken selbst leite.

»Mein lieber Herr Präfectus alterus! Es bleibt bei Eurer zweiten. Ich hätte Euch niemals zum ersten vorrücken lassen. Aber da sich der Herr Rektor nun anmaßte – versteht Ihr wohl – und in meine Rechte eingegriffen, die erste Präfektur allein zu bestimmen, werde ich ihn, den Herrn Rektor, belehren müssen, wer über die Präfekturen zu bestimmen hat! Daß Ihr dabei nun selbst das Nachsehen habt, dafür bedankt Euch gefälligst bei ihm, und schließt dabei auf Eure höchst mangelhaften Fähigkeiten!«

Der also degradierte Krause aber hatte nichts Eiligeres zu tun, als seinen Freunden und Klassengenossen und endlich auch dem Rektor die Worte Bachs zu wiederholen, um diesen nun selbst ins Unrecht zu setzen.

Das war denn doch ein starkes Stück für den Herrn Rektor!

»Es bleibt dabei, der Krause behält die 1. Präfektur.«

Aber Bach ließ auch jetzt nicht über seinen Kopf hinaus bestimmen, was in seinen Bereichen zu geschehen hätte. Er ließ vielmehr seinen Samuel Kittler auch am folgenden Sonntag im Amte der 1. Präfektur.

Ernesti war ein – wenn auch nicht weiser – so doch recht kluger und umsichtiger Mann. Er durfte sich um keinen Preis ins Unrecht setzen oder auch nur den Schein etwa der Mißgunst erwecken, weder bei seinen Schülern noch bei dem Kollegium oder gar beim Rate der Stadt und dem Konsistorium. Gab er sich loyal, so mußte schließlich der Schein des Unrechts sich gegen den unnachsichtigen und daher unnachgiebigen Kantor selbst richten.

Also entschloß er sich, in einem Schreiben an Bach dem Kantor noch einmal eine Brücke der Verständigung zu bauen, über die zu gehen oder die zu meiden für diesen in jedem Falle einen peinlichen Eindruck hinterlassen würde.

Dem verehrten Kantor stellte er also am 16. Juli in seinem Briefe vor, wie sehr er – der Herr Kantor – sich vergriffen habe, als er in der Präfektenwahl nur deshalb eine Änderung vorgenommen, um sich wegen eines vermeinten Ein-

Johann August Ernesti, Thomasrektor von 1734–1759

griffs in seine Rechte zu rächen, darunter nun auch der unschuldige Krause leiden müsse. »Und ob ich gleich«, so hieß es dann weiter, »den abgesetzten Präfekten wieder einsetzen könnte – ein Recht, welches dem Rektor durchaus zusteht –, so wollte ich doch, um Eure Autorität vor den Schülern zu schonen, es lieber sehen, wenn Ihr selbst ihn wieder einsetztet. Auf diese Weise wäre uns beiden gedient.«

Am folgenden Tage, dem 17. Juli, überbrachte auf Bachs Bitte der Konrektor Sigmund Friedrich Dresig dem Rektor die Antwort: Er habe den Brief mit Vergnügen gelesen und wolle es selbst gern sehen, wenn die Sache in gegenseitiger verständnisvoller Güte abgetan werden könnte. Er werde also in der nächsten Singstunde den abgesetzten Präfekten rehabilitieren.

Auch Bach war ein sehr klug überlegender – und dazu weiser Mann. Er ging also erst einmal für 14 Tage auf eine Reise, in seiner altbachischen Art auf eine Fußwanderung, und auch nach seiner Rückkehr ließ er noch einmal 10 Tage vergehen, ohne die endliche Regelung der Präfekturfrage vorzunehmen. Seine Bedenken gegen die Fähigkeiten Krauses ließen sich einfach nicht auslöschen.

Aber der Rektor mußte nun endlich darauf bestehen, daß man ins Reine käme. In einem weiteren Schreiben ließ er Bach wissen, daß, wenn er den Präfekten nicht noch am gleichen Tage wieder einsetzen würde, er – der Rektor – ihn ganz gewiß am kommenden Sonntag früh vermöge seiner Amtsvollmachten wieder in seinem Amte bestätigen werde.

»Lassen wir's doch darauf ankommen!«

Noch am gleichen Tage – dem 12. August – übersandte Bach dem »Rat der Stadt, denen Magnificis, HochEdelgeborenen, HochEdlen, Vesten und Hochgelehrten auch Hochweisen Herren, Herrn Bürgermeister und Beysitzern des Wohllöblichen Stadt-Regiments der Stadt Leipzig«, eine Eingabe mit der gehorsamsten Bitte, dem Herrn Rektor M. Ernesti zu bedeuten, daß er die Einsetzung der Präfektoren wie bisher der Schul-Ordnung und Gewohnheit gemäß jetzt und fernerhin lediglich dem Kantor überlasse, und ersuchte den Rat, ihn in seinem Amte hochgeneigt zu schützen.

Aber ebenso hatte auch Ernesti noch am selben Tage gehandelt, nämlich allen Alumnis, bei Strafe der relegation und castigation bekanntmachen lassen, daß sich keiner unterstehen solle, unter einem anderen Präfekten als dem von ihm eingesetzten Krause zu musizieren.

Die Lawine war nicht mehr aufzuhalten.

Aus Furcht vor der angekündigten Strafe wagte es kein Schüler, die Musiken in der Nicolaikirche zu übernehmen, weder das Absingen noch die Leitung der Motette. Es wäre zu einer empfindlichen Störung des Gottesdienstes gekommen, hätte nicht zu gutem Glücke der bereits aus der Thomasschule ausgeschiedene, zufällig anwesende ehemalige Thomaner und Lieblingsschüler Bachs, Johann Ludwig Krebs, die Musikleitung übernommen.

An den Rat aber wandte sich Bach erneut mit der Bitte um hochgeneigten Schutz.

Aber auch Ernesti reichte sein Memorandum ein, in dem er in einer ausgedehnten Darstellung aller Einzelheiten die rechtliche Situation und die Entwicklung des Präfektenstreites nach seiner Auffassung umriß, wobei er Bach in keiner Weise schonte, ihm unbilliges Verhalten, ungerechtfertigte Klagen, Gehorsams- und Respektsverweigerung vorwarf, ja sich sogar eine Beschwerde über dessen mangelhaften Fleiß, Untüchtigkeit und Autoritätsverlust vor den Schülern auf eine andere Zeit vorbehielt und daher sein eigenes Verhalten im ganzen Streitgeschehen als das eines ehrlichen und friedliebenden Mannes rechtfertigte.

Beide, Bach ebenso wie Ernesti, beriefen sich auf die Kapitel und Paragraphen der Schulordnung, meinten aber ein jeder eine andere Fassung.

Da Bach den Rat der Stadt schließlich darauf aufmerksam machte, daß die von Rat und Rektor angezogene Schulordnung von 1723 zwar ediert, jedoch überhaupt noch nicht ratifiziert worden, also die alte Schulordnung noch rechtskräftig sei, nach der der Kantor »in Sachen der Music ohne Conkurrenz des Herrn Rectors zu verfahren habe«, ließ der Rat zunächst seine Entscheidung offen. Der Konflikt blieb ungelöst; die Entfremdung zwischen Bach und Ernesti wurde vollständig.

26.

An einem der letzten Oktobertage von 1736 hatte sich Gottfried Bernhard ganz unerwartet und unangemeldet in Leipzig eingefunden, um mit dem Vater den Wunsch einer baldigen Mutation zu besprechen und ihn erneut um Hilfe, dieses Mal bei der Bewerbung um die Vakanz des wohldotierten Organistenamtes an der Jakobi-Kirche in Sangerhausen zu bitten. Über die eigentlichen Beweggründe seines Wunsches nach einem Wechsel wollte er sich nicht aussprechen und war daher erleichtert, als der Vater bei der Nennung der Stadt hell auflachte.

»Sangerhausen! Ja, weißt du denn nicht, daß ich selber einmal mich ins schöne Sangerhausen bewarb und beinahe auch die Stelle des Figural-Organisten zugesprochen erhielt. Aber der damalige Herzog – auch ein Weißenfelser – wünschte einen Günstling seiner Protektion – gewiß ein vortrefflicher Mann – für den Posten, und ich hatte das Glück, wie es so überhaupt wohl die Bestimmung unseres Schicksals ist, in Arnstadt meine erste eigene Orgel zu traktieren! Ich war damals achtzehn Jahre alt – oder jung, wie du willst, und der Sangerhäuser glückliche, gewählte Johann Augustin Kobelius stand bereits im neunundzwanzigsten Lebensjahr. Und nun willst du für die Bache nachholen, was mir damals mißglückte. Ich werde also nach Sangerhausen schreiben. Eine alte Freundschaft dort, der Sohn meines alten und leider schon verewigten Freundes Klemm, läßt mich hoffen, daß dieses einflußreiche Mitglied des Rates uns freundlichst empfehlen wird. Fahre du also morgen mit der frühesten Post zurück nach Mühlhausen, damit du dein Amt bis dahin wohl versorgst.«

Bach hatte nicht vergeblich auf die alte, vor vielen Jahren mit dem Herrn Vater des nun von ihm angesprochenen Rates Johann Friedrich Klemm gepflogene Freundschaft gehofft. Sehr bald schon erhielt er die Antwort auf seine erste Anfrage über die Vakanz, deren Besetzungsaussichten und Gehalt, so daß er schon am 18. November 1736 dem Sangerhäuser Ratsherren mitteilen konnte, daß das »von mir vorgeschlagene Subjekt einer von meinen Söhnen sei«.

Um so schneller und leichter regelte sich dann alles, wie von selbst. Am 13. Januar 1737 spielte Gottfried Bernhard zur Probe und wurde bereits am darauf folgenden Tage gewählt.

Das bittere Nachspiel dieser »Mutation« hatte der Vater auszuführen, als er erfuhr, daß er die in Mühlhausen hinterlassenen Schulden seines Sohnes in beträchtlicher Höhe zu bezahlen hatte – um der Erhaltung des guten Rufes der Bache willen.

27.

»Annelene«, rief Bach schon von der Haustür aus. »Wir werden morgen nach Dresden fahren, den Friedemann besuchen und bei einem neuen Freund zu Gast sein, worüber ich dir aber nichts weiter verrate. Mach dich recht schön nach der neusten Mode, die auch in Dresden sehr geschätzt wird, wenn sie gleich nur aus Leipzig kommt!«

Anna Magdalena war es ja seit den fünfzehn Jahren ihrer Ehe gewohnt, daß Sebastian ihr Geheimnisse und Überraschungen vorenthielt, um sie nur recht neugierig zu machen, sie mit Andeutungen immer mehr auf die zarte Folter zu spannen und sich so an ihrer Ungeduld zu erfreuen, einer Ungeduld, die sie nun auch ihrerseits mehr spielte als wirklich empfand.

»Du hast da heut einen versiegelten Brief bekommen. Ist er die Einladung nach Dresden? Nun sag es doch, damit ich mich noch mehr auf die Reise freuen kann. Und wie lange werden wir bleiben? Wirst du beim Friedemann in der Kirche musizieren? – Soll ich das blauseidene oder das rosafarbene mit den Spitzen einpacken? So sag doch was, Giovanni Bastiano!«

»Du wirst beide mitnehmen. Wir bleiben ein paar Tage.« Das war alles, was er zu antworten hatte.

Am 28. November also, an dem das häusliche Zwiegespräch mit der geheimnisvollen Andeutung Dresdener Überraschungen stattfand, war bei dem Herrn Johann Sebastian Bach ein kostbares Schreiben eingetroffen, in dem ihm in aller Kürze mitgeteilt wurde, daß er am 19. November zum Hofkompositeur des Königs und Kurfürsten August III. ernannt worden sei und daß er sich zur Überreichung und Entgegennahme der vom König selbst unterzeichneten Urkunde am 30. in Dresden im Palais des Freiherrn von Keyserlingk einfinden möge.

Aber es war Anna Magdalena nicht gelungen, aus den Mienen ihres Eheliebsten mehr zu erraten, als daß er sehr vergnügt und zu allerheitersten Scherzen aufgelegt sei.

Um so größer war ihr Erstaunen beim Empfang in Dresden, zu dem der Gesandte der russischen Kaiserin Anna Iwanowna am Dresdener Hofe, Freiherr Hermann Carl von Keyserlingk, den Herrn Hofkapellmeister und Musikdirektor Johann Sebastian Bach und die Madame Bachin für den 30. November eingeladen hatte.

Der Freiherr – obwohl in kaiserlich-russischen Diensten – war der späte Nachkomme eines alten westfälischen Geschlechts, das gegen Ende des 15. Jahrhunderts nach Livland übersiedelt war. Im Dienste Anna Iwanownas, der Herzogin-Witwe von Kurland und seit 1730 Kaiserin von Rußland, war er ihr im gleichen Jahre 1730 nach Moskau und danach nach Petersburg gefolgt und hatte bis zu seiner Ernennung zum kaiserlich russischen Gesandten am Dresdener Hofe im Dezember 1733 als Präsident der Kaiserlichen Akademie der Wissenschaften erfolgreich gewirkt.

Ein liebenswürdiger, etwa 40jähriger Kavalier höfischer Eleganz, von Geist und Anmut, empfing seine Gäste in heiterster Aufgeschlossenheit.

»Ich habe Euch, mein verehrter Herr Hofkapellmeister, schon einige Male in Euren illustren Konzerten in der Sophienkirche hören und bewundern dürfen, und ich bin ein ebenso entzückter Hörer der Orgelkünste Eures Wilhelm Friedemann. Wie sollte es anders mir Freude machen, als Euch heute das Dekret Eures allergnädigsten Fürsten, Seiner Majestät des Königs und Durchlauchtigsten Kurfürsten, zu überreichen mit Eurer Ernennung zum Compositeur bei der Hofkapelle – aber hört selbst:

›Decret Vor Johann Sebastian Bach, als Compositeur bey der Königlichen HofCapelle.

Demnach Ihro Königliche Majestät in Pohlen, und Churfürstliche Durchlaucht zu Sachßen etc. Johann Sebastian Bachen, auf dessen beschehenes allerunterthänigstes Ansuchen, und umb seiner guten Geschickligkeit willen, das Praedicat als Compositeur bey Dero HofCapelle, allergnädigst ertheilet: Als ist demselben darüber gegenwärtiges Decret, unter Ihro Königlichen Majestät höchsteigenhändigen Unterschrift und vorgedruckten Königlichen Insiegel, ausgefertiget worden. So geschehen und geben zu Dreßden, den 19. Nov. 1736.

G. W. Mentzel. Augustus Rex (L. S.) De Brühl Mentzel.

Mundiert, den 19. Novembris 1736.‹

Den 28. ejusdem ist das Original Sr. Excellenz dem Herrn Baron von Keyserlingk zugestellet worden . . .« und dieser übermittelt es nunmehr dem verehrten ›Herrn HofCompositeur Seiner Königlichen Majestät‹ . . . nun – und so weiter.«

»Und du weinst, Annalena?«

»Ich freue mich auf die Kinder . . .«

». . . Und sicherlich«, so Keyserlingk lächelnd, »auf den Friedemann.« Dabei öffnete er die breite Doppeltür zum Musiksaal, wo man bereits versammelt war.

Hermann Carl von Keyserlingk

Ein Hauskonzert des Freiherrn von Keyserlingk gehörte zu den Ereignissen der Residenz, nicht so sehr nur wegen der erlesenen musikalischen Darbietungen – wie heute des berühmten Sophienorganisten und des Konzertmeisters der Hofkapelle, Johann Georg Pisendel, sondern wegen der Besucher, unter denen man regelmäßig dem Premierminister Heinrich Grafen von Brühl und dem Grafen Algarotti begegnen konnte, dem Directeur des plaisirs von Breitenbach und in Abständen auch dem Reichsgrafen Franz Anton von Spork aus dem böhmischen Lissa.

Anna Magdalena mußte sich fest am Arm ihres neuen »HofCompositeurs« halten, um überhaupt mit ihm beim Betreten des Saales und beim Anblick der

Gesellschaft Schritt halten zu können. Die Erinnerung an die Höfe von Weißenfels, Zerbst und Cöthen konnten ihr heute aber auch gar nicht helfen.

Nach dem Konzert nahm Graf Brühl selbst noch Gelegenheit, dem neu ernannten Hofkompositeur seine Glückwünsche auszusprechen.

»Seine Königliche Majestät haben mit Freuden von den Musiken zur Feier seines Geburtstages Kenntnis genommen und sich allergnädigst zu erinnern geruht, mit welcher Liebe unsere Leipziger ihm und der Allerhöchsten Familie zu huldigen Eure musikalischen Kostbarkeiten anstimmten. Der Gedanke Eures letzten ›dramma per musica‹ vom liebenswürdigen Streit der Ströme um unseren hohen Monarchen und Euer rauschendes Tongemälde einer wahren Wassermusik haben ihre Wirkung nicht verfehlt. Es war der Wunsch unseres hohen Herrn, nach dem beklagenswerten Heimgang seines Weißenfelsischen Vetters Herzog Christian und dem damit erfolgenden Abgang Eurer Verpflichtungen als Herzoglich-Weißenfelsischer Hofkapellmeister Euch, nun, Ihr seid es ja nun, zum Kompositeur bei der Hofkapelle zu berufen. Wir werden noch manches Schöne von unserem Königlich-Kursächsischen Hofkompositeur erwarten dürfen, nicht wahr, mein lieber Bach!«

Anna Magdalena hatte in ihrer Erregung völlig vergessen, sich mit ihrem Hofknicks von der hohen Exzellenz zu verabschieden. So nahm sie denn der Herr Premierminister Heinrich Graf von Brühl an beiden Händen, und als sie nun verwirrt zu Boden gehen wollte, hielt er sie, liebenswürdig lächelnd, aufrecht.

»Aber Madame! Vor so viel Anmut haben wir uns zu verneigen!« und verabschiedete sich nun selbst mit einer leichten Verbeugung.

Vor ihrer Rückreise verabschiedete sich Bach mit einem Orgelkonzert. Hierüber schrieb Fürstenau in seiner »Geschichte der Musik am Hofe zu Dresden«:

»Am 1. Dezember 1736 ließ sich wiederholt der berühmte . . . Johann Sebastian Bach Nachmittags von 2 biß 4 Uhr auf der neuen Orgel in der Frauenkirche in Gegenwart des Russischen Gesandten von Keyserlingk und vielen Poceres auch starker Frequentz anderer Personen und Künstler mit besonderer Bewunderung hören, weswegen auch Ihro Königl. Majestät denselben wegen seiner großen Geschicklichkeit im Komponieren zu dero Komponisten allergnädigst ernennet.«

Leipzig

III.

1736–1746

1.

Es sollte noch ein weiteres Jahr vergehen, bis endlich der Rechtsstreit zwischen Bach und dem Rektor wegen der Ernennung der Präfekten beendet wurde.

So blieb es im Laufe des Jahres 1737 noch immer bei vergeblichen Eingaben Bachs an den Rat und das Konsistorium, wobei er den Rat der Stadt immer erneut auf die Rechte hinwies, die ihm aus der noch nicht aufgehobenen oder gar abgelösten, also weiterhin bestehenden alten Schulordnung zukamen, während der Rat sich ebenfalls weiterhin auf eine neue Schulordnung berief, die noch gar nicht ratifiziert worden war.

Endlich, am Ausgang des Jahres, da er in seinem Bemühen um eine endgültige Entscheidung zu keinem Ende hatte kommen können, wandte sich Bach am 29. Oktober an den Kurfürsten, der denn auch den Leipziger Räten und dem Konsistorium mit dem ausdrücklichen Hinweis auf »seinen HoffComponisten«, empfehlen ließ, die Beschwerde Bachs zu befinden, d. h. also: zu überprüfen und danach schließlich zu verfügen.

Welche Wirkung das Machtwort des Landesherrn, dessen persönliches Eingreifen auf die von ihm angesprochenen »Würdigen, Hochgelahrten, lieben andächtigen und getreuen Verordneten« in Leipzig hatte, wird man sich vorstellen können; denn der Kurfürst hatte sich dabei der deutlichen Worte Bachs über des »jetzigen Rektoren Kränkungen und Vorhaben gegen seinen Kantor, dessen gedachter Rektor Ernesti . . . sich nicht entblödet« hätte, recht bedient.

Es gab auch sonst mancherlei Ärger im Laufe des Jahres.

»Euer Sohn hat mir ja ein recht übles Ei ins Nest gelegt, lieber Scheibe.« Mit diesen nicht gerade liebenswürdigen Worten begrüßte Bach seinen alten Freund, den vielgesuchten, in seinem Fache hochgelobten Orgelbauer Johann Scheibe bei ihrer Begegnung in der Grimmaschen. »Ich komme gerade vom Zimmermann, dem ich für die nächste Zeit die Konzerte aufgesagt habe, und nun treffe ich den Vater des bemerkenswerten Critischen Musikus aus Hamburg, wohin der sich ja wohl auf die Dauer begeben hat, um aus der Entfernung gegen uns unbehelligt losschießen zu können!«

Der arme Vater Scheibe hatte sich die Vorwürfe seines mißgestimmten Freundes mit wachsender Erregung angehört.

»Ihr seid selbst nicht ganz unschuldig, Herr Hofkomponist; denkt doch einmal ein paar Jahre zurück, als ihr meinem Sohne den Goerner für das Amt des Thomasorganisten vorzogt!«

»Aber, lieber Meister Scheibe, er bestand die Aufgaben nicht, die man ihm zur Organistenprobe stellte, so daß er nicht einmal zu einem vorgelegten Führer in einer Fuge einen rechten Gefährten finden konnte! Glaubt mir nur, er war nun einmal der Unterlegene gegen Goernern; dem ich's damals auch nicht gerade gönnte!«

»Er hat's nicht verwinden können . . .«

»Aber ich habe ihm doch später ein recht nobles Attest ausgefertigt. Wollt euch doch freundlichst erinnern: ›. . . ein der Musik eifrigst geflissener . . . auf dem Klaviere und Violine und in compositione gar wohl habiler . . .‹«

»Hat ihm damals wenig geholfen, bei seinen wenigen Klavierscholaren . . .«

»Jawohl, und nun ist er unter die Zeitungsschmierer gegangen!« Damit verabschiedete sich Bach vom betrübten Vater Scheibe. Es war aber auch wirklich ein zu starker Tobak, was sich dessen Filius als Critischer Musikus in seiner neuen Zeitschrift geleistet hatte! Da gab es zu lesen, dieser große Mann – gemeint war der Leipziger Thomaskantor –, würde die Bewunderung ganzer Nationen auf sich ziehen, wenn er mehr Annehmlichkeit hätte und wenn er nicht seinen Stücken durch ein schwülstiges und verworrenes Wesen das Natürliche entzöge und ihre Schönheit durch allzugroße Kunst verdunkelte . . . Kurtz: »Er ist in der Music dasjenige, was ehemals der Herr von Lohenstein in der Poesie war. Die Schwülstigkeit hat beide von dem natürlichen auf das künstliche, und von dem erhabenen auf das dunkle geführet; und man bewundert an beiden die beschwerliche Arbeit und eine ausnehmende Mühe, die doch vergebens angewendet ist, weil sie wider die Natur streitet.«

Armer Herr Hofcompositeur!

Auf dem Universitätshof hatte der gelehrte Magister Johann Abraham Birnbaum, ein 35jähriger Dozent für Rhetorik, den gerade 26jährigen Lorenz Christoph Mizler, seinen jüngsten Kollegen und seit drei Jahren auch Magister, zu sich gewunken. Mizler war seit kurzem Dozent für Mathematik, Philosophie und auch Musik.

»Es wird höchste Zeit, lieber Mizler, daß wir dem Herrn Un-Musicalischen Criticus in Hamburg eine gehörige Antwort auf seine Ungehörigkeiten erteilen. Ich habe mir bereits einige Gedanken skizziert, und ihr werdet mir sicherlich folgen?«

»Ja, ich habe auch den Eindruck, daß der Critische Musicus entweder nichts vom Kapellmeister Bach gehört oder, wenn er es gehört hat, noch keine reife Erkenntnis der Musik haben mag.«

»Da gäbe es doch ganz andere und im besonderen unparteiische Kenner der Musik, die sehr wohl bezeugen, es sei nur ein Bach in der Welt, und ihm komme keiner gleich! Was der critische Flegel dagegen serviert, zeugt von Unvermögen in der Musik und ebenso in der Kritik! Warum rühmt er nicht die erstaunliche Menge seltener und wohlausgeführter musikalischer Einfälle, lesen wir doch nur in Bachs Partiten . . .«

». . . und seinen herrlichen Kirchenmusiken.«

»Wo wäre bei ihm nicht mit dem Künstlichen die vollkommenste Annehmlichkeit verbunden; denkt nur an die Konzerte für den Brandenburger Markgrafen, die er uns beim Zimmermann hat vorspielen lassen. Und dann die Stimmen in den Stücken dieses großen Meisters – und so werde ich ihn vor allen Lesern meiner geplanten Gegenschrift nennen – diese Stimmen sind wundersam durcheinander gefügt, und alles mit der schönsten Harmonie. Daß der Maestro die außerordentliche Geschicklichkeit besitzt, durch künstlerisches und zugleich annehmliches Spielen die Herzen seiner Zuhörer auf das zärtlichste zu rühren, das bekräftigen dessen jedermann vor Augen liegende Klaviersachen, in denen man mit vielem Vergnügen nicht allgemein bekannte, sondern seltene Einfälle und Gedanken antrifft, welche allerdings gefallen und rühren.«

»Wir haben es ja als seine Schüler oft genug erfahren, wenn er uns über ein und mehrere Stunden sein Wohltemperiertes Klavier vorspielte!«

»Und bedenken wir, was er uns über die Gemeinsamkeiten eines musikalischen Stückes mit der Rednerkunst gelehrt hat! Wer hätte ihm nicht mit einem ersättigenden Vergnügen zugehört, wenn er über Unterschiede, Ähnlichkeit und Übereinstimmung beider Künste sprach! Und wie mußte man die geschickte Anwendung des Wortes, das wundersame Spiel von Poesie und Komposition bewundern. Er ist rührend, ausdrückend, natürlich und ordentlich nach dem besten Geschmack. Seine Einsicht in die Dichtkunst ist so klar, als man sie nur von einem großen Komponisten verlangen kann.«

»Wißt ihr, lieber Herr Kollege Birnbaum, was der armselige Hamburger Schmierfink da über seinen glücklicheren Orgelmitbewerber Goerner in seinen Blättern schreibt, das trifft wohl genau – Buchstabe für Buchstabe – auf ihn selbst zu. Da spricht – oder schreibt – er von Hochmut und Grobheit Goerners und hat sich wohl noch nicht selbst im Spiegel erkannt; spricht von dessen Unordnung in der Musik, von dessen Unkenntnis aller musikalischen Regeln und Schreibarten – ich hatte nur ein Urteil beim Lesen: Pfui! Und ich habe es noch immer!«

Die beiden gelehrten Herren trennten sich. Das war einmal ein Gespräch, wie sie es lange nicht gehabt hatten. Dankbar für die Erkenntnis, daß sie eines Sinnes waren, verabschiedeten sie sich.

Am Abend des gleichen Tages erschien überraschend Henrici im Kantorenheim. Nach seinen ersten aufgeregten Vorwürfen gegen den Critischen Musicus entfaltete er, unter dem Eindruck des völlig gelassenen Bach nun schon ruhiger geworden, eine ältere Niederschrift und las mit heiter – pathetischer Stimme deren Titel: »Der Streit zwischen Phoebus und Pan«.

»Ihr solltet einen Blick hineintun. Es wäre die allerschönste Antwort an den

Hamburger Pan und seinen Midas, wenn es Euch einfiele, das Gedicht zu einem heiteren dramma per musica zu machen und den Leipzigern aufzuführen!«

»Laßt es mir für ein paar Tage. Ich werde es mir ansehen.«

So entstand aus einem alten Gedicht um die Schönheit und die Würde der Kunst eine heitere Opera voll schönster musikalischer Einfälle des vergnügten Thomaskantors, in der der »Critische Musicus« – und nicht nur Herr Johann Adolph Scheibe um 1737, sondern der unbelehrbare Criticus aller Zeiten – für sein Eselsgeschrei die Antwort in Gestalt von Eselsohren erhielt, und den »Esel« selbst ließ Bach sehr deutlich hören!

2.

Nach einem kurzen Briefwechsel zwischen dem Hause des Thomaskantors in Leipzig und dem Hause seines Vetters Johann Valentin Bach, des Stadtmusikus und Obertürmers in Schweinfurt, über ein beabsichtiges Studium der Theologie von des Herrn Vetters Sohn und dessen Reise und längeren Aufenthalt in Leipzig, war besagter junger Schweinfurter Johann Elias Bach, ein prächtiger, wohlerzogener angehender Studiosus, am 18. Oktober in Leipzig eingetroffen und von seinem Oheim Johann Sebastian Bach und der ganzen Familie mit Herzlichkeit aufgenommen worden – nun nicht etwa als Neffe des Herrn Thomaskantors, sondern, wie ihn dieser sogleich und für die zukünftige Gemeinsamkeit zu nennen beliebt, als der Herr Vetter aus Schweinfurt.

Der hatte in seinem Reisegepäck für den Herrn Vetter in Leipzig zwei Flaschen des berühmten Frankenweins aus der Würzburger Residenz mitgebracht, die der Vater Valentin nach seiner Teilnahme an einer Ratsmusik als einen Teil seines Honorars erhalten hatte, und für die Frau Bachin und die Kinder hatte ihm die Mama in Schweinfurt süße Leckereien eingepackt.

»Er kommt zur rechten Zeit, lieber Vetter! Ihr habt zwar ein schönes Fest auf dem Lande – im angenehmen Wiederau des dortigen Erb- und Lehnherrn Hennicke versäumt, aber dafür werden wir schon sehr bald« . . ., und dabei nahm er seine Liebste Anna Magdalena zärtlich in den Arm – »eine Kindtaufe haben. Dabei wird Er uns recht angenehm zur Hand gehen, da ja unsere großen Jungen seit einiger Zeit im Hause fehlen, der eine ist in Dresden, der andere an der Oder und der dritte im schönen Sangerhausen, und unsere Mama vermißt sie alle gleichermaßen.«

Um so schöner wurde für Anna Magdalena der Tag ihrer Niederkunft, als Philipp Emanuel unerwartet am frühen Morgen eintraf, sehr zur Überraschung des Herrn Vaters, dem er eine wichtige Entscheidung mitzuteilen wünschte.

»Der Kronprinz von Preußen hat mich durch den Benda wissen lassen, daß er einen Cembalisten für seine Musiken in Rheinsberg suche. Ich werde mich ihm also bekannt machen.«

Dann setzte er sich an das vertraute väterliche Cembalo.

»Mein Angebinde für unsere jüngste Bachin . . .« und Anna Magdalena rief ihm beglückt zu: »Johanna Carolina . . .!«

3.

Elias Bach las den Brief nach Schweinfurt noch einmal durch:

»Ich bin nun schon einige Monate in der mit Recht viel gepriesenen Stadt Leipzig und im Hause unseres lieben und verehrten Vetters und erlebe hier und in der Universität viel Neues und recht bedeutsame Ereignisse, wie neulich: Es war wohl der 27. des April, des Abends gegen neun Uhr auf dem Marktplatz vor dem Apelschen Hause, wo unser Herr Vetter zu einem dramma des Herrn Professor Gottsched mit den Studenten unserer Universität eine herrliche Musik anstimmte! Da waren viele Wachsfackeln und Trompeten und Pauken, und die Thomaner Alumnen sangen zur Feier das ›Willkommen, ihr herrschenden Götter der Erden‹, was den beiden königlichen Majestäten und den beiden Prinzessinnen Maria Amalia und Maria Anna Josephina galt, die sich die ganze Musik von ihrer Terrasse aus anhörten. Und dann überbrachten vier hochgestellte Herren den Majestäten die Kantate, und es war ein großer Jubel und ein langer Applaus.

Unser Herr Vetter ist ein sehr berühmter Mann – und das nicht nur hier in Leipzig. Wenn ich euch alle seine Titel aufzählen soll, so werde ich einen Extrabogen dazu brauchen.

In seinen Weimarer Jahren war er Hoforganist und Konzertmeister des Herzogs, in Cöthen Hochfürstlicher Anhalt- Cöthenischer wirklicher Hofkapellmeister und auch Hochfürstlicher Sachsen-Weißenfelsischer Hofkapellmeister, in Leipzig ist er Director Chori Musici Lipsiensis und Kantor an St. Thomae, und seit einem Jahr ist er auch Königlich Polnischer und Kurfürstlich-sächsischer Hofkomponist.

Aber in seinem Hause ist er der beste pater familiae. Er kann sehr vergnügt sein und unterhält uns bei Tische oft mit allerlei lustigen Geschichten. Neulich erinnerte er sich an eine Pferdsorgel, wie er sagte, weil es eine roßmäßige Arbeit gewesen sei, auf ihr zu spielen.

Aber nun hätte ich, wenn's angeht, auch gerne eine Flasche vom rechtem gutem HefenBrandwein für meinen Herrn Vetter und etliche Stücke gelbe Nelcken für unsere Frau Muhme, welche eine große Liebhaberin von der Gärtnerei ist. Ich weiß gewiß, ich würde ihr eine große Freude damit machen und mich desto mehr bei beiden insinuiren, weswegen ich nochmals gar sehr darum bitte und verbleibe

ut supra euer Elias Bach in Leipzig.«

4.

Es war ein düsterer Tag für einen »liebreich- und wohlmeinenden Vater«, als nun auch aus Sangerhausen Hiobsbotschaften über das plötzliche Verschwinden, den üblen Ruf und die beträchtlichen Schulden Gottfried Bernhards in Leipzig eintrafen. Bei Nacht und Nebel hatte er Sangerhausen verlassen, an dessen Ratsherrn Johann Friedrich Klemm Vater Bach erst vor einem Jahr und einem halben seinen Sohn für das Organistenamt an der Neuen Kirche empfohlen hatte. Nun wandten sich die creditores des flüchtigen Schuldners an den Vater, und keiner unterließ eine bedauerliche Bemerkung über die recht üble Aufführung des jungen Organisten und Schuldenmachers.

Bach war fassungslos. Bei seines Sohnes Abgang aus Mühlhausen hatte es ähnliche Überraschungen gegeben. Damals hatte er, wie er nun dem Ratsherrn von Sangerhausen schreiben mußte, nicht allein den Tisch, sondern auch den Mühlhäuser Wechsel bezahlen müssen, und auch noch einige Dukaten zur Tilgung einiger Schulden zurückgelassen in der Meinung, daß der Sohn nunmehr, ein anderes Leben führen würde, sich also eine bessere Lebensart angewöhne.

Die Hoffnungen des Vaters waren vergeblich gewesen. Gottfried Bernhard war und blieb verschwunden; die Gläubiger drängten, und besonders traurig war es, daß er auch bei der »wohledlen, vielgeehrtesten Frau Klemming« die Miete schuldig geblieben war.

Auch ihr konnte der Vater Bach für den Augenblick der völligen Ungewißheit über das Verbleiben seines »leider ungeratenen Sohnes« nur versichern, daß sie in ihrer »übersendeten Schuldforderung schadlos gehalten werde«, sobald er nur selbst in Erfahrung bringen werde, wo der Sohn sich aufhalte. »So muß ich wohl mein Kreuz tragen, meinen ungeratenen Sohn aber der göttlichen Barmherzigkeit überlassen. Ich schreibe dies als ein getreuer Vater, dem seine Kinder ans Herz gehen.« Ein Jahr sollte seitdem vergehen, bis am 27. Mai 1739 den Vater die Nachricht erreichte, daß Gottfried Bernhard Bach, Rechtsstudent an der Universität Jena, verstorben sei. Man sprach dabei sogar davon, daß er selbst sein Leben beendet habe.

Um jene Zeit geschah in Leipzig noch mancherlei, wovon zu erzählen bleibt.

Lorenz Christoph Mizler, der junge Universitätsdozent, ehemaliger Schüler und seitdem treuer Verehrer Bachs, Magister gar, nunmehr 27jährig, hatte den kühnen Plan einer Societät der musikalischen Wissenschaften, in der er die bedeutendsten Musiker zum Zwecke ihres Gedankenaustausches und der gegenseitigen Unterrichtung über ihr Schaffen und Wirken regelmäßig zusammenzuführen hoffte. Eine eigene Bibliothek sollte den Mitgliedern zur Verfügung stehen, und in den Bibliotheksräumen sollten ihre Portraits hängen. Mizler fand denn auch mancherlei Zustimmung und Anmeldungen. Selbst Telemann hatte sich in der Erinnerung an seine Leipziger Studienjahre bereits zur Mitgliedschaft bereit erklärt, so daß Mizler hoffen durfte, nun auch seinen musikalischen Lehrmeister Bach zum Eintritt in die Societät zu bewegen. Aber Bach meinte, das habe doch noch eine Weile Zeit. Er habe im Augenblick so viele eigene Pläne zu verwirklichen, daß er sich erst einmal ganz auf diese einstellen müsse. Man könnte ja später wieder darüber reden.

So entstanden erste, sehr ernste Orgelvorspiele zu Katechismusgesängen, ein tiefes Versenken in Anbetung, Hingabe an die heilige Dreifaltigkeit, umfassendes Bekenntnis seines Glaubens, und dazu die Vorspiele heiteren, kunstvollsten Musizierens eines Gottesmusikanten, der das Vollkommenste seiner Kunst zu Ehren Gottes in der Höhe und seines Sohnes Jesus Christus, unseres Heilands, anstimmte.

Johann Elias war nicht nur mehr Hausgast, sondern auch der Erzieher der Kinder – Elisabeth, Gottfried Heinrich, Christoph und Christian, über die er denn auch nach Schweinfurt berichtete, daß es mit dem braven Gottfried Heinrich oft keine leichte Mühe sei, die Elisabeth dagegen sehr gut lerne und auch musiziere. Aber nicht nur das, Johann Elias war sogar durch einen Kontrakt verpflichteter Sekretär des Herrn Vetters und konnte gegen Ende des Jahres 1738 ankündigen, daß einige neue »Klavier-Sachen, die hauptsächlich vor die Herrn Organisten gehören und überaus gut komponiert sind, schon auf kommende Ostermesse mögen herausgegeben werden«, und im übrigen auch für Vorausbestellungen dieser geplanten Ausgabe »in Verlegung des Authoris« werben. Gegenüber den Subskribenten würden »alsdenn die andern ein mehreres werden zahlen müßen«.

Die Herren Organisten aber, für die die neuen »Klavier-Sachen« komponiert worden waren, saßen derweil in einer der behaglichen Stuben des Eutritzscher Gasthofs, wo seit einiger Zeit ein neues, verlockendes, aber in seiner Nachwirkung auch gefährliches Getränk vom alten Gastwirt Gieseke ausgeschenkt wurde.

Es waren die jungen: nämlich Johann Friedrich Agricola, Johann Friedrich Doles und Johann Peter Kellner mit ihren beiden Gästen, die ihren alten Meister wieder einmal besucht hatten, nämlich Heinrich Nikolaus Gerber und Johann Ludwig Krebs, beide in wohldotierten Ämtern als Organisten, der eine in Sondershausen, der andere in Zwickau.

Gieseke erzählte seinen Gästen gern und mit einigem Stolz, daß er, ehemaliger Leibdiener Seiner Durchlaucht des Fürsten Leopold von Anhalt-Dessau, vom Fürsten selbst den allerhöchsten und strengsten Befehl erhalten habe, dies neue Getränk aus dem anhaltinischen Glauzig in Leipzig einzuführen und auszuschenken, da Seine Durchlaucht sich gern in Leipzig aufhielte. Es sei übrigens ursprünglich in Goslar gebraut worden, wo es der Fürst zum ersten Male mit Genuß getrunken habe, und daher führe es den merkwürdigen Namen Gose.

»Wo bleibt eigentlich der Kirnberger? Er wollte doch auch heute mit uns die Gose ausproben?«

Agricola mußte den Freunden die betrübliche Nachricht überbringen, daß Freund Kirnberger noch nicht von seinem Fieber genesen sei. Und das nach nun schon achtzehn Wochen!

»Aber er arbeitet schon fleißig in den guten Stunden, die ihm das Fieber gestattet. Er hat allerhand Themata ausgearbeitet, die ihm Bach selbst regelmäßig überbringt. Unser vortrefflicher maestro hat sich nämlich erboten, zu ihm auf die Stube zu kommen, weil dem Kirnberger das Ausgehen nachteilig sein könnte und das Hin- und Herschicken der Papiere zu mühsam wäre. Nun hat der Kirnberger dem maestro zu verstehen gegeben, daß er nicht im Stande sein würde, sich ihm für seine gütigen Bemühungen genug erkenntlich zu erzeigen. ›Da hättet ihr aber Bach hören sollen‹, erzählte mir Kirnberger bei meinem letzten Besuche. ›Spreche Er, mein lieber Kirnberger, nichts von Erkenntlichkeit. Ich freue mich, daß Ihr die Kunst der Töne aus dem Grunde studieren wollt, und es wird von Euch abhängen, sich von allem, was mir von dieser Kunst bekannt geworden ist, ebenfalls alles eigen zu machen. Ich verlange nichts von Euch als die Versicherung, daß Ihr dieses Wenige zu seiner Zeit wieder auf andere gute Subjekte fortpflanzen wollt, die sich nicht mit dem gewöhnlichen Lirumlarum begnügen.‹«

»Dieses Wenige, das sind die neuen Inventionen, das sind die wohlklingenden Farbenmischungen, der delicate Klang . . .«

»Harmonische Satzkunst«, fuhr Doles fort, »der in allen Stimmen eigene fließende Gesang.«

»Wissenschaft und Harmonie«, ergänzte Kellner in Erinnerung der eigenen Thomanerzeit. »Bedenkt: Natürliche Gedanken – sinnreiche Gedanken – ausdrückende Themen!«

Krebs lachte. Wie vertraut auch ihm das alles klang! »Es wird ihn keiner in der Ausübung seiner Kunst übertreffen, in allen Arten des Geschmacks, er schreibe sich her, aus was für einem Lande er wolle, nicht in ihrer Gründlichkeit, Verbindung und Ordnung. Natürliche und bündige Gedanken überhaupt behaupten allzeit und durchgängig ihren Wert. Solche Gedanken finden sich in allen Sachen, die jemals aus seiner Feder geflossen! Soll ich euch etwa noch Beispiele dafür geben? Ihr spielt sie ja täglich selber. Und nun gar die neuesten, die er euch zu studieren aufgibt. Er hat mir daraus vorgespielt: ›Christe, aller Welt Trost‹ und ›Aus tiefer Not . . .‹ und dann das prächtige Präludium und die Fuge am Eingang und Ausgang seiner neuen Reihe! Das sind Gravität und tiefer Sinn zugleich!«

Kellner beschloß das Gespräch mit der Erinnerung an seine jüngste Niederschrift eines Bachischen Diktates, das der maestro in einer seiner letzten Lektionen seinen Scholaren in der Musik damals gegeben hatte: ». . . damit dieses eine wohlklingende Harmonie gebe zur Ehre Gottes und zulässiger Ergötzung des Gemüts, und soll, wie alle Musik, also auch des Generalbasses Finis und End-Ursache anders nicht, als nur zu Gottes Ehre und Rekreation des Gemüts sein. Wo dieses nicht in Acht genommen wird, da ist's keine eigentliche Musik, sondern ein teuflisches Geplerr und Geleier.«

5.

»Lassen wir's sein, lieber Agricola, die Passion wird nicht musiziert! Ihr braucht euch nicht weiter mit der Abschrift zu bemühen.«

Agricola schlug die Seiten seiner sorgfältig-liebevoll geschriebenen, fast schon wie gestochenen Kopie der Passionspartitur nach dem Evangelisten Matthäus zurück bis auf das von ihm neu gefaßte Titelblatt:

Passions-Musik
nach dem Evangelisten Matthäus,
mit untermischten Arien, Recitativen und Chören
am Charfreytage 173.
Bey der Vesper
in der Kirche zu St. Thomas in Leipzig
aufgeführet.

»Und das soll nicht erfolgen?«

»Der hochweise Rat hat mir zu meinem 54. Geburtstage eine besondere Freude beschert, daß unsere auf den Karfreitag angesetzte Musik unterbleiben soll! Gerade eben hat mir der Gottlieb Bienengräber die Anordnung des Rats ausgehändigt. Nun, ich habe mit der Antwort nicht hinter dem Berge gehalten und den Herren vom Rat klar gemacht, daß ich mir gar nichts, aber auch gar nichts daraus mache, weil's ja ohnehin ein Onus ist! – Schade nur, daß wir unsere schöne Aufteilung auf die beiden Emporen nun nicht durchführen können. Wir hätten gewiß alle miteinander unsere Freude daran gehabt.«

Agricola war noch immer fassungslos. »Ein Rat beschließt gegen seinen Musikdirektor . . .?«

»Was wollt Ihr? Was erwartet Ihr von verstopften Ratsherrn-Ohren und schlafenden Kirchgängern? Schaut sie Euch doch an! Ihr habt noch wenig Erfahrung, seit Ihr aus Eurem schönen Dobitschen nach Leipzig gekommen seid. Ich bin schon einmal in der Nähe gewesen, als ich die Orgel in Stöntzsch prüfen sollte, Ihr kennt das kleine Dörfchen sicher, da ganz in der Nähe vom Meuselwitz der Seckendorffs? Wenn's die Zeit erlaubt, werde ich mit Euch zur Kirschernte in Euer Dobitschner Idyll wandern. Aber Ihr sollt in Leipzig auch in Eurer Studienernte nicht zu kurz oder gar leer ausgehen: Ich werde noch im frühen Herbst – also wenn wir aus Eurem Dobitschen und, wenn Ihr mitreisen wollt, auch aus Altenburg, wo ich in der Schloßkirche spielen soll, zurückkommen – die Leitung der Zimmermannschen Konzerte wieder übernehmen, und Ihr werdet dann an jedem Freitage am Cembalo sitzen und mich auch einmal vertreten, wenn ich verhindert bin; wie der Krebs, den ich mir eingefangen habe! So , und nun vergessen wir die Passion, und am kommenden Sonnabend seid Ihr unser Gast – zum bewußten 21. März des 54. Lebensjahres Eures wohlgeneigten Giovanni Bastiano Bach.«

6.

Johann Elias hatte wieder eine Menge zu schreiben. Er war in den letzten vierzehn Tagen da wohl etwas nachlässig gewesen.

»Wo soll ich anfangen, Euch zu berichten! Es geschieht hier in Leipzig und im Hause unseres Herrn Vetters wiederum so vieles, wovon man berichten sollte!

Von meinen Studien in der Alma Mater Lipsiensis schreibe ich Euch ein ander Mal. Den Erfolg meiner Studien beim Herrn Vetter auf dem Klaviere werdet Ihr anhören, wenn ich Euch zum Christfest besuchen werde. Er hat mich auf den rechten Gradus ad Parnassum gebracht. Der Parnaß liegt noch sehr weit über mir, aber ich spiele bereits nach seiner Anleitung alle seine Präludien und Fugen, die er dem Friedemann ins eigene Klavierbüchlein geschrieben hat, und die Frau Muhme läßt mich aus dem ihren allerlei ergötzliche

Tänze und Charakterstücke spielen. Mit ihnen spielen wir um die Wette, die Frau Muhme, die Dorothee, die Elisabeth und ich, und am schönsten ist es, wenn die Frau Muhme ihre liebsten Liederlein den Kindern vorsingt und mich dazu am Klaviere begleiten läßt.

So wird im Hause viel musiziert, denn der Herr Vetter setzt sich gern nach den Mahlzeiten an seine Klaviere, von denen er mehrere der Arten von Clavecin und Klavikorden besitzt, und fantasiert die herrlichsten Toccaten und Choralvorspiele. Als aber der Friedemann aus Dresden zu Besuch herüberkam und gleich noch die beiden Dresdener Lautenisten, den alten Kammervirtuosen Silvius Leopold Weiß und den Johann Kropffganz mitbrachte, da gab's ein Konzert nach dem andern, und der Herr Vetter schrieb ihnen beiden – ich meine: den Lautenisten – ein paar ganz extra feine Stücke.

Sie haben alle drei noch die herrliche Musik zum Ratswechsel in der Nicolaikirche nach der Predigt mitangehört, zu der der Herr Vetter einen Text ›Wir danken dir, Gott, wir danken dir, und verkündigen deine Wunder‹ gewählt hatte; denn der Herr Magister Eichlern hatte aus dem ersten Buch der Könige Worte des weisen Salomon seiner Predigt vorangestellt, wie ›Wir neigen unser Herz zu ihm . . ., auf daß alle Völker auf Erden erkennen, daß der Herr Gott ist, und keiner mehr.‹

Die Woche darauf hat mich der Herr Vetter auf eine Fahrt ins Altenburgische mitgenommen, wo er in der Schloßkirche ein Concert musizierte, das mir unvergeßlich bleiben wird.

Natürlich habe ich als sein Secretarius in den letzten Wochen recht viel zu schreiben und zu versenden gehabt. An die Leipziger Zeitungen habe ich auf seinen Wunsch eine Notiz gegeben:

›Den Liebhabern der Bachischen Klavier-Übung dienet zur freundlichen Nachricht, daß der dritte Theil derselben fertig und nunmehr bei dem Autor in Leipzig zu haben sei, à 3 Taler.‹

Unser Herr Vetter konnte es nicht selbst wegen überhäufter Arbeit abfassen, und nun will ich Euch noch den Titel abschreiben, den er mir zu seiner neuen Arbeit diktiert hat: Dritter Theil der Clavier Übung bestehend in verschiedenen Vorspielen über die Catechismus- und andere Gesänge, vor die Orgel.

Den Liebhabern, und besonders den Kennern von dergleichen Arbeit, zur Gemüts-Ergötzung verfertiget von:

Johann Sebastian Bach
Koeniglich Pohlnischen und Churfürstlich Saechs.
Hoff-Compositeur, Capellmeister, und
Directore Chori musici in Leipzig.
In Verlegung des Authoris.

Als ich's dem Herrn Magister Mizler überbrachte, der ja auch, wie Ihr wißt, ein gar vortrefflicher Schüler unseres Herrn Vetters war, meinte dieser, nachdem er es zuerst durchgelesen und danach einiges aus ihm gespielt hatte:

›Der Herr Verfasser hat hier ein neues Exemplar gegeben, daß er in dieser Gattung der Komposition vor vielen andern vortrefflich geübt und glücklich sei. Niemand wird es ihm hierin zuvor tun, und gar wenige werden es ihm nachmachen können.‹ Er will darüber auch in seiner ›Musicalischen Bibliothek‹ berichten.

Da ich nun schon bei den Zeitungen bin, so schreibe ich Euch noch eine Notiz ab, die gerade vor ein paar Tagen erschienen ist:

›Da der Königlich Polnische und Churfürstlich Sächsische Hof-Compositeur Bach die Direction des Collegii Musici im Zimmermannschen Caffee-Hause wieder übernommen, wird solches hiermit den Liebhabern bekannt gemacht, und zugleich eröffnet, daß solches morgenden Freitag, den 2. Oct., den Anfang nehmen, und damit wöchentlich benannten Tages von 8. bis 10. Uhr Abends continuiret werden wird.‹

Nun steht uns noch ein großer Festtag bevor, in der ersten MeßWoche auf den GeburtsTag Ihro Königlichen Majestät, an dem der Herr Vetter eine neue Geburtstagsmusik mit dem Collegium Musicum aufführen wird. Wie festlich dieses aller geschieht, will ich Euch bis zum Weihnachtsbesuche zu schildern vorenthalten.

Nächstdem aber will meine ehemalige Bitte wegen des süßen Mostes jetzt wiederhohlen, der liebe Gott wird Euch heuer vermutlich eine gute Weinlese geben, daher bitte ich Euch recht inständig, kocht mir doch nur etwa 10 bis 12 Maas süßen Most ab und schickt mir ihn durch den FuhrMann herein, indem unsern Herrn Vetter doch gar zu gerne einmal eine Freude machen mögte, da ich nun schon in die 2 Jahre in seinem Hause recht viel Guttaten genossen habe.

Seht, es reiset nicht leicht ein Meister in der Musik durch Leipzig, ohne unseren Herrn Vetter kennen zu lernen. Seine Größe in der Komposition, im Orgel- und Klavierspielen ist viel zu bekannt, als daß ein Musikus von Ansehen die Gelegenheit hätte vorbei lassen sollen, diesen großen Mann näher kennen zu lernen. Was also dafür spricht, daß wir im Hause – und insonderheit unsere liebe Frau Muhme – sorgen müssen, daß denen Herrn Musicis nicht nur ein musikalisches Exemplum, sondern auch ein angenehmer Tropfen servieret werde.

So sende ich Euch allen Herzlichen Gruß bis auf unser Wiedersehen zum Fest der heiligen Geburt

Euer Johann Elias Bach.«

7.

Die Nachricht vom Tode des preußischen Königs Friedrich Wilhelm I. hatte die Kabinette der deutschen Fürstentümer, der Österreicher, der europäischen Großmächte ebenso in Bewegung versetzt, wie er die Teilnahme seiner

Bewunderer erregte. Man gedachte seiner vorbildlichen Staatsführung, seiner Sparsamkeit, der Ordnung der preußischen Verwaltung, seiner stolzen Armee, der »langen Kerls«, aber nicht weniger seiner unerbittlichen Strenge und seiner Staatsraison. Jeder also gedachte irgend eines seiner Charakterzüge und einer seiner Äußerungen.

»Nun wird der Philipp Emanuel schon sehr bald aus seinem musikalischen Rheinsberg nach Leipzig zurückkommen.« Doch da irrte sich der Vater Bach.

Der junge König, 28jährig, dachte nicht daran, sein Rheinsberg so bald zu verlassen. Es sollte auch weiterhin sein Refugium bleiben, wohin er nach den Staatsgeschäften sich zurückziehen wollte, sooft es seine neuen Pflichten nur erlaubten.

Da seine kleine Hof-Kapelle von ihm nicht selten auch nach Berlin und nach Potsdam bestellt wurde, hatten ihre Mitglieder sich auch in Berlin nach Unterkünften – sprich: eigenen Wohnungen – umzusehen.

Philipp Emanuel dachte also gar nicht an eine Rückkehr nach Leipzig, sondern bezog sehr bald in Berlin sein erstes Quartier bescheidener Ausstattung, die er aber sehr bald schon ergänzen und so den Aufenthalt wohnlicher gestalten konnte. Denn der junge König hatte ihn in seinem Amte als Kammercembalist, Begleiter und Generalbaßspieler erneut bestätigt.

Auch in Leipzig hatte es eine beachtliche – wenn auch nicht gerade historisch ebenso bemerkenswerte – Änderung gegeben: Christian Friedrich Henrici war als Stadt-Trank-Steuereinnehmer, Weininspektor und Visierer in die Dienste der Stadt-Accise übernommen worden.

»Ihr hättet, Herr Poeta, im vergangenen Jahre aus Eurem Oberpostamte herüber wechseln sollen. Dann wäre unsere Schweinfurter Acciseabgabe vom vorigen Oktober unter Euren Augen sicherlich nicht so übermäßig ausgefallen.«

Henrici schlug lächelnd das »Reglement, wonach die General-Consumtions-Accis-Abgabe bei der Stadt Leipzig erhoben wird« auf, winkte Bach, daß er einen Blick hineintuen möge, und las ihm, da Bach Mühe hatte, den eng gehaltenen Druck zu erkennen, aus den »Allgemeinen Regeln« vor:

»›Niemand darf sich der Accis-Abgabe entziehen, oder davon frei machen, er sei wes Standes oder Condition er wolle, Hof-, Militär-, Civil- oder andrer hoher und niedriger Beamter und Bedienter . . . Universitäts-Verwandter, Studiosus, geistliche oder weltliche Person, ingleichen die Geistlichen und Schul-Bediente nebst dererselben Wittben.‹ Da ist also eine Restitution oder Aequivalent-Ausnahme in keiner eurer Konditionen für Euch zulässig. Denn so lest Ihr weiter: ›Was von dem eingeführten Wein in der Stadt consumieret wird, muß veraccisieret werden‹, und am Ende gar bei Ablauf jeden Quartals müssen die sämtlichen Wein-Lager von dem Accis-Ober Einnehmer und den Wein-Visirern inventieret werden.«

»Da habt Ihr also nicht gerade viel Zeit mehr für Eure Poesien?«

»Wollt Ihr einmal anhören, was allein an Trank-Accisen so alles erhoben werden muß. Da sind die Alicanten-Weine aus Spanien, die ordinären und die kostbaren Weine aus Italien und Frankreich, der Aquavit, die Biere aus den Kursächsischen Städten, aus dem Brandenburgischen, die Zeitzer und die Merseburger Biere, die vom Dorfe, die zum Ausschank und zum Tisch-Trunk, da sind die leckeren österreichischen und die böhmischen Weine, Most, Branntwein vom Dorfe oder auch aus dem Mansfeldischen, da denkt Euch die Burgunder, Champagner, Tokayer, dann die säuerlichen Eislebischen und Erfurter oder gar Schlesischen Weine, die nicht gerade angenehmsten Weine aus Jüterbock, die vorzüglichen Steinweine aus dem Fränkischen, die Tiroler-, Ungarn- und Rheinweine . . . Hier, seht das Reglement! Alles darin in Stückzahl, Eimern, Kannen, Fässern fixiert!«

»Und wenn Ihr in der Ausübung Eures Amtes alle nach ihrem Geschmacke mit eurer Zunge prüfen müßtet?«

»Dann säße ich jetzt nicht vor dem Herrn Hofkompositeur, sondern läge bei mir in der Burgstraße auf dem Kanapee und schnarchte, daß die Türme von St. Thomas und St. Nicolai wackelten!«

»Was würde dazu unser verehrter Herr Superintendente Deyling sagen!«

8.

Man war auch in Dresden und in Leipzig überrascht: Der junge König, Freund der Musen, selbst leidenschaftlicher und gefühlvoller Musikant, junger Philosoph, hatte am 16. Dezember 1740 bei Krossen die Grenze von Preußen ins österreichische Schlesien überschritten und Niederschlesien mit starken Truppeneinheiten besetzt.

Er war eben mehr als nur der Rheinsberger Flötenspieler und liebenswürdige Gesellschafter; er war der Erbe Brandenburg-Preußens, der entschlossene Gestalter der Zukunft dieses seines Erbes, der Gestalter einer neuen Großmacht in Europa.

»Wir haben seit 1537 ein altes Recht auf Breslau und Liegnitz und noch einiges. Man hat es uns lange genug verweigert. Es gibt für uns keinen anderen Weg. Das Schlachtfeld ist das Gericht; mit den Waffen in der Hand müssen wir plädieren und den Gegner zwingen, der Gerechtigkeit Raum zu geben. Der Krieg ist ein äußerstes Mittel, dessen man sich nur mit Vorsicht bedienen darf! Es gibt Interessenkriege, die die Könige zu führen gezwungen sind, um Rechtsansprüche aufrecht zu erhalten, die ihnen bestritten werden. Und einen solchen werden wir führen müssen, wenn wir unser Recht auf Schlesien nicht finden werden. Ich habe den günstigsten Augenblick gewählt. Wir sollten verhandeln, und ich werde mit der jungen Königin in Wien verhandeln.«

Maria Theresia hatte nach dem Tode ihres Vaters am 20. Oktober 1740 als Königin von Ungarn und Böhmen auch ihren Anspruch auf die Nachfolge

Karls VI. als Kaiserin erhoben. Die junge, 23jährige Thronerbin sah sich beim Antritt ihrer Herrschaft trotz der von der Mehrzahl der Fürsten gebilligten »Pragmatischen Sanktion« starken Widerständen eben der Fürsten gegenüber, die an ihrer Stelle den bayrischen Kurfürsten Karl Albert zum Nachfolger Karls VI. als deutschen Kaiser zu wählen entschlossen waren.

Der Augenblick zur Besetzung Schlesiens war also glücklich gewählt, Friedrich von Preußen konnte hoffen, daß Maria Theresia beim Anblick ihrer eigenen Sorgen seine Rechtsforderungen billigen würde.

Aber er hatte sich getäuscht. Alle Versuche zu Verhandlungen zerschlugen sich. Nicht einen Fußbreit schlesischen Landes war sie bereit aufzugeben. Der Krieg war unvermeidlich.

Auch in Dresden wurde verhandelt. Nicht mit dem Preußen, wohl aber gegen ihn. Die Diplomaten Österreichs hofften auf den Abschluß einer Allianz mit England, Holland, Sachsen und Rußland. Aber dann konnte man in Leipzig und im Kurfürstentum endlich aufatmen, als sich der Kurfürst und sein Kabinett entschlossen hatten, von jeder Bindung an eine kriegerische Allianz zurückzutreten und die Neutralität Sachsens zu wahren. Der überraschende und bewundernswerte Sieg der preußischen Truppen unter dem Grafen Curt Christoph von Schwerin in ihrer ersten Schlacht bei Mollwitz gegen die Österreicher am 10. April 1741, die seit Anfang des Jahres voraufgegangene Besetzung von Breslau und Glogau und ein offensichtliches Zögern Rußlands waren für den Dresdener Hof Gründe genug gewesen. Der Kurfürst hatte also eine musikalische Huldigung – auch der Leipziger – durchaus verdient. Sein Hofkompositeur brachte sie ihm am 29. April mit seinem collegium musicum in einer solennen Glückwunschmusik. Man wird nun auch ohne Schwierigkeiten – etwa durch militärische Bewegungen, Unsicherheiten auf den Landstraßen, Belästigungen durch übermütige Soldateska – wieder reisen können, zum mindesten aber auf längere Voraussicht sogar eine Reise nach Berlin durch sächsisches und anhaltinisches Gebiet planen können.

Man sollte wirklich einmal Berlin besuchen und dort nun auch mit dem Carl Philipp Emanuel zusammentreffen.

9.

»Seine Majestät – unser junger König – werden es bedauern, Euch nicht begegnet zu sein; er ist ja, wie Euch bekannt, ein vortrefflicher Flötenspieler – ich habe oft genug Gelegenheit gehabt, ihn bei seinen Übungen zu belauschen, wenn ich der Kronprinzessin in Rheinsberg ein Pflästerchen auflegen sollte. Denken Sie, lieber Herr Hofkompositeur, er hat sein Instrument sogar mit ins Feldlager genommen!«

Johann Sebastian war vom Leibarzt des Königs, Dr. Georg Ernst Stahl, einem Musikfreund, während der Dauer seines Aufenthaltes in Berlin eingeladen worden, willkommener Wohngast bei ihm zu sein. Durch die ärztlichen Pflichten war Dr. Stahl, der zwar kein musikalisches, dafür aber hervorragend seine medizinischen Instrumente beherrschte, oft genug am Hofe und hatte seit einiger Zeit mit Carl Philipp Emanuel Freundschaft geschlossen und von diesem erfahren, daß Vater Bach, der berühmte Leipziger Bach, zu Besuch nach Berlin käme. Da gab es gar keine Einwände: Der große Mann mußte sein Gast sein.

Recht beunruhigt wurden Vater Bach und sein Sohn Carl Philipp Emanuel schon nach wenigen Tagen durch einen Brief, den Vetter Elias ihnen am 5. August hatte zustellen lassen.

»Über die gute Nachricht, welche Ew. HochEdelgebohren von Dero dermahligen Aufbefinden Ihrem geliebten Hause vor einigen Tagen haben ertheilen wollen, freuen wir uns insgesamt von Herzen, und wünschen, daß wir Dieselben eben so vergnügt und gesund wieder küßen mögen, als Sie sich dermahlen abwesend befinden: Das letztere wünschen wir deswegen balde erfüllt zu sehen, weil sich unsere liebwertheste Frau Mamma schon seit acht Tagen sehr unbaß befindet, und man nicht weiß, ob etwa aus der hefftigen Wallung des Geblütes gar ein schleichendes Fieber, oder sonsten üble Folgerungen entstehen möchte, wozu noch dieses kömmt, daß Bartholomäi und sodann die hiesige Rathswahl in wenig Wochen gefällig ist, da wir denn nicht wüßten, wie wir uns in Abwesenheit Ew. HochEdelgebohren deßfalls verhalten solten. Es schmerzet uns zwar allerdings, daß wir Dieselben durch sothane Nachricht in der jetzigen Ruhe und Zufriedenheit einigermaßen stöhren müßen, weil aber dieses die unumgängliche Nothdurft erfordert hat, haben wir das gute Vertrauen zu unsern respective Hochwerthesten Herrn Papa und Herrn Vetter, daß Sie solches nicht in üblen vermerken werden.

Es folget hierbey ein Herzlicher Gruß von dem ganzen Hause an Ew. HochEdelgebohren und an den jüngern Herrn Vetter, in specie aber von mir ein gehorsamster Empfehl, der ich mit aller ersinnlicher Hochachtung Zeit Lebens verharre HochEdelgebohrner Herr, Ew. HochEdelgebohren gehorsamster Diener und Vetter

Leipzig, 5. 8. 1741. Johann Elias Bach.«

Doctor Stahl, der auch den Brief gelesen hatte, beruhigte seinen Gast, der schon entschlossen war, seinen Besuch abzubrechen. Aber Bach blieb besorgt.

»Sie müssen erfahren, lieber Doktor, daß ich schon einmal die bitterste Wandlung der Dinge erleben mußte, als ich von einer vergnügsamen Reise nach dem Karlsbad in mein Cöthener Heim zurückkam, in dem – während wir in Karlsbad musizierten – meine liebe Maria Barbara auf den Tod erkrankte. Ich komme gerade von den Cöthener Gräbern, als ich auf der Herfahrt in Cöthen die Reise unterbrach.«

Doktor Stahl überflog noch einmal das Schreiben des Vetters Elias. »Es ist noch kein Fieber eingetreten, wie Euer Vetter schreibt. Die Frau Bachin fühlt sich nicht wohl. Das ist begreiflich. Es mag des mehreren wohl ihre Sorge um Eure Abwesenheit sein, die Reise in Kriegszeiten, die sie sich schlimmer und gefährlicher ausmalt, als sie uns erscheinen –, das ist's, was sie erregt. Ich sehe keinen Grund zur Sorge.«

Aber schon der nächste Brief aus Leipzig, vier Tage später geschrieben, gab den Ausschlag.

»Der Herr Vetter haben zu unser aller Beruhigung Dero Frau Liebste eine abermalige gute Nachricht und zugleich den Tag Ihrer Abreise bestimmen wollen; allein so viel Vergnügen uns hieraus erwachsen, so viel Schmerzen empfinden wir gleichwohl über die zunehmende Schwachheit unserer hochwertesten Frau Mamma, indem dieselbe schon seither 14 Tagen nicht eine einzige Nacht nur eine Stunde Ruhe gehabt und weder sitzen noch liegen kann, so gar, daß man mich in vergangener Nacht gerufen und wir nicht anders meinten, wir würden sie zu unserm größten Leidwesen gar verlieren. Es dringet uns daher die äußerste Noth, solches in schuldigster Nachricht zu melden, damit dieselben Dero Reise eventualiter ohne Maßgebung beschleunigen und uns insgesamt durch Dero erwünschte Gegenwart erfreuen möchten, unter welchen Wunsch und Herzlichen Gruß von dem ganzen Hause ich enparticulierement mit geziemender Hochachtung und Dienstgeflißenheit Zeit Lebens verharre

Leipzig, 9. 8. 1741 als Ihr Vetter Elias Bach.«

Bach nahm die nächste Eilpost ohne Umwege von Berlin über Wittenberg nach Leipzig. Er durfte aufatmen, als ihm Vetter Elias bereits am Tore zurief, daß das Fieber nachgelassen habe und die Krise überstanden sei.

»Liebste, liebste Lene, wie glücklich bin ich . . .«

»Es ist wohl das junge Leben in mir, das mir so große Schmerzen macht.«

»Gott ist unser guter Hirte. Er hat uns vor aller Kümmernis bewahrt. Ja, Heilig, heilig, heilig ist der Herr, der Allmächtige, der da war, und der da ist, und der da sein wird!«

Am folgenden Tag unterhielt sich Bach mit seiner Liebsten:

»Du hast eine gute Reise gehabt?«

»Daß wir ganz unbehelligt durchs Anhaltinische fuhren und auch im Preußischen kaum den Soldateska des Königs begegneten, muß ich dir nicht noch besonders erzählen. Du siehst ja, daß wir ganz ordentlich ohne Schaden zurückgekommen sind. Aber es gab doch eine rechte, bittere Enttäuschung sogleich in Cöthen. Sie lassen dich alle grüßen, der Herr Geheime Rat unseres geliebten Leopold, Herr Christoph Jost von Zanthier, und seine Geheimrätin, und dann der Herr Hofmeister Gottlob von Nostitz und seine Eheliebste Juliana Magdalena, und der Baron von Schnurbein, und der alte Kreyser, du erinnerst dich, der Johann Kreyser, unser alter, braver Notenschreiber von einst, der nun wenigstens nach der Auflösung der Hofkapelle als Hoforganist mit 50 Jahrestalern sein Auskommen hat. Es ist trostlos um die Hofmusik bestellt. Der fürstliche Bruder – Durchlaucht August Ludwig – hat von unserer stolzen alten Kapelle gerade noch 5 Musici im Dienst. Unsere alten guten Instrumente im Schloß hat er sämtlich versteigern lassen. Ich habe ihn nicht zu Gesicht bekommen. Wir alle haben es vermieden, ihm von meinem Besuch in Cöthen zu berichten. Selbst die Schloßwache hat den Mund gehalten – auf Anregung von Nostitz. Dafür habe ich die Gräber mit einem Blumengruß von uns allen geschmückt. Nun, und der Philipp Emanuel fühlt sich ganz und gar als Berliner und als Virtuose Seiner Majestät. Er hat mir mancherlei auf dem Klavier vorgeführt, was mir recht gefallen hat; und damit du siehst, daß ich dir aus Berlin nicht nur die schönen Tassen mitgebracht habe, wie man sie heute nach dem Muster des Rheinsberger Porzellans anfertigt und wie sie auch beim Doktor Stahl benutzt werden, werde ich dir das Hübscheste, was dir der Emanuel mitgeschickt hat, nämlich seine neueste Sonate für das Klavier, vorspielen, ganz so, wie er sie mir vorgespielt hat und dazu bemerkte: ›Worin besteht der gute Vortrag? In nichts anderem als der Fertigkeit, musikalische Gedanken nach ihrem wahren Inhalt und Affekt singend oder spielend dem Gehöre empfindlich zu machen . . .‹ «

»Und das«, so Anna Magdalena, »weiß und hat er von dir!«

10.

»Ein Brief vom Friedemann . . . !«

»Bring ihn gleich dem Papa in die Singprobe . . ., er repetiert gerade die Adventsmusik.«

Dorothea eilte also mit dem Schreiben Friedemanns hinüber und kam nach wenigen Minuten bereits zur Mama zurück mit der Nachricht, daß der Papa in den nächsten Tagen nach Dresden fahren müsse und die Mama bäte, ihm die notwendigen Kleidungsstücke dafür auszuwählen.

Während der Mittagstafel konnte dann der Herr Papa selbst berichten.

»Es ist zwar nicht gerade das schönste Reisewetter, der Novembernebel kann mitunter recht unangenehm sein, und dann sitzen wir ein paar Stunden länger in der *chaise de porte* oder gar in einem verlassenen Gasthause, aber ich kann dem Herrn Reichsgrafen nicht absagen . . .«

»Reichsgrafen . . .?«

»Ja, dem Reichsgrafen. Hier habt ihr's schriftlich: Der Kurfürst hat den Freiherrn von Keyserlingk zum Reichsgrafen erheben lassen –, er verdankt ihm viel, viel; allein die polnische Krone, die ihm der Reichsgraf in Petersburg zugesichert hat.«

»Ja – und nun sollen wir ihn besuchen, der Friedemann und ich, und er hätte Wünsche genug an uns.«

Am 15. November bestieg Bach den Wagen nach Dresden. Der Morgen war nebelfrei. Anna Magdalena hatte ihn zum Marktplatz begleitet.

»Leider wirst du nun daheim bleiben, liebste Lene; du mußt ganz kräftig, ganz frisch und erholt sein für die Niederkunft unseres jüngsten Engelchens.«

»Das will ich wohl und gern beachten. Fahre mit Gott, lieber, lieber Sebastian!«

Der Reichsgraf Hermann Carl von Keyserlingk hatte diesmal Bach und dessen Sohn Friedemann zu einem ganz auf das Persönlichste abgestimmten Zusammensein in den kleinen Salon seines Palais in der Dresdener Neustadt gebeten. An der Tafelrunde nahmen, sehr zur Verwunderung nicht so sehr Friedemanns, als vielmehr Vater Bachs die älteste Tochter des Grafen, die 15jährige Juliane Luise, und der 14jährige Sohn Heinrich Christian sowie ein junger, ebenfalls etwa 14jähriger schüchterner Gast teil, mit dem der Reichsgraf bei seinem Eintritt in den Salon seinen Gast sogleich bekannt machte.

»Euer Sohn, lieber Herr Hofkompositeur, ist mit meinen heutigen Gästen wohlvertraut; sie alle genießen seinen vorzüglichen Unterricht am Klavier – Juliane Luise, Christian und hier der Theophil Goldberg, ein junger, sehr begabter Musikus, den ich auf einer Reise in Danzig im Hause seines Vater kennenlernte und an dessen musikalischer Ausbildung mir sehr gelegen ist. Nun werden mein Sohn und in seiner Gesellschaft der Goldberg im kommenden Jahre an der Leipziger Universität einige Vorlesungen hören; wäre das nicht eine vortreffliche Gelegenheit, daß Sie, lieber Maestro, sich ihrer weiteren musikalischen Unterrichtung annehmen sollten? Es wird mir selbst eine angenehme Unterbrechung meiner Dienste am Hofe sein, wenn ich dann gelegentlich nach dem Wohlergehen der beiden jungen Studiosi sehen und bei dieser Gelegenheit auch Sie, mein Verehrtester, aufsuchen werde, um von Ihnen viel Schönes zu hören.

Was aber mir zu hören angenehm wäre über alle vorhandenen Delicatessen Eurer Klavierübungen hinaus, die mir der Goldberg nach empfangenen Lektionen bei Monsieur Friedemann vorspielte, wäre eine ganz für mich von Ihnen geschriebene Musik . . ., ich denke da an kurze, aufmunternde, heitere und auch künstliche Piecen, Tänze, Charakterstücke oder Vorspiele, die mir der Goldberg zu meiner – wie ich Ihnen schon sagte – Gemütsergötzung oder Recreation vorspielen soll, sooft ich mich mit Euren Köstlichkeiten zu unterhalten wünsche.«

Bach hatte dem Reichsgrafen mit immer größerem Vergnügen zugehört. Nun erhob er sich – »mit Eurer Exzellenz Erlaubnis« –, schritt ans prächtige italienische Cembalo aus der Werkstatt Cristoferi und improvisierte eine heiter besinnliche Tanzweise über einer schlichten Kadenz in So-Majore.

Nachdem er sein Spiel beendet hatte, erklärte er dem Reichsgrafen: »Damit kann man – um meinen künftigen Scholaren ein Lehrbeispiel zu geben, wie man aus dem Einfachsten eine Vielfalt entstehen lassen kann – zehn und zwanzig oder gar dreißig der verschiedensten Variationen unterschiedlichsten Charakters über dem bleibenden Bass gewinnen, sooft man nur die gute Stunde hat, in der die Fantasie und die Erfahrungen lebendig werden.

So ließ denn auch Bach zur guten Stunde seiner gastlichen Aufnahme im Hause des Reichsgrafen gleich noch einige Beispiele für das freie Spiel seiner Fantasie und Erfahrungen folgen . . .

»Zum Neuen Jahre werde ich — mit wohlgeneigter Zustimmung Eurer Exzellenz – die von Eurer Exzellenz gewünschten, also Eurer Exzellenz Variationes, als meine Klavierübung Nummero IV in Stich geben.«

Die Equipage des Reichsgrafen fuhr Vater und Sohn Bach ins Friedemannsche Quartier zurück.

»Das Instrument war recht ordentlich gestimmt.«

»Ich besorge es regelmäßig, Papa, wie ich's von dir gelernt habe.«

11.

Wolkenzüge werfen im Wechsel Licht und Schatten über die Natur und den Menschen –, über die Schicksale einzelner wie von Nationen, Licht und Schatten im Wechsel über ein neues Jahr unserer Lebensgeschichte.

Am 18. Januar des neuen Jahres 1742 hört man aus Dresden beruhigende Nachrichten über Verhandlungen des Preußenkönigs mit dem Dresdener Hofe. Sachsen wird – so besteht nun sichere Zuversicht – von den preußischen Truppen nicht berührt werden.

Am 12. Februar wird – ein verhängnisvolles Ereignis – der Kurfürst von Bayern, Karl Albert, in Frankfurt als Nachfolger Karls VI. zum Kaiser gekrönt; der folgenschwere Affront gegen die rechtmäßige Nachfolgerin Maria Theresia verheißt nichts Gutes.

Im Heim der Bache in Leipzig feiert man inzwischen am 22. Februar die Taufe eines Prachtmädelchens auf den Namen Regina Susanna.

Um die Ostern erscheint nun auch die Nummer IV der Klavierübungen als

»Clavier-Übung
bestehend in einer Aria
mit verschiedenen Veraenderungen
vors Clavicimbal mit 2 Manualen.
Denen Liebhabern zur Gemüths-Ergötzung verfertigt
von J. S. Bach, . . .
Nürnberg in Verlegung Balth. Schmids.«

». . . und einem heiteren Quodlibet als Abschluß« . . . hätte er noch dem Werktitel hinzusetzen können:

Als Gegengabe für das ihm eigens geschaffene Werk sandte der Reichsgraf Hermann Carl von Keyserlingk einen goldenen Becher mit 100 Louisd'or, die den Familienvater Johann Sebastian in die glückliche Lage versetzten, über die Ostertage die Familie mit mancherlei Kostbarem und Vergnüglichem zu überraschen.

Die Nachrichten von draußen wurden dagegen wieder ernster, ja bedrükkender.

Die Kaiserin-Witwe Maria Amalia, die Mutter Maria Josephas, der Gemahlin des Kurfürsten Friedrich August II., Erzherzogin des österreichischen Hauses, war in Wien gestorben.

In die sächsische Landestrauer – vom 13.–20. Mai – tönten von weither die Geschütze von Chotusitz, der Entscheidungsschlacht Friedrichs gegen die Österreicher.

Dem Sieg der Preußen folgte – endlich, so empfand man an allen Orten, nicht nur in Preußen und Österreich – der Friedensschluß.

Die Wolken verzogen sich. Dankbar für die Erhaltung des Friedens in Kursachsen feierte man in Leipzig am 3. August den Namenstag des Kurfürsten mit einem solennen Konzert, für das Bach eine Wiederaufführung seines dramma per musica von der Huldigung der Diana und ihrer Begleiter vor dem Landesherrn vorbereitete, das gleiche, das er vor drei Jahrzehnten für den Weißenfelser Herzog Christian komponiert hatte.

Lustiger und vergnügter allerdings ging es ein paar Wochen später auf Klein-Zschocher zu, einem der reichen Landsitze der Familie von Dieskau. Nach dem Tode der Mutter vor kurzem hatte nun Carl Heinrich von Dieskau, der Leipziger Kreishauptmann und als solcher Vorsteher auch der Steuereinnahmen, das Gut übernommen. Ihm sollte an diesem 30. August eine festlich-gesellige Huldigung seiner Bauern dargebracht werden.

Natürlich waren zum Festtage zahlreiche Gäste aus Leipzig und vom Dresdener Hof erschienen. Henrici hatte das Poem zu der geplanten Burlesque geschrieben, und Bach hatte ein übriges getan und mit einer besonderen Köstlichkeit aufgewartet. Das war nun wirklich etwas ganz Delikates – Neues – Apartes – Amüsantes. Da waren ihm ja schon beim ersten Lesen die Melodien wie von selbst – wie aus alten Zeiten herüberklingend – gekommen, wie aus dem Hause des Herrn Stadtmusikus Ambrosius am Frauenplan in Eisenach –, und sie alle folgten einander zum echten altbachischen Quodlibet.

Die illustre Hofgesellschaft unterhielt sich auf das angeregteste, vergnügte sich an den kleinen verborgenen Andeutungen und Späßen und spendete entzückt nach jeder der 24 Recitative, Arien und Duette lebhaften Applaus, und noch lange nach der Schlußhuldigung auf das Haus Dieskau kam man immer wieder auf die köstlichen Einfälle zurück, welche die beiden Autoren zwischen die musikalischen Kostbarkeiten der Arien eingestreut hatten.

»Ihr habt mir's ja schön gegeben, lieber Henrici, mit Eurer Schösser-Arie! Steuern müssen nun einmal sein, das wißt Ihr von Amtswegen, und unser Leipziger Amt ist doch, seitdem ich dort die Geschäfte führe, nachsichtig genug?«

»Was mein verehrter Herr Hofcompositeur leider nicht bestätigen wird, Herr von Dieskau, wie ich seiner kürzlich hinter vorgehaltener Hand gemachten Bemerkung entnehmen sollte.«

»So, so, hat er fleißig zahlen müssen? Ich werde es ihm verschmerzen helfen. Seine Musik war über alle Maßen famos! Was sage ich famos – köstlich, köstlich! Diese Eleganz und diese Natürlichkeit, und gar meines alten Freundes Spork und seiner Liebe zur Jägerei hat er gedacht und die hübsche Jagdmelodie seines Kapellmeisters Seemann einbezogen. Und dann – diese kleinen Kühnheiten, ich hab's wohl gemerkt!«

Und damit summte der neue Gutsherr von Kleinzschocher das verwegene »Mit dir, mit dir ins Haberstroh«, das Bach als unausgesprochenen Gedanken Miekes hatte musikalisch anklingen lassen.

12.

Auch die schönsten Zeiten gehen einmal zu Ende. Die theologischen Studien des Vetters Elias an der Leipziger Hohen Schule konnten abgeschlossen werden, und auch im Musikalischen hatte ihm der Herr Vetter Sebastian einige Reife zugesprochen, so daß er – schweren Herzens zwar, aber aus guten Überlegungen über seine eigene Zukunft – an den Abschied aus dem traulich vertrauten Kantorenheim denken mußte.

Am 31. Oktober war es dann soweit. Die Aussicht auf eine angenehme Unterkunft als wohldotierter Hauslehrer im nahegelegenen sächsischen Zöschau in der weiteren Umgebung von Oschatz gab den Ausschlag.

Bereits nach dem Ablauf der ersten Woche seines neuen Aufenthalts und Dienstes in Zöschau drängte es ihn, dem Herrn Vetter und den sämtlichen Bachs in Leipzig noch einmal aus vollem Herzen zu danken. Nach Tisch liest der Herr Papa den Brief der Familie vor:

»Ew. HochEdelgebohren soll (ich)« – er ergänzt beim Vorlesen die ausgelassenen Personalpronomen, – »hierdurch in schuldigster Nachricht vermelden, daß die Güte meines Gottes mich am 2ten hujus glücklich nach Zöschau gebracht u. mir hieselbst eine so gnädige Herrschaft gegeben hat, daß ich schon manche Gnade geziemend deprecieren müßen, indessen kann ich meinem Hochgeehrtesten Herrn Vetter doch für gewiß versichern, daß des vielen Guten, welches ich in Dero Hause etliche Jahre genossen, hierüber nicht vergessen, sondern mich dessen vielmehr mit dankbarem Gemüthe allezeit erinnern u. wo möglich in der Tat dankbar dafür erweisen werde: u. zu dem Ende will ich auch nicht ablassen, den Allerhöchsten täglich für die Wohlfahrt Dero sämtlichen Hochgeschätzten Hauses in warmer Fürbitte anzuflehen, u. besonders um eine dauerhafte Gesundheit vor Ew. HochEdelgebohren inbrünstig zu bitten; dermalen aber sende den gütigst communicierten Roquelaur u. Belz Stiefeln mit vielem Dank zurücke, durch welche mir auf meiner Reise viele Güte geschehen, ob sie gleich weder Regen noch sonsten einiger Schade betroffen hat.« Zöschau, 7. 11. 1742

»Allezeit in der Tat dankbar erweisen«, er sollte sich in späteren Jahren dankbaren Gemüts an dieses sein Versprechen erinnern.

13.

Seit langem waren die berühmten Leipziger Gaststätten zum Thüringer Hof, Kaffeebaum und Auerbachs Keller und ihre Stammtische nicht mehr so stark besucht wie jetzt an den Abenden in der Mitte des Jahres 1743.

Man suchte jeweils vom anderen zu erfahren, was dieser an Neuestem gehört hatte, man geriet während der Unterhaltungen mitunter heftig aneinander, man vermutete, widersprach, bestätigte . . .

In Dresden kamen und gingen in rascher Folge Kouriere aus Österreich, Rußland, Holland, England; die Gesandtschaften empfingen sich untereinander in auffallender Häufigkeit; man sah sie auf dem Wege zum Hofe häufiger als sonst; Graf Brühl, so war zu hören, reize den Kurfürsten zum Erwerb von Schlesien.

Aus dem Preußischen hörte man von Truppenbewegungen und unaufhörlichen Manövern der preußischen Reiterei.

»Euer Sohn, Herr Hofkompositeur, hat gewiß aus Berlin einige Nachrichten an Euch gelangen lassen?«

»Ei, gewiß, er schreibt gelegentlich über das anregende Leben in Berlin und über das schöne Potsdam.«

»Und von Erfahrungen aus der Umgebung des Königs? von Gesprächen am Hofe?«

»Auch das wird gelegentlich von ihm erwähnt, gewiß . . .« Man rückte näher.

»Aber warum so zurückhaltend, Herr Hofkompositeur! Es gibt gewiß da aufregende Neuigkeiten?«

»Nun – weniger aufregende als anregende, denn er schreibt uns im Eigentlichen nur über das musikalische Geschehen, die Abendmusiken im Schloß zu Potsdam, über eine neue Sonate, die der König für seine Flöte komponiert hat, aber auch sonst über das hohe Ansehen, das die Künste beim König genießen. So hat man dort seinen eigenen berühmten Baumeister; wie wir hier in Dresden bis vor wenigen Jahren den Pöppelmann, so hat der preußische König in Potsdam den Knobelsdorff, einen künstlerischen Meister von hohem Ansehen, der ihm Berlin und Potsdam verschönen soll und übrigens um die drei Jahrzehnte jünger ist als unser vortrefflicher Pöppelmann bei seinem Tode. Nun, und wenn die Herren es so mit mir zu sehen wünschen, so hätten sie in Leipzig einen verwandten Baumeister, der allerdings nicht mit Marmor und Stein, sondern mit Tönen und Klängen sich wieder einmal zu bauen anschickt. Diesmal soll das neue Vorhaben eine Lehre der musikalischen Baukunst werden, in mehreren Abteilungen – für die Lehrlinge, die Gesellen und die Meister –, und ich werde sehr bald damit beginnen. Übrigens, um noch einmal vom Philipp Emanuel zu sprechen: Er schreibt außer allem sonstigen noch jedesmal besonders gern von seiner Auserwählten – einer Demoiselle Johanna Maria Dannemann, und ihrem Herrn Papa, dem Berliner wohlgeachteten Weinhändler Dannemann – und von seiner Absicht, in Bälde bereits die heilige Ehe mit ihr einzugehen. Und damit genug aus Berlin! Guten Abend, meine Herrn!« –

Am gleichen Abend noch suchte Ton- und Klangbaumeister Bach in seinen alten Handschriften, Entwürfen und bisher unbenutzten Arbeiten, Präludien und Fugen, um einen Anfang und die Richtung seines neuen Planes zu bestimmen, und dabei gab es manches erfreuliche Wiedersehen, so mit einem Präludium in C, einer Fuge in G gar aus der Weimarer Zeit und einem Präludium in Cis, und da es wiederum eine gute Stunde für ihn sein mochte, entstand gleich noch eine famose Fuge in Es-majeur für den ersten Teil seines neuen Lehrwerks, den Teil für die Lernbegierigen:

14.

Noch war an den Grenzen zu Preußen und Böhmen nichts geschehen, was die allgemeine Stimmung im Kursächsischen hätte beunruhigen können. Mochten weit draußen – im Bayrischen oder gar am Rheine – Musketen, Kartätschen und Kartaunen aufeinander knallen, so laut wie sie nur wollten, in sächsischen Landen und eben gerade auch in Leipzig fühlte man sich geborgen. An den Stammtischen allerdings gab es weiterhin geheimnisvolle Andeutungen; ja, man flüsterte sich ganz im Vertrauen auf gegenseitiges Stillschweigen zu, daß der Kurfürst gar ein Waffenbündnis mit Österreich abgeschlossen hätte, was wiederum nicht gerade zur Beruhigung der Stammtischbesucher beitrug.

In der Thomaskantorei gab es die üblichen Übungsstunden, Studien, Proben, die sonntäglichen Musiken, für den Herrn Direktor zwischendurch eine Orgelabnahme in St. Johannis vor dem Grimmaschen Tore, ein für ihn fruchtbares tempus clausum von über fünf Wochen, von Invocavit bis Palmarum, fruchtbare Zeit für seine neuen Präludien und Fugen, und für die ganze Familie Bach gab es die erfreuliche Nachricht aus Berlin, daß der Philipp Emanuel nun seine Johanna Maria Dannemann an den Traualtar geführt habe, ja, und dann gab es noch die Feier des 60. Geburtstages vom Herrn Papa.

Wenn man also den Herrn Hofkompositeur im Thüringer Hofe gelegentlich nach Nachrichten aus Berlin fragte, so hatte er nur ein vergnügliches, ein wenig verschmitztes Lächeln zur Antwort.

»Gar nichts Neues, Herr Hofkomponist?«

»O freilich, mein verehrter Herr Scholze alias Sperontes dictus! Mein Sohn hat geheiratet, und das in Berlin! Ihr könnt also unbesorgt eurer ›lieblichen singenden Muse‹ folgen und der jungen Welt an der Pleiße beliebt und dienlich sein!«

Daheim aber konnte er mit behaglichem Schmunzeln die neusten Veröffentlichungen des »Critischen Musicus« vom Herrn Johann Adolph Scheibe seiner liebsten Anna Magdalena vorlesen:

»Vornehmlich aber ist unter den durch öffentlichen Druck bekannten Musikwerken ein Klavierkonzert befindlich, welches den berühmten Bach zum Verfasser hat und aus der großen Tonart F geht. Da dieses Stück auf die beste Art eingerichtet ist, die nur in dieser Art zu setzen anzuwenden ist, so glaube ich, daß es ohne Zweifel allen großen Komponisten und erfahrenen Klavierspielern sowohl als den Liebhabern des Klaviers und der Musik bekannt sein wird. Wer wird aber auch nicht sofort zugestehen, daß dieses Klavierkonzert als ein vollkommenes Muster eines wohleingerichteten einstimmigen Konzerts anzusehen ist? Allein, wir werden auch noch zur Zeit sehr wenige, oder fast gar keine Konzerte von so vortrefflichen Eigenschaften und von einer so wohlgeordneten Ausarbeitung aufweisen können. Ein so großer Meister der Musik, als Herr Bach ist, der sich insonderheit des Klaviers fast ganz allein bemächtigt hat und mit dem wir den Ausländern ganz sicher trotzen können, mußte es auch sein, uns in dieser Setzart ein solches Stück zu liefern, welches den Nacheifer aller unserer großen Komponisten verdienet, von den Ausländern aber nur vergebens wird nachgeahmet werden.«

»Sieh einmal an . . .!« Mehr konnte die erstaunte Eheliebste des so großen Meisters der Musik nicht sagen.

»Ganz recht! Sieh einmal an, wie sich die Jungen mausern!«

Aber die Wolkenzüge überschatten von Zeit zu Zeit auch die friedlichsten Lande, und der Lärm der Musketen, Kartätschen und Kartaunen wird aus näheren Stationen hörbar.

Der Preußenkönig hatte in wohlbedachter Voraussicht eines österreichischen Friedensbruches, von dem er weitaus mehr zu erfahren wußte, als daß er ihn nur mit Sicherheit ahnen konnte – es ist der August 1744 –, die Grenze nach Böhmen überschritten und Prag besetzt.

Man ist an den Stammtischen in Leipzig ebenso verwundert wie beunruhigt.

Aber dann hört man aus Dresden: »Der Preuße hat keine Absichten gegen Sachsen; wir werden also von Truppendurchzügen unberührt bleiben und uns den Frieden im Lande erhalten.«

Man kann also in aller Ruhe die Ereignisse im Böhmischen verfolgen; man hört aber auch von Schwierigkeiten der Preußen, gar von ihrem Rückzug ins Schlesische.

Man hört gar – zum Entsetzen der guten Bürger Sachsens – vom Einsatz sächsischer Truppen. 30 000 Mann braver Landeskinder und Angeworbener stellt und zahlt der Kurfürst für den Sieg Österreichs, nun ja, auch wohl für den ausgehandelten Siegesanteil, das lang begehrte Oberschlesien.

Soll man sich freuen? Den Kurfürsten beglückwünschen? Ihm Glück wünschen? Er hat ja die Russen an seiner Seite, gar England und Holland. Da kann ja gar nichts fehlschlagen!

An den Stammtischen im Thüringer Hof, im Caffeebaum, in Auerbachs Keller wird hohe Politik gemacht, werden Kriegsläufe skizziert – in aller Ruhe, unbeschadet, denn was sich da an Bewegung der Heere vollzieht, geschieht ja in Böhmen und Schlesien, weit, weit ab von der guten Eutritzscher Gose, die man seit kurzem auch im Thüringer Hof ausgeschenkt bekommt.

Bis die ersten Schreckensnachrichten eintreffen –, von Hohenfriedberg zu Junibeginn und der grausigen Vernichtung der verbündeten Österreicher und Sachsen, Schreckensnachrichten, die den allmächtigen Grafen Brühl in Dresden nicht abhalten, den nahen Sieg und die Vernichtung der Preußen zu versichern, den Angriff der Sachsen auf Brandenburg und den Einzug der Verbündeten in Berlin.

Entgegen seinen Voraussagen und Versicherungen aber besetzten die Preußen gegen Ende November nun weite Teile Sachsens, nachdem sie die Österreicher, die bereits am 21. November nach Leipzig vorgerückt waren, nach kurzer Belagerung wieder hinausgeworfen hatten, und zum Entsetzen der Stammtische schließlich auch Leipzig, wobei es in Gohlis, Eutritzsch und Schönefeld gar zu Plündereien und Brandschatzungen durch die ungezügelten Soldateska, in Leipzig selbst zu harten Kontributionzahlungen kam.

Die Preußensiege bei Hennersdorf – in der Nähe von Görlitz – und bei Kesselsdorf – unweit Dresden gar – beendeten endlich die Kämpfe. Am 25. Dezember 1745 wird der Friede geschlossen. Sachsen wird eine Million Taler an Preußen zahlen.

Die Stammgäste in den berühmten Gaststätten beschränkten ihre Bestellungen; man verzichtete – so patriotisch war man nun doch – auf die guten Schlesischen und Brandenburger Biere und trank nur mehr das Zeitzer und das Merseburger – und natürlich die Gose aus Eutritzsch. –

15.

Der Superintendent Salomo Deyling hatte bei Bach vorgesprochen, um einiges von Wichtigkeit mit ihm zu bereden. »Die preußischen Truppen haben Leipzig verlassen – drei Bataillone Grenadiere! Was werden Sie, lieber Bach, zu unserem Gedenkgottesdienst am 9. Januar musizieren!« »Wenn es mit meinen Augen nicht so übel bestellt wäre . . . Es würde wohl eine festliche Musik zu Lob und Preis des Allmächtigen ergeben. Mir wäre recht wohl im Herzen zumute, und was das Herz empfindet, wird leicht zu einer lieblichen Musica. Aber es will nicht mehr so recht mit dem Notenschreiben gehen. Die Augen schmerzen mir oft, es flimmert zuweilen mit Ausdauer. Ich habe schon seit einiger Zeit die alten Musiken hervorgeholt. Singen wir also Gott zu Ehren und zur Auferbauung unserer Christengemeinde aus vergangenen Jahren. Sie werden's während der Andacht kaum bemerken.«

»Finden Sie denn so wenig Hilfe bei Ihren Scholaren? Man sollte denken, daß gar mancher gern an Euren Partituren mitschriebe?«

»Das tun sie auch, und recht fleißig. Aber die Tüchtigen unter ihnen gehen so, wie sie kamen, eben nach der Schulordnung. So haben ja auch meine Söhne Leipzig gegen Berlin und Dresden eingetauscht – auch der tüchtige Agricola ist längst in Berlin, der Doles in Freiberg, wo's ihm gar nicht so recht behagt, der Homilius spielt die Orgel an der Frauenkirche in Dresden, ja, und der Christoph, mein Vierzehnjähriger, hilft mir noch brav, wird ein gewissenhafter Musiker werden, wird aber auch in ein paar Jahren sein Fortkommen draußen suchen, so wie der Altnikol – ein Schüler, dessen ich mich nicht zu schämen haben darf – uns wohl auch im kommenden Jahre verlassen wird. – Aber es gibt ja genug, was wir hervorholen können. Für den Dankgottesdienst haben wir eine meiner Motetten parat, die wir schon seit einiger Zeit wieder studieren,

›Singet dem Herrn ein neues Lied‹, für St. Nicolai wohl geeignet, weil wir nur wenige Instrumente mitspielen lassen.«

»Singet dem Herrn ein neues Lied!« Der Superintendent Salomo Deyling wiederholt es langsam. »Auch ich werde es der Gemeinde verkünden! ›Der Herr hat Wohlgefallen an seinem Volk. Singet dem Herrn ein neues Lied. Die Gemeinde der Heiligen soll ihn loben. Wir wollen loben seinen Namen – mit Harfen und Pauken wollen wir ihm spielen, wollen fröhlich sein und preisen und rühmen. Hallelujah!«

Deyling drückte seinem Kantor und Direktor der Kirchenmusik beide Hände zum Abschluß ihres Gespräches.

»Schonen Sie sich und Ihre Augen, lieber Bach, damit Sie uns noch lange Zeit zur Seite stehen, so oft wir dem Herrn ein neues Lied singen wollen, und sei es auch eines aus all den reichen schöpferischen Jahren Ihrer Amtsführung in unserem lieben Leipzig.«

16.

»Der Friedemann ist gekommen . . .!«

Dorotheas Freudenjuchzer rief die ganze Familie zusammen.

»Jawohl – da bin ich –; aber ich werde schon morgen in aller Frühe weiterfahren.«

»Nun komm erst einmal herein und erzähle uns in aller Ruhe, was dich so unerwartet auf Reisen treibt. Annalene, laß einen Coffee aufbrühen, damit sich der Herr Wilhelm Friedemann aufwärmt.«

Friedemann hatte also zu berichten, daß der Reichsgraf Keyserlingk von der Zarin Elisabeth und ihrem Großkanzler, dem Grafen Alexy Bestushef, nach Berlin beordert sei, was man nach allem, was er in Dresden gewirkt und wie er sich nach der Kaiserwahl in Frankfurt vergangenen Jahres bewährt hat, wohl begreifen wird.

»Sie braucht einen sicheren, galanten und klugen Diplomaten gerade nach den neusten Triumphen des großen Preußenkönigs an dessen Hofe, und der Reichsgraf mit seiner Liebe zur Musik wird die besten Conversationen mit dem König führen – und mit dem Philipp Emanuel! Natürlich geht das Revirement nicht sogleich von heute auf morgen. Man kann den Dresdener Hof nicht brüskieren. Aber der Reichsgraf rechnet mit Jahresende.«

Nun sei – so fuhr Friedemann fort – auch sein Bleiben in Dresden ohne Sinn, überflüssig, ennuyeux; der Hof käme ja ohnehin nicht zu ihm in die Sophienkirche.

Dagegen sei, wie der Herr Papa ja wohl erfahren habe, die Orgel an der Marktkirche in Halle seit neuestem unbesetzt, nachdem der vortreffliche Kirchhoff im Januar verstorben sei.

». . . Papa, denke dir, die Orgel vom alten Zachau, an der du ja gern gesessen hast und die du beinahe selbst von ihm geerbt hättest! Nun wartet man dort seit mehr als dreißig Jahren auf einen Bach!«

Vater Bach mußte erst einmal tief Atem holen, ehe er überhaupt etwas zu dem überraschenden Vorgang einer geplanten Mutation zu sagen wußte.

»Halle, nun ja, eine gesunde Stadt, eine Prachtorgel . . .«

». . . und eine Bezahlung, die die Dresdener bei weitem übertrifft!«

Es gab noch viel zu überdenken, zu beraten und zu beschließen, bis endlich – noch am späten Abend – Friedemann auf eine Anzahl von Notenblättern auf dem Cembalo mit den zwei Manualen aufmerksam wurde. Er müßte nicht der Friedemann gewesen sein, hätte er nicht sogleich zugegriffen.

»Ach –, das ist mir bekannt. Natürlich –, dies ›Wachet auf‹ hast du von 1731 – ich weiß es noch genau, ich habe damals die Recitative gesungen, und den Choralsatz ›Zion hört die Wächter singen‹. Da gab es ein schönes Duo – ganz italienisches bel canto – und hier: ›Wer nur den lieben Gott läßt walten‹ – das hast du aus einer von deinen ganz alten Choralmusiken, die du immer gern musiziert hast. Siehst du:

›. . . so kommt Gott, eh' wir's uns verseh'n
und lässet uns viel Gut's gescheh'n.‹

Die Hallenser haben mir das Amt nämlich bereits zugesprochen, und morgen soll ich mich ihnen vorstellen, zur Unterschrift!«

»Der Friedemann! Möge ihm stets ›viel Gut's gescheh'n!‹«

»Und wenn du nach Halle übersiedelst, wirst du auch diese sechs Vorspiele mitnehmen, sobald der Schübler in Zella sie gestochen haben wird. Ich denke, er wird sich damit beeilen.«

Dann aber griff Vater Bach selbst in das Instrument und setzte die Familie mit dem Choralvorspiel zu ›Wo soll ich fliehen hin‹ in helle Begeisterung.

17.

Es ging auf Delitzsch zu, in dessen benachbartem Zschortau die neue Orgel abgenommen werden sollte.

Bach hatte auf eine Fußreise nach Zschortau verzichtet, um mit seinem Reisegefährten, dem alten Orgelbauer Johann Scheibe, nun doch im Postwagen zu fahren, so sehr ihn die schönen Augusttage von 1746 auch zur Wanderung lockten.

»Nun, mein guter Vater Scheibe, so kommen wir also früher nach Delitzsch und können unserm verewigten Christoph Schulze auf dem Gottesacker einen Besuch machen. Am Abend lassen wir uns von unserm braven Gottlieb Fröber in sein Collegium Musicum einladen, das er den Honoratioribus der Stadt zu Gefallen ganz nach unserm Leipziger Vorbild eingerichtet hat, wobei er in seinem Reglement bemerken ließ, daß es der Wohlanstand erforderte, sich des Karten-Spielens und anderer dem Collegium zum Hindernis gereichender Vergnügungen zu enthalten! – Nun ja, es ist eben Delitzsch! Die Leipziger würden sich für derartige Erinnerungen an den Wohlanstand während des Musizierens wohl bedanken! – Aber erzählt mir doch von Eurem Alfonso, lieber Scheibe!«

Vater Scheibe blieb recht verlegen, je eindringlicher Bach nach dem Critischen Musicus Johann Adolph und dessen neuesten Veröffentlichungen fragte.

»Lieber Freund, die kritischen Auslassungen Eures Sohnes haben wir längst vergessen. Er hat's ja selber zu Papier gebracht, daß er so nach und nach erfahren genug geworden sei, den Ruhm geschickter Männer ohne rot zu werden anzuhören und sie endlich selbst mit aufrichtigem Herzen zu erheben und ihren Verdiensten Recht zu geben.«

So konnte denn Vater Scheibe erzählen, daß sein Sohn nach den Kulmbacher Jahren als Hofkapellmeister in Kopenhagen sein Glück mache und auch in seinen Wissenschaften weiterhin fleißig produziere.

»Ja, er ist eben vernünftig geworden, der Alfonso« meinte Vater Scheibe lächelnd. –

An diesem 7. August anno 1746 konnte nach gründlicher Prüfung Bach dem Orgelbauer – Herrn Johann Scheibe aus Leipzig – und dem Hochwohlgeborenen Herrn Heinrich August Sahrer von Sahr, Erb-, Lehn- und Gerichtsherrn auf Zschortau als dem Hochansehnlichen Kirchen-Patronus der Kirche zu Zschortau, bescheinigen, daß Herr Scheibe eine vorzügliche Arbeit geleistet habe, alles tüchtig, fleißig und wohl erbauet, ja über den Kontrakt hinaus noch fünf weitere Stimmen – so auch eine Viola di Gamba von 8 Fuss, eine Fleute Travers von 4 Fuss und eine Super Octava von 1 Fuss, angebracht habe. »Mit eigenhändiger Unterschrift und beygedruckten Petzschafft versehen.«

Gegen Ende des folgenden Monats, am 24. September, fuhren Bach und Gottfried Silbermann auf Einladung des Rates der Stadt Naumburg zur Orgelabnahme in der Wenzelskirche.

»Bautet Ihr Silbermänner nicht so exquisite Klaviere, so hätte ich jetzt meine Ruhe vor Euch. Aber der Andreas Werckmeister mit seiner musikalischen Temperatur und Eure Hammerklaviere ziehen mich immer wieder vor die Tasten.«

»Da habt Ihr also wieder Neues für unsere stromenti beisammen?«

»Das ist es ja gerade! Seit Ihr mir die neuen Klaviere vorgeführt habt, die nun wirklich alle alten Mängel verloren haben – Ihr erinnert Euch, wie Ihr damals getobt habt, als ich sie Euch aufzeigte, aber Ihr habt's doch eingesehen und gewußt, daß ich nicht unrecht hatte. Ja, und nun sitze ich und stelle noch einmal vierundzwanzig Präludien und Fugen durch alle Töne und Halbtöne zusammen, wie anno 1722. Es kommen einem ja immer neue Einfälle, und dann habe ich noch ein paar alte Entwürfe . . . Wenn's nur mit den Augen besser ginge! Bei Kerzenlicht mag ich schon gar nicht mehr schreiben.«

»Der Hildebrandt wird Euch in Naumburg auch mit seinem neuen Register zu neuen Orgelmusiken anregen; er hat sich für die Gambe und das Geigenprinzipal ganz was Feines ausgedacht.«

». . . was einem Schüler des Herrn Gottfried Silbermann wohl ansteht! Seine Orgel in Störmthal habe ich schon in meinem ersten Leipziger Jahre bewundert. Laßt uns also sehen und hören und prüfen, wie man's von uns erwartet!«

Man hatte sich Zeit genommen, um gewissenhaft alle im Kontrakt spezifizierten Stücke – Klaviere, Bälge, Windladen, Kanäle, Pedal und Manual nebst dazugehörigen Stücken, Register und Stimmen, offene und gedackte Rohr-Werke – überhaupt alles und jedes zu examinieren.

Am 27. September übergaben beide, der Herr Königlich Polnische und Kurfürstlich-Sächsische Hofkompositeur Johann Sebastian Bach und der Königlich Polnische und Kurfürstlich-Sächsische Hof- und Landorgelbauer Gottfried Silbermann ihr Urteil auf der Ratsstube der Stadt Naumburg ab mit der Versicherung, wie man es als Aktennotiz festhielt, daß »sie das ganze Orgelwerck von Stück zu Stück genau durchgegangen und examinieret und solches allenthalben tüchtig und contractmäßig befunden hätten«; allerdings sei der Orgelbauer, Herr Hildebrandt anzuhalten, daß er »bei der Claviatur und Intonation nochmalen eine allenthalbige egalité bewerckstellige« – will sagen, alles aufs beste nachzustimmen habe.

18.

»Es wird Zeit, daß der jüngste Bach in Berlin seinen Großvater kennenlernt; ich werde wohl im kommenden Jahre nach Berlin reisen, denn auch der Großvater will den kleinen Johann August nun endlich sehen und überprüfen, ob er ein echter Bacherbe ist. Ob du wohl mitreisen möchtest?«

Aber Anna Magdalena wollte sich nicht dazu entschließen, so gern sie gewiß einmal Berlin besucht und den kleinen Enkel kennengelernt hätte.

»Sie werden uns schon einmal in Leipzig besuchen, wenn der Kleine die lange Fahrt vertragen kann. Es wird ihnen dann leichter fallen als mir.«

»Lassen wir's auf später zu entscheiden, liebste Lene, verehrte Frau Großmama. Wenn das Frühjahr kommt, wird dir der Entschluß leichter werden«.

Und dann stimmte er vergnügt – halb brummend, halb textierend – seine Melodie von der Großmama an, die gleich ihren Töchtern und ihrer Enkelin den Coffee mit Vergnügen gerne zu trinken liebt.

Leipzig – Potsdam

IV.

1747

Es ist der 7. Mai des Jahres 1747. Allabendliche Kammermusik im Stadtschloß zu Potsdam. Man spielt – Solist ist der König selbst – sein Flötenkonzert in C-Dur. Man nannte ihn, den 35jährigen, schon damals »den Großen«, und das nicht nur wegen seiner Siege in den beiden Schlesischen Kriegen (1740–42 und 1744–45) bei Chotusitz, Mollwitz, Hohenfriedberg, Soor, Kesselsdorf, sondern in gleich hohem, ja noch höherem Maße wegen seiner Staatskunst, seiner Lebensweisheit, seiner Kunstpflege – der Dichtkunst ebenso wie der Baukunst, und im besonderen der Musik . . .

Ein Offizier der Stadtwache betritt den Kammermusiksaal und überreicht dem König den Rapport über die in Potsdam eingetroffenen Fremden. Des Königs Augen leuchten auf.

»Meine Herren, der alte Bach aus Leipzig ist angekommen! Ich hatte die Order gegeben, ihn sogleich auf das Schloß zu geleiten.« – Der Offizier meldet darauf dem König, daß Monsieur Bach bereits sich im Vorzimmer aufhalte.

»So lasse Er ihn eintreten!«

»Wilhelm Friedemann hat mir diese Geschichte erzählt, und ich muß sagen, daß ich heute noch mit Vergnügen an die Art denke, *wie* er sie mir erzählt«, so schreibt ein Freund Friedemanns, der hochgelehrte Johann Nikolaus Forkel, in seinem 1802 erschienenen Buch »Über Johann Sebastian Bachs Leben, Kunst und Kunstwerke«:

»Es wurden in jener Zeit noch etwas weitläuftige Complimente gemacht. Die erste Erscheinung Joh. Seb. Bachs vor einem so großen Könige, der ihm nicht einmal Zeit ließ, sein Reisekleid mit einem schwarzen Kantor-Rock zu verwechseln, mußte also notwendig mit vielen Entschuldigungen verknüpft sein. Ich will die Art dieser Entschuldigungen hier nicht anführen«, so Forkel, »sondern bloß bemerken, daß sie in Wilhelm Friedemanns Munde ein förmlicher Dialog zwischen dem König und dem Entschuldiger waren.«

Das mag dann etwa folgendermaßen geklungen haben:

Der König begann: »Der Herr Hofkompositeur Bach möge mir gütigst nachsehen, wenn ich Ihn sogleich nach Seiner Ankunft zu mir habe bitten lassen.«

Der 62jährige verneigte sich vor dem König: »Es ist ganz und gar mein Offizium und Wunsch, mich bei Ew. Majestät auf das äußerste entschuldigen zu sollen, daß ich in einem so inpassablen Aufzuge vor Ew. Majestät erscheine. Aber man ließ mir nicht einmal die Zeit, den Reisestaub von den Kleidern zu schütteln . . .«

»Ei, Herr Hofkompositeur, Ihr hättet mich im Feldlager sehen sollen, da gab es bedeutend mehr Reisestaub und Landstraßenpfützen an unseren Monturen!

Es war gewiß eine beschwerliche, weite Reise, die ich dem verehrten Herrn Hofkompositeur zugemutet habe. Aber das Verlangen, dem so weit berühmten Manne endlich einmal selbst zu begegnen, Ihn wohl auch zu hören, mußte Ihm eine solche Incommodation schon zumuten, wie eben auch die Eile, mit der ich Ihn zu sehen verlangte.

»Ich habe – wenn Ew. Majestät erlauben – seit meiner frühesten Jugend weitaus beschwerlichere Reisen unternehmen müssen – und jene zu einem weitaus weniger bedeutenden Ziele und Zwecke als die heutige . . .« So also wird es noch eine Weile weitergegangen sein. Dann aber hatte auf eine Aufforderung des um den Gast besorgten Königs hin Bach in einem Sessel Platz zu nehmen, um den zweiten Satz des am heutigen Abend begonnenen Konzerts mit größter Aufmerksamkeit anzuhören.

»Nun denn . . ., wie ist das Urteil des Herrn Königlich Polnischen, Kurfürstlich Sächsischen Hofkompositeurs und Direktors der Musik der Stadt Leipzig – in der man, wie ich hoffe, mir nicht mehr allzu gram ist wegen meiner vorübergehenden Auseinandersetzung mit der Sächsischen Krone, die *ich* gern vermieden hätte! Aber Ihr seid ja gar kein echten Sassone, wie mir mein Hofcembalist versicherte?«

Worauf Bach wiederum dem König versicherte, daß er in der fürstlichen Residenzstadt Eisenach geboren sei und daß aber der Name des Königs auch in Sachsen nur mit dem Ausdruck der höchsten Verehrung und Bewunderung ausgesprochen würde – und daß er nun selbst einen vollkommenen Eindruck von der Meisterschaft des Königs in der Komposition und im Flötenspiel erhalten habe von der innigen Empfindung des Ausdrucks, der edlen Simplizität der Darstellung und naturellement: der vollkommenen Technik und der erstaunlichen Atemfülle! »Es ist, mit Ew. Majestät gütiger Erlaubnis, die Vereinigung des Italienischen mit dem Deutschen – des bel canto mit der Innigkeit.«

Friedrich war überrascht und erfreut.

»Oui, oui, sans doute, ich hatte den Eindruck, recht brav musiziert zu haben, soweit ich es wenigstens den Äußerungen Quantzens entnehmen konnte. Ihr müßt wissen, verehrter Herr Hofkompositeur, daß ihm, meinem alten und liebenswerten Lehrmeister, mancherlei Variationes seiner Urteilskundgebung zu Gebote stehen: vom ›Bravo‹, was Ihr soeben von ihm hörtet, über völliges Stillschweigen bis zu vernehmbarem Räuspern – im schlimmsten Falle! Aber ich habe auch seit meiner Rückkehr aus Schlesien gründlich und regelmäßig geübt, und ich übe noch, früh nach dem Aufstehen, vormittags nach den Vorträgen, mittags nach der Tafel und abends – Solfeggien, Tonleitern nach den Tabellen von Quantz; und da wir gerade von ihm sprechen: Wer weiß überhaupt, wer in Wahrheit den Preußischen Staat regiert? Ihr werdet es mit Erstaunen hören: Das Schoßhündchen der Madame Quantz! Denn der König läßt sich von Quantz, Quantz von seiner Frau und Madame Quantz von ihrem Schoßhund regieren! Vraiment!

Aber nun möge der Herr Hofkompositeur mir folgen; wir wollen uns noch unsere neuen Instrumente anhören, die uns Silbermann geliefert hat. Goldberg hat uns neulich ein sehr schönes ›Italienisches concert‹ von einem gewissen Herrn Johann Sebastian Bach darauf vorgespielt.«

Auf Bachs erstaunte Gegenfrage: »Goldberg?« antwortete ihm der König:

»Ganz recht, Euer Goldberg, den Keyserlingk aus Dresden nach Potsdam mitgebracht hat, wohin ihn die Zarin als ihren Ambassadeur beorderte, damit er ein wenig auf mich achtgebe, nachdem er seine Mission in Dresden so exzellent erfüllt hatte. Ihr wißt ja, daß der Reichsgraf Keyserlingk ohne Eure köstlichen Variationen nie schlafen geht – Goldberg spielt ihm jeden Abend die eine oder andere vor. Und Euren Besuch in Potsdam hat mir der exzellente Graf ebenso ans Herz gelegt wie Euer Philipp Emanuel, mein vortrefflicher Cembalist. – Aber nun habt die Güte, die Silbermänner selbst zu prüfen.«

Den Abend beschloß also, sehr zur Erbauung des Königs, Bach auf einem der Silbermannflügel im Schloß zu Potsdam.

»Superbe! Exzellent! Meisterhaft!« rief der entzückte König aus. »Es freut mich immer, wenn ich finde, daß sich der Verstand mit der Musik zu schaffen macht; wenn eine *schöne* Musik *gelehrt* klingt, ist mir das so angenehm, als wenn ich bei Tisch klug reden höre . . . Aber nun darf ich Euch nicht länger aufhalten. Es hieße, Eure Liebenswürdigkeit über die Maßen auszunutzen, um Eure erste Visite zu verlängern; und außerdem habe ich noch zu arbeiten. Das

Vergnügen darf nie dem Erfordernis der Pflichten Eintrag tun! – Gute Nacht, messieurs!«

Damit hatte die Visite aber noch nicht ihr Ende gefunden.

Der folgende Tag sah die beiden zunächst in der Garnisonkirche, wo der König auch die weithin berühmte Orgelkunst Bachs zu hören wünschte. Bach kannte des Königs Vorliebe für Variationskünste und wählte daher wohlüberlegt seine Passacaglia mit ihrem großartig strahlenden Fugenausklang.

»Und wie wäre es mit einer Fuge, die einmal nicht so ernst wie das Buch Hiob, sondern recht vergnüglich verläuft?«

»Die vergnügliche – Majestät – folgt unmittelbar!« Und damit leitete Bach zu einer seiner heitersten Orgelfugen in Es-dur über.

Am Abend des gleichen Tages wurde zunächst das Flötenkonzert fortgesetzt. Man spielte den 3. Satz jener am Vorabend begonnenen Komposition des Königs.

»Sie ist meine beste Freundin«, sagte der König mit einem zärtlichen Blick auf die Flöte. »Beim Flötenspiel kommen mir die besten Einfälle. Aber nun zu Eurer Kunst!«

Bach hatte also dem König mancherlei aus seinen Kompositionen vorzuspielen, bis Friedrich ihn endlich mit einem besonderen Wunsch überraschte!

»Ihr habt für den Reichsgrafen Eure Variationen komponiert, für meinen Vetter, den Brandenburger Markgrafen, eine Reihe prächtiger Konzerte, für den Dieskau eine vergnügte Kantate . . . und für Eure Eheliebste gar und Euren Ältesten eigene Klavierbüchlein, wie mir mein Hofcembalist berichtete; Ihr werdet gewiß dem König von Preußen die Freude machen, eine Fantasia Eures musikalischen Geistes nach einem Thema zu improvisieren, das ich Euch geben werde . . .«

Und dann spielte er auf dem Silbermann ein bemerkenswertes Thema.

Bach folgte dem Wunsche des Königs und entwickelte aus dessen Thema mit aller Sicherheit des erfahrenen Meisters eine echte Bachische dreistimmige Fuge, die allgemeine Bewunderung erregte. Einem weiteren Wunsche des Königs entsprechend entwarf er danach – auf ein eigenes Thema – eine 6stimmige Fuge.

Kaum nach Leipzig zurückgekehrt, griff er das Thema des Königs – »dieses recht königliche Thema«, wie er es selbst nannte – wieder auf und stellte es als Leitthema in den Mittelpunkt eines neuen mehrsätzigen Werkes – als Huldigung, oder, wie Bach es nannte, als ein »Musikalisches Opfer«, wie es nun auch Bach bei der Übersendung des Werkes formulierte. Er überschrieb es mit dem

Motto »*R*egis *J*ussu *C*antio *E*t *R*eliqua *C*anonica *A*rte *R*esoluta« – zu deutsch: »Des Königs Thema und Ausführungen auf kanonische Weise.« Also, wie die Anfangsbuchstaben ergeben, ein »Ricercar«. Das Werk enthält – nach dem 3stimmigen Ricercar, das er in Potsdam improvisiert hatte – »Canones diversi«, darunter den kunstvollen »Canon per motum contrarium«, den Rätselkanon, den bildschönen 5. Kanon für 2 Violinen im unisono, ferner eine »Fuga canonica«, die großflächig angelegte »Trio-Sonate« und als Krönung des Ganzen das 6stimmige Ricercar über das in ihm glanzvoll herausgehobene »Königliche Thema«, das nun wirklich zu einem feierlichen »Opferhymnus« wird.

Er legte dem Werk – nach wenig mehr als zwei Monaten – folgenden Begleitbrief bei:

> Allergnädigster König,
>
> Ew. Majestät weyhe hiermit in tiefster Unterthänigkeit ein Musikalisches Opfer, dessen edelster Theil von Deroselben hoher Hand selbst herrühret. Mit einem ehrfurchtsvollen Vergnügen erinnere mich annoch der ganz besondern Königlichen Gnade, da vor einiger Zeit, bey meiner Anwesenheit in Potsdam, Ew. Majestät selbst, ein Thema zu einer Fuge auf dem Clavier mir vorzuspielen geruheten, und zugleichst allergnädigst auferlegten, solches alsobald in Deroselben höchsten Gegenwart auszuführen. Ew. Majestät Befehl zu gehorsamen, war meine unterthänigste Schuldigkeit. Ich bemerkte aber gar bald, daß wegen Mangels nöthiger Vorbereitung, die Ausführung nicht so gerathen wollte, als es ein so treffliches Thema erforderte. Ich fassete demnach den Entschluß, und machte mich sogleich anheischig, dieses recht Königliche Thema vollkommener auszuarbeiten, und sodann der Welt bekannt zu machen. Dieser Vorsatz ist nunmehro nach Vermögen bewerkstelliget worden, und er hat keine andere als nur diese untadelhafte Absicht, den Ruhm eines Monarchen, ob gleich nur in einem kleinen Puncte, zu verherrlichen, dessen Größe und Stärke, gleich wie in allen Kriegs- und Friedens-Wissenschaften, also auch besonders in der Musik, jedermann bewundern und verehren muß. Ich erkühne mich dieses unterthänigste Bitten hinzuzufügen: Ew. Majestät geruhen gegenwärtige wenige Arbeit mit einer gnädigen Aufnahme zu würdigen, und Deroselben allerhöchste Gnade noch fernerweit zu gönnen
>
> Ew. Majestät allerunterthänigst gehorsamstem Knechte
>
> dem Verfasser.
>
> Leipzig, den 7. Juli 1747.

Wie der König nach dem Empfang der Notenausgabe auf die Huldigung Bachs reagierte, darüber fehlt meines Wissens jede Nachricht. – Aber er soll doch sein Schlußwort zu unserem Kapitel erhalten, das er bei anderer Gelegenheit niederschrieb:

»Wir haben ein schweres Jahrhundert der Kriege und Verwüstungen hinter uns gebracht. Der Dreißigjährige Krieg hat Deutschland mehr geschadet als das Ausland glaubt . . . Hat man damals in Wien, in Mannheim Sonette verfertigt oder Epigramme gemacht? Aber es sind Anfänge zu einem glücklichen Umschwung vorhanden. -- Wir erwarten ihn. -- Sie nahen! Ich kündige sie Ihnen an . . . Der Kunstgeschmack beginnt sich zu verbreiten. Die schönen Tage meines Vaterlandes werde ich nicht mehr erleben; aber daß sie kommen können, sehe ich voraus . . .

Heute habe ich es bestätigt gesehen: die Musen werden auch uns in den Tempel des Ruhmes einführen.«

Die Begegnung mit Bach 1747 war *eine* der sicheren Bestätigungen für ihn.

Leipzig

V.

1747–1750

1.

In seinen von Sonnenlicht durchfluteten Leipziger Arbeitsräumen, hoch oben über den Dächern der Musenstadt Pleiß-Athen, empfing zu Beginn des Juni 1747 der im Sächsischen hochgeehrte und viel aufgesuchte Porträtist und Dresdener Hofmaler Elias Gottlieb Haußmann den Königlich Polnischen und Kurfürstlich Sächsischen Hofkompositeur, Direktor der Musiken und Kantor zu St. Thomas, Johann Sebastian Bach, in der Begleitung seiner Eheliebsten Anna Magdalena Bachin, und Lorenz Christoph Mizler, den Leiter der vor einem Jahrzehnt von diesem gegründeten Societät, Magister der Mathematik und Doktoren der Musik, der endlich den berühmten Hofkompositeur, seinen alten und verehrten Lehrer an St. Thomas, hatte bewegen können, seinen Beitritt zur Societät zu erklären. Das für die »Correspondierende Societät der musikalischen Wissenschaften« angefertigte Portrait stand zur ersten Besichtigung, Begutachtung und Übernahme bereit.

»Nun denn und also, hochverehrteste Gesellschaft, treten Sie ein in den Reservatraum des Portraitisten.«

Noch war das Portrait mit einem riesigen grauen Leinentuch verhängt. Nachdem es der Maler herabgezogen und so das Bild freigelegt hatte, trat eine über lange Minuten hin währende Stille ein, wie man sie bei Überraschungen gewöhnt ist, die ebenso Überwältigungen wie Erschrecken verursachen können.

Hätte der Künstler Elias Gottlieb Haußmann die Gedanken der drei Betrachter lesen oder vernehmen oder wenigstens erraten können, so hätte er einiges Merkwürdige vernommen.

»O Schreck!«, so Anna Magdalena, »das wäre mein Sebastian? Mit einer so kurzen Nase? Und mit Bratwurstfingern, die gleich zwei Tasten miteinander anschlagen . . .!«

Bach hingegen schmunzelte. Auch er behielt seine Gedanken natürlich für sich: »Was er da gemalt hat, erinnert mich an die Hallenser Speisenfolge von anno 1716 nach der Orgelabnahme mit Hecht und Ochs und Schöps und Kälberbraten und an alle die leckeren Dinge, die man dazwischen servierte . . . und an Kleinzschocher und Knauthein von anno 1742, und natürlich, wie könnte ich's übersehen, an Anna Magdalenens Küche, und an Vetter Elias' Frankenweine. Aber mit meiner Musik hat das gar nichts zu tun! Meinetwegen mit der Dieskauer Bauernkomödie –.«

Die dritte der unhörbaren Simultanstimmen – des erstaunten Magisters Mizler – meinte: »Nun ja, der Herr Hofkompositeur war immer ein guter, gewissenhafter, sparsamer Rechner und hat gewiß dem Herrn Hofmaler ein groß Teil der Kosten abgehandelt. Dafür hat der Haußmann eben doch ein bißchen geschludert.«

Haußmann aber, der aus Erfahrung an den Gesichtern der Betrachter ablesen konnte, was sie wohl zu sagen hätten, wenn sie's nur ehrlich auszusprechen sich entschlössen, dachte sich auch sein Teil: »Einen Raffael oder Michelangelo werden sie für das gezahlte Honorar wohl nicht erwartet haben!« Seine Gäste aber forderte er mit Nachdruck auf, sich das Portrait zu wiederholten Malen anzusehen.

»Ein jedes Bild will betrachtet und studiert werden. Kommen Sie, so oft Sie nur wollen.«

So geschah es denn auch. Schon nach wenigen Tagen besuchten die beiden Bache das Atelier zum zweiten Male. Der Herr Hofmaler empfing sie mit aller seiner Liebenswürdigkeit, entschuldigte sich aber sogleich, daß ihn ein neuer Auftrag zur gleichen Stunde nötige, die verehrten Gäste allein lassen zu müssen. Aber vielleicht läge es gerade auch in ihrem Sinne, miteinander vertraulich über das Bild zu sprechen. Er verabschiedete sich also, ebenso liebenswürdig wie er sie begrüßt hatte, und ging.

Nach einer Weile des stillen Betrachtens wies Anna Magdalena auf das Notenblatt in der Rechten des dargestellten Liebsten.

»Das hab' ich ihnen als Rätsel aufgegeben«, erklärte Bach, »das sie nun erraten sollen. Warum wollte man, daß ich in ihre Societät eintreten solle! Nun sollen sie daran herumrätseln! Ich will es dir anvertrauen, aber du wirst mir versichern, mit niemandem darüber zu sprechen, auch nicht einmal in Andeutungen, und gar nicht – im besonderen versprochen – zu Friedemann oder Emanuel, die sich selber damit abzufinden haben.

Nun sieh einmal und zähle mit mir die Notenköpfe; zuerst: Wie viele Köpfe zählst du in den Repetitionstakten der Baßstimme?«

Canon triplex a 6 Voci

»Es sind 8 Notenköpfe.«

»Und welcher ist der achte Buchstabe im Alphabeth?«

»Das H.«

»Wer beginnt mit dem H., den du als hochberühmten Mann mit mir gleichermaßen verehrst?«

»Etwa – der Händel?«

»Recht! Auch er gehört zur Societät, seit 2 Jahren, als das elfte in der Reihe der Mitglieder. Seitdem bedrängt mich der Mizler, nach ihm einzutreten. Aber ich habe abgewartet – bis heute – und bekomme nun nach inzwischen 13 Vorgängern, du weißt ja: nach Telemann und Stölzel und Händel und Graun, die Nummer 14 in der Reihe der Mitglieder. Was aber ist ›14‹. Ahnst du's?«

»Wie sollte ich nicht, mein guter, liebster B-a-c-h in Zahlen, mein allerliebster 2, 1, 3, 8!«

»Ei, du kluge Rätselraterin, so zähle schnell noch die Silberknöpfe, die Haußmann auf meinen Wunsch mir an Rock und Weste mit Farben angenäht hat!«

»Wieder 14!« staunte Anna Magdalena.

»Und nun zähle die Notenköpfe der beiden Oberstimmen!«

»Es sind 19 Noten.«

»Damit weißt du sicherlich ebenso wenig zu erraten, wie es den hochedlen Herren der Societät aufgehen wird? – Nun? – Welches Jahr schreiben wir?«

»1747.«

»Rechne einmal die Zahlen zusammen!«

»19! Ei, wer soll das wohl bemerken!«

»Nun, genügt es nicht, daß wir beide es wissen und uns daran ergötzen? – Ich will dir den Canon einmal in seiner Ausführung notieren:

Und nun zähle die sämtlichen Notenköpfe!«

»Es sind insgesamt 60 . . .«

». . . und heißen:

7 +	6 +	8 +	1 +	5 +	13 +	4 +	5 +	11	=	60
G.	F.	H	a	e	n	d	e	l		

Und nun wollen sie gar noch eine besondere Arbeit musikalischer Wissenschaft. Ich will sie ihnen geben – und sie soll mehr sein, als nur ein Societätsbeitrag!«

2.

Nulla dies sine linea.

Es gab auch für Bach in der Folgezeit keinen Tag ohne einige Niederschriften, wenn auch nun in ruhigeren Zwischenräumen, allein schon der alternden Augen halber.

Es gab erfreulichen Absatz der neusten seiner gestochenen Ausgaben. Da erschienen – für die Musikalische Societät als Beitrittsleistung:

»Einige kanonische Veränderungen über das Weihnachts-Lied ›Vom Himmel hoch da komm ich her‹, für die Orgel mit 2 Klavieren und dem Pedal . . . Nürnberg in Verlegung Balth: Schmids. / N. XXVIII.«;

ferner seine »Elaboration« über das Königlich Preußische Fugen-Thema, die er selbst in seinem Widmungsschreiben an den König ein »Musikalisches Opfer« genannt hatte.

Auch sie wurde von Bach der Societät als Mitgliedsbeitrag überreicht, wie Mizler es bereits Anfang September angekündigt hatte: »Auf meiner Rückreise über Leipzig habe Herrn Capellm. Bach gesprochen, welcher mir seine Berlinische Reise und Geschichte von der Fuge, die er vor dem König gespielt, erzählt, welche nächstens in Kupfer wird gestochen werden und in dem Paket der Societät ein Exemplar zum Vorschein kommen. Ich habe den Anfang schon davon gesehen.«

Schon ein Jahr nach dem Erscheinen war die erste Auflage vergriffen. So erhielt Elias Bach im Herbst des Jahres 1748 einen Brief seines berühmten Leipziger Vetters folgenden Inhalts:

> »Mit dem verlangten exemplar der Preußischen Fuge kan voritzo nicht dienen, indem justement der Verlag heute consumiret worden; (sindemahlen nur 100 habe abdrucken laßen, wovon die meisten an gute Freunde gratis verthan worden). Werde aber zwischen hier und neuen Jahres Meße einige wieder abdrucken laßen; wenn denn der Herr Vetter noch gesonnen ein exemplar zu haben, dürffen Sie mir nur mit Gelegenheit nebst Einsendung eines Thalers davon part geben, so soll das verlangte erfolgen. – Leipzig, 6. 10. 1748«

So las der Herr Vetter Elias, inzwischen in seine Schweinfurter Heimat zurückgekehrt, als »Chanteur et Inspecteur du Gymnase« dort wirkend, dem wie schon während seiner Leipziger Studienjahre weiterhin am Herzen lag, dem verehrten Herrn Vetter und der Frau Muhme eine Freude zu machen.

Aber die dem Vetter zugedachte Freude in Gestalt eines Fasses kostbaren

Nicht ganz sicher verbürgtes Jugendbildnis Bachs aus seiner Weimarer Zeit, von einem unbekannten Maler

Gemälde von J. J. Ihles, das um 1720 entstanden ist und vermutlich den etwa 35jährigen Bach während seiner Köthener Zeit darstellt

Das Bach-Porträt, das Elias Gottlieb Haußmann 1747 für Bachs Eintritt in die Societät der musikalischen Wissenschaften malte. Dieser Ausschnitt läßt von den 14 Knöpfen, die Bach zählte, nur sieben erkennen.

Im Garten von Bachs Geburtshaus
in Eisenach

Hier wirkte Bach während
seiner Arnstädter Zeit

Johann Christian Bach,
Gemälde von T. Gainsborough

Karl Philipp Emanuel Bach,
kolorierter Kupferstich von I. C. Krüger

fränkischen Weins war dem Empfänger bei der Accis-Visitation vor dem Ober-Postamt sehr getrübt worden, da man bei der Öffnung des Fasses feststellen mußte, daß es bis auf ein Drittel ausgelaufen war und nur mehr sechs Kannen des köstlichen Inhalts enthielt.

So war es also schade – wie Bach in seinem dennoch herzlich gehaltenen Dankesbrief an den Spender bemerkte, da »von dieser edlen Gabe Gottes« auch nicht das geringste Tröpflein hätte sollen verschüttet werden.

In einem »Pro Memoria« aber fügte er der Enttäuschung über den Bestandsverlust hinzu:

»Ohnerachtet der Herr Vetter sich geneigt offerieren, fernerhin mit dergleichen liqueur zu assistiren; so muß doch wegen übermäßiger hiesigen Abgaben es depreciren; denn da die Fracht 16 gr. der Überbringer 2 gr. der Visitator 2 gr. die Landaccise 5 gr. 3pf. und generalaccise 3 gr. gekostet hat, als können der Herr Vetter selbsten ermeßen, daß mir jedes Maaß fast 5 gr. zu stehen kömt, welches denn vor ein Geschencke alzu kostbar ist.« Dennoch schloß er den Brief mit aller herzlicher Verbindlichkeit »nebst schönster Begrüßung an Ihnen von uns allen . . .

Eu: HochEdlen ganz ergebener treuer Vetter

und willigster Diener Joh. Seb. Bach.«

Im gleichen Briefe hatte er dem Herrn Vetter auch die bevorstehende Heirat seiner Tochter Elisabeth ankündigen und ihn zu seiner »Tochter Liesgens Ehren Tage, so künfftigen Monat Januar 1749 mit dem neuen Organisten in Naumburg, Herrn Altnickol, vor sich gehen wird«, einladen können.

Bach hatte auch für das junge Liebespaar vorgesorgt. Bereits am 24. Juli 1748 hatte er an den Rat der Stadt Naumburg geschrieben:

Hoch Edelgebohrne, Hoch und Wohl Edle, Vest Hoch und Wohlgelahrte wie auch Hoch und Wohlweise Herren!

Mit aller Ergebenheit Hochzuverehrende Herren!

Ich erinnere mich noch mit dem größten Vergnügen des gütigen Vertrauens, welches Ein Hoch Edler und Hochweiser Rath der Stadt Naumburg in meine Wenigkeit gesetzt: einmahl, da mein geringes Gutachten bei Reparirung Dero Orgel erfordert, und sodann auch gütigst vor genehm gehalten wurde; das andremahl, als ich auf gütiges Verlangen der Übernehmung und Probe dieser Orgel in Person beywohnen muste. Dieses Vertrauen zu mir machet mich so kühn, daß ich mir schmeichle, von Deroselben unschätzbahren Gewogenheit gegen mich die Gewährung einer Bitte zu erhalten. In Abwesenheit nehmlich meines ehemaligen lieben Ecoliers. Herrn Johann Christoph Altnickols, nunmehrigen Organisten und Schul-Collegens in Greiffenberg, unterstehe mich in Nahmen Seiner, und vor Ihn, Dero vacante und nun wieder zu besetzende Organisten Stelle ergebenst auszubitten. Ich versichere, daß Sie Hoch Edle und Hoch Weise Herren, an erwehnten Herrn

Altnickol ein solches Subject finden werden, welches Dero Wünschen vollkommne Gnüge leisten wird. Denn da er bereits ein Orgel-Werck geraume Zeit unter Händen gehabt, und die Wißenschafft solches gut zu spielen und zu dirigiren besitzet, auch besonders ein Werck wohl zu tractiren und behörig zu conserviren vollkommen verstehet, welche Eigenschaften unumgänglich zu einem guten Organisten erfordert werden; da über dieses seine gantz besondre Geschicklichkeit in der Composition, im Singen und auf der violine noch dazu kommt: als bin ich überzeuge, Sie, Hoch Edle und Hochweise Herren, werden sich niemahlen gereuen laßen, mit Dero Wahl erwehntes Subjectum beehret, und mich meiner Bitte gewähret zu haben. Ich selbst werde diese Ihm erzeigte Wohltat, als mir selbst geschehen rechnen, und mich Zeit Lebens mit der grösten Hochachtung nennen, Hoch Edelgebohrne, Hoch und Wohl Edle Veste, Hoch und Wohlgelahrte, wie auch Hoch und Wohl Weise Herren!

Dero
gantz gehorsamster Knecht
Joh. Sebastian Bach.
Königl. u. Churf. HoffCompositeur.

Der Name Bach hatte dann auch bei den Herren in Naumburg seine Wirkung nicht verfehlt. Schon eine Woche später hatte sich Bach für deren hochgeneigte Zusage bedanken können, im Brief vom 31. Juli an den Herrn Friedrich Schaller, Rat und erster Bürgermeister der Stadt in Naumburg, dem er auch das auf seinen Rat abgefaßte Bewerbungsschreiben Altnickols übersandte. Bisher Organist und Lehrer in Niederwiesa bei Greiffenberg, konnte er noch im selben Jahre 1748 das Organistenamt an der Wenzelkirche antreten.

Am 5. Januar 1749 erfolgte das Aufgebot der beiden glücklichen Brautleute, der 23jährigen Bachtochter Elisabeth, alias Liesgen dictus, mit dem 30jährigen Bachschüler Johann Christoph Altnickol, und am 20. Januar schlossen sie in Leipzig – im Kantorenheim – die Ehe.

3.

»Es ist wie ein Wachsen, ein Reifen und endlich ein Ernten kostbar-köstlicher Früchte, und aus ihnen ein neues Wachsen und Reifen und Ernten.«

Des Schöpfers Ebenbild in schöpferischer Aktion.

Bach sprach nicht darüber: Er wollte sein großes Lehrwerk der musikalischen Baukunst und ihrer Abstraktion ins Metaphysische, ihrer Translation in die Gefilde des Geistes, ihrer Ausstrahlung auf die Seele vollenden – »nescientis animi« ganz im Sinne des großen Denkers seiner Zeit, wie er mit den zweimal 24 Präludien und Fugen begonnen, wie er es in seinem Musikalischen Opfer mit den Künsten von Fuge und Canon weitergeführt hatte, das nun gleichsam sein Testament an die Kommenden werden sollte.

»Ich will es noch einmal versuchen . . .«, es waren Gedanken, nicht an einen Zuhörer in persona, nicht an Anna Magdalena, nicht an irgend einen Besucher gerichtet, nicht einmal ausgesprochen. »Ich will es noch einmal versuchen, nach des Königs Thema nun mein Thema in die Mitte alles Auszusagenden zu stellen. Mit Ihm – und aus Ihm soll sich über ein Weites und Ganzes mein Blick in die Welt, in unser Leben, mein Bild von der Welt und vom Leben, Überkommenes, Ererbtes, Erfahrenes, Entdecktes, Erkanntes – aus diesem einen Thema entfalten und gestalten.

Was also hätte ich über mein Leben zu sagen –, wie soll ich es auslegen –. Aber sieh doch, wie dieses Thema sich wendet – wie es wächst . . . und weiter wächst, sich wendet . . .

wie es an Charakter gewinnt . . .

Was denn ist das Geheimnis des musikalischen Kosmos, was der allgewaltige, einzige Grundstein –, das Zentrum – alles einbeziehend: die 1–5–1;

In ihm ist alles enthalten, die ganze Scala, die Harmonie, die Kraft der Function, das Grundgesetz aller Musik und seine Wirkung auf uns. – Wie oft habe ich euch das gesagt und angewandt!«

Er konnte nicht wissen, mit welcher Hingabe die Nachwelt sein Werk »Die Kunst der Fuge« aufnehmen würde.

4.

»Der Collega aus Freiberg! Willkommen im Kantorenheim in Leipzig!«

Mitten in die Abgeschiedenheit seines schöpferischen Denkens hinein hatte sich um den 20. Mai anno 1749 ganz unerwartet ein Besucher angemeldet, um seine Sorgen und Kümmernisse dem alten Lehrer in musicis vorzutragen und bei ihm Rat und Hilfe zu suchen.

Es war Johann Friedrich Doles, seit seinem Abgang aus Leipzig nach Vollendung seiner Studien an der Universität und bei Bach nunmehr schon seit fünf Jahren wohlbestallter Kantor im sächsischen Freiberg.

»Was also führt euch zu mir –, und in einer so trostlosen Verfassung, wie ich sehe?«

So hatte Doles sogleich von den Schwierigkeiten und Bekümmernissen seiner Amtsführung am Freiberger Gymnasium zu berichten.

Er erfreute sich seit 1744 in Freiberg allgemeiner Anerkennung und hatte im vergangenen Jahre 1748 zu den Hundertjahr-Gedenkfeiern an den Westfälischen Frieden im Freiberger Gewandhause ein Singspiel »Das nach schweren Kriegen durch einen allgemeinen Frieden erfreute Deutschland« auf den Text seines Freundes Enderlein nach eigener Musik aufgeführt und mit ihm einen so großen Erfolg gehabt, daß die Aufführung nach dem 14. Oktober noch einige Male wiederholt werden mußte.

Doles wußte es selbst nicht zu sagen, ob der neue, damals erst seit einem Jahr im Amt stehende Rektor Johann Gottlieb Biedermann sich bei der Vergabe der

Textdichtung übergangen fühlte oder gar auf den Erfolg seines Kantors auch bei den Schülern eifersüchtig geworden war, jedenfalls ließ er am 12. Mai 1749 eine überaus boshafte Abhandlung im neuen Schulprogramm erscheinen, in der er sich über den schlechten Einfluß der Musik im Unterricht einer modernen akademischen Schule und über die ihr immer noch in den geltenden Lehrplänen des Gymnasiums zugewiesene Stellung empörte und sich besonders über die nachteiligen, ja verderblichen Wirkungen der Musik auf die Charakterbildung der Schüler ein Langes und Breites ausließ, wobei er so weit ging, als Beispiel die durch ihre Musikausübung völlig verderbten Charaktere der alten römischen Cäsaren Caligula und Nero anzuführen; mit besonderem Nachdruck hatte er zudem auf die strengen Vorschriften und Urteile der alten Kirchengesetze hingewiesen, denen Musiker, Bajaderen und Quacksalber eines galten und die den Musikern einstens nur einmal im Jahre den Zugang zum Abendmahl gestatteten.

»Hier, lest selbst: seinen Ausfall über die Musik in der Ausgabe unseres Schulprogramms.«

»Ihr werdet es mir vorlesen. Ich muß sehr bedacht sein, meine Augen zu schonen. Seit Eurem Fortgang aus Leipzig hat sich meine Sehkraft recht vermindert. Kein Wunder, wenn man den Augen zuviel zumutet; ich weiß, ich weiß, aber was hier oben hinter dem Augenpaar sich an Gedanken und musikalischen Inspirationen bewegt, das will eben heraus auf die engen fünf Linien!«

Bachs Unwillen beim Anhören der Biedermannschen Auslassungen steigerte sich zur Empörung, der er in mancherlei Zwischenbemerkungen Ausdruck verlieh.

»Genug, genug, mein bester Freund! Lauft nur sogleich zum Henrici und bittet ihn herüber. Wir werden dann gemeinsam zu Rate gehn.«

Als die beiden – Henrici und Doles – eintrafen, hatte sich Bach bereits durch seinen neuen, seit kurzem in seinem Heim aufgenommenen Schüler, den 21jährigen Johann Gottfried Müthel, die Partitur und die Stimmen des vor nunmehr zwanzig Jahren entstandenen »dramma per musica« vom Wettstreit zwischen Phoebus und Pan hervorsuchen lassen. Dieser junge hochbegabte Organist aus dem mecklenburgischen Mölln war vom Schweriner Fürsten beurlaubt worden, um »bei dem großen Bach sowohl im Spielen als in der Komposition noch ein Mehres zu erlernen und sich die zur Musik erforderlichen Wissenschaften zu erwerben.«

Nun also wies Bach die beiden Gäste auf die Notwendigkeit einer Neugestaltung etlicher Stellen seines Stückes und dann auf die Gelegenheit hin, mit einer Neuaufführung den Kümmerern der Musica – eben jenem Biedermann (»welcher Name!«) und gleich auch dem Herrn Ernesti, dessen Geisterverwandtem, die gehörige Antwort zu geben.

So kam man denn überein, daß man am Schlusse des Momus-Recitativs möglichst deutlich werden sollte.

»Der Unverstand und Unvernunft
will jetzt der Weisheit Nachbar sein, man urteilt in den Tag hinein,
und die so tun, du guter Mydas, gehören all' in deine Zunft.
Verdopple, Phoebus, nun Musik und Lieder,
tob' auch Hortensius und ein Orbil dawider«.

»Man wird unsern Hortensius, den Ciceronen Ernesti, und den Birolus – Orbil, unsern biederen Freiberger Biedermann, wohl erkennen! Und der gute Müthel wird die Proben mit den Thomanern und den Studiosen abhalten. Aber das soll nicht genügen, lieber Doles. Wir schicken das Freiberger Schulprogramm an unser vortreffliches Societätsmitglied in Nordhausen, den guten Christoph Gottlieb Schröter, und überlassen ihm die rechte Antwort. Möge sie des Rektors Ohren reinigen und also des Auctoris Dreckohr zur Anhörung der Musik geschickter machen!«

5.

Dr. Metzler hat den Puls gefühlt, den Patellarreflex und die Reaktion der Pupille geprüft und noch mancherlei untersucht, bevor er sich von Bach und seiner Frau verabschiedete.

»Es war doch ein wenig zuviel in der letzten Zeit, lieber Bach, Eure Arbeiten, die Euch zweifellos sehr belasten; Eure Musiken in der Kirche, Eure Scholaren, und nun noch der Ärger mit den Biedermännern! Man sollte sich in Eurem Alter doch mehr schonen, lieber Freund. Laßt's nun im retardando gehen, wie Ihr Musici es zu sagen beliebt.«

Doch der Herr Hofkompositeur schien das gar nicht zu hören. Er hatte sich eine ganze Zeit lang schon seiner liebsten Lene gegenüber über zunehmende Ermüdung beklagt, nicht nur der Augen, sondern »ganz überhaupt«, wie er zu sagen pflegte; heute aber, an einem der schönsten Tage des ausklingenden Mai, hatte er das Bett gar nicht verlassen wollen. Dorothea, die nach ihm sehen sollte, da er über die Gewohnheit hinaus nicht zum gemeinsamen Morgenkaffee erschienen war, kam tief erschrocken aus der Kammer zurück.

»Der Papa liegt mit offenen Augen im Bett und wollte mich gar nicht erkennen.«

Anna Magdalena war sogleich bei ihm und fand es bestätigt. Der Papa – ihr Sebastian – schien auch sie nicht zu erkennen; so zärtlich sie ihn auch anredete und zu einem Wort der Erklärung zu bewegen suchte; er blieb still, unbeweglich, ohne jede Äußerung.

Der Arzt, den man sogleich herbeirief, schien zwar betroffen, aber nicht ohne spürbare Zuversicht.

Was er dem wie abwesend in seinem Bett liegenden Kantor zu sagen hatte, haben wir am Anfang unseres Kapitels bereits gelesen.

Der Frau Kantorin aber hatte er, nachdem beide die Schlafkammer verlassen hatten, mancherlei aufzugeben, wie sie den geschwächten Körper mit aller Sorgfalt zu pflegen habe, hatte ihr Tränklein und Salben empfohlen und sie im übrigen zu beruhigen gesucht.

»Er ist von kräftiger Natur. Ich meine, er wird den leichten – ja, ja – leichten Anfall in ein paar Wochen überwunden haben. Man sollte ihm zusprechen, daß er von seinen Arbeiten erst einmal Abstand nehmen möchte. Lassen Sie, verehrteste Frau Bachin, nichts Unangenehmes zu ihm, aber desto mehr bleiben Sie und in der Ablösung die Dorothea und meinethalben die Carolina bei ihm. Ich werde selbst nun jeden Tag nach ihm sehen. Haben Sie Vertrauen, verehrte Frau Bachin.« Damit verabschiedete er sich.

Es gab allerdings Unannehmlichkeiten genug, die sich einstellten, je mehr sich die Erkrankung des Kantors von St. Thomas sogar bis nach Dresden herumgesprochen hatte.

Der Kurfürstliche Staatsminister Heinrich Graf von Brühl, einflußreichster Mann des Kabinetts, war bei der Nachricht von Bachs Befinden nach Leipzig geeilt, um mit den Mitgliedern des Stadtrates über die Nachfolge im Amte des Thomaskantors zu verhandeln – oder vielmehr den Herren Räten die höchst eindrucksvolle Empfehlung zu geben, einen Mann zu wählen, den er, der Herr Staatsminister, für am allerbesten geeignet hielte, die Nachfolge des Herrn Bach anzutreten.

Bereits am 3. Juni erschien denn auch der designierte Nachfolger, Gottlob Harrer, der Kapelldirektor des Grafen von Brühl, und überbrachte dem Rate der Stadt Leipzig ein Schreiben, gerichtet an den Bürgermeister, das mehr bereits Erlaß als nur Empfehlung für die Herren des Rates bedeuten mußte:

> »HochEdelgeborener Hochgeehrter Herr Vice-Canzler. Überbringer dieses, der Compositeur bey meiner Capelle, Harrer, ist dasjenige Subjectum, so ich Ew. Hoch-Edelgebohrnen bey meiner Anwesenheit in Leipzig zu künfftiger remplacirung der dasigen Capell-Director-Stelle, bey sich dereinst ereignenden Abgang Herrn Bachs, recommendiret habe.
>
> Da nun derselbe eine Probe-Music von seiner Composition daselbst aufzuführen, und dadurch seine habilité in der Music zu zeigen willens ist; so habe Ew. HochEdelgebornen hiedurch bestens ersuchen wollen, bemeldeten Harrer nicht nur hierzu die Erlaubniß zu ertheilen, sondern auch sonst zu Erlangung seines Entzweckes allen gütigen Vorschub zu thun.«

Bereits am 8. Juni fand die Probe des designierten Nachfolgers unter größtem Applaus statt. Wie hätte sie auch anders bewertet werden sollen – bei so vielem Nachdruck durch den Herrn Premier-Minister!

Die Stadtchronik berichtete endlich.

»Den 8. ward auf Befehl E. Edlen Hochweisen Raths dieser Stadt, welche meistens zugegen waren, auf dem großen musicalischen Concert-Saale im drey Schwanen aufm Brühl, durch Ihro Excellenz des Geheimbden Raths und Premier Ministres Grafens von Brühl Capell Director Herrn Gottlob Harrern, Proba zum künfftigen Cantorat zu St. Thom., wenn der Capellmeister und Cantor Herr Sebast. Bach versterben sollte, mit größten Applaus abgeleget. vid beygehendes Kirchen Stuck auf den 1. Sonnt. nach Trinitatis.«

Aber der Herr Sebast. Bach sollte nicht versterben. Die Erholung verlief wohl langsam, aber beständig, so daß er sogar wieder die Leitung der Kirchenmusiken abwechselnd mit seinem wohl ausgebildeten Präfekten übernehmen konnte.

Herrn Gottlieb Harrern blieb daher nichts weiterhin in Leipzig zu tun, als in Dresden auszuharren.

6.

Man saß jetzt häufiger in den Stunden der Abenddämmerung um den Papa beisammen, dessen Genesung gute Fortschritte machte: die Mama, die Dorothea, die Jüngsten, der Christoph Friedrich, nun auch schon 15jährig, und der Christian, während die Kleinen, Carolina und Regine Susanne meist frühzeitig ins Bett geschickt wurden.

Häufig kam auch der Friedemann aus Halle herüber und gelegentlich sogar der Philipp Emanuel aus Berlin.

Man hörte dem Papa gern zu, wenn er von alten Zeiten erzählte, von Eisenach und dem Haus am Frauenplan oder von Ohrdruf und seiner Wanderung nach Lüneburg, ein ander Mal von den hohen Landesfürsten, in deren Diensten er gewirkt, oder von den großen Musikern, von denen er gelernt hatte.

»Mein erster Landesherr – nach einem kurzen Aufenthalt in Weimar – ja, das war wohl anno 1703 – war der freundliche Graf von Schwarzburg-Arnstadt, dem man in unserem stillen Arnstadt kaum einmal begegnete. ›Graf und Herr, Herr Anthon Günther, der vier Grafen des Reichs‹, so stand es damals in meiner Bestallung. Aber gesehen hab ich ihn immer nur in geziemenden Intervallen zwischen Sext und Duodezime. In Weimar war das ganz anders! Da gab's sogar zwei Höfe, den des regierenden Herzogs Wilhelm Ernst, und dann den seines jüngeren Bruders, des Herzogs Johann Ernst, bei dem wir in seinem Roten Schloß so gern musizierten.

Ach ja, wenn ich bedenke, wie leicht und schnell sich die Gunst der hohen Herren wandeln kann, wenn unsereins einmal anders möchte als der Serenissimus! Ich hab' euch ja schon erzählt, wie mich die Huld des Landesvaters gnädigst auf vier Wochen in den Landesarrest steckte! Wenn da nicht unser unvergessener Leopold erschienen wäre!

Ja, seht, seitdem nennt man euren alten Vater einen Hofkapellmeister und Hofkompositeur, und ihr mögt euch mit mir erinnern an den Brandenburger

Joh. Seb. Bach um 1750

Markgrafen und den Kasseler Erbprinzen und gar an den lustigen Weißenfelser Herzog Christian . . . Welches Glück war mir doch beschieden!«

Die Erinnerungen blieben auch in der Folgezeit sein liebstes Thema in den Unterhaltungen mit der Familie und mit alten Freunden, die ihn nun häufiger besuchten. Er sprach von dem Dresdener Landesherrn, dem Preußenkönig Friedrich, und dann wieder kamen die Bilder der Jugendjahre.

»Denkt euch, welche Lehrmeister – welche Eindrücke –, in Lüneburg beim alten Jakob Löwe und Georg Böhm und in Hamburg bei dem ganz alten Adam Reinken, diesem herrlichen Orgelmeister mit seinen Riesenchoralfantasien, die gar nicht aufhören wollten, und beim Vincent Lübeck an St. Nicolai – und erst in Lübeck! Da hätte ich beinahe der Nachfolger vom seligen Dietrich Buxtehude werden können, aber dann säßt ihr alle miteinander gar nicht hier um mich herum und wärt überhaupt gar nicht auf die Welt gekommen!«

Der Alte – so nannte man ihn seit kurzem, wenn er's nicht hören konnte – sah ein bißchen verträumt und ein bißchen verschmitzt vor sich hin.

»In Arnstadt war mir doch wohler als bei der Anna Margrete Buxtehude mit ihren 38 Lenzen! Sie war sicher ein sehr liebes und braves Menschenkind und eine liebe und folgsame Tochter, aber ich war damals gerade 18 Jahre jünger als sie. Nicht wahr, da zieht's einen doch nach Arnstadt zurück!«

». . . und nach Gehren, liebster Giovanni, sag's nur!«

»Und nach Leipzig – damals, zum guten Kuhnau, der uns so viel Neues gelehrt hat. Und nun denkt nur auch an den Telemann und den Hasse und den Herrn Professor Gottsched und seine schöne Luise Adelgunde Gottschedin, die der Ludwig Krebs so innig verehrte! Wie war das doch in seinem berühmten Trauerspiel vom alten ›Cato‹:

›Ja, Plato, du hast recht, dein Schluß hat großen Schein.
Wahrhaftig, unser Geist muß doch unsterblich sein . . .
O Ewigkeit, du Quell entzückender Gedanken!‹

Wir haben doch eine gute Zeit, wohin ihr auch schauen mögt. Da ist der große Händel in London, und der Graun in Berlin, und der Franz Benda und der Quantz in Potsdam; ja, und da waren der Caldara und der Fux in Wien und der Keiser in Hamburg, der übrigens auch einmal Thomaner war und nun leider auch schon dahingegangen ist! Und der liebenswürdige Hasse in Dresden.

Aber nun, Kinder, genug für heute mit den Ausflügen in die Vergangenheit. Es bleibt uns für die Zukunft noch manches zu tun! Und das nächste wäre des guten Christoph Friedrichs Mutation ins Schaumburgische! Der Bückeburger Landesherr erwartet ihn mit Neugier und Ungeduld.«

Von der Mutter – der »getreuen und wohlmeinenden Mama« – aber erhielt Christoph als Abschiedsgeschenk eine kostbare Bibel – »dieses herrliche Buch« – zum Weihnachtsfest mit dieser Widmung:

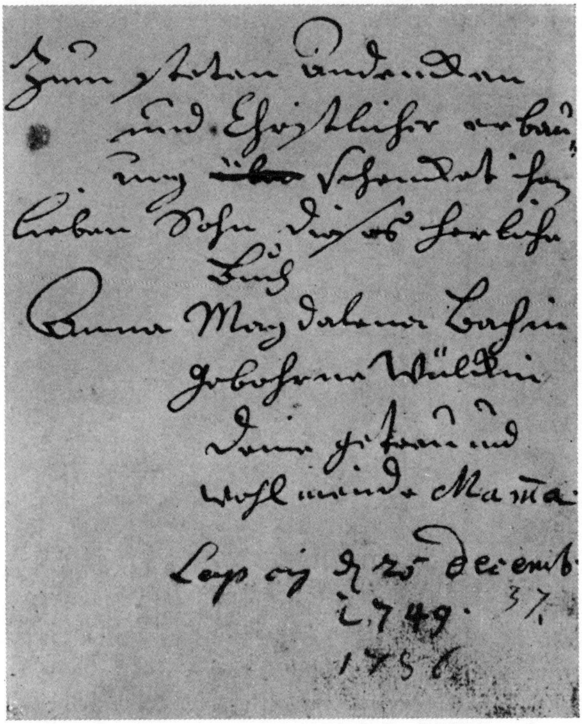

Zum steten Andencken
und Christlicher erbau-
ung ~~über~~ schencket ihren
lieben Sohn dieses herrliche
Buch
Anna Magdalena Bachin
gebohrne Wülckin
deine getreue und
wohlmeinende Mama
Leipzig d. 20 decemb.
1749. 37.
1756

7.

»Man hört jetzt viel von einem erfolgreichen englischen Ophtalmiater, wie er sich nennt – sagen wir also auf gut deutsch: einem Augenarzt, einem Chevalier John Taylor, der durch ganz Europa zu reisen scheint, um seine Künste an Höfen und an Begüterten, die ihn bezahlen können, anzubringen. Seine Heilerfolge sprechen für ihn.«

»Und Ihr meint, lieber Henrici, ich solle mich ihm überlassen?«

»Laßt ihn kommen und seine Untersuchung anstellen. Schaden kann's nie, sich eine Auskunft zu holen. Er kuriert gerade im Mecklenburgischen, nachdem er lange Zeit in Wien recht gute Erfolge gehabt haben soll. Man hört davon, daß er mit nächstem auch Dresden beglücken will. Das wäre doch die beste Aussicht, ihn zu uns einzuladen.«

Auch Anna Magdalena meinte, man könne sich ja beraten lassen.

Es wurde März.

Der Chevalier John Taylor, Ophtalmiater, wie er sich ankündigte, weit gereist, in den Gazetten als ein höchst erfolgreicher Operateur vorgestellt, woran er durch eigene Textierung nicht ganz unbeteiligt war, erschien in ganzer Würde, begleitet von einem Adlatus und einem Diener, dieser in einer auffallenden bunten Livree mit silbernen Schnüren, und unternahm nach kurzer, ein wenig gespreizter Anrede seines berühmten, auch ihm als solchen vorbedeuteten Patienten eine erste Untersuchung.

»Zweifellos« – so schloß er nach dem Befund in gebrochenem Deutsch – »der Star – auf beiden Augen, dem wertvollsten Organ, so meine ich, für die Gelehrten, die Dichter, die Notenschreiber. Bereiten wir uns also, Ihre Zustimmung vorausgesetzt, auf eine Augenkur vor . . .«

»Wie werde ich danach sehen können? Sagen Sie mir es ohne Vorbehalt, verehrter Doktor!«

»Sie werden, Herr Hofkompositeur, sich Ihrer beiden Augen bedienen wie in den besten Zeiten Ihres Lebens und Schaffens. Ein kurzer, schmerzloser Schnitt durch die unempfindliche Hornhaut, die trübe Linse springt von selbst heraus und die Sehkraft ist wiederhergestellt.«

»So bestimmen Sie Tag und Stunde. Ich werde Sie gern erwarten.«

Man vereinbarte den übernächsten Morgen, einen Montag; Taylor traf zur verabredeten Stunde im Kantorenheim ein.

Man hatte die erforderlichen Vorbereitungen mit Hilfe Anna Magdalenas schnell getroffen.

Der Schnitt in die Hornhaut des linken Auges erfolgte, mit Sicherheit und wohlbedachter Ruhe ausgeführt von dem erfahrenen Operateur, aber zu dessen Überraschung erfolgte nicht das erwartete selbsttätige Loslösen der trüben Linse, so daß sie vom Arzt sogleich abgelöst und herausgehoben werden mußte, was jedoch, da sie festgewachsen schien, mit großen Schmerzen für den Patienten verbunden war.

»Was sehen Sie, verehrter Hofkompositeur . . .?«

»Ich glaube wohl, Sie und Ihren Beistand erkennen zu können. Wenn's Ihnen geglückt ist, will ich den Schmerz, den ich am Ende empfunden habe und von dem ich noch nicht frei bin, gern ertragen.«

»Wir werden morgen – es ist dann der letzte Tag im März, den ich in Leipzig verweile, meine Abreise nach Dresden werde ich nicht verschieben können –, die Operation am rechten Auge vornehmen. Ich hoffe, daß es uns einen besseren Gefallen tun wird, als die Linse von Ihrem linken Auge. Dann werden Sie – ich darf es versichern – keine Schmerzen erleiden müssen.«

Während seiner Worte verband Taylor das Auge. »Lassen Sie den Verband zur Beruhigung und Entspannung. Leben Sie wohl. Ich sehe Sie – und Sie sehen mich morgen wieder.«

Die schmerzhaften Eingriffe hatte der Operateur auch am folgenden Tage bei der Behandlung des rechten Auges wiederum anzuwenden, da auch hier die trübe Linse sich nicht von selbst löste.

»Wir werden es aber nun tapfer überstanden haben, Herr Hofkompositeur. Wir lassen den Verband einige Tage bis zur Regeneration der angegriffenen Partien. Ich werde von Dresden aus meine weitere Reise zuerst noch einmal über Leipzig nehmen, um nach den Erfolgen meiner Eingriffe zu sehen und, wenn es nötig sein sollte, Ihnen die weiteren Empfehlungen zu geben.«

Die Wiederholung seiner Besuche war denn auch höchst notwendig geworden, denn in den Tagen bis zu seinem Wiedereintreffen in Leipzig am 5. April hatten die Schmerzen nicht nachgelassen, es waren Fieber und Verstimmungen des Magens infolge der Arzneimittel aufgetreten, und die Nächte waren ohne Schlaf und deshalb ohne rechte Entspannung recht mühsam verlaufen.

Die Augen fand Taylor bei der Ablösung der Verbände noch stark entzündet. Der Patient vermochte nicht viel mehr als Schatten und Licht wahrzunehmen, wobei ihm Lichtstrahlen starke Schmerzen verursachten.

Die Bemühungen des Arztes, der zwischen dem 5. und 8. April regelmäßig mehrere Male an jedem Tage nach dem leidenden Kranken sah, führten endlich zu Linderung und innerer Beruhigung.

»Wir brauchen Geduld, lieber Herr Hofkompositeur. Aber sie wird sicher belohnt werden.«

Es gab in der Folgezeit den Wechsel zwischen ruhigen und besorgniserregenden Tagen und Nächten. Man ließ ihn nie allein. Sooft er den Verband wechseln ließ, hoffte er auf Fortschritte in der Wiederherstellung seines Sehvermögens. Er ertrug die regelmäßig sich wiederholenden Enttäuschungen gefaßter als Anna Magdalena und die Kinder.

Mai und Juni gaben ihm neue Stärkung.

»Lies mir doch noch einmal die Notiz aus der Berlinischen Zeitung vor, die Herr Taylor nach meiner Kur bekanntgab.«

Anna Magdalena hatte das Blatt auf dem Schreibpult des Teuren offen aufgelegt.

»Am verwichenen Sonnabende und gestern Abend hat der Herr Ritter Taylor auf dem Koncertsaale, in Gegenwart einer ansehnlichen Gesellschaft von Gelehrten und anderer Personen von Stande, öffentliche Vorlesungen gehalten. Es ist ein erstaunlicher Zulauf von Leuten bei ihm, welche seine Hülfe suchen. Unter andern hat er den Herrn Kapellmeister Bach, welcher durch den häufigen Gebrauch der Augen sich derselben beinahe ganz beraubt hatte, operieret und zwar mit dem erwünschtesten Erfolge, so daß er die völlige Schärfe seines Gesichts wieder bekommen hat; welches unschätzbare Glück diesem weltberühmten Komponisten viel tausend Menschen von Herzen gönnen und dem Herrn Taylor nicht genug danken werden. Wegen der vielen Verrichtungen, die dieser allhier gefunden, wird er sich nicht eher, als bis zu Ende dieser Woche, nach Berlin begeben können.«

»Siehst du, Lenchen, die völlige Schärfe meines Gesichtes! Wie schön, euch alle wieder zu sehen!«

8.

»Es geht mir recht gut, wenn auch die Schmerzen nur ein wenig nachgelassen haben. Auch mögen die Medikamente mir gar nicht behagen. Ein guter Tropfen aus Schweinfurt täte mir gewiß wohler. Aber kommt, wir wollen an die Arbeit gehen. Es ist lieb von Euch, lieber Altnikol, daß Ihr wieder bei uns hereinschaut. Nun sollt Ihr Euch auch gleich nützlich machen.

Zuerst schreiben wir einen notwendigen Brief an unsern verehrten Georg Friedrich Einicke nach Frankenhausen, der mir ein recht ärgerliches Schreiben von Schrötern hat zustellen lassen. Da, lies ihn mir noch einmal vor, damit ich ihm antworten kann.«

Johann Christoph Altnikol, seit der Operation schon zu mehreren Malen von Naumburg herübergekommen, war es schon längst gewohnt und auch gern bereit, seinem Papa Bach in Schriftstücken, beim Aufsetzen und Vorlesen, zur Hand zu gehen.

Altnikol las also Schröters Schriftsatz an Einicke: »daß die gewaltsame Veränderung seiner Rezension – eben Schröterns – ihm sehr empfindlich gefallen sei. Ferner: Sein Trost hierbei wäre dieser, daß kein Leser, welcher seine Denk- und Schreib-Art aus andern Umständen kennengelernt habe, ihn für den Verfasser einer solchen Vermischung halten könne; von dem unglücklich geratenen ›Christliche Beurteilung‹ ganz zu schweigen.«

»Ach, lieber Altnikol, das sind doch Flausen! Schreibt also dem guten Einicke meinen Dank für seine fleißige Korrespondenz und schreibt doch gleich: ›An Hrn. Schrötern bitte mein Kompliment zu machen, bis ich selber im Stande bin zu schreiben, da ich mich alsdenn, der Veränderung seiner Rezension wegen, entschuldigen will, weil ich gar keine Schuld daran habe; sondern solche einzig demjenigen, der den Druck besorgt hat, anzulasten ist!‹«

Nach der Mahlzeit, als die beiden Herren nach einer ausgiebigen Ruhepause sich wieder an die Arbeit begeben wollten, überraschte Bach den guten Altnikol mit einer seltsamen Frage:

»Nun sagt mir aber, mein Bester, Ihr seid mir noch eine Geschichte schuldig geblieben, die Ihr mir längst habt erzählen wollen. Wie war das doch mit dem Liesgen und Eurer ersten zärtlichen Begegnung?«

Altnikol war nicht wenig verlegen. Das lag nun schon weit mehr als zwei Jahre zurück – –; damals, ach ja und gewiß, geschah das Wundersame, »als der Herr Papa in Potsdam beim Könige war. Da hatte auch das Liesgen Zeit, mit Erlaubnis der Mama einen Nachmittag hinauszuspazieren, am Vorwerk St. Georg vorüber über die stille Milchinsel hin, wo sie mir den ersten zärtlichen Kuß gab und ich ganz verlegen nichts anderes sagen konnte als ›Aber Fräulein Liesgen – was wird die Frau Mama dazu sagen!‹ Nun ja, sie wußte ja von uns und hatte auch gemeint, daß der Herr Papa nicht ganz unwissend über Liesgens Träume sei, wenn er sich auch nichts habe anmerken lassen . . .«

Hier unterbrach Bach die Geschichte von Liesgens vorwitzigem Kuß auf der Milchinsel.

»Ich wäre ein schöner Tropf gewesen, wenn ich Euer Geflüster und Getue nicht bemerkt und auf meine Weise gedeutet hätte. Ihr wart mir schon recht, lieber Altnikol, und da hab ich's so gewähren lassen. Und von Eurem verliebten Ausflug nach Schönefeld, der bereits auf der Milchinsel endete, und Eurer eiligen Rückkehr mit dem Liesgen directement an der Johanniskirche vorbei durchs Grimmasche Tor geradewegs über die Anlagen nach St. Thomas – ich hätte sogar auch der Katharina einmal einen solchen Spaziergang zur Milchinsel gewünscht –, das alles hat mir die Mama ganz leise und heimlich in die Ohren geflüstert, als ich aus Potsdam zurückkam. Nun, und das Orgel-Jahr in Niederwiesa hat Euch beiden auch nicht geschadet, sondern Eure Liebe auf die beste Probe gestellt, stimmt's?«

Da Altnikol einen zweiten Tag in Leipzig bleiben konnte, wurde seine Assistenz in schriftlichen Aufzeichnungen auf den folgenden Morgen verschoben.

»Ich weiß, lieber Altnikol, daß Ihr mir widersprechen werdet, wenn ich Euch sage, wie nahe ich mich meiner letzten Stunde weiß. Sagt nichts dagegen! Setzt Euch und schreibt mir nach, was ich Euch heute in Noten, in Tönen, Klängen, Bewegungen diktieren will. Es liegen genug Notenblätter herum. Es soll ein ernster Gesang zum seligen Ende werden – –, zu den ›Achtzehn Chorälen‹. . . ihr letzter, und schreibt mir darüber

›Vor deinen Thron tret ich hiermit . . .‹

Ihr wißt den Fortgang:

›O Gott, und dich demütig bitt:
Wend dein gnädig Angesicht
Von mir blutarmen Sünder nicht.

Ein selig Ende mir bescher,
Am Jüngsten Tag erweck mich, Herr,
Daß ich dich schaue ewiglich.
Amen, Amen, erhöre mich.‹

Das wollen wir nun neu in Töne setzen. Schreibt, lieber Sohn; beginnt mit dem Basso der Klaves, einen Takt voraus, und dann folgend die anderen Stimmen – bis zum Choral ›Vor deinen Thron tret ich hiermit‹. Wenn du die Noten zu diesen Worten zählst, lieber Christoph, findest du die 14 Töne des, der sie nun singen wird! Zähle sie allesamt – es werden 41 Töne sein – und erkenne deinen J. S. Bach!« –

Es kamen die letzten, schweren, düsteren Wochen des allgemeinen und des besonderen Leidens im Kantorenheim.

Man schlich auf Zehen durch die Räume, wenn man ihn schlafend wußte, man flüsterte nur noch, selbst in Küche und Kinderzimmer, man saß in liebevoller Sorge an seinem Ruhelager, man geleitete ihn zärtlich und umsichtig in sein Arbeitszimmer, wohin er geführt zu werden wünschte, sobald er fühlte, daß das Fieber nachließ. Christian hatte ihm an den Klavieren des Vaters vorzuspielen, aus den Klavierbüchlein, Suiten, Partiten, auch eigene kleine Improvisationen, die zum Vergnügen des Vaters meist recht vergnüglich ausfielen. »Ei, das hast du beim Telemann erwischt!« pflegte der Alte dann zu sagen. Ja, in guten Stunden, wenn auch die Schmerzen nachließen, ließ er sich an das Klavichord führen, um hier alle Sorgen, alles Leiden, selbst die Nacht um sich zu vergessen.

Gegen Ende des Juli, es muß ein Sonntag gewesen sein, erschien er plötzlich zur Überraschung aller sicheren Schrittes, aus dem Schlafgemach kommend, in dem Wohnraum seines Heims mit einem Ausdruck der heitersten Glückseligkeit.

»Jawohl, Lenchen, ich sehe! Ich sehe!«

»Oh, du lieber Himmel – –«; war es ein Freudenruf Anna Magdalenas oder ein Verzweiflungsaufschrei des Erschreckens, sie wußte es im gleichen Augenblick selbst nicht.

»Ei ja doch, Lenchen! Der liebe Herr im Himmel war uns, wie stets in unseren Leiden, wohltätig voller Liebe und Gnade. Sieh, er zeigt mir noch einmal die Welt – dich – die Kinder – dieses schöne Heim und da draußen St. Thomas. Es ist überall Licht – unfaßbar, Licht um mich . . .«

Aber dann hatte Anna Magdalena ihn nur noch geschwind zum nächsten Lehnstuhl zu führen. Dem glücklichen Aufleben folgte sehr schnell ein bedrückendes Ermatten seiner Kräfte.

»Laß nur, es geht schon wieder. Ich war wohl ein wenig zu leichtsinnig!«

Man führte ihn, nachdem er noch eine kleine Weile ausgeruht hatte, immer wieder von Eisenach und vom Frauenplan und von den Musiken der väterlichen Stadtpfeifer und vom Tode der Mutter und vom Vater erzählend, ins Schlafzimmer zurück.

»Ja, ja, es ist schon gut so, die Ruhe wird mir gut tun.«

Das Licht erlosch am folgenden Tage. Es war wieder tiefe, dunkle Nacht um den Einsamen, zu dem nur wohl wie aus der Ferne die geliebten Stimmen der liebsten Annalene und der Kinder klangen, und aus ganz inniger Nähe die Zusage des Einen, der mit ihm gehen werde, Schritt für Schritt bis an das Ende des mühseligen und doch so überaus reichen Weges. War es nicht ganz so und immerfort, dies *S*oli *D*eo *G*loria mit seinen 18 + 4 + 7 = 29 und ingleichen 29 in J. S. B.? Soli Deo Gloria – sein ganzes Leben dem Höchsten zu Ehren.

»Vor deinen Thron tret' ich hiermit – – ein selig Ende – –, daß ich dich schaue ewiglich – – schaue – –« – –

»Es ist in Gott sanft und selig entschlafen – den 28. Juli nach Mittage um 8 Uhr – der WohlEdle und Hochachtbare Herr Johann Sebastian Bach, Seiner Königlichen Majestät in Pohlen, und Churfürstlichen Durchlaucht zu Sachsen hochbestallter Hof-Compositeur, Hochfürstlich Anhältisch Cöthenischer und Hochfürstlich Sächsich Weißenfelsischer würklicher Capell-Meister, wie auch Director der Music und Cantor an St. Thomas in Leipzig, im 66ten Jahre seines Alters, welcher sich durch seine ungemeine Kunst in der Music einen unsterblichen Ruhm erworben hat.«

So hieß es in den Gazetten nach dem 28. Juli 1750: »Unsterblichen Ruhm . . .«

Es gab viele Zeichen der Verehrung, der Bewunderung, der Trauer und der Verklärung des großen Unsterblichen.

Telemann sandte ein Sonett, Mattheson, Marpurg, Mizler, ja selbst in Bologna der Padre Martini veröffentlichten ihre Bewunderung für den »einzigen Meister in der Welt, dem keiner gleichkommt« – so Mattheson; »für einen der ersten Meister, die es in Europa gibt« – so Martini bereits am 14. 4. 1750, gelegentlich einer Werkbesprechung, für den »Großen« unter den Virtuosen und den Komponisten, und für die »Kunst«, die sein »Kiel aufs Notenblatt getragen«; »Sein Name bleibt vom Untergange frei«, so Telemann.

Am 31. Juli trug man ihn auf dem Johannis-Friedhof zu Grabe.

Man muß es ausdrücklich wenigstens andeuten: Die Erzählung vom Leben und Wirken des großen Johann Sebastian Bach findet am gleichen 31. Juli 1750 nicht ihr Ende. Sie führt weiter – über die Söhne und Enkel, über Forkel und Zelter, Beethoven, Goethe und Mendelssohn, bis in unsere Gegenwart. Sie wird nie ein Ende finden bis auf den jüngsten Tag, da dann das Gloria Dei erst in seiner vollkommenen Reinheit aufsteigen wird.

Postludium

In der Ratssitzung vom 8. August 1750, also 14 Tage nach dem Heimgang des weitberühmten Thomas-Kantors, klang das Schlußwort der Hochedlen, Ehrwürdigen Herren vom Rat der Stadt Leipzig, protokolliert und der Nachwelt überliefert, ganz anders als die Gedenkworte Telemanns, Matthesons, der Mizlerschen »Societät«. Es war der Geheime Kriegsrat und Bürgermeister Doktor Stiglitz, der sich bewußt gewesen sein dürfte, ganz im Sinne des gesamten Rates zu sprechen, wenn er feststellte, der Herr Bach wäre wohl ein großer Musikus, aber kein Schulmann gewesen, wo es doch dem Kantor von St. Thomas zukäme, neben seinem Dienste in der Kirche in erster Linie Schulmann zu sein. Der Schulunterricht – oder wie Stiglitz es formulierte, die »Information« – in Latein und Mathematik sei nun einmal vom Kantor zu verrichten, wozu sich der Verstorbene ja auch bei seinem Dienstantritt verpflichtet hatte. Und überhaupt und im übrigen hätte man, so war die allgemeine Meinung der Hochedlen Herren vom Rat, sich einen Kantoren im Amt gewünscht, der in allem den Weisungen des hohen Rates gehorsam, in allem willig und dankbar sei, und nicht so incorrigibel wie der verstorbene Hofkompositeur und Hofkapellmeister, um noch einmal auf seine Avancen zu kommen.

So war man im Rate der Stadt sichtlich froh, auch von Verpflichtungen den Hinterbliebenen des Verstorbenen gegenüber frei zu sein. Drei der Söhne und der Schwiegersohn in Naumburg saßen ja in wohldotierten Positionen, und der Nachlaß sollte, wie man hörte, auch nicht geringen Ausmaßes sein. Es lag also für die Herrn des Rates kein Anlaß vor, sich etwa mit der Frage nach einem Gnadengehalt für die Witwe zu befassen.

Man hatte völlig und möglicherweise ganz bewußt übersehen, daß die Lage der Witwe Anna Magdalena Bach durchaus nicht so rosig war, so beruhigend und vorteilhaft, wie man sie darstellte.

Der jüngste ihrer Söhne, Christian, stand im 15. Lebensjahre; sein älterer Bruder Christoph Friedrich hatte erst kurze Zeit das Amt eines »Musicus« am Hofe des Grafen Wilhelm von Schaumburg-Lippe inne und bezog ein recht bescheidenes Jahresgehalt von 200 Reichstalern, die ihm vierteljährlich mit jeweils 50 Reichstalern ausgezahlt wurden. Erst 1759 wurden ihm, wie hier vorausgenommen werden soll, nach seiner Ernennung zum »Concert-Meister« die 200 Reichstaler jährlich auf 400 Taler verdoppelt. Auf ihn hatte also Anna Magdalena ebenso wenig zu hoffen, wie auf Christian.

Noch im April 1771 reichte er eine Bittschrift ein, die Auskunft über die engen Grenzen der Besoldung gibt: »Ich habe den Versuch gemacht, meine Ökonomie so einzurichten, daß ich mit 12 Klaftern (Brennholz) auskommen möchte, allein ich habe dabei die Unbequemlichkeit, daß ich nur einen Ofen heizen kann und meine Arbeiten in dem nämlichen Zimmer, wo meine ganze Familie versammelt ist, verrichten muß.«

Auch von Friedemann hatte sie keine Hilfe zu erwarten. Jung verheiratet und in ständigen Konflikten mit seinen Behörden, vergeblich um eine »Mutation« bemüht, hatte er seine eigenen Sorgen und daher kaum die Zeit, an Anna Magdalena zu denken.

Ähnlich muß es dem Hofcembalisten des Königs von Preußen Carl Philipp Emanuel gegangen sein. Übermäßig groß war für ihn, den Familienvater in Berlin mit seinen zwei Söhnen, das Einkommen nicht. Um Anna Magdalena zu entlasten, hatte er ja – wie sein Schwager Altnikol den kranken Gottfried Heinrich – den jüngsten Bruder ins Haus genommen. Aus dem reichen Nachlaß aber standen ihm, wie auch seinen Brüdern und Schwestern, erhebliche Anteile zu, die er auch voll beanspruchte.

Nun war am 15. August, eine Woche also nach der Ratssitzung, eine Eingabe Anna Magdalenas dem Rat der Stadt vorgelegt worden mit dem Gesuche, »daß die Wittben derer verstorbenen Cantorum annoch das Gnaden halbe Jahr nach dem Tode ihrer Ehe Männer erhalten«, wie es den Nachkommen Johann Kuhnaus und »der Schelling« und deren Vorfahren gewährt worden sei. Sie bäte also darum, ihr »solche hohe Gnade ebenfalls hochgeneigt angedeihen zu lassen«. Der Rat entschied – unter allerlei Vorbedingungen –, ihr ein halbes Gnaden-Jahr zukommen zu lassen. Dafür aber hatte sie dem Nachfolger im Amte des Kantors ein paar Stuben »bei Zeiten« zu räumen und der Thomasschule Bachs Noten zu »Kirchen-Liedern« zu überlassen.

Was also der Witwe des teuren Verewigten, des hochberühmten »Orpheus der Deutschen«, Anna Magdalena Bach, zu tun übrig blieb, war, in engsten Grenzen Hinterlassenes zu verkaufen. Es blieb ihr jedoch – nach dem Ablaufen des Gnadenhalbjahres nur weniges noch an Erlösen, wie etwa die Beteiligung am Vertrieb der 1751 angezeigten Ausgabe der »Kunst der Fuge«, die ihr aber erst im Mai des folgenden Jahres 1752 ganze 40 Taler durch den Rat der Stadt Leipzig beim Ankauf eines Exemplares einbrachten. Mit ihnen war ihr in der »Dürftigkeit« ihrer Lage kaum geholfen.

So war in der Folge Anna Magdalena – man kann es nicht fassen und möchte es nicht glauben – nur der bittere Weg zu ihrer neuen Unterkunft im Armenhaus der Stadt Leipzig geblieben, der Stadt, in der der »Cedernbaum« der deutschen Musik, wie ihn später Christian Friedrich Daniel Schubart nannte, 27 Jahre gewirkt hatte.

Zehn Jahre überlebte sie den teuren Geliebten. Sie starb am 27. Februar 1760. –

In vier Söhnen des großen Thomas-Kantors blieb das musikalische Erbe der Bache weit über das 18. Jahrhundert lebendig, blieben auch ihre Namen bis heute unvergessen: Wilhelm Friedemann und Carl Philipp Emanuel aus der Ehe Bachs mit Maria Barbara, Johann Christoph Friedrich und Johann Christian aus der Ehe mit Anna Magdalena.

Von ihnen sollte noch kurz berichtet werden. Das schönste Motto hierzu bleibt sicherlich Bachs, des Vaters, Bemerkung an seinen Jugendfreund Erdmann: »Insgesamt aber sind sie geborene Musici.«

Wilhelm Friedemann Bach

Er hatte 1751 in Halle Dorothea Elisabeth Georgi geheiratet. Schwierigkeiten im Amte und mit den Behörden hatten ihn bereits 1753 veranlaßt, wegen eines Wechsels mit Zittau, 1758 und 1759 mit Frankfurt am Main zu verhandeln. Im Stadtarchiv in Frankfurt befindet sich die folgende Notiz:

»Da beinahe vor einem Jahr die hiesige Kapellmeister-Stelle erledigt und zu begeben gewesen, meldete sich ein berühmter Virtuose, Musikdirektor und ausnehmlicher Organist wie auch Komponist, durch 2 Schreiben von Halle in Sachsen, mit Namen Bach, welche durch besondere Empfehlung von Herrn Telemann von Hamburg begleitet waren; weil aber der Antrag zu spät geschah, so stünde dahin, ob man dieses Mal nicht auf ihn reflektieren wollte.«

Seit 1764 begann für Friedemann, nachdem er die Orgel von St. Marien in Halle aufgegeben hatte, die »amtlose Zeit« vergeblichen Bewerbens um Braunschweig, Göttingen, Eisenach, Naumburg und Berlin, wo ihn Prinzessin Amalie von Preußen, eine Schwester Friedrichs des Großen, zunächst unterstützte. Ihr hatte er 1778 eigens für sie komponierte 8 Klavierfugen gewidmet, ihre Gunst sich jedoch nicht bewahren können. Nach einem in seinen letzten Jahren immer trostloser, verelendeten, kümmerlichen Dasein starb er 1784.

»Den 3. Juli 1784: Der Musikus Wilhelm Friedemann Bach, alt 73 Jahr, an der Brustkrankheit, hinterläßt eine Witwe, eine Tochter Friederike Sophia 26 Jahr, gestorben den 1.ten, beerdigt den 4.ten.«

Soweit die kirchliche Niederschrift im Totenbuch der Luisenstadt-Kirche zu Berlin, 1784.

Carl Philipp Emanuel Bach

Am 25. Juni 1767 verkündeten die Gazetten weit über Hamburg hinaus den Tod des hochberühmten Georg Philipp Telemann, Musikdirektor der 5 Hauptkirchen Hamburgs.

Was lag näher, sowohl den Hamburgern wie dem Berliner königlich preußischen Cembalisten Carl Philipp Emanuel Bach, Pate des Verstorbenen, nach dem er bei der Taufe den Namen Philipp erhalten hatte, sich ernsthafte Gedanken um die Neubesetzung der verwaisten Stelle eben mit diesem C. Ph. E. Bach, Sohn des großen Leipziger Bach, zu machen.

Der Friedensschluß zu Hubertusburg (15. 2. 1763) hatte ohnedies für den Hof Friedrichs des Großen bedeutende Einschränkungen zur Folge, so daß C. Ph. E. mit der gnädigen Erlaubnis des Königs seine Bewerbung nach Hamburg einreichte und die Hamburger wiederum höchst erfreut einen Bach mit einem so vortrefflichen Rufe zu seiner Vorstellung einladen konnten.

Wie schon in Berlin, so entstanden in Hamburg Werke des neuen Musikdirektors und Kantors am Johanneum, die seinen Ruf als »Lehrer der Welt im Klavichord«, im Spiel wie in der Komposition begründeten.

Seine Lehre des neuen Stils in der Komposition und im Spiel hatte er in einer bedeutsamen Schrift – »Versuch über die wahre Art, das Klavier zu spielen . . . mit Exempeln und achtzehn Probestücken in sechs Sonaten« – schon 1753 dargestellt.

In seinen Kompositionen gab er die Beispiele seiner Anschauungen von der neuen Methode des »ausdrückenden Musizierens«. Im Vorbericht zu seinem

»Trio für 2 Violinen und Baß« von 1749, erschienen 1751, hatte er bereits ausgeführt:

»In dem (ersten) Trio hat man versucht, durch Instrumente etwas, so viel als möglich ist, auszudrücken . . . Es soll gleichsam ein Gespräch zwischen einem Sanguineus und Melancholicus vorstellen, welche . . . mit einander streiten und sich bemühen, einer den andern auf seine Seite zu ziehen.

Man verbittet zum Voraus alle Spöttereien; wenn man für nötig findet, denjenigen, welche noch nicht genugsame Einsicht in die musikalischen Ausdrücke besitzen, zu gefallen, (wollen wir) einige Anmerkungen über alle vorkommenden Hauptstellen . . . hinzufügen . . .« –

C. Ph. E. Bach starb am 14. 12. 1788 und wurde am 19. 12. in der Gruft der großen Michaeliskirche beigesetzt. Ein Jahr nach seinem Tode, am 14. 12. 1789 erschien in der »Musikalischen Realzeitung«, verlegt in Speyer, zum Gedenken an ihn:

»Sein Geist lauscht nun der Engel Harfentönen,
und an dem Thron des Ewigen
hört er sein *Heilig* nun vom Chor der Seraphinen.«

Johann Christoph Friedrich Bach

Er hatte seine Wirkungsstätte für die gesamte Lebensdauer im schönen, der Musik aufgeschlossenen Bückeburg bei einem der Musik wohlgeneigten Regenten, dem Grafen Wilhelm von Schaumburg-Lippe und dessen junger

Gemahlin, der Gräfin Marie Eleonore, einer geborenen Lippe-Biesterfeld, gefunden, wo er besonders mit Joh. Gottfried Herders Berufung nach Bückeburg von 1771 bedeutende Anregungen für sein Schaffen erhielt.

Der hochreichsgräfliche Konzertmeister (seit 1759) vollendete oder auch entwarf und skizzierte eine Fülle von Werken größeren Umfangs, so die Kompositionen von Herders »Die Kindheit Jesu«, eine »Himmelfahrts-Kantate«, eine »Pfingstkantate«, das Oratorium »Der Fremdling auf Golgatha« und das Chororatorium »Die Auferweckung des Lazarus«, schließlich eine Oper »Brutus« auf Herders Text, »Ein Drama für Musik«.

Andere dichterische Vorlagen für größere Kompositionen hatte er bei Heinrich Wilhelm von Gerstenberg und Karl Wilhelm Ramler, von diesem die Oratoriendichtungen »Die Hirten bei der Krippe Bethlehems«, »Der Tod Jesu« und »Auferstehung und Himmelfahrt Jesu« gefunden.

Daneben entstanden Klavierkonzerte, Symphonien, Klaviersonaten, Kantaten, Motetten und Lieder. Den schönsten Dank mag ihm das Schreiben der Gräfin Marie Eleonore in der Verbindung mit einem kostbaren Geschenk vom 25. 4. 1774 vermittelt haben:

»Wohlgeborener, Vielgeehrter Herr Konzertmeister!

Wenn Sie die überreichte Kleinigkeit so gütig aufnehmen, macht es Ihrer Denkart so viel Ehre, wie jedes musikalische Stück, womit Sie Herzen zu erheben und edlerer Empfindungen und Taten fähig zu machen wissen. Jeder erste Dank gebühret also Ihnen selbst. Ich habe nichts getan, als nur von fern zeigen wollen, daß ich vielleicht nicht ganz unwürdige Zuhörerin Ihrer vortrefflichen Gesänge bin; ein großer Zweck, allein, wie unvollkommen gegen das, was Sie uns geben! Wenn mir die Natur besseren Mut und Stimme verliehen hätte, so würde ich jetzt schon in Ihre Chöre einstimmen; – aber, was hier nicht möglich war, erhoffe ich in einer besseren Welt bei dem großen Hallelujah, zu welchem Sie uns vorbereiten und so manche selige Vorempfindung geben.

Aller Himmelssegen ruhe auf Ihnen und Ihrem lieben Hause!

Solches wünscht aus Hochachtung und Erkenntlichkeit

Marie Eleonore Gr. z. Schaumburg-Lippe, G. Gr. z. Lippe.«

Gegen Ende seines Lebens beklagt er in einem Brief vom 11. Juli 1789 die schmerzlichen Todesfälle seiner Bachfamilie. »Es scheint, der Würgeengel wolle sich recht in die Bachische Familie einnisten, und ist doch von meinem sel. Vater männlichen Geschlechts niemand mehr über, als ich und mein Sohn . . .«

Wenige Jahre später, am 26. Januar 1795, stirbt auch der letzte Sohn des großen Bach, »gestorben an der Brustkrankheit Herr Konzertmeister Johann Friedrich Bach im 63. Jahre seines Lebens und im 45. Jahr seiner Bückeburger Dienste«. So im »Schaumburg-Lippischen Landesanzeiger« vom 1. Februar 1795.

Johann Christian Bach

Das Nesthäkchen, der verwöhnte Liebling des Vaters, war bei dessen Tod erst 15jährig; der Bruder Carl Philipp Emanuel nahm den jungen, erkennbar Hochbegabten mit nach Berlin in sein Heim und wurde sein ausgezeichneter Lehrer.

19jährig ging Christian – 1754 – nach Italien, um in Mailand bei Padre Martini seine Studien fortzusetzen.

Erst 1760, im Todesjahr der Mutter, konnte er der Wahl zum Domorganisten folgen, nachdem er zum Katholizismus übergewechselt hatte. Mehr aber als die Kirchenmusik erfüllte ihn gerade unter dem Einfluß der italienischen

Oper die Liebe zur Welt der Primadonnen und des Belcanto. Von 1762 an weilt er als Opernkomponist in London, in Mannheim 1770 zur Aufführung seines »Luzio Silla«, 1778 in Paris, bleibt aber ständig der Musikmeister der englischen Königin.

Dem jungen 8jährigen Mozart wird er bei dessen Aufenthalt in London 1764 mancherlei musikalische Anregungen vermitteln.

Am 1. Januar 1782 starb der geniale Erbe und Fortgestalter Bachischer Musiktraditionen in London.

Regina Susanna Bach

Im Mai 1800 schrieb Friedrich Rochlitz in der »Allgemeinen Musikalischen Zeitung« Leipzig:

»Die Familie der Bache . . . ist nun ausgestorben, bis auf eine einzige Tochter des großen Johann Sebastian Bach. Und diese Tochter, jetzt im hohen Alter, diese Tochter darbt. Sehr wenige wissen es; denn sie kann – nein, sie soll, sie wird auch nicht betteln! . . . Denn gewiß hört man auf dies (mein) bittende(s) Wort um ihre Unterstützung; gewiß gibt es noch gute Menschen, welche . . . auf eine anständige Veranlassung achten, den letzten Zweig eines so fruchtreichen Stammes nicht ohne Pflege eingehen zu lassen. Gäbe nur jeder, der von den Bachen gelernt hat, die geringste Kleinigkeit: wie sorglos und bequem würde das gute Weib ihre letzten Jahre hinbringen können!«

Regina Susanna stand im 58. Lebensjahr.

In Wien hatte Beethoven, über seinen Bonner Lehrer Christian Gottlob Neefe indirekter »Enkelschüler« Bachs, von dem Aufruf gehört. Am 22. April 1801 schrieb er an Breitkopf und Härtel nach Leipzig:

»Wie ich neulich zu einem guten Freunde von mir kam und er mir den Betrag von dem, was für die Tochter des unsterblichen Gottes der Harmonie gesammelt worden, zeigt, so erstaune ich über die geringe Summe, die Deutschland und besonders *Ihr* Deutschland dieser mir verehrungswürdigen Person, durch ihren Vater (verehrungswürdig), anerkannt hat; das bringt mich auf den Gedanken, wie wärs, wenn ich etwas zum Besten dieser Person herausgäbe, auf Pränumeration, diese Summe und den Betrag, der alle Jahre einkäme, dem Publikum vorlegte . . . – Sie könnten das meiste dazu tun. Schreiben Sie mir geschwind, wie das am besten möglich sei, damit es geschehe, ehe uns dieser Bach stirbt, ehe dieser Bach austrocknet und wir ihn nicht mehr tränken können.«

Regina Susanna Bach starb im Jahre 1809, durch reichlicher fließende Unterstützung versorgt 67jährig.

Worterklärungen

a capella	Gesänge (Vokalmusik) ohne Instrumente
Allemande	ursprünglich »deutscher« Tanz, Kopfsatz einer Suite
Arpeggien	gebrochenes Spiel von Akkorden
Applicativ	»Fingersatz«-Anweisung
Bourrée	freier Tanz innerhalb der Suite. Tanz aus Auvergne. Mattheson: »Sie hat mehr Fließendes, Glattes, Gleitendes als die Gavotte . . . Zufrieden, gefällig, unbekümmert, gelassen, nachlässig, gemächlich.«
Brustwerk	Registergruppe der Orgel »vor der Brust des Spielers«
Canon	s. Kanon
Cantate	s. Kantate
Capriccio	Komposition von »besonderer« eigenwilliger, meist heiterer Art. Bei Bach (»Über die Abreise«) in mehreren Sätzen, ganz aus dem Rahmen seiner Kompositionen als Programmusik herausfallend.
Cembalo	s. Clavicembalo
Chaconne	mäßig bewegter Tanz im ¾-Takt, Variationskomposition über einem Baßthema
Claves	Tasten, gleichsam die »Schlüssel« (wörtlich) zum Klang
Claves signatae	Notierung
Clavicin	(Clavessin) französischer Name für Cembalo (Clavicembalo)
Clavicembalo	Kielflügel. Die Saiten werden durch Rabenkiele angerissen. Es erzeugt einen klaren, silbernen Ton. Ein- und zweimanualig.
Comes	(= Begleiter) s. Fuge
Cornet	Orgelstimme im 2-Fuß (= 2′)
Cymbel	Orgelstimme, kleine scharfe Mixtur = »Zimbel«
Dramma per musica	Frühe Bezeichnung der Renaissance-Oper in Italien
Exposition einer Fuge	s. Fuge
Fagott	16′fußton – Fagott = tiefe Orgelstimme
Figuralmusik	Polyphones Musizieren bzw. Konzertieren neben den Chorälen in der Kirche innerhalb der Liturgie, vor und (oder) nach der Predigt.
Flauto dolce	Orgelstimme
Fuge (Fuga)	aus dem strengen Kanon weiterentwickelt zur besonderen Kunstform nach strengen Gesetzen mit dem »Dux« als Thema und dem »Comes« als Gegenstimme, mit ihren strengen »Durchführungen« in verschiedenen Modulationen und ihren freien »Zwischenspielen«. Die erste »Durchführung« ist die »Exposition«, also die Darstellung der Thematik.
Fuß = Fußanzahl	die in Fuß = ′ z. B. 2′, 4′, 16′ angegebene Tonlage eines Orgelregisters, benannt nach der Pfeifenlänge des tiefsten Tons, ausgehend vom tiefsten C (= tiefster Taste). 8 Fuß wäre ca. 2,40 m hohe Pfeife; danach heißt das ganze Register der Normallage (s. d.) achtfüßig.

Gedakt	Orgelregister, deren Pfeifen am oberen Ende geschlossen sind und daher besonderen Farbklang erhalten
Gemshorn	Konisch gebaute Charakterstimme der Orgel
Generalbaß	ursprünglich Fundamentalstimme, später Satzkunst (-lehre), zu einer Oberstimme (Melodie oder Thema im Sopran) die gehörige harmoniebestimmende Baßstimme oder auch über einer »gegebenen« Baßstimme eine Oberstimme zu setzen
Glockenspiel	an der Orgel, seit 1550 als Klangreiz eingebaut
Improvisation	Stegreifspiel
Intavolieren	Vokalmusik für Lauten oder Tasteninstrumente notieren
Intrada	Eröffnungsmusik, insbesondere älterer Suitenkunst
Kadenz	a) Kadenz der harmonischen Hauptfunktionen einer Tonart: Tonika-Subdominante-Dominante-Tonika – d. h.: die Hauptdreiklänge auf den »Stufen« 1, 4, 5, 1. – Als Tonart-bestimmende Einleitung eines Musikstückes, b) Schlußkadenz, quasi »endgültiger, betonter Abschluß«, gleichsam »Schlußwort« (»so, das war's«), c) Virtuose Spielkadenz, kurz vor dem Schluß eines Stücks, auf der Dominante innerhalb der Schlußkadenz einsetzend, um dem Spieler noch eine besondere Gelegenheit zu geben, seine Virtuosität zu zeigen.
Kanon	(s. auch Fuge) Die strenge Imitationsform erscheint schon ab 1240 im Kloster Reading mit einem »Sommerkanon«, nach 1400 bei Oswald von Wolkenstein, später bei Heinrich Isaac (Innsbrucklied), bei Michael Praetorius und Johan Herman Schein.
Kantate	Vokalwerk in zyklischer Form, bestehend aus chorischen und Einzelgesängen, Rezitativen, Arien, auch geistlichen Liedern und Chorälen; Bach schrieb sowohl Kirchenkantaten wie »weltliche Kantaten« (z. B. die »Bauernkantate« u. v. a.)
Klavichord	(Clavicord) das klanglich zarteste Tasteninstrument, Bachs Lieblingsklavier, dessen Saiten nicht wie beim Cembalo gezupft, sondern angeschlagen, durch das Vibrieren der Finger auf den Claves auch angerieben werden und dann einen »cantablen« Ton erzeugen
Kontrapunkt	musikalische Satzart von »Punkt gegen Punkt« = Note gegen Note
Madrigal	mehrstimmige feingeistige Renaissance-Gesänge, ursprünglich volkstümliche Lieder (von mandra = Herde). »Die Madrigale haben ihren Namen nicht von der Melodie des Gesangs, sondern vom Text und den Versen. Madrigal ist ein Nomen Poematis und nicht Cantionis« (Michael Praetorius)
Majore	= Dur
Minore	= Moll
Modulation	Wechseln der Grundtonart in eine andere, verwandte Tonart

Motette	geistliches Chorwerk (cantio sacra) in Reihenform, bei Bach als a-capella-Kantate
Oberwerk	an der Orgel; Teilwerk der Orgel, wie auch Rückpositiv, Brustwerk, Hauptwerk, Seitenwerk, Kronwerk eigentlich einzelne Orgeln sind, die den Gesamtbestand der Orgel ausmachen
Oratorium	geistliches Chorwerk (»Weihnachtsoratorium« – u. a. zu den Feiertagen, wie Ostern, Himmelfahrt, Pfingsten) mit Solostimmen und Instrumenten
Partita	s. Suite
Passion	Die Leidensgeschichte in Evangelienlesung und Betrachtungen der »gläubigen Seele« und der »Tochter Zions« und ebenso der Gemeinde (Choräle), aus der frühchristlichen Evangelienlesung entwickelt
Portativ	tragbare kleine Orgel
Postludium	Nachspiel
Präludium	(Praeludium) freie improvisatorische Einstimmung (»Intonatio«), Choralvorspiele mit Bezug auf die Choralmelodie. Im »Wohltemperierten Klavier« Bachs auch Spielstücke für die »Liebhaber« der Musik, während die Fugen den »habil Seienden« gehören, also den Geübten. s. auch »Toccata«
Präfekt	in Stellvertretung des Chorleiters »Unterdirigent« des Chors
Quodlibet	Musizieren (auch Singen) von einer Melodie in die andere, also eine Art »Pastete« mit »Ragout« oder ein »musikalischer Bettlermantel« mit vielen »Melodienflicken«
Recitativ	Sprechgesang
Register	hier als Orgelregister, d. h. eine Pfeifenreihe
Ricercar	Vorform der Fuge in imitatorisch kunstvollem Tonsatz
Rohrwerk	Zungenstimmen der Orgel, wie z. B. Trompeten, Oboe, Clarino, Fagott, Vox humana, Krummhorn
Rückpositiv	kleines Werk, gegenüber dem Hauptwerk der Orgel
Salicinal	4-Fuß-Stimme, zur Gruppe des Geigenchors der Orgel gehörend
Sarabande	spanischer Tanz, in der klassischen Suite der 3. Satz
Sinfonie	ursprünglich einsätziges Instrumentalstück, um 1650 Einleitungssatz der Suite, um 1730 erst Entwicklung zur Konzert-Sinfonie
Sonata	urspr. »Tonstück« (von sonare) ganz allgemein; später mehrsätzig, in bestimmter Ordnung der einzelnen Sätze
Suite	eine Folge von Tanzsätzen gleicher Tonart, aus Miniaturformen (bei Johan Herman Schein als »Allemande« und »Tripla«) allmählich reich entfaltet, freizügig, aber endlich in der »klassischen Form« festgelegt auf Allemande – Courante-Sarabande-Gigue. Zwischen Sarabande und Gigue eine freie Auswahl anderer Favorittänze, je nach Laune des Komponisten
Tabulaturbuch	Buchstabennotation

Taille	Mittelstimme im Streichorchester, bei Bach auch Oboe da caccia
Temperatur	d. h. »musikalische Temperatur« (s. Wohltemperiertes Klavier) gegenüber der »reinen Stimmung« der Klaviere, die nur begrenztes Modulieren zuließ, stimmte Andreas Werckmeister die Oktave in 12 genau gleiche Intervalle, wodurch sich Angleichungen ergaben, z. B. cis = des, fis = ges, gis = as usw. Dadurch wurde die freie Modulation in die entfernten Tonarten ermöglicht.
Tempus clausum	Zeiten, zu denen in der Kirche keine Figuralmusik gespielt werden durfte
Toccata	ursprünglich kurzes, einfaches Vorspiel; »toccate un poco«, ein »Praeambulieren« mit den Fingern auf den Tasten, entwickelt sich zu größerem, ja umfangreichem »freien« Musizieren. Dem »freien«Satz folgte in der Entwicklungsgeschichte der Toccata ein zunächst kurzer, später kunstvoll erweiterter Fugensatz.
Trias Harmonica	Dreiklang konsonanter Töne, auch die Verbindung der Hauptfunktionen einer Tonart (T S D T = Tonika, Subdominante, Dominante, Tonika) zur Darstellung der Tonart des Musikstücks
Variation	Spiel mit Veränderungen eines gegebenen Themas
Viola da Gamba	Kniegeige
Violon	Kleingeige
Vox humana	8′(= 8-Fuß)-Stimme der Orgel
Windlade	gleichsam der Blasebalg bzw. die »Lunge« der Orgel
Wohltemperiertes Klavier	von Werckmeister gebaut (s. »Temperatur«), von Bach als willkommenes »fortentwickeltes« Instrument begrüßt. Bach schrieb für dieses »moderne« Klavier mit seiner gleichschwebenden Temperatur und dem Reichtum musikalischer Sprachmöglichkeiten zwei Sammlungen mit je 24 Präludien und Fugen durch alle Dur- und Moll-Tonarten und nannte die Sammlungen nach Werckmeisters Instrument »Wohltemperiertes Klavier«.

Aber man muß nicht alles wissen

Auf eine Anfrage Heinrich Wilhelm von Gerstenbergs antwortete Johann Christoph Friedrich Bach (1. 4. 1773):

»Warum unsere *Sonaten* zwei geschwinde und einen langsamen Satz haben müssen, weiß ich auf keine andere Art zu beantworten, als mit: *darum*. Ebenso: eine *Fuge* heißt darum Fuge, weil sie nach den vorgeschriebenen Regeln gearbeitet ist. Eine alte Klavier-*Suite* würde nicht so benennet worden sein, wenn es unseren Alten nicht gefallen, ein solches Zusammengesuchtes, aus Prelude, Allemande etc und den übrigen Sätzen bestehendes Werk eine Suite pour le Clavecin zu nennen, und ich verstehe eben so wenig, warum die Rangordnung in dieser Art Komposition vom Priludio aus die Allemande, dann zur Currente, Sarabande und das letzte bis zur Gigue gehen muß.«

Bildnachweise der Farbtafeln

1. Seite: Angermuseum Erfurt, Foto v. K. G. Beyer, Weimar – 2. Seite: Bachhaus Eisenach – 3. Seite, links ob.: Bachhaus Eisenach; rechts ob.: Touristenfoto; links u. rechts unt.: Bildarchiv Preußischer Kulturbesitz, Berlin – 4. Seite: Museum für Geschichte der Stadt Leipzig, Altes Rathaus.

Stammtafel der Familie Bach
und die Kinder, die Joh. Seb. Bach überlebten

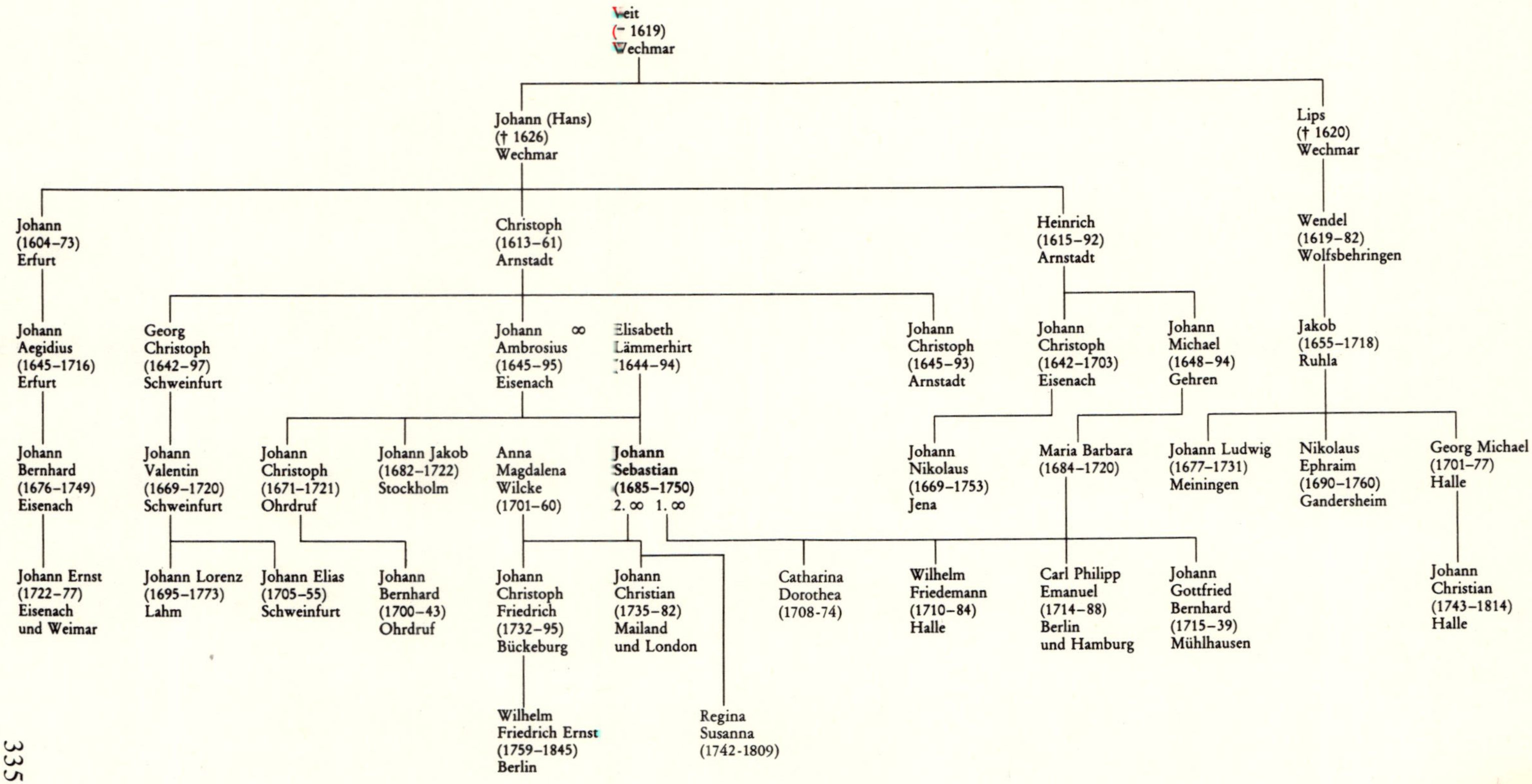